사회복지의 뿌리를 찾아서

― 기독교 사회복지의 역사 ―

최 무 열

최무열 목사는 경남 고성 출신으로 부산장신대학교와 성결대학교를 졸업하고 장로회신학대학 신학대학원, 숭실대 대학원에서 수학하였다. 영국에서 무어랜드 칼리지(Moorelands College)를 졸업하고 웨일즈 대학(The Oxford Centre for Mission Studies - University of Wales)에서 "한국장로교회와 사회사업-장로교 4개 교단 사회사업의 비평적 분석 연구"라는 제목으로 박사 학위를 받았으며 필리핀 딸락 주립대학교(The Tarlac State Univerity)에서 명예 교육학 박사를 취득하였다. 귀국 후 장로회신학대학교 선교교육원 연구원, 영남신학대학교 교수를 거쳐 현재 부산장신대학교에 재직 중이다.

저서

『청년이여 성경의 비전을 소유하라』(좋은 말씀사, 2006)
『깊이 있는 말씀 묵상을 위한 경건훈련 가이드』(은성 출판사, 2003)
『한국교회와 사회복지』(도서출판 나눔의집, 1999. 6)
『생활 속에서 만난 우리들의 하나님』(을지서적, 1997. 3)
『사회복지 총람』(공저)(한국기독교 사회복지협의회, 2007)
『교회사회사업편람』(공저)(인간과복지, 2003. 10)
『선교와 디아코니아』(공저)(한들말씀사, 2002)
『선교학개론』(공저)(대한기독교서회, 2001)
『평화의 복음』(역)(장로교출판사, 2001. 9)

사회복지의 뿌리를 찾아서

초판 1쇄 인쇄 2008년 4월 23일
초판 1쇄 발행 2008년 4월 30일

지은이 최무열

펴낸곳 나눔의집 출판사
펴낸이 박정희
주 소 서울시 구로구 구로3동 182-17
　　　　대륭포스트타워 II 1205호
전 화 02-2082-0260~2
팩 스 02-2082-0263
www.ncbook.co.kr

값　　 15,000원
ISBN　 978-89-5810-131-4

● 파본은 구입하신 곳에서 바꾸어 드립니다.

사회복지의 뿌리를 찾아서

― 기독교 사회복지의 역사 ―

최무열 지음

목 차

머리말 / 9

제1장 사회복지의 뿌리로서의 성서 이해 · 13
제1절 사회복지의 진정한 뿌리로서의 성서 / 15
제2절 성서의 인간 이해 / 17
제3절 자선과 나눔에 대한 구약성서의 이해 / 20
제4절 자선과 나눔에 대한 신약성서의 이해 / 31
제5절 자선에 대한 유대전승의 이해 / 50

제2장 초대교회와 교부시대의 자선사업 · 59
제1절 초대교회의 자선사업 / 61
제2절 교부시대의 자선에 대한 가르침과 교훈 / 69

제3장 중세 초기의 자선사업 · 81
제1절 중세 초기의 사회, 경제 및 종교적 상황 / 83
제2절 교부시대의 시혜적 자선사상(죄장소멸사상)의 전승 / 86
제3절 중세 초기의 수도승과 구빈원 / 88
제4절 중세 초기 자선사업의 중심기관으로서의 구빈원과 사원 숙박소 / 91

제4장 중세 중기의 자선사업 · 97
제1절 중세 중기의 일반적 자선기관 / 99
제2절 중세 구빈원의 폐해 / 107
제3절 구빈원의 폐해와 걸식자 양산에 대한 도전 / 113
제4절 무차별적 시혜에 대한 도전으로서의 탁발승 운동과 수도원 운동 / 117
제5절 종교개혁 이전의 중세교회의 자선 형태와 그 폐해 / 120

제5장 중세교회의 폐해에 대한 도전으로서의 루터와 칼빈의 자선개혁 · 133
제1절 중세교회의 무차별적 시혜와 걸식에 대한 루터의 도전과 비판 / 135
제2절 루터의 자선개혁안 / 139
제3절 칼빈의 자선관 및 자선개혁안 / 145

제6장 인도주의에 기초한 경건주의 사회사업 · 161
제1절 구빈법의 제정과 그 폐해 / 163
제2절 경건주의 운동과 사회사업 / 170
제3절 경건주의의 영향과 웨슬레의 교회사회사업 / 179
제4절 경건주의 사회사업과 그 특성 / 189

제7장 개정구빈법의 폐해와 찰머즈 목사의 근린운동 · 195
제1절 찰머즈 목사의 근린운동의 배경 / 197
제2절 신구빈법의 재정, 폐해 그리고 이에 대한 교회의 개입 / 201

제8장 개정구빈법의 폐해에 대한 교회의 종합적 대안으로서의 자선조직협회 · 213
제1절 자선기관의 난립으로 인한 문제점의 대두 / 215
제2절 효과적 자선을 위한 자선기관 연합에 대한 필요성의 대두 / 219
제3절 전문적인 사회사업 기구로서의 자선조직협회 / 223
제4절 자선조직협회의 운영 목적과 방향성 / 224
제5절 자선조직협회의 운영 원리와 방법 / 226

제9장 기독교적 사회개혁운동으로서의 인보관 운동 · 233
제1절 인보관 운동의 개념과 동기 / 235
제2절 인보관 운동의 중심인물들과 세틀러 / 237
제3절 인보관 운동의 목적과 특징 / 246
제4절 인보관 운동의 운영 원리와 방법 / 248

제10장 진정한 영적 · 사회적 교회사회사업 운동으로서의 구세군 운동 · 255
제1절 구세군의 창시자 윌리엄 부스와 구세군 운동 / 257
제2절 당시 런던의 사회적 상황 / 260
제3절 영적인 부흥만으로는 결코 해결될 수 없었던 절대 빈곤의 문제 / 262
제4절 구세군 사회사업의 원리와 방법 / 266
제5절 강력한 도전과 비판을 영적인 힘으로, 사회사업의 추진도 영적인 힘으로 / 270

제11장 전문적 기독교 사회복지로서의 독일 디아코니아 · 277
제1절 루터의 종교개혁가 디아코니아 / 279
제2절 독일교회 디아코니아의 핵심인물로서의 비혜른 목사 / 282
제3절 비혜른의 내적선교(Innere Mission)를 통한 독일교회의 디아코니아 사역의 확립 / 286
제4절 독일교회 디아코니아가 독일 사회복지에 미친 영향 / 293
제5절 독일교회 디아코니아의 현황과 특징 / 295

제12장 기독교적 사회개혁운동이 근대 전문사회사업에 끼친 영향 · 307
제1절 케이스 메소드(Case Method)-케이스워크에 미친 영향 / 310
제2절 그룹워크(Group Work)-집단 사회사업에 미친 영향 / 314
제3절 지역사회사업(Community Organization)에 미친 영향 / 316
제4절 사회조사방법에 미친 영향 / 324
제5절 사회정책에 미친 영향 / 329
제6절 자원봉사에 미친 영향 / 332
제7절 가족복지에 미친 영향 / 336
제8절 아동 및 청소년복지에 미친 영향 / 338
제9절 전문 사회사업에의 공헌 / 339

제13장 디아코니아 선교 · 345
제1절 디아코니아활동을 포함한 통전적 선교관 / 347
제2절 에큐메니칼 선교관과 디아코니아 / 348
제3절 복음주의 선교관과 디아코니아 / 357
제4절 통전적 선교관과 디아코니아 / 363
제5절 디아코니아 활동을 통한 통전적 선교의 활용 / 372

참고문헌 / 380
찾아보기 / 383

【머리말】

 언젠가 필자에게 사회복지 교육을 받고 대학원에 진학한 제자 한 명이 대학원에서 공부를 하다가 무척이나 당황스러운 일이 있었다고 하면서 전화를 해왔다. 다름 아니라 발제시간에 자선조직협회와 인보관 운동에 대하여 언급하다가 기독교적 배경에 대하여 설명하던 중 담당 교수가 화를 내면서 "어떤 근거에서 자선조직협회와 인보관 운동이 기독교에서 유래했다고 말하는지는 모르지만 그런 근거 없는 소리 집어치우라."라고 하더라는 것이다.

 그렇게 말한 담당 교수야 대수롭지 않게 그리고 심각하게 생각하지 않고 무심코 뱉은 말이었는지는 모르지만 정작 4년여 동안 사회복지를 그런 관점에서 배우지 않은 필자의 제자에게는 얼마나 고통스럽고 혼란스러운 사건이었을까를 생각하며 몹시 무거운 마음으로 그날을 보내게 되었다.

 어쩌면 이것이 오늘날 한국 사회복지의 현실인지도 모르겠다. 적어도 평생을 사회복지에 대해 공부한 전문가로서 학생을 가르치는 지도자가 사회복지 역사에 대한 인식이 이 정도라면 한국 사회복지 교육에는 어딘가 문제가 있다는 생각을 하게 된다. 물론 혹자가 "기독교가 사회복지를 낳았으나 기르지 못하고 버린 것을 일반 학문이 사회복지를 길러 성장시켰다."라고 한 말에 대해서는 어느 정도 수긍이 가지 않는 것도 아니지만 그렇다고 해서 그 말이 전적으로 맞는 말도 아니다. 이는 전적으로 사회복지의 역사를 잘 이해하지 못한 데서 기인했거나 또는 의도적으로 사회복지에서 기독교의 영향성을 배제하려는 움직임의 발로라 할 수 있다. 역사를 제대로 파악한다면 결코 그렇게 쉽게 단정 지을 수는 없는 것이다.

 부인할 수 없는 사실은 근대 전문 사회복지의 발전에는 고스란히 기독교의 정신과 방법이 살아 숨 쉬고 있을 뿐만 아니라 기독교 사회복지는 지금까지 핵심적인 역할을 조용히 감당해왔다. 일반 사회복지를 공부하는 사람들은 사회복지의 정확한 역사를 이제까지 접해보지 못했기 때문에 그렇다고 말한다 하더라도, 문제는 기독교적 입장에서 사회복지를 가르치거나 실천하는 기독교인들조차도 이 사실을 전혀 모르고 있다면 이는 참으로 심각한 문제가 아닐 수 없다.

또한 교회의 사회사업이 비전문직이라고 공격하기도 한다. 그러나 그것도 그렇지 않다. 교회는 지금까지 끊임없이 초대교회, 경건주의 운동, 자선조직협회와 인보관 사업, 그리고 사회사업의 학문화 과정을 통하여 전문성을 개발해옴으로써 오늘의 사회사업의 바탕을 튼튼하게 했다.

분명한 것은 기독교는 처음부터 약자보호를 법으로 규정하는 성서를 바탕으로 하여 인간에 대한 뜨거운 사랑으로, 그리고 그 영혼을 뜨겁게 사랑하는 마음으로, 뿐만 아니라 사람을 불쌍히 여기시는 그리스도의 심장으로 사회사업을 수행해왔다. 오늘날 사회복지가 아무리 전문화된 기술을 구사한다 하더라도 그 중심에 인간을 진정으로 사랑하는 애통함의 관심이 결여된다면 그것은 단순히 하나의 사변적인 학문에 불과한 것이지 인간을 치료하고 회복하는 학문으로서의 사회복지는 아닌 것일 뿐만 아니라 허공을 치는 허무한 학문에 불과할 것이다. 그러나 적어도 기독교의 사회사업은 그런 정신으로 계승되지는 않았다. 오히려 기독교는 처음부터 지금까지 끊임없는 인류애, 박애정신, 이타정신을 구현하기 위하여 노력하여 왔다고 장담할 수 있다.

분명한 것은 사회복지의 역사에 대한 바르고도 진정한 이해가 없이는 결코 현재의 사회복지를 제대로 이해할 수 없다. 과거 없는 현재가 어디에 존재할 수 있겠는가? 다이아나 갈랜드의 말처럼 '교회는 사회사업을 낳은 어머니(mother of social work)' 라는 사실에 대해 100% 동조하지는 못 할지라도 지금까지의 오랜 역사를 통하여 축적되고 발전되어온 기독교 중심의 사회복지 역사 자체를 통째로 왜곡하는 일은 결코 없어야 한다는 안타까움이 필자의 가슴에 깊이 와 닿는다.

필자는 이러한 바람으로 이 글을 쓰게 되었다. 먼저 적어도 전문가로서 사회복지를 가르치는 사람들이라면 올바른 역사 인식으로 사회복지의 뿌리를 정확하게 이해하여 학생들을 가르쳤으면 하는 소망이 있다. 다시 말해서 적어도 지도자들이 사회복지의 진정한 뿌리가 무엇인지에 대한 인식으로 가르쳤으면 좋겠다는 것이다.

또한 사회복지를 공부하는 학생들은 사회복지에서 의도적으로 기독교의 영향력을 제거한 편파적인 학문이 아니라, 사회복지의 진정한 뿌리가 무엇인지에 대해서 새롭게 인식하는 계기가 되었으면 한다. 뿐만 아니라 기독교인은 아닐지라도 진정한 인간애를 가지고 사회복지를 하는 사람이라면 적어도 기독교가 어떠한 정신으로 사회복지를 시작했고 발전시켜 왔는가에 대한 이해를 가지고 사회복지에 임했으면 좋겠다.

아울러 기독교인으로서 사회복지 현장에 종사하는 사람이라면 이들 역시 기독교의 역사 가운데 사회복지가 어떻게 발전되어 왔으며 어떤 정신을 계승 발전시켜 왔는지에 대하여, 다시 말해 진정한 사회복지의 뿌리가 무엇인지에 대한 인식을 가지고 사회복지에 임했으면 한다.

이 글을 통해 부족한 사람을 위해 날마다 기도하시는 사랑하는 아버지와 어머니, 그리고 진심으로 부족한 사람을 사랑해주고 이해해주는 나의 일생의 좋은 아내요, 친구인 박은주와 사랑하는 자녀 찬미와 소명에게 깊은 감사와 사랑의 마음을 전하고 싶다.

2007년 10월 부산장신대 연구실에서

제1장 사회복지의 뿌리로서의 성서 이해

제1절 사회복지의 진정한 뿌리로서의 성서
제2절 성서의 인간이해
제3절 자선과 나눔에 대한 구약성서의 이해
제4절 자선과 나눔에 대한 신약성서의 이해
제5절 자선에 대한 유대전승의 이해

제1절 사회복지의 진정한 뿌리로서의 성서[1]

지금까지 교회와 사회의 관계성에 대한 연구는 1960-70년대 산업화, 도시화, 민주화 등 급변하는 시대적 조류를 반영하면서 급격하게 발전됨으로써 복음주의와 함께 한국교회 발전의 핵심적, 정신적 역할을 감당해왔다. 그러나 실제적으로 이 주제가 복잡화 및 다변화되고 있는 현대사회의 문제 및 교회가 처한 사회적 위기 상황을 타개하기 위한 구체적인 방향을 제시하는데 있어서는 그리 성공적이지 못했다는 지적을 받고 있다. 그러나 다행스럽게도 1980년대 후반 이후부터, 특히 1990년대에 들어 한국교회가 교회성장주의 일색에서 벗어나 교회의 대사회적 봉사의 중요성을 인식하면서 교회의 대사회적 사명을 감당함에 있어서 단순히 '교회와 사회'라는 보편적인 주제를 탈피하고, 보다 전문적으로 해결하기 위하여 지속적인 노력을 경주해온 바, 독자들은 인식하기 어려울지 몰라도 그동안 교회사회사업에 대한 체계적인 연구는 실로 괄목할 만한 업적을 이루었다고 해도 과언이 아니다.[2]

---

1) 먼저 본 내용은 한국교회사회사업 학회가 2003년에 발간한 '교회사회사업편람'에 수록된 것으로 저자의 글임을 밝힌다. 여기서 필자가 사회복지라는 용어를 사용한 것은 성서에서 말하는 사회제도가 단순히 구제적 차원의 제도가 아니라 현대의 보충적 개념과 제도적 개념 모두를 포함한 완벽한 사회복지적 형태를 띠고 있기 때문이다. 이에 대해서는 필자의 졸저,『한국교회와 사회복지』(서울: 도서출판 나눔의집, 2006) 제1장을 참고하라.
2) '교회와 사회'에 관련된 주제 외 1990년대 이후 순수 교회사회사업과 관련하여 출판된 단행본은 다음과 같다. 곽효문,『기독교사회복지론』(서울: 제일법규, 2001); 기독교윤리실천운동 사회복지위원회,『교회의 사회복지 참여하고 실천하기』(서울: 대한기독교서회, 2003); 김경민,『교회사회사업』(서울: 베데스다선교회, 1986); 김기원,『기독교사회복지론』(서울: 대학출판사, 1997); 김덕준 편,『기독교사회복지』(서울: 한국기독교사회복지학회, 1985); 김덕준,『기독교와 사회복지사업』(서울: 한국사회연구소, 1982); 김장대,『기독교사회복지학』(서울: 진흥, 1998); 김종환,『기독교사회복지원론』(부천: 서울신학대학교 기독교사회복지연구소, 1994); 김홍기 외,『감리교인을 위한 사회복지사업 안내서』(서울: 평단문화사, 1996); 다이애너 S, 리치먼드 갈랜드, 이준우 역,『교회사회사업』(서울: 인간과 복지, 2001); 대한예수교장로회총회,『21세기를 향한 선교교육봉사』(서울: 한국장로교출판사, 1996); 대한예수교장로회총회사회부,『이웃과 함께하는 교회들』(서울: 한국장로교출판사, 1991); 데렐 R, 왓킨스, 박종옥 역,『기독교사회복지』(서울: 베드로서원, 2003); 맹용길,『노인복지목회론』(서울: 장로회신학대학교출판부, 1997); 맹용길,『복지목회론』(서울: 한국장로교출판사, 1998); 박영호,『기독교사회복지』(서울: 기독교문서선교회, 2001); 박종삼,『교회사회봉사 이해와 실천』(서울: 인간과 복지,

고무적인 것은 이 많은 연구 모두에서 주장하는 바와 강조하는 바는 비록 상이할지 몰라도 한결같이 교회사회사업 연구의 신학적, 방법론적, 철학적 근간을 충분히 이루고 있다는 점에 대하여 그 중요성과 가치성을 높게 평가하지 않을 수 없다.

그러나 무엇보다 중요한 것은 아무리 이러한 교회사회사업의 중요성을 인식하고 이를 위한 방대한 자료를 수집하여 가치 있는 연구와 업적을 이룩하였다고 할지라도 교회사회사업과 사회복지의 진정한 뼈대를 이루고 있는 성경의 원리를 제대로 파악하지 못한다면 이는 마치 골격 없이 흐느적거리거나 허우대만 큰 집을 건립하는 것과 다를 바 없다는 것이다. 이런 의미에서 교회사회사업을 거론하는 데 있어서 성서적 이해의 중요성을 강조하는 것은 결코 지나침이 없다고 본다.

따라서 이 책은 교회사회사업에 관한 그 어떤 문헌연구보다 교회사회사업의 확실한 토대를 이루는 것이 성서, 즉 구약과 신약이라고 간주하여 이를 바탕으로 접근하는 것이 가장 이상적일 뿐만 아니라 바람직한 결과를 가져올 것으로 확신하며, 또한 이를 중심으로 구체적인 교회사회사업의 철학과 방법 및 그 원리를 적용해 나갈 수 있을 것이다.

2000); 성규탁 외,『한국 교회의 사회복지 참여에 관한 연구』(서울: 연세대학교 한국기독교문화연구소, 1991); 숭실대학교 기독교사회연구소,『사회봉사의 신학과 실천』(서울: 숭실대학교 기독교사회연구소, 1992); 심일섭 외,『기독교 사회복지 선교』(서울: 부스러기, 1998); 아카이에. H. 니노미야, 전광현 역,『사회복지 신학』(서울: 예영커뮤니케이션, 1999); 유의웅,『한국 교회와 사회선교』(서울: 예영커뮤니케이션, 1996); 유의웅,『현대교회와 사회봉사』(서울: 예영커뮤니케이션, 1991); 이만식,『교회의 사회봉사-그 실태와 대안』(대한예수교장로회 사회부, 2000); 이삼열,『사회봉사의 신학과 실천』(서울: 한울, 1992); 이원규,『한국기독교 사회봉사와 사회복지』(전주: 한일장신대교 기독교연구원, 1993); 최무열,『한국교회와 사회복지』(서울: 도서출판 나눔의집, 1999); 침례신학연구소,『교회사회사업의 목회적 적용』(대전: 침례신학대학교 출판부, 2002); 칼 프리츠 다이버, 황금봉 역,『교회의 정체성과 교회봉사』(서울: 한국장로교출판사, 1998); 태화기독교사회복지관,『태화기독교사회복지관의 역사』(서울: 태화기독교사회복지관, 1994); 한국선교신학회편,『선교와 디아코니아』(서울: 한들출판사, 2002); 한국자원봉사능력개발연구회,『한국 교회사회봉사 조사 연구』(서울: 성광문화사, 1990); 현외성,『21세기를 향한 감리교회의 사회봉사와 사회복지』(기독교대한감리회 사회평신도국, 1997).

제2절 성서의 인간 이해

사회사업이란 사회적으로 적응하지 못하는 인간을 치료하고 사회에 적응하게 하는 기술로서, 그 주된 대상이 인간이기 때문에 인간을 위한, 인간의 학문이라고 정의할 수 있겠다. 이러한 견지에서 올바른 인간 이해가 없는 치유와 적응은 하나의 허구에 불과한 것이다. 일반 사회사업과는 달리 교회사회사업이란 위에서 지적한 사회적 치료와 적응의 상태를 훨씬 초월하여 완전한 통전적 치료[3]로 나아가는 것이 그 목표라고 볼 때, 인간이란 단순히 신적 자비 또는 은총의 수혜 대상자로서의 수동적인 존재가 아니라 어떤 분명한 동기와 어느 정도의 도움만 주어진다면 스스로의 문제를 해결할 수 있고, 스스로 기능할 수 있는 역동적이고 적극적이며 능동적인 존재라는 대전제를 가지고 출발하게 되는 것이다. 이러한 관점에서 본 서는 단순히 교회사회사업의 터전을 이루는 성서적 복지사상을 나열하는 차원이 아니라 하나님의 사랑의 대상으로서의 인간이 어떠한 존재인지에 대한 인간 이해가 반드시 우선적으로 검토되어야 한다고 보는 것이다.

성서가 말하는 인간은 과연 어떠한 존재인가? 이 질문에 대해 다양한 측면으로 접근하여 검토해 볼 수 있겠으나 일차적으로 인간은 타락으로 인한 죄성을 가진 인간과 타락 전 하나님의 형상(Image of God)을 소유한 능동적인 인간으로 대변할 수 있다고 본다. 물론 인간의 타락이 다양한 인간문제에 대한 원인을 제공했다는 점에 대해서 본 연구에서 이를 심도 있게 거론할 필요성을 어느 정도 느끼기는 하지만, 그럼에도 불구하고 하나님은 인간에 대한 그의 지극한 사랑을 포기하지 않는다는 관점에서, 그리고 그 다양한 문제들을 진정

---

[3] 통전적 치료 및 통전적 접근이란, 단순히 사회복지가 추구하는 사회 적응 및 치료를 통한 불완전한 인간 회복을 목적으로 하는 것이 아니라 인간을 철저히 영적인 존재로 보고 사회복지 및 사회사업이 사용하는 모든 방법론적 접근에 더하여 그리스도의 사랑과 영성을 바탕으로 한 영적인 치유형태를 포함한 치료행위를 의미한다. 여기에 대해서는 저자의 졸저, 『한국교회와 사회복지』(서울: 도서출판 나눔의집, 1997)를 참고하라.

으로 회복하고 치료하기를 원하신다는 관점에서 타락 전 하나님의 형상을 소유한 자로서의 인간에 보다 깊은 관심을 표명하지 않을 수 없다. 이런 측면에서 창세기에서 하나님은 인간 창조의 과정을 다음과 같이 기록하고 있다.

> 하나님이 가라사대 우리의 형상을 따라 우리의 모양대로 우리가 사람을 만들고… 하나님이 자기의 형상 곧 하나님의 형상대로 사람을 창조하시고… 하나님이 그 지으신 모든 것을 보시니 보시기에 심히 좋았더라.[4]

이상의 내용을 종합해 볼 때 하나님의 창조 의지대로 창조된 인간은 내면에 악이 존재하지 않고, 죄도 없으며, 의로운 존재로 창조되었고, 하나님 자신의 존엄성과 유사한 존엄성을 간직하고 있었으며, 죽음이 없고, 선악과를 제외한 지상의 동식물에 주도권을 행사하면서 풍요로운 삶을 영위할 수 있는 그런 특별한 존재로서의 창조물이었다. 여기서 우리가 가장 주목해야 할 부분은 바로 인간이란 하나님의 형상을 따라 지으심을 받은 존엄성을 가진 존재라는 사실이다. 위에서 언급한 대로 인간이 하나님의 형상을 소유했다는 의미는 정확하게 무엇을 의미하는 것인가? 이는 곧 인간이란 하나님의 인격과 하나님의 성품과 의지를 소유한 존귀한 존재, 즉 신의 성품을 지닌 존재임을 강하게 반영하고 있다는 사실이다.[5]

이런 차원에서 김기원(1998)은 교회사회사업을 하나님이 창조하신 원천적 존엄성 회복으로 보고 "인간의 존엄성을 회복하려는 공동체적 노력은 사회복지의 기본적 가치의 하나로서 오늘날까지 이어지고 있다."고 하였다. 따라서 기독교 사회복지는 단순히 자선의 차원이 아니라 바로 '하나님의 형상 회복' 이라는 구원론적 신앙의 의미를 포함하고 있다."라는 그의 지적은 일반

---

4) 구약성서(개역), 창세기1:27-31.
5) 김은수는 "기독교사회복지의 신학적 패러다임"에서 인간은 누구나 왕과 같은 존엄성을 가지며, 인간은 더불어 살아야 할 존재일 뿐만 아니라 인간은 피조물에 대한 통치의 권한과 책임성을 부여받은 존재로 규정함으로써 하나님의 형상을 소유함이 곧 교회사회사업의 출발점이 되고 있음을 천명한 바 있다. 김은수, "기독교 사회복지의 신학적 패러다임",『신학사상』(서울: 한국신학연구소, 2001년 봄, 통권 제112호), p.169.

사회사업의 단편적인 치유나 회복을 탈피하여 교회사회사업을 전인적인 인간의 모습을 회복하려는 일련의 통전적 노력으로 이해한 것으로서 이는 참으로 바른 판단이 아닐 수 없다.[6] 지면 관계상 인간에 대하여 성서가 말하는 그 방대함을 이 짧은 글에서 모두 거론할 수 없지만 성경은 한결같이 인간을 가치와 존엄성 및 신의 아름다움을 소유한 가장 소중한 존재로 기록하고 있다.[7] 이처럼 성서에는 인간의 거룩함과 구별성에 대해 지면에서는 다 거론할 수 없을 정도로 방대하고 아름답게 묘사되어 있다. 그러나 이러한 인간의 존엄성은 죄로 인하여 잠시 소멸되었거나 상실되었을 뿐이다. 성서는 이렇게 상실된 인간의 존엄성의 회복을 위하여 지속적인 회복의 선언을 선포하고 있다.[8] 이는 그만큼 인간 회복, 특히 존엄성 회복에 대한 하나님의 의지가 강하다는 사실을 보다 명백하게 반영해 주고 있는 것이다.

이와 같이 성서에서의 인간 이해는 사회사업의 대상이 인간이라는 측면에서 아주 소중하게 다루어야 할 주제임에 틀림이 없다. 구약성경 역시 인간이란 존엄성을 가진 존귀한 존재이기 때문에 서로에 대한 공동 책임을 가지고

---

6) 김기원, 『기독교사회복지』(서울 : 학지사, 1998), p.60.
7) 성경은 인간을 다음과 같이 존귀하고 아름다운 존재로 설명하고 있다.
　① 인간은 신의 형상(신의 성품, 신의 인격, 신의 의지)을 소유한 존재(창1:27-31)
　② 인간은 신의 기뻐하심을 입은 창조물의 극치(심히 좋았더라)(창1:31)
　③ 인간은 하나님의 영화와 존귀의 관을 쓰운 존재(히2:10)
　④ 인간은 택하신 족속, 왕 같은 제사장, 거룩한 나라, 그의 소유된 백성(벧전2:9)
　⑤ 인간은 하나님의 지극히 기뻐하는 존재(습3:17)
　⑥ 인간은 하나님의 거룩히 선택된 백성들(롬8:26)
　⑦ 인간은 신묘막측하게 지으심을 받은 존재(시139편)
　⑧ 인간은 창조 이전부터 세움을 입은 존재(잠8:22)
　⑨ 인간은 택하시고, 부르시고, 영화로움을 입은 존재(롬8:26-29)
8) 인간 회복에 대한 하나님의 의지는 성경 전체에서 광범위하게 나타나고 있지만 특별히 예언서에서 그 주종을 이루고 있다. 그 가운데서도 특히 이사야서의 '그루터기' 사상(밤나무, 상수리나무가 베임을 당하여도 그 그루터기는 남아 있는 것 같이 거룩한 씨가 이 땅의 그루터기니라, 사6:13)을 그 대표적인 예로 들 수 있는데 결국 상수리나무가 베임을 당하더라도 그 그루터기로 인하여 다시 회복될 것을 강하게 선언하고 있다. 이러한 회복의 선언은 이사야서 전체에서 지속적으로 반복되고 있으며 이사야 35장, 54장 등에서 보다 구체적인 형태를 띠고 있다. 뿐만 아니라 이러한 하나님의 회복의 의지는 에스겔 37장에서 보다 선명하게 표출되고 있는데, 비록 이스라엘이 마른 뼈와 같을지라도 여호와는 반드시 회복하여 큰 군대로 회복할 것을 선포하고 있는 것이다. 이처럼 죄로 인해 상실되었던 인간의 존엄회복을 위한 하나님의 의지는 성서 전체에서 여러 선지자들(예레미야, 호세아, 다니엘)을 통해 강력하게 전달되고 있다.

사회적인 약자나 빈자를 제도적으로 보호해야 할 것을 엄격히 서술하고 있다.

제3절 자선과 나눔에 대한 구약성서의 이해

1. 사회적 약자들의 기본적 생존권 보장을 위하여 제정된 출애굽기의 계약 법전

모세 오경이라 불리는 토라(Torah)에는 계약 법전, 성결 법전, 그리고 신명기 법전 등 중요한 세 가지 법전이 포함되어 있다. 계약 법전은 출애굽기 20장 22절에서 23장 33절을 중심으로 형성되었으며 가나안 땅에 살아가는 이스라엘 백성 중 가난한 자, 이방 나그네, 거지, 고아와 과부, 그리고 노예의 기초 생존권을 보장하기 위해 설정되었다. 이 법전이 제정된 주요 이유는 하피루[9] 로 지칭된 히브리인들이 한 때 이집트에서 노예생활을 하면서 중동지역 전역에서 지역 토착민보다 더 낮은 계층에 속하여 극한의 상황 속에 살면서 수모를 당했을 뿐만 아니라 그들의 기본적인 생존권마저 박탈당하는 비극의 삶을 살았기 때문이다. 이런 의미에서 계약 법전은 그들이 정착한 가나안 땅에서는 인간의 기초 생활권이 위협받아 인간 이하의 삶을 살아가는 비극적인 일이 결코 발생하지 않도록 하기 위한 하나님의 제도적 사회보장의 목적을 지니고 있었다.[10] 뿐만 아니라 이 계약 법전은 어느 사회나 발생할 수 있는 부익부, 빈익빈의 현상을 강력하게 고발하고 특별한 사회적 안전장치가 마련되어

---

9) 하피루란 원래 아피루(Apiru)란 말로서 땅을 소유할 수 없었던 이스라엘인 노예들을 지칭한 말이었다. 아피루란 단어가 하피루 그리고 히브리로 변화되었는데 종들 가운데서도 가장 압제받는 종들을 지칭하는 말이다.
10) 이 주제에 대해서도 저자의 졸저, 『한국교회와 사회복지』(서울: 도서출판 나눔의집, 2004) 제2장을 참고하라.

있지 않는 한, 법적·사회적으로 불리한 위치에 처할 수 밖에 없는 고아, 과부, 나그네와 노예 등 사회적인 약자들을 보호하기 위한 사회적 안전장치였던 것이다.

다시 말해서 출애굽기의 계약 법전은 하나님이 이스라엘 민족과 계약을 체결하시면서 단순히 아브라함과 이삭과 야곱과 맺은 언약을 확인하고 재계약을 체결하신 내용만을 반복한다고 볼 수 없으며, 오히려 동일한 하나님의 백성이면서도 가난하여 억눌려 살아갈 수밖에 없는 그의 백성들을 보호하고 또한 눌린 자를 해방시키는 것이 하나님이 진정으로 품으셨던 의도였던 것이다. 이 계약 법전에서 하나님은 억압으로부터 자유롭게 하시는 분이시며 성경에서 하나님은 억눌린 자들의 해방자로 인식되기를 원하셨던 것이다.

빈자 및 사회적 약자들은 당장 생존권에 위협을 받을 수밖에 없었기 때문에 출애굽기의 계약법은 우선적으로 이들의 생존권에 관심을 갖지 않을 수 없었다. 어느 사회나 마찬가지겠지만 가장 시급한 문제는 경제문제였다. 그래서 "네가 만일 너와 함께한 나의 백성 중 가난한 자에게 돈을 꾸이거든 너는 그에게 채주 같이 하지 말며 이식을 받지 말 것이며…(출22:25)."라고 규정함으로써 그들의 최소의 경제생활이 위협받지 않도록 규정하고 있고, "네가 만일 이웃의 옷을 전당잡거든 해가 지기 전에 그에게 돌려보내라. 그 몸을 가릴 것이 이 뿐이라. 이는 그 살의 옷인즉 그가 무엇을 입고 자겠느냐, 그가 내게 부르짖으면 내가 들으리니 나는 자비한 자 임이니라."는 말씀을 중심으로 볼 때 하나님은 역시 사회적 약자들의 기본적인 생활에 관심을 갖는 분으로 투영되고 있다.[11]

이러한 기본권 보장은 이스라엘 민족뿐만 아니라 그들과 함께 살아가고 있는 이방 나그네와 종에게까지 적용되고 있다. "너는 이방 나그네를 압제하지 말며 그들을 학대하지 말라. 너희도 애굽 땅에서 나그네이었음이니라.(출22:21)"라고 말함으로써 누구든지 압제받아 삶의 기본권이 침해받을 수 있음

---

11) 구약성서(개역), 출애굽기22:26-27.

을 전제하고 있는 것이다. 뿐만 아니라 이러한 인간의 기본적 생존권은 사회적 약자들의 휴식 문제에까지 확대되고 있는데 그것이 곧 안식일 개념인 것이다. 안식일을 통하여 나그네든지 종이든지 아니면 동물이든지 모두가 동일하게 휴식을 취할 권리가 있음을 천명하시는 것이다. "너는 육일 동안에 네 일을 하고 제 칠일에는 쉬라. 네 소와 나귀가 쉴 것이며 네 계집종의 자식과 나그네가 숨을 돌리리라." 이는 실로 놀라울 만큼 완벽한 사회보장 제도가 아닐 수 없다. 이러한 기본권의 보장은 단순히 그들의 의식주에만 국한된 것이 아니라 완전한 자유인으로서의 보장까지 포함하고 있다. 예를 들어 7년 되던 해의 종의 해방이 그것이며, 7년째 땅의 휴경제를 통해서도 땅을 소유하지 못한 사회적 약자들과 나그네 그리고 동물들이 기본적인 인간의 권리와 존엄을 가지고 살아가도록 사회적 안전장치를 마련하셨던 것이다. 이러한 땅의 휴경제의 이유는 옛 이스라엘 사회에서 사람의 지위는 땅을 가지고 있느냐에 따라 결정되었고, 이 땅의 소유로서 빈부를 가늠할 수 있었기 때문이다. 이스라엘 사람들은 본디 하나님으로부터 지파별로, 문중별로 땅을 나누어 가졌지만 타향사람(게르), 거류민(토샤브), 품꾼(사키르)같은 사람들은 그런 특혜를 전혀 누리지 못하는 안타까움을 가지고 있었다. 따라서 안식년에 땅이 내는 것은 가난한 사람들과 들짐승들이 먹게 하라고 함으로써, 안식년이 가지는 사회보장적 성격을 더욱 분명하게 해 두었던 것이다.

> 너는 6년 동안은 너의 땅에 파종하여 그 소산을 거두고 제 7년에는 갈지 말고 묵여 두어서 네 백성의 가난한 자로 먹게 하라. 그 남은 것은 들짐승이 먹으리라. 너의 포도원과 감람원도 그리할지니라.[12]

위에서 언급한 빈자 및 사회적 약자를 위한 계약 법전의 내용을 종합하면 다음과 같다.

---

12) 구약성서(개역), 출애굽기23:12.

- 빈자 및 사회적 약자로부터 이식 수취 금지
- 빈자 및 사회적 약자들의 전당물 장기 전당 금지
- 나그네와 종들의 압제 금지
- 나그네와 종 및 동물들의 휴식을 위한 안식일 준수
- 토지를 소유치 못한 종들과 동물을 위한 땅의 휴경제
- 7년째의 종의 해방

이처럼 가장 먼저 설정된 출애굽기의 계약 법전에는 그야말로 인간의 가장 기본적인 생존을 위협하는 요소를 제거하고 그들을 보호하도록 기초 생활권에 그 기초를 두고 있다. 이런 의미에서 이 계약 법전은 하나님의 자녀들의 공동체인 기독교회가 기초적 생존권을 위협받고 있는 현대 사회의 빈자와 사회적 약자에 대해 어떻게 구체적으로 관심을 가져야 할 것인지에 대한 명확한 해답을 제시하고 있다는 점에서 그 의미를 부여할 수 있다.

2. 빈자 및 사회적 약자들의 경제 정의를 내포한 레위기의 성결 법전

성결 법전은 레위기 17장·26장을 중심으로 구성된 내용으로, 앞에서 언급한 계약 법전과 추후 언급할 신명기 법전과 동일하게 사회 극빈자들의 생존을 위한 기초 생활권에 기인하고 있다는 점에 있어서 그 원리와 철학을 같이 하고 있다. 예를 들어 추수 때 빈자와 사회적 약자들에게 혜택을 줄 것과 이방인 압제 금지 및 땅의 휴경제 등에 대해서는 공통적인 관심을 표명하고 있다. 그러나 이 법전이 다른 법전과 확연히 구분되는 것은 '분배정의'를 더욱 확고하게 선언하고 있다는 점이다. 특별히 이것을 성결 법전이라 명명하게 된 것은 레위기 19장에서 "너희는 거룩하라. 왜냐하면 나는 거룩한 너희 하나님 야훼니라(레19:2)."라는 핵심적 내용에 기인하기 때문이다. 하나님은 거룩

한 분으로서 하나님을 섬기는 하나님의 백성 역시 거룩하다는 것이며, 이러한 하나님에 대한 거룩성은 결국 이스라엘 백성들의 구체적 분배정의를 통해 성도들의 이웃 사랑과 이방인을 사랑하는 실천적인 활동으로 표출되어야 한다는 것이었다.

> 이웃 사랑하기를 네 몸과 같이 하라 나는 네 여호와니라.[13]

이처럼 거룩한 하나님을 섬기는 하나님의 거룩한 백성은 이웃 사랑으로서 그 구체적인 거룩성이 표출되어야 한다고 천명하고 있다. 특징적인 것은 외국인 학대 금지(레20:33), 땅의 휴경제(레25:4-7), 그리고 빈자로부터의 이식 취득 금지(레25:37) 등은 계약 법전과 맥을 같이 한다. 그러나 기초 생활권 보장에 대해서 계약 법전과 달리 약자에 대한 추수 때의 배려를 강도 높게 주장함으로써 공히 약자들의 경제적인 문제와 보호를 한결같이 언급하고 있는 것이다.

> 너의 땅의 곡물을 벨 때에 너는 밭모퉁이까지 다 거두지 말고, 너의 떨어진 이삭도 줍지 말며, 너희 포도원의 열매를 다 따지 말며, 너의 포도원에 떨어진 열매도 줍지 말고, 가난한 사람과 타국인을 위하여 버려두라. 나는 너희 하나님 여호와니라(레19:9-10).

> 너희 땅의 곡물을 벨 때에 밭모퉁이까지 다 베지 말며, 떨어진 것을 줍지 말고, 너는 그것을 가난한 자와 객을 위하여 버려두라. 나는 너희 하나님 여호와니라(레23:22).

성결 법전은 계약 법전보다 훨씬 다양하고 구체적인 사회보장제도를 형성하고 있는데 위에서 언급한 바와 같이 거의 대부분이 경제 정의에 그 초점을 맞추고 있다는 점이다. 예를 들어 품삯 지불 연기 금지가 그 대표적인 형태라

---

13) 구약성서(개역), 레위기19:18.

고 볼 수 있는데, 하나님은 "너는 네 이웃을 압제하지 말며, 늑탈하지 말며, 품군의 삯을 아침까지 밤새도록 네게 두지 말며, 너는 귀먹은 자를 저주하지 말며, 소경 앞에 장애물을 놓지 말고, 네 하나님을 경외하라. 나는 여호와니라(레19:13-14)."라고 말씀하심으로써 자신이 경제적으로 높은 위치에 있다고 해서 당연히 지불해야 할 품삯을 자신의 의지대로 연기할 수 없다는 내용을 포함하고 있다.

이러한 경제 분배 정의는 여기에 그치지 않고 영구적 토지 판매 금지로 연결된다. "토지를 영영히 팔지 말 것은 토지는 다 내 것임이라. 너희는 나그네요, 우거하는 자로서 나와 함께 있느니라(레25:23)."라는 선언은 토지를 통하여 경제 분배의 정의를 더욱 확고하게 실현하고자 했던 하나님의 의도였다. 이러한 경제 분배의 정의는 비단 땅 뿐만 아니라 영구적 종의 판매 금지로까지 연결되었다.

> 만일 너희 형제가 가난하여 그 기업 얼마를 팔았으며 그 근족이 와서 동족의 판 것을 무를 것이요, 만일 그것을 무를 사람이 없고 자기가 부요하게 되어 무를 힘이 있거든 그 판 해를 계수하여 그 남은 값을 산 자에게 주고 그 기업으로 돌아갈 것이니라(레 25:27).

이러한 법령은 참으로 그 당시 근동지방의 문화로 비추어 볼 때 감히 상상도 할 수 없는 파격적인 형태의 사회안전망 및 사회보장책이 아닐 수 없었다. 위에서 언급한 빈자 및 사회적 약자를 위한 성결 법전의 내용을 종합하면 다음과 같다.

· 외국인 학대 금지
· 땅의 휴경제
· 빈자로부터의 이식 취득 금지

- 약자에 대한 추수 때의 배려
- 품삯 지불 연기 금지
- 토지의 영구적 토지 판매 금지
- 영구적 종의 판매 금지

3. 종합적 사회보장제도로서의 신명기 법전

신명기 법전은 신명기 12-26장의 내용으로 계약 법전과 성결 법전을 통하여 가장 발전되고 심화된 이스라엘 사회의 사회보장법이었다. 신명기 법전은 계약 법전과 성결 법전이 언급한 내용, 즉 빈자의 기본적 권리와 분배 정의를 포함하여 '안식년 규정'과 '십일조 규정' 및 '희년 규정'을 명문화하였다. 다시 말해, 빈자를 위한 추수 때의 배려, 이방인과 나그네에 대한 생존권 보장 등은 계약 법전이나 성결 법전에 이어 동일하게 나타나지만 신명기 법전에는 채무면제법, 십일조 규정, 안식년 규정, 절기를 통한 나눔의 규정, 그리고 희년 규정 등 독특한 몇 가지가 추가됨으로써 소위 종합적이고 체계적인 사회보장제도로 자리 잡게 되었다.

채무면제법이란 "7년에 한 번씩 남의 빚을 삭쳐 주어라. 너희 가운데 가난한 사람이 없도록 하여라."라는 내용으로 경제 구조의 악순환 속에서 발생한 채무자들을 구제하기 위한 조처였다. 이는 어디까지나 이스라엘 민족이 이집트인들에게 당한 그 엄청난 채무독촉에 근거한 것으로 이 규정을 수행하지 않는 이스라엘 백성들은 이집트의 제국주의적 위치에 서서 압제를 휘두른 것과 동일시하였다. 이처럼 신명기 법전은 계약 법전과 성결 법전과 비교해 볼 때 보다 구체적이며 체계적인 양상을 띠었다. 그 대표적인 것이 십일조 규정이다. 십일조의 일반적인 용도는 신명기 14장 29절에 나타나고 있다.

매 3년 그 해 소산의 십일조를 다 내어 네 성읍에 저축하여 너희 중에 분깃이나 기업이 없는 레위인과 네 성 중에 우거하는 객과 고아와 과부들도 와서 먹어 배부르게 하라.

이 말씀을 중심으로 고찰해 볼 때 십일조는 전적으로 그 당시 땅을 분배받지 못한 레위인과 사회복지 대상자인 고아와 과부와 객을 위해서 만들어졌음을 알 수 있다. 그리고 제3년째 드리는 십일조는 그 전체가 특정된 장소에서 분배되어져야 함을 고지하고 있는데, 이는 이스라엘에서 땅을 소유하지 않은 레위인과 특권을 누리지 못하는 자들인 이방인, 고아, 과부들을 위한 것이었다. 이는 중앙관료의 개입 없이 직접적으로 개별적인 장소에서 나누어지는 것이었고 이러한 일이 잘 지켜질 수 있도록 특별한 서약을 해야만 했다.[14] 신명기 법전의 또 다른 특징적인 규정은 절기를 통한 나눔의 규정이었다. 하나님은 다양한 절기를 통해 하나님의 의지가 담긴 분배 정의를 실현하고자 하였다. 이스라엘 백성들은 무교절이란 농사절기를 출애굽 사건과 결합시켜 이 절기는 이스라엘에서 가장 중요한 신앙적인 절기가 되었다. 이스라엘은 이 절기를 하나님이 명령하신 사회복지구현을 실천하는 계기로 삼았고, 칠칠절 곡식 걷이가 끝난 후 이웃들과 곡식 나눔을 명령하시면서, 이스라엘이 그렇게 해야 하는 이유를 출애굽 사건과 연결시킴으로써 무교절처럼 사회정의와 복지구현이라는 출애굽 정신을 실천하는 계기로 삼으며, 초막절 규례에서도 반복하여 '나눔', 즉 분배 정의를 명령하셨다. 보다 정확하게 기술하자면 이러한 절기의 이유는 '예물드림'이 아니고, 형편이 어려운 이웃들을 돌보는 '나눔'이었다는 사실이다.

신명기 법전의 꽃은 역시 희년[15]에 있다고 하겠다. 이 희년은 가난을 제도적으로 제거하여 경제적 균등을 유지하기 위한 하나님의 법칙이었다. 또한 희년은 모든 가족을 해방시키고 그들이 원래 상속받은 유업도 아울러 자기의 원래 위치로 돌아가도록 명함으로써 그 누구도 땅과 사람을 영원히 소유할

---

14) 구약성서(개역), 신명기 26:12.
15) ① 희년은 생산의 염려에서 벗어나는 해이다. 하나님께서 먹을거리를 마련해 주시기로 한 해이다.

수 없으며 철저히 하나님의 것임을 재삼 인식하는 종합적인 복지 장치로 자리하게 되었다.

종합적인 사회보장제도로서의 신명기 법전의 특징은 다음과 같다.

- 빈자를 위한 추수 때의 배려
- 이방인과 나그네에 대한 생존권 보장
- 안식년 규정
- 십일조 규정
- 절기를 통한 나눔의 규정
- 희년 규정

4. 분열왕국 시대 이후의 사회보장제도의 총체적 몰락

모세의 오경을 통해 선포된 하나님의 종합적 사회보장제도가 어느 정도 이스라엘 사회에서 지켜지는 듯 했으나, 통일왕국을 거쳐 분열왕국시대에 이르러 그 흔적도 찾아보기 힘들 정도로 총체적 몰락을 경험하게 되었다. 그 원인은 철저히 있는 자와 통치자, 그리고 지도자들의 탐욕 때문이었다.

그 후 아모스와 예레미야, 이사야, 호세아 등의 선지자를 통해 그들의 죄악이 신랄하게 고발되었고, 하나님은 하나님 나름대로 이러한 하나님의 법칙들의 회복을 선언하시게 된다. 다음은 이스라엘의 죄악에 대한 아모스의 신탁

---

② 희년은 하나님이 바라시는 하나님 백성의 아름다운 공동체 생활로 돌아가는 해이다. 이 공동체 생활은 가난으로 잃었던 삶의 터전과 자유를 되찾음으로써 회복되는데, 이렇게 되찾는 삶이 바로 희년이 선포하는 해방의 삶이다.
③ 이 해방된 삶의 터전이 되는 땅과 집에 대한 소유는 문중이라는 중간 공동체를 매개로 하여 하나님 백성의 구성원들 사이에 있는 끈끈한 유대감과 연대성 위에 세워진다.
④ 희년은 보통 때에도 돌아갈 수 있다는 희망을 품고 더불어 돌아가는 일을 해나가도록 한다.
⑤ 희년은 참회로부터 시작한다. 박동현, "네 형제가 가난하여져서…",『교회와 신학』(서울: 장로회신학대학교출판부, 1996년, 제28집), p.158.

내용이다.

> 내가 너희 절기를 미워하여 멸시하며 너희 성회들을 기뻐하지 아니하나니, 너희가 내게 번제나 소제를 드릴지라도 내가 받지 아니할 것이요, 너희 살진 희생의 화목제도 내가 돌아보지 아니하리라. 네 목소리를 내 앞에 그칠지어다. 네 비파 소리도 내가 듣지 아니하리라. 오직 공법을 물같이 정의를 하수같이 흘릴지로다.[16]

사실 하나님과 이스라엘 백성의 관계에 있어서 한 폭의 아름다운 그림은 바로 이스라엘 백성이 하나님의 길을 걸어가는 것이었다. 그러나 이스라엘은 더 이상 하나님의 백성이 아니었고 또한 하나님은 더 이상 그들의 하나님이 아니었다. 왜냐하면 이스라엘 백성들은 더 이상 하나님의 백성으로 살지 않았고, 하나님과 맺었던 그 계약을 철저히 파기했기 때문이었다. 하나님은 이러한 그의 선언문에서 특별히 그를 가난한 자와 동일시하신다. "가난한 자를 학대하는 자는 그 지으신 이를 멸시하는 자요, 궁핍한 사람을 불쌍히 여기는 자는 주를 존경하는 자니라(잠14:31)."라고 선언하시며, "가난한 자를 조롱하는 자는 이를 지으신 주를 멸시하는 자요(잠17:5)."라고 말씀하심으로써 그가 친히 가난한 자의 아버지이심을 천명하시는 것이었다. 하나님은 지속적으로 가난한 자를 돌아보지 않는 인간의 탐욕에 대하여 분노의 화살을 날리신다.

> 가옥에 가옥을 연하며 전토에 전토를 더하여 빈틈이 없도록 하고 이 땅 가운데서 홀로 거하려 하는 그들은 화 있을 진저…[17]

중요한 것은 그들이 의식적으로 하나님께 드리는 의미 없는 예배도 문제였지만 이보다는 오히려 이웃을 돌아보는 그들의 삶의 부재가 문제였다. 하나님은 이것을 계약의 파기라고 몰아세우시면서 그들의 현저한 삶의 부재가

---

16) 구약성서(개역), 아모스5:21-24.
17) 구약성서(개역), 이사야 4:8.

존속되는 한 하나님은 더 이상 그들을 하나님의 백성으로 받아 주시지 않겠다는 내용이었다.

5. 하나님의 의도적인 사회보장 및 거룩한 백성들의 나눔의 행위로서의 구약

구약성서, 특히 모세 오경 및 계약 법전, 성결 법전 그리고 신명기 법전을 통해 하나님은 이스라엘 백성들, 특히 사회적 약자들이 안전하게 그 땅에서 살아갈 수 있도록 제도적인 사회보장제도를 확립하셨던 것이다. 그러나 이러한 규정에 대해 하나님은 이스라엘 백성들이 의무적으로 반응하거나 강제적으로 집행하도록 명령하지 않으셨다. 오히려 이러한 규정을 지킴으로써 그들이 경험한 적 없는 큰 복을 경험할 수 있는 특권으로 제정하셨던 것이다. 그들에게 요구된 것은 '드림'이 아니라 '나눔'이었다고 볼 때, 나눔이란 종교적 의무에 의한 행위가 아니라 주심에 대한 자발적이며, 의도적인 베풂의 사건이었음을 지적하고 계신 것이다. 하나님은 하나님이 주신 이 축복을 사회적 약자들과 나누라고 말씀하신다. 이것이야말로 축복 중의 축복임을 천명하시는 것이다.

> 여호와여, 이제 내가 주께서 내게 주신 토지 소산의 맏물을 가져왔나이다 하고 너는 그것을 네 하나님 여호와 앞에 두고 네 하나님 여호와 앞에 경배할 것이며, 네 하나님 여호와께서 너와 네 집에 주신 모든 복으로 인하여 너는 레위인과 너의 중에 우거하는 객과 함께 즐거워할지니라.[18]
> 매 삼년 끝에 그 해 소산의 십분 일을 다 내어 네 성읍에 저축하여 너의 중에 분깃이나 기업이 없는 레위인과 네 성 중에 우거하는 객과 고아와 과부들로 와서 먹어 배부

---

18) 구약성서(개정), 신명기26:10-11.

르게 하라. 그리하면 네 하나님 여호와께서 너의 손으로 하는 범사에 네게 복을 주시리라.[19]

칠칠절을 지키되… 너와 네 자녀와 노비와 네 성 중에 거하는 레위인과 너희 중에 있는 객과 고아와 과부가 함께… 즐거워할지니라. 너는 애굽에서 종 되었던 것을 기억하고…[20]

위의 글에서 보듯이 이러한 자발적 나눔의 행위에는 항상 하나님의 축복하심이 전제되고 있다. 이것은 결국 이스라엘 민족들이 자발적으로 나눔을 실시할 수 있는 이유가 하나님이 이스라엘 민족에게 풍부하게 주신 모든 복으로 인하여 복을 누리지 못하는 이들과 함께 나누며 기뻐해야 하는 것임을 천명하고 있다. 참으로 놀라운 것은 위의 세 말씀 모두 수혜자가 레위인에 국한되지 않고 객과 고아와 과부에게 동일하게 적용된다고 하는 사실이다.

제4절 자선과 나눔에 대한 신약성서의 이해

성결 법전, 출애굽 법전, 그리고 신명기 법전을 중심으로 형성된 법령으로서, 그리고 사회안전망으로서의 구약의 제도적인 장치는 구약의 나눔을 이해하는 중요한 요소로 자리하였다. 이러한 구약의 나눔의 정신은 신약, 특히 그리스도의 박애정신과 궁민을 불쌍히 여기시는 그리스도의 사상과 철학으로 이어졌고, 이런 그리스도의 자비와 사랑의 행위는 당연히 신약의 여러 곳에서 풍부하게 거론되어진다. 이러한 사랑의 나눔에 대한 사상은 공관복음뿐만

---

19) 구약성서(개정), 신명기14:28-29.
20) 구약성서(개정), 신명기16:10-12.

아니라 바울서신 등 모든 신약성경을 이루는 중요한 요소가 된다.

1. 가난한 이와 자신을 동일시하신 예수를 구체적으로 반영하고 있는 마태복음

1) 가난한 이와 자신을 동일시하신 예수

예수의 공생애를 중요한 두 부분으로 나눈다고 하면 그것은 '말씀 선포'와 '치유 사역'으로 구분할 수 있다. 이 양자는 결코 분리될 수 없는 동전의 양면과 같아서 개별화된 기능이 아니라 상호보완적 특성을 가지고 있는데, 이러한 양면성은 특히 마태복음에서 특징적으로 나타나고 있다.[21] 이러한 예수의 사역은 특별히 마태복음에서 치유적 성격을 띠고 있는데 이 치유활동은 단순히 육체적인 치유를 뛰어 넘어 육체와 영혼으로 하나가 된 인간의 전인적인 치유를 목표로 하고 있다는 데 그 의의를 둘 수 있다. 마태복음의 특징 중의 하나는 예수 자신이 그를 가난한 이와 동일시하고 있다는 점이며, 또 이런 관점에서 예수 자신은 낮은 자를 불쌍히 여겨 치유하시며, 반대로 부유한 자에 대하여 나눔을 실현할 것을 엄히 종용하실 뿐만 아니라 그의 선교사역에 있어서도 결코 편협하지 아니하고 통전적 선교관으로 임하고 있음을 반영하고 있다.

무엇보다 먼저 마태가 그렸던 예수의 모습 중 가장 선명하게 표현되고 있는 부분은 예수 자신이 친히 가난한 이와 자신을 같은 자로 여기시고 있다는 사실이다. 마태는 그의 복음서 25장 40절에서 "내가 주릴 때에 너희가 먹을 것을 주었고 목마를 때에 마시게 하였고… 벗었을 때에 옷을 입혔고… 내가 진실로 너희에게 이르노니 너희가 여기 내 형제 중에 지극히 작은 자 하나에

---

21) 최무열, op. cit., p.283.

게 한 것이 곧 내게 한 것이니라."라고 말씀하심으로써 사회적 약자에게 한 모든 행동이 곧 그리스도에게 한 행동임을 천명하셨다. 이와는 다르게, 하나님의 백성이 가난한 자들을 무시하는 것은 하나님께 불순종하는 것 이상을 의미하는 것으로 해석하고 있으며, 작은 일에 최선을 다하여 섬기는 일 역시 주인의 일임을 각인시키고 있다. "주인이 이르되, 잘 하였도다. 착하고 충성된 종아, 네가 작은 일에 충성하였으매 내가 많은 것으로 네게 맡기리니 네 주인의 즐거움에 참예할지니라(마25:21)."라는 말씀뿐만 아니라 예수는 "이 지극히 작은 자 하나에게 하지 아니한 것이 곧 내게 하지 아니한 것이니라 하시리니 저희는 영벌에 의인들은 영생에 들어가리라 하시니라(마25:46)."라고 말씀하셨다.

이렇게 가난한 자와 동일시하는 예수의 모습은 구약성경에서 가난한 자와 동일시하시는 하나님의 모습과 정확히 일치하고 있다.

2) 낮은 자를 위하여 오신 예수

마태복음의 두 번째 특징적인 현상은 빈자와 사회적 약자에 대해 예수는 남다른 관심을 가지고 그들을 대하며 치료하신다는 사실이고 또한 예수는 이 일을 통해 그가 친히 낮은 자를 위해 오셨기 때문에 자신을 낮추는 그 일이 합당함을 천명하시는 것이다.

낮은 자와 소외된 자를 위해 오신 그리스도의 모습은 구체적으로 그의 마태복음 1장 1-17절을 중심으로 그의 출생부터 강하게 표출되고 있다. 그는 다말의 후예, 기생 라합의 후예로 오셨음을 구체적으로 밝히고 있는데 사실 다말, 라합, 룻, 우리아의 아내 등 이들은 한결같이 혈통 자체에 문제가 있는 사람들로서 그리 영광스러운 가문은 아님을 스스로 밝히고 있다. 또한 그의 사역에 있어서도 마태복음 4장 23-25절을 중심으로 볼 때 대부분 갈릴리에 편중되어 있음을 알 수 있다. 예수님은 갈릴리를 떠나 스불론과 납달리, 해변의 땅, 이방의 땅에 머무르셨다. 그가 밟는 땅, 그 흑암의 땅은 빛을 보았고 생명의 빛이 비췄다고 기술하고 있는데 이는 한결같이 소외된 이방의 땅이었다는 사실에 주의해야 할 필요가 있다. 그가 낮은 자를 위해 오셨다는 확실한 증거는 산상보훈인데 예수께서 복이 있다고 지칭한 사람들 모두가 사회적 약자에 해당되는 사람들이었다. '심령이 가난한 자'는 마음이 청결한 자이고, 마음을 비우고 사는 세상에서 가난하게 사는 사람들을 의미하였으며, 욕심을 부리지 않고 주어진 일에 감사하며 사는 민초들이었다. "애통하는 사람이 복이 있다."고 하였다.

위에서 잠시 밝힌 바와 같이 마태복음에는 예수의 치료 사역이 타 복음서보다 훨씬 자세하고 다양하게 묘사되어 있다. 특히 소망 없는 사람들에게 치료적 혜택이 주어졌다. 12살 먹은 죽은 소녀를 일으키시고, 12해를 혈루증으로 앓는 여인을 고치셨다. 예수는 희망 없이 죽어 가는 세대의 사람들에게 생명을 주셨다. 12년 동안 부정한 여인으로 철저히 사회로부터의 차단을 경험해야 했던 그녀에게 예수의 옷자락이 닿기만 해도 구원을 얻는 역사가 일어났다. 예수는 소녀에게 '딸'이라고 불렀다. 이는 예수께서 병든 자를 얼마나 불쌍히 여기시고 사랑하셨는가를 알 수 있는 좋은 예이다. 참으로 고무적이고 감동적인 점은 예수께서 치료의 의지를 가진 모든 환자들을 '모두 고쳐주셨다'는 점이다. 예수가 낮은 자로 오셨다는 또 다른 확실한 증거는 그가 죄인의 친구로 오셨다는 사실이다. 예수는 "성한 사람에게는 의사가 필요하지 않으나 병자에게는 필요하다. 너희는 가서 '내가 바라는 것은 동물을 잡아 나에게 바치는 제사가 아니라 이웃에게 자선을 베푸는 것이다'라고 하신 말씀이 무슨 뜻인가를 배워라. 나는 선한 사람을 부르러 온 것이 아니라 죄인을 부르러 왔다."라고 친히 말씀하셨다.

3) 부자에 대한 탐욕의 경고와 나눔의 종용

낮은 자를 위하여 오신 예수는 자연히 탐욕으로 자기의 소유만을 늘이려는 부자들의 행동에 거부반응을 보이시고 보다 적극적으로 그들이 소유한 재산을 나누도록 종용하고 있다. 예수는 단적으로 그리고 노골적으로 부자들에 대해 단호하게 말씀하신다. "예수께서 제자들에게 이르시되, 내가 진실로 너희에게 이르노니 부자는 천국에 들어가기가 어려우니라(마19:22)." 또한 예수는 "네가 온전하고자 할진대, 가서 네 소유를 팔아 가난한 자들을 주라. 그리하면 하늘에서 보화가 네게 있으리라. 그리고 와서 나를 좇으라…(마 19:22)."라고 선포하시며 영생을 구하는 율법사에게도 공공연히 말하기를 "네 마음을 다하고 목숨을 다하고 뜻을 다하여 주 너의 하나님을 사랑하라 하셨으니 이것이 크고 첫째 되는 계명이요, 둘째는 네 이웃을 네 몸과 같이 사랑하라 하셨으니 이 두 계명이 온 율법과 선지자의 강령이니라(마22:37-40)."고 말씀하심으로써 하나님의 자녀란, 단순히 전통적으로 이어져 온 율법을 고수하는 것이 아니라 구체적 나눔의 행위임을 재삼 천명하시는 것이다. 따라서 그들의 현존의 삶을 다음과 같이 강조하신 것이다. "이러므로 너희도 예비하고 있으라. 생각지 않은 때에 인자가 오리라. 충성되고 지혜 있는 종이되어 주인에게 그 집 사람들을 맡아 때를 따라 양식을 나눠 줄 자가 누구뇨. 주인이 올 때에 그 종의 이렇게 하는 것을 보면 그 종이 복이 있으리로다(마 24:44)."라고 하였다.

4) 예수 그리스도의 통전적 선교관

예수의 선교관은 바리새인과 서기관과 같이 편협한 것은 아니었다. 오히려 마태는 예수 그리스도가 얼마나 통전적이며 통합적인 선교관으로 백성들에게 다가서셨는지를 잘 설명해 주고 있다. 마태는 예수의 사역을 가르침의 사역, 선포의 사역, 그리고 사회치료의 사역으로 이해하고 있다. "예수께서 모든 성과 촌에 두루 다니사, 저희 회당에서 가르치시며 천국 복음을 전파하시며 모든 병과 모든 약한 것을 고치시니라(마9:35)." 놀라운 것은 마태가 그의 복음서 4장에서 글자 한자 틀리지 않고 이를 반복하고 있다는 사실이다. 이는 그만큼 예수의 사역이 그의 눈에는 균형 있게 전달되고 있다는 증거가

된 것이었다. 이러한 통전적 접근의 또 다른 예는 그의 복음서 22장 37-39절에 나타나는데 "네 마음을 다하고 목숨을 다하고 뜻을 다하여 주 너의 하나님을 사랑하라 하셨으니 이것이 크고 첫째 되는 계명이요 둘째는 그와 같으니 네 이웃을 네 몸과 같이 사랑하라(마22:37-39)."는 내용 역시 지속적으로 되풀이하고 있다는 사실이다.

종합적으로 마태는 예수를 다음과 같은 시각으로 강조하고 있다.

- 가난한 이와 자신을 동일시하신 예수
- 낮은 자로 오신 예수
- 부유한 자의 나눔을 종용하시는 예수
- 통전적 시각으로 사역하신 예수

2. 죄인의 친구로서, 그리고 섬김의 주로 오신 예수를 투영한 마가복음

예수는 항상 굶주리고 병든 많은 무리들을 중심으로 그의 사역을 감당해 나가셨다. 특히 갈릴리에서의 예수의 공생애 활동은 그들을 가르치고, 섬기는 일이었다. 그 무리들 속에는 병든 자, 가난한 자, 세리, 죄인, 창기, 이방인 등 '땅의 백성(암하아레츠)'들이 포함되어 있었다. 예수는 무리를 섬기는 자였다. 이러한 예수의 섬김의 정신이 마가복음에서는 섬김의 예수, 즉 치료자 예수, 먹이시는 자 예수, 낮은 자 예수, 종으로서의 예수로 표현되고 있다.

1) 치료자로서의 섬김의 예수

예수 시대의 사람들은 대부분 빈곤계층에 속해 신체적 고통 외에도 경제적 고통까지 더하는 이중고에 시달리며 살아가고 있었다. 특히 로마의 통치

하에 있던 그들에게 신체적, 경제적 어려움은 상상을 초월하는 것이었다. 이런 상황에서 주님은 친히 그들의 치료자와 친구로서 섬김을 감당하셨다. 주님은 그가 친히 치료자이며 친구임을 천명하셨다. "바리새인의 서기관들이 예수께서 죄인과 세리들과 함께 잡수시는 것을 보고 그 제자들에게 이르되, 어찌하여 세리와 죄인들과 함께 먹는가. 예수께서 들으시고 저희에게 이르시되, 건강한 자에게는 의원이 쓸데없고 병든 자에게라야 쓸데 있느니라. 내가 의인을 부르러 온 것이 아니요, 죄인을 부르러 왔노라 하시니라(막2:16-17)." 이러한 예수의 치료행위는 마가복음의 시작으로부터 실시되어 거의 모든 장에 빠짐없이 나타나고 있다.

2) 먹이시는 자로서의 섬김의 예수

예수의 섬김은 치료자로서만이 아니라 먹이시는 자로서의 역할도 포함하고 있다. 유대인들에게 예수가 그렇게 달갑지 않게 비춰졌던 이유는 예수께서 모든 유대 종교 지도층으로부터 멸시받고 천대받는 죄인 그룹, 즉 세리, 병자, 창기, 직업상 이방인들과 자주 접촉하는 사람들 등과 함께 어울려 한 식탁에서 식사한다는 점이었다. 또한 먹을 것이 없어 주린 백성들에게 친히

장	장별 내용
1장	베드로의 장모 열병 고치심, 모든 병자와 귀신 들린 자 고침.
2장	중풍병자 고치심 (네 명의 도움으로), 죄인과 세리와 함께 식사하심. 건강한 자에게는 의원이 쓸데없고, 병든 자 위하여 필요함. 내가 의인을 부르러 오지 않고 죄인을 부르러 왔다고 선언하심.
3장	손 마른 자 고치심, 안식일에 선을 행함, 12제자를 세워 귀신 쫓는 능력 주심.
4장	하나님의 나라에 대한 비유.
5장	거라사 광인 고치심, 야이로의 딸 고치심, 회당장의 딸 (혈루증) 고치심.
6장	제자들에게 귀신을 제어하는 권세를 주심, 모든 백성들을 먹이심.
7장	더러운 귀신 들린 딸과 수로보니게 여인의 간청, 귀먹고 어눌한 자 고치심.
8장	무리를 먹이심, 소경의 눈을 뜨게 하심.
9장	벙어리 귀신 들린 아들 고치심, 어린아이와 같이 될 것을 가르치심.
10장	어린이 배척지 아니하심, 영생을 얻기 위해 있는 것을 팔 것을 가르치심. 인자의 온 것을 섬김을 받으려 함이 아니라 섬기려 하고, 자신의 목숨을 많은 사람의 대속물로 주기 위하여 오신 것을 천명하심.

먹이시는 자로서의 사명을 감당하셨다는 점이다. "내가 무리를 불쌍히 여기노라 저희가 나와 함께 있은 지 이미 사흘이매 먹을 것이 없도다. 만일 내가 저희를 굶겨 집으로 보내면 길에서 기진하리라. 그 중에는 멀리서 온 사람도 있느니라(막8:2-3)."는 말씀은 그가 얼마나 무리들의 아픔에 깊이 동참하고 있는지를 여실히 보여주고 있는 것이다.

3) 낮은 자로서의 섬김의 예수

마가는 예수를 낮은 자로 표현하면서 그가 특별히 어린아이를 받아들이는 행위로 이에 결부시키고 있다. "누구든지 내 이름으로 이런 어린아이 하나를 영접하면 곧 나를 영접함이요. 누구든지 나를 영접하면 나를 영접함이 아니요. 나를 영접함이 곧 나를 보내신 이를 영접함이니라(막9:37)."라고 선언하셨다.

당시 팔레스타인에서 어린이는 어른들의 무관심과 사회의 냉대 또는 멸시의 대상으로 취급되었기 때문에 이들에 대한 배려는 전혀 찾아 볼 수 없었다. 그러나 예수는 진심으로 그들을 사랑하는 마음으로 안아 주심으로써 친히 어린이의 수준으로 내려오신 낮은 자의 모습을 보이셨다. 그래서 예수는 "누구든지 내 이름으로 이런 어린아이 하나를 영접하면 곧 나를 영접함이요. 누구든지 나를 영접하면 나를 영접함이 아니요. 나를 보내신 이를 영접함이니라 (막9:37)."라고 재차 강조하고 있는 것이다. 예수의 어린이에 대한 관심은 계속된다. 마가복음 10장 13절에서 예수는 친히 어린이를 축복하는 겸손함을 보이신다. 특히 마가복음 10장 45절에서 예수는 "너희 중에 누구든지 으뜸이 되고자 하는 자는 모든 사람의 종이 되어야 하리라. 인자의 온 것은 섬김을 받으려 함이 아니라 도리어 섬기려 하고 자기 목숨을 많은 사람의 대속물로 주려함이니라(막10:45)."라고 선언하심으로써 이 섬김의 행위를 얼마나 강조하고 계신지 확실하게 보여주고 있다. 예수는 확실히 섬기는 자로 오셨다. 그래서 마가는 이 섬김의 주를 분명하게 반영하고 있는 것이다.

종합적으로 마가는 예수를 다음과 같은 시각으로 강조하고 있다.

- 치료자로서의 섬김의 예수
- 먹이는 자로서의 섬김의 예수
- 낮은 자로서의 섬김의 예수

3. 나눔의 삶을 실천하기 위하여 오신 그리스도를 투영한 누가복음

누가복음은 다른 복음과는 달리 몇 가지 아주 독특한 문제를 독특한 관점에서 접근하고 있다. 이 독특함이란 그리스도가 자신의 삶을 나누기 위한 실천의 삶을 사셨다는 것이며 누가는 바로 이러한 그리스도의 삶의 실천을 지속적으로 다른 문제와 결부시켜 논리를 전개해 나가고 있다는 점이다. 누가는 예수의 사건에 이어 탐욕으로 자신의 삶을 나누지 못하는 어리석은 부자의 이야기와, 이와는 정반대로 한때 자신만을 위한 삶을 살았으나 그리스도를 만난 후 변하여 회개하고 자신의 삶을 나누며 살기로 작정한 삭개오 이야기를 들고 있다. 또한 선한 사마리아 사건을 통해 우리 그리스도인들이 구체적으로 어떠한 나눔의 삶을 살아야 할 것인가를 면밀하게 그리고 독특한 사건들을 들어 조명하고 있다.

1) 자신의 삶을 나누기 위하여 오신 그리스도

누가복음 제4장 18-19절에서는 구약 이사야서에 언급된 그리스도의 완성된 모습을 반영하고 있다. 이는 그리스도가 오신 목적을 명확히 반영하고 있는데, 한 마디로 말해서 자신의 삶을 구체적으로 나누기 위해 오신 그리스도의 모습을 보여 주고 있다.

주의 성령이 내게 임하셨나니, 이는 가난한 자에게 복음을 전하게 하시려고 내게 기름을 부으시고, 나를 보내사 포로된 자에게 자유를, 눈 먼 자에게 다시 보게 함을 전파하며, 눌린 자를 자유케 하고 주의 은혜의 해를 전파하게 하려 하심이라 하였더라 (눅4:18-19).

그리스도는 그의 사역이 성령에 의한 것임을 천명하고 계신다. 그가 이 땅에 오신 것은 구체적으로 그의 삶을 나누는 데 있었다. 이러한 과정에서 가난한 자가 그 주요 대상이 되는 것이고 포로된 자, 눈 먼 자, 눌린 자 등 모든 사회적 약자를 위해 그의 삶을 나누시는 그리스도의 모습을 그리고 있다.

2) 탐욕으로 망가진 인생에 대한 그리스도의 경고

자기의 모든 삶을 송두리째 나누기 위해 오신 그리스도의 사건과는 정반대로 누가복음에는 철저한 탐욕으로 자신의 이기적인 삶만을 고집함으로써 패망하는 한 인생을 그리고 있다. 주님은 자신의 배만 위하는 탐욕을 지적하시면서 다음과 같은 비유를 제시하신다.

삼가 모든 탐심을 물리치라…. 사람의 생명이 그 소유의 넉넉한 데 있지 아니하니라 하시고 또 비유로 저희에게 일러 가라사대 한 부자가 그 밭에 소출이 풍성하매 심중에 생각하기를 가로되 내가 곡식 쌓아 둘 곳이 없으니 어찌할꼬 하고, 또 가로되, 내가 이렇게 하리라 내 곳간을 헐고 더 크게 짓고 내 모든 곡식과 물건을 거기 쌓아 두리라. 또 내가 내 영혼에게 이르되, 영혼아, 여러 해 쓸 물건을 많이 쌓아 두었으니 평안히 쉬고 먹고 마시고 즐거워하자 하리라 하되, 하나님은 이르시되, 어리석은 자여 오늘 밤에 네 영혼을 도로 찾으리니 그러면 네 예비한 것이 뉘 것이 되겠으냐 하셨으니 자기를 위하여 재물을 쌓아 두고 하나님께 대하여 부요치 못한 자가 이와 같으니라(눅12:15).

위의 본문에서 끊임없이 강조하고 있는 부분이 '나' 라는 부분이다. 이는 그만큼 그가 이기적인 삶을 살았다는 것을 의미하고 있는 것이다. 이 사람의 문제점이 무엇인가? 그것은 자신만의 열락을 위해 창고에 재물을 쌓는 자들이며, 사회적인 경계선을 긋고 외부인을 외면한 채 내부인으로 살아가는 자들일 것이다. 예수는 바로 이런 자들에게 회개를 촉구하고 있다. 이 어리석은 부자의 또 하나의 문제점은 물질적 소유가 자신의 모든 필요를 만족시킬 수 있다는 신성모독적인 결론에 도달한 그것이 근본적인 문제로 지적될 수 있고, 또한 그 탐욕에 쌓여 자신만을 바라봄으로써 나사로에게 하나님의 백성으로서 당연히 가져야 할 관심을 전혀 표현하지 않았다는 데 있다. 이처럼 가난한 자가 무시당할 때 가난한 자들의 하나님은 격노하시는 것이다. 예수는 이웃과 더불어 살아가지 않고 자기 중심의 이기심에 갇혀 있는 사람을 '어리석은 사람'이라고 하였다. 이제 예수는 오히려 적극적으로 탐욕을 버리고 청지기의 삶을 살 것을 권고하신다. "주께서 가라사대 지혜 있고 진실한 청지기가 되어 주인에게 그 집 종들을 맡아 때를 따라 양식을 나누어 줄 자가 누구냐 주인이 이를 때에 그 종의 이렇게 하는 것을 보면 그 종이 복이 있으리로다(눅12:43)."라고 천명하시고, 아울러 보다 적극적으로 자신의 것을 팔아 가난한 자들과 함께 할 것을 권고하시는 것이다.[22] 그리고 이에 대한 또 하나의 실례를 제시하시는데 그것이 곧 삭개오의 사건인 것이다. "삭개오가 서서 주께 여쭈오되, 주여, 보시옵소서. 내 소유의 절반을 가난한 자들에게 주겠사오며 만일 뉘 것을 토색한 일이 있으면 사배나 갚겠나이다. 예수께서 이르시되, 오늘 구원이 이 집에 이르렀으니 이 사람도 아브라함의 자손임이로다(눅 19:8)." 그리고 주님이 계속하여 촉구하는 것은 "여러분의 소유를 팔아 가난한 사람들에게 나누시오(눅12:33)."라는 사실이다.

---

22) 선한 선생님이여 내가 무엇을 하여야 영생을 얻으리이까…. 네가 오히려 한 가지 부족한 것이 있으니 네게 있는 것을 다 팔아 가난한 자들을 나눠주라. 그리하면 하늘에서 보화가 네게 있으리라. 그리고 와서 나를 좇으라 하시니 그 사람이 큰 부자인고로 이 말씀을 듣고 심히 근심하더라(신약성서, 누가복음18:22).

3) '너희도 이와 같이 하라'는 실천적 삶을 가르치신 그리스도

예수님은 친히 그가 나눔의 삶을 살기 위해 오셨다는 것을 보이시고 또한 어리석은 부자의 사건을 통해 탐욕으로 망가진 인생과 회개함으로써 구원을 얻은 삭개오를 제시하시면서, 이제 보다 적극적으로 구원받은 그리스도인들이 선한 사마리아 사람처럼 자신의 삶을 구체적으로 나눌 것을 교훈하신다. 선한 사마리아인이 보여준 행동은 다음과 같이 정리해 볼 수 있다.

- 문제를 가진 자를 외면하지 않음
- 그리스도의 심장으로 불쌍히 여김
- 문제 해결을 위하여 구체적으로 접근함
- 가장 긴급한 문제부터 해결
- 근본적 문제해결을 위한 해결책 모색
- 새 환경에 적응할 때까지 돌봄
- 재정적 문제까지 책임
- 지속적인 사후관리

종합적으로 누가는 예수를 다음과 같은 시각으로 바로 보고 있다.

- 자신의 삶을 나누고 실천하기 위해 오신 예수
- 탐욕으로 자신의 삶을 나누지 않는 어리석은 인생
- 삭개오- 회개함으로써 봉사하는 그리스도인
- 너희도 이와 같은 삶을 살아라(청지기의 삶)

4. 예수 그리스도의 사랑으로 종 되심을 투영한 요한복음

요한복음 역시 다른 복음서와 동일하게 예수 그리스도의 치유 사건 및 기타 사회적 약자에 대한 관심을 표명하고 있다. 그러나 요한복음에서 아주 특이하게 강조하고 있는 부분이 곧 13장의 세족 사건으로 볼 수 있다. 요한은 바로 이 본문의 사건을 통해 예수를 '사랑에 입각한 섬김의 종'으로 묘사하려 하고 있다. 예수께서 겉옷을 벗고 수건을 허리에 두르고 대야에 물을 담아 허리를 굽혀 다른 사람의 발을 씻기는 행위(요13:4-5)는 전형적인 '종의 행위'요, 사랑을 바탕으로 이루어진 철저한 섬김의 행위였던 것이다.

> 저녁 잡수시던 자리에서 일어나 겉옷을 벗고 수건을 가져다가 허리에 두르시고 이에 대야에 물을 담아 제자들의 발을 씻기시기 시작하여…(요13:4).

이러한 예수의 종으로서의 섬김은 단순히 예수의 시범적 사건으로 끝나기를 원치 않으시고 보다 적극적으로 모든 그리스도인들이 이러한 종으로서의 삶을 살아가기를 원하시고 계신 것이다. 주님은 말씀하셨다. "내가 주와 또는 선생이 되어 너희 발을 씻겼으니 너희도 서로 발을 씻기는 것이 옳으니라. 내가 너희에게 행한 것 같이 너희도 행하게 하려하여 본을 보였노라(요13:14)."

이러한 종의 모습으로 모범을 보이신 예수 속에는 신학자 칼 바르트(K. Barth)가 역설한 것처럼 예수의 영광과 그의 주님 되심이 동시에 감추어져 있는 것이다.

주님은 이제 보다 적극적으로 깊은 사랑으로 종노릇하기를 권고하신다. "내가 너희를 사랑한 것 같이 너희도 서로 사랑하라. 너희가 서로 사랑하면 이로써 모든 사람이 너희가 내 제자인 줄 알리라(요 13: 34-35)." "내가 너희를 사랑한 것 같이 너희도 서로 사랑하라 하는 이것이니라(요 15:12)."

5. 성도들의 그 자발적인 나눔의 역사를 그린 사도행전

마태, 마가, 누가 그리고 요한을 통해 다양한 모습으로 조명된 예수 그리스도의 섬김의 정신과 철학은 초대교회 부활공동체의 오순절 성도의 교제로 확산되었다. 이것은 말할 것도 없이 성령의 충만함의 결과였다. 그 결과 성도들은 성령에 충만하여 사랑과 모든 것을 나누어 그리스도의 공동체에 진정으로 참여하는 경험을 하게 되었다. 참으로 놀라운 것은 사라진 듯한 구약의 토라의 정신, 즉 하나님의 의도적 사회보장제도로서의 자발적 나눔이 정확하게 초대교회 공동체 속에서 재건되고 있다는 것이며 이러한 자발적 나눔은 교회의 성장과 함께 보다 전문화되고 있다는 것이다. 이로 인해 6장에서 초대교회는 구제 사역에 전념하게 하려고 일곱 집사를 택하는 상황에 이르게 되었다. 이로서 초대교회는 성령을 선물로 받은 후에 제자의 수가 하루에 3천 명이나 더하여 갔다. 이는 단순히 성령의 역사만이 아니었다. 그들은 모여서 사도의 가르침을 받아 서로 교제하며 기도하기를 힘썼으며, 재산과 소유를 팔아 각 사람의 필요를 따라 나누어주었기 때문이었다(행2:41-47).

> 저희가 사도의 가르침을 받아 서로 교제하며 떡을 떼어 기도하기를 전혀 힘쓰니라. 사람마다 두려워하는데 사도들로 인하여 기사와 표적이 많이 나타나니 믿은 사람이 다 함께 있어 모든 물건을 서로 통용하고 또 재산과 소유를 팔아 각 사람의 필요를 따라 나눠주고 날마다 마음을 같이 하여 성전에 모이기를 힘쓰고 집에서 떡을 떼며 기쁨과 순전한 마음으로 음식을 먹고 하나님을 찬미하며 또 온 백성에게 칭송을 받으니 주께서 구원 받은 사람을 날마다 더하게 하시니라(행2:42).

참으로 고무적인 것은 특별히 말씀을 전하는 기능과 사회적 봉사를 담당하는 기능이 분리되어 보다 전문화·조직화되었다는 점이다. 이미 교회는 교회의 사명을 복음전하는 일과 사회를 섬기는 일로 전문화의 필요성을 느껴 분리하였으며, 그럼에도 불구하고 이 사회적 사명을 감당하는 집사들에게 말씀을 전하는데도 능한 사람을 선출하였으며 또한 금지하지 않았다는 사실이다. 이는 바로 교회가 대사회적 사명을 감당하는데 있어서 철저히 말씀을 기준으로하고 말씀에 의한 진실한 사랑을 바탕으로 시행하려는 의도가 숨어 있다고 볼 수 있는 것이다.

흥미로운 것은 바로 이러한 자발적인 나눔의 운동은 많은 그리스도인들 가운데 일반적으로 발생하고 있었다는 점이며, 또한 그들 스스로가 하나님의 은혜를 직접적으로 체험하는 놀라운 역사가 있었다. 그 대표적인 사람이 이달리아대의 고넬료였고, 성경에 의하면 "네 기도와 구제가 하늘에 상달되었다(행10:4)."고 기록되었으며, 또한 유사한 사건으로 구제를 많이 한 다비다의 기도 역시 응답되었음을 천명하고 있다. "네 기도를 들으시고 네 구제를 기억하셨으니… (행10:31)."

이처럼 초대교회는 진정한 기독교 공동체의 모습을 보여준다. 사도행전의 보도 속에 나타난 이 공동체의 특징을 종합해보면 다음과 같다.

- 가르침을 받는 공동체(디다케 공동체)
- 교제하는 공동체(코이노니아 공동체)
- 떡을 떼는 공동체 (성례전 공동체)
- 함께 모여 기도하는 공동체(기도의 공동체)
- 성령의 능력으로 무장된 공동체(카리스마 공동체)
- 소유를 서로 통용하는 공동체(나눔과 섬김의 공동체)
- 모이기를 힘쓰는 공동체(예배 공동체)
- 함께 음식을 먹는 공동체(식탁 공동체)
- 하나님을 찬양하는 공동체(찬양 공동체)
- 모든 사람에게 칭송을 받은 공동체 (지역사회 중심의 공동체)
- 날로 부흥하는 공동체 (성장지향의 공동체)

6. 바울서신과 일반서신

1) 바울서신

　바울은 로마서에서 강력한 믿음에 의한 구원을 강조하면서도 실천적인 사랑을 동시에 강조하고 있다. 그 예가 로마서 15장 1~3절, 즉 강한 자가 마땅히 연약한 자의 약점을 담당하라는 내용의 것이다. 또한 갈라디아에서도 바울은 역시 동일한 시각으로 '사랑은 율법의 완성(롬13:10)' 이라고 말하면서 "너희가 짐을 서로 지라. 그리하여 그리스도의 법을 완성하라."라고 말하고 있는데, 이는 곧 '사랑이 율법의 완성' 이라는 그리스도의 논지와 정확하게 일치한다고 볼 수 있다. 특히 바울은 위기에 처한 예루살렘 교회를 위해 헌금하는 데 있어서 "모두를 평균케 함이라."라는 표현을 사용하고 있는데 이는 극히 실천적인 삶을 강조한 내용이 아닐 수 없다.

　로마서와 갈라디아서에서는 공히 믿음을 강조하고 있는데 이런 의미에서 바울이 말하는 믿음이란 행함과는 아무런 관련이 없는 순수한 믿음이라고 주장한다면 이는 성서를 완전히 곡해하는 그야말로 편협한 생각이 아닐 수 없다. 오히려 적극적으로 말해서 바울이 그토록 강조한 믿음은 사랑과 섬김의 실천적 행동으로 이해해야 하는 것이다.

　바울은 예루살렘을 위한 연보를 거두는 일을 우리가 맡은 은혜의 일로, 성도를 섬기는 일(고후8:4, 9:1)로, 그리고 섬기는 일(고후11:8)로 이해하고 있다. 결국 고린도 전후서가 주장하는 그리스도인의 삶이란 ① 성도의 부족함을 채우고, ② 하나님의 감사함의 증거로 드리고, ③ 하나님께 순종함과 그리스도의 복음에 고백함의 증거로, ④ 그리고 친교의 확장이라는 개념으로 이해하고 있는 것이다.

2) 믿음을 완성케 하고, 행함을 완성케 하는 '믿음'을 강조한 야고보

바울이 강조하고 있는 '믿음'이 겉핏 보기에는 야고보의 구원사상과 긴장 관계를 형성하고 있는 듯 보인다. 그러나 야고보는 전혀 그런 의도로 해석하거나 이해하지 않는다. 오히려 실천되지 않는 믿음에 대하여 염려하면서 다음과 같이 질문하고 있다.

> 형제들아, 만일 사람이 믿음이 있노라 하고 행함이 없으면 무슨 이익이 있으리요. 그 믿음이 능히 자기를 구원하겠느냐(야2:14).[23]

사실 야고보서는 믿음으로 구원받았다고 하면서도 거기에 합당한 삶이 반영되지 못한 그리스도인들의 삶을 겨냥한 것이고, 또한 이는 바울 신학을 잘못 이해한 일부 성도들의 신학적 오해에 대한 반응으로 이해할 수 있다. 이에 대해 야고보는 보다 명쾌하게 여기에 대한 해답을 제시하고 있다. "네가 보거니와 믿음이 그의 행함과 함께 일하고 행함으로 믿음이 온전케 되었느니라(야2:22)." 이는 참으로 야고보가 완전성과 보완성을 동시에 제출해 주고 있는 것이다. 이는 결코 모순적이지 않음을 여실히 증명해 주고 있다.

야고보는 보다 적극적으로 억압과 가난한 자들을 소홀히 하는 것을 지적하면서 이를 철저히 경고하고 있다. 이는 부자들이 종종 다른 사람들을 억압해서 부유해졌음을 알고 있기 때문이다.

> 너희가 말세에 재물을 쌓았도다. 보라, 너희 밭에 추수한 품꾼에게 주지 아니한 삯이 소리 지르며 추수한 자의 우는 소리가 만군의 주의 귀에 들렸느니라. 너희가 땅에서 사치하고 연락하여 도살의 날에 너희 마음을 살지게 하였도다.[24]

---

23) 신약성서(개정), 야고보서2:14.
24) 신약성서(개정), 야고보서5:3-5.

그렇다면 왜 부와 탐심을 하나님은 이렇게 경고하고 계신 것일까? 이는 부와 탐심으로 인해 인간이 하나님을 잊어버리게 되는 것이며(딤전6:9-10), 자신들도 가난했던 사실을 잊어버리기 때문에 이를 잊어버리지 않도록 경고하시는 것이다.

우리가 이제 이 글을 종결하면서 잊지 말아야 할 것은 바로 그리스도가 철저히 종의 형체로 오셨다는 것이다. 이 사실을 잊어버리는 순간 우리는 더 이상 거룩한 하나님의 백성으로 살아가지 못하고 탐욕으로 자신만을 위해 살아감으로써 철저히 타락으로 치달을 수밖에 없는 것이다. 이것이 우리에게 주시는 성령의 음성인 것이다.

야고보서와 더불어 빌립보서 역시 이 그리스도의 완전한 종과 청지기로서의 예수를 그리고 있다. "너희 안에 이 마음을 품어라. 곧 그리스도 예수의 마음이니 그는 근본 하나님의 본체시나 하나님과 동등됨을 취할 것으로 여기지 아니하시고, 오히려 자기를 비워 종의 형체를 가져 사람들과 같이 되었고, 사람의 모양으로 나타나셨으매 자기를 낮추시고 죽기까지 복종하셨으니 곧 십자가에 죽으심이라(빌2:5-8)."

7. 신약의 결론으로서의 청지기 의식

구약이 구원받은 백성들의 의도적 · 자발적 나눔을 통한 안전장치였다면, 신약 역시 구원받은 백성들의 청지기 의식으로 인한 나눔의 운동으로 집약할 수 있다. 청지기란, 사회적 · 경제적 개념으로 이해 할 수 있는데, 관리인이나 책임을 맡아 일을 하는 사람으로 이해되고 있다(갈4:2).[25] 청지기는 첫째, 경제적인 개념으로 물질의 소유에 대한 해석을 할 수 있는데 이는 모든 재산이 하나님에게 속했다는 의미를 내포하고 있다. 둘째, 소유욕으로부터 자유롭고

---

25) 기독교대백과사전, 1990, p.741.

자 하는 뜻에서 청지기 직분을 대변할 수 있다. 청지기는 세상의 재물이 하나님의 것임을 고백하며 독점하려는 욕심을 경계하는 사람들이다. 셋째, 사람의 정신적 가치를 존중하는 뜻으로 물질보다는 정신적이고 영적인 측면을 강조하고 살아가는 성실한 그리스도인을 대표하고 있다. 이처럼 신약에서는 모든 그리스도인들이 자기 배만 위하는 어리석음과 욕심을 버리고 하나님께 순종하고 복종해야 함을 가르치고 있다.

> 주께서 가라사대, 지혜 있고 진실한 청지기가 되어 주인에게 그 집종들을 맡아 때를 따라 양식을 나누어 줄 자가 누구냐. 주인이 이를 때에 그 종의 이렇게 하는 것을 보면 그 종이 복이 있으리로다.[26]

이상과 같이 우리는 교회사회사업의 토대와 뿌리를 형성하는 성서를 구약적 측면과 신약적 측면에서 살펴보았다. 신학적으로 보든지 역사적으로 보든지 간에 구약은 교회사회사업 실천을 위한 철학적, 원리적 내용을 포함하고 있는가 하면 신약은 보다 더 구체적인 실천의 내용을 취급하고 있다는 점에서 절묘한 조화를 이루고 있다고 하겠다. 특히 구약은 계약 법전, 성결 법전 그리고 신명기 법전을 중심으로 제도적인 사회보장 제도를 확립함으로써 사회적 약자를 보호할 뿐 아니라 자발적이며 의도적인 나눔의 삶을 강조하였고, 신약은 위에서 언급한 바와 같이 구원받은 백성들의 청지기 의식으로 살아감으로써 상전이 아니라 종의 정신으로 자신만의 삶을 강조하지 않고 철저히 공동체적 연대와 책임을 소유한 거룩한 백성으로 살아갈 것을 가르치고 있다.

오늘날의 교회와 성도들이 성서가 제시하는 교회사회사업의 원리와 방법으로 살아가게 될 때 가장 이상적이고 아름다운 사회를 건설할 수 있을 것으로 확신한다.

---

26) 신약성서(개정), 누가복음12:43.

제5절 자선에 대한 유대전승의 이해

앞에서 언급한 구약의 자선전통은 자연스럽게 유대 자선전통으로 이어졌다. 영어 'charity(채리티)'의 어원을 보면, 라틴어의 '기독교인의 사랑'이라는 말이며, '남에게 베풀다'라는 의미를 가지고 있다. 또한 히브리어에서는 '자선'과 '정의'가 '체다카'라는 같은 말로 쓰이는데, 영어에서 자선을 뜻하는 '채리티'의 어원을 보면 라틴어의 '기독교인의 사랑'이라는 말이며, '남에게 베풀다'라는 의미를 가지고 있다. 이처럼 사회복지 사상은 그야말로 유대인의 자선 사상과도 깊은 연관성을 유지하고 있다. 유대인의 자선관을 이해하는 것은 기독교의 자선 사상을 이해하는데 있어서 결정적인 단서를 제공한다는 관점에서 중요하게 다루지 않을 수 없다. 실제로 유대인의 자선은 구약성경과 그들의 삶의 경험과 지혜를 바탕으로 형성된 것이기 때문에 이러한 유태인의 자선관은 초기 기독교에 결정적인 역할을 하였다. 일단 유대인의 교훈에는 자선에 관한 것이 상당한 비중을 차지하고 있다. 예를 들면 "남을 행복하게 해 주는 것은 마치 향수를 뿌리는 일과도 같다. 이 때 당신에게도 몇 방울 정도는 묻는다."는 것이라든지 "남의 강요에 의해 베푼 자선은 스스로 한 자선의 절반의 가치밖에 없다."는 교훈 등이 그것이다.[27]

유태인들은 자선에 대한 사람들의 태도에는 네 가지 유형이 있다고 본다. 첫째, 스스로 나아가 사람들에게 똑같이 자선을 베푸는 것을 보면 즐거워하지 않는 것이고, 둘째, 다른 사람이 자선을 베풀기를 바라면서도 자기 자신은 베풀지 않는 것이며, 셋째, 자기도 기쁘게 자선을 베풀고 남도 또 자선을 베풀기를 원하는 유형이다. 넷째, 자기가 자선을 베푸는 것도 싫어하고 남이 자선을 베푸는 것도 좋아하지 않는 유형이다. 그래서 그들은 첫 번째 유형을 질투심이 많은 사람으로 평가하고, 두 번째 유형을 자신을 비하시키는 사람으

---

27) http://kcm.co.kr/mishnah/tm3/m28.html.

로 인식하며, 세 번째 유형은 선한 사람들로서 가장 아름답게 평가받을 사람으로 가르칠 뿐만 아니라 네 번째 유형은 완전히 악한 사람이라고 교훈함으로써 자연스럽게 자선을 아름다운 것으로, 그리고 하나님을 믿는 사람으로서 반드시 해야 할 책임으로 느끼게 하는 것이다. 그러나 분명한 것은 유태인들이 이렇게 그들의 삶에서 자선을 강조한다고 해서 무계획적이거나 무조건적 시혜를 베푸는 것은 절대로 아니다. 예를 들자면 유태교의 교전 중 13세기에 기록되어 16세기 초엽까지 행해진 빈민에 대한 규례는 시혜가 결코 무분별한 구제가 아니라 전문적인 조사에 의거한 전문적 시혜로 전환되어야 할 것을 주장하고 있다.[28]

이러한 자선에 대한 개혁 내지 정화에 대한 노력은 12세기 유대 랍비인 마이모니데스(Maimonides)의 자선 8단계가 상당한 영향력을 행사했던 것 같다. 그리고 이러한 사상이 자선의 문제를 개혁하려는 교회에게 통찰력을 제공해 주었다. 그래서 교회는 자발적 빈곤과 비자발적 빈곤을 구분하기도 하였다. 자발적 빈곤이란 하나님을 즐겁게 하는 금욕주의에서 비롯된 것으로 수도승의 빈곤을 두고 말하는 것이다.

이에 반하여 비자발적 빈곤이란 어쩔 수 없이 궁핍한 생활을 하는 사람들의 빈곤, 즉 빈민, 피억압자, 과부, 고아들의 빈곤이었다. 학자들은 교회가 비자발적 빈민들을 보호하는 특별한 의무를 지닌다는 것에 대해 동의하였다.[29] 그리고 교회는 '가치 있는 자선' 과 '가치 없는 자선' 행위를 구분하려고 노력하였다.

---

28) 첫째, 빈자를 동일가족으로 취급하고 직업을 주어 독립자활의 방법을 강구하는 것을 최선의 자선으로 간주한다. 둘째, 은밀한 자선을 베푸는 사람이나 받는 사람도 서로 누구인지 모르고 지내는 것이 최선의 방법이다. 셋째, 베푸는 자는 받는 자가 누구인가를 알아도 받는 자는 베푸는 자를 모르도록 할 것. 옛 성자는 집안에 숨어서 거지에게 시여하였다. 넷째, 받는 자는 시여하는 자가 누구인지를 알아도 시여하는 자는 받는 자를 알아서는 안 된다. 옛 성자는 돈을 빈자에 주되 배후에서 주었다. 다섯째, 거지가 빌기 전에 그 불쌍한 상태를 봐서 즉시 시여하라. 여섯째, 거지가 빌거든 충분히 시여하라. 일곱째, 가령 주는 자는 불충분하더라도 기쁜 마음으로 하라. 여덟째, 싫은 마음으로 시여해서는 안 된다. 김덕준,『기독교사회복지』(서울: 한국기독교사회복지학회, 1985), p.219.
29) 감정기 외,『사회복지의 역사』(서울: 나남출판사, 2002). p.72.

물론 그들이 사용했던 표준은 마이모니데스의 자선 8단계였다.[30] 이렇게 그들이 자선을 실시하는 데에는 이러한 일정한 규율과 제한이 따른다는 것을 인식할 필요가 있다. 예를 들어 자기 수입의 일정 한도 이상을 자선에 내놓는 일은 계율로 금지되어 있다. 부자로 사는 여유 있는 사람의 경우 5분의 1정도가 허용되고, 보통 가정의 경우 10분의 1까지 허용된다. 물론 생활이 어려운 사람이 받게 된다.

대단히 특징적인 것은 유태인들은 어릴 때부터 교육을 받을 때 실천적 행동을 우선적 과제로 공부하게 된다는 것이다. 그 대표적인 예가 바로 랍비 힘멜의 가르침이라고 할 수 있는데 그는 "당신이 싫어하는 것을 이웃에게 하지 않는 것이 유태교의 핵심"이라며 "그것은 모두 토라에 들어있다."라고 설파한 바 있다. 또한 한 세기 뒤에 활약한 랍비 요카난은 "좋은 마음(Good Heart)이 가장 중요하다."라고 강조하기도 하였다.

이에 더하여 유태교에서는 세상을 사는 방법으로 세 가지를 설명하는데, 그 내용을 살펴보면, 먼저 토라를 공부하고, 예배에 충실하며, 그리고 토라에 나와 있는 대로 선행과 자선행위를 실천할 것을 요구하는 것이다. 이런 교육과정을 통하여 자선이 자연스럽게 그들의 삶의 일부분이 될 수 있도록 교육하는 것이다. 중요한 것은 이러한 공부는 그대로 자선의 삶으로 이루어진다는데 그 특색이 있다. 이러한 교육의 핵심은 인간이 갖고 있는 것은 인간의

---

30) 마이모니데스의 8단계의 자선(Maimonides, 1135-1204).
    제1단계의 자선 : 마지못해 후회하며 줌- 손으로 주는 것이 마음으로 주는 것이 아님.
    제2단계의 자선 : 기꺼이 주나 곤궁한 자의 곤경에 비추어볼 때 부족함.
    제3단계의 자선 : 기꺼이 그리고 감안해서 자선을 하나 달라고 간청할 때에 비로소 줌.
    제4단계의 자선 : 기꺼이 그리고 감안해서 심지어 간청 받지 않고 주나 빈자의 손에 직접 쥐어 주어서 고통스런 수치감을 자극.
    제5단계의 자선 : 빈자가 은전을 받고 제공자가 누군지를 아는 방식으로 자선을 제공. 단, 준 자는 받은 자가 누군지는 모름.
    제6단계의 자선 : 제공자는 은전의 대상자가 누군지는 알지만 제공자가 빈자에게 알려지지 않게 함.
    제7단계의 자선 : 준 자나 받은 자가 서로 알지 못 함.
    제8단계의 자선 : 빈곤을 예방함으로써 빈자들이 더 이상 자선을 기대하지 않도록 함. 즉 빈자를 도와 그가 정직한 삶을 살고 자선을 얻기 위해 손을 내미는 끔찍한 상황에 처하지 않게 함. 감정기 외, Ibid. p.74.

것이 아니라 신의 것이고, 짧은 생애 동안 인간의 손을 거쳐 가는 것이기 때문에 자선이 중요하다는 것을 어릴 때부터 인식할 수 있도록 하는 것이다.[31]

위에서 언급한 것과 마찬가지로 그들은 자선의 행위를 하는데 있어서도 일정한 원리가 있음을 가르치며 그 원리에 의하여 자선행위를 실시할 수 있도록 교훈하는 것이다. 그 원리는 진정한 자선이란 인종이나 종교를 초월해야 하며, 아무리 가난한 사람이라도 자신보다 더 어려운 사람을 찾아 도움을 주는 자세가 중요하다고 강조하는 것이다. 한편 자선은 가능하면 익명으로 해야 좋고, 자기가 자선을 해주는 사람들이 스스로 독립적이 되어 더 이상 자선이 필요하지 않고 남을 도울 수 있도록 해주는 것을 최고의 자선행위라고 가르친다. 다시 말해 고기를 주는 것보다 고기 낚는 법을 가르쳐 주는 것이 최고의 자선임을 암시하는 것이다.[32] 유태인들이 자녀교육에 있어 자선이 차지하는 비중은 대단히 높다고 하겠다.

특별히 그들은 재미있는 이야기 형태로 구성된 탈무드를 통해 그들의 자녀들에게 자선의 중요성을 인식시키고 있다. 이렇게 유태인들의 의식 속에서 자선은 남에게 베푼다는 뜻이 아니라 해야 할 당연한 행위로 되어 있다. 유태인의 어떤 가정에서든지 아이가 어릴 때부터 저금통을 갖게 하는데, 이 저금통이 바로 자선에 쓰이는 것이다. 저금통이 가득 채워지면 '시나고그(유태인의 회당)'를 통해 자선에 쓰이게 된다.

이러한 자선활동을 통해 '인간은 제아무리 많이 배우고, 제아무리 일을 잘한다고 하더라도 자선행위를 할 줄 모른다면 이 세상을 올바르게 살았다고 할 수 없다'는 뜻을 가르치게 된다. 유태인들은 남에게 선물하기를 좋아하는데, 이런 행위 역시 선심을 쓴다는 의식에서 베푸는 것이 아니라 사회생활을 하려면 당연히 취해야 할 행위라는 의식에서 나온 것이다.[33]

그들은 이렇게 철저히 자녀교육을 통해 자선 교육을 실시한다. 특별히 그

---

31) http://www.hankyung.com/board/view.phpid=_column_68_1&no=28, 육동인의 유태인 이야기.
32) Ibid.
33) http://kcm.co.kr/mishnah/tm3/m29.html.

들은 아이들에게 어릴 때 저금통을 두 개 마련해준다. 하나는 자기 자신을 위한 저금통이고 또 하나는 자선을 위한 저금통이다. 그들은 빈민이나 장애자에 대한 선행을 대단히 높이 평가한다. 그들에게 있어서 자선행위란, 단순한 선심 행위가 아니라 정의를 실현하는 것이라고 여기는 것이다. 또한 그들은 탈무드 이야기를 통해 자선 교육을 자연스럽게 실시한다. 탈무드에 다음과 같은 우화가 나온다. 옛날 어느 왕이 한 남자에게 사신을 보내어 곧 입궁하라고 명령하였다. 그 남자에게는 세 명의 친구가 있었는데, 그 중 한 친구와는 매우 적절한 사이였다. 두 번째 친구는 그 정도는 아니었지만 좋아하는 친구임에는 틀림없었다. 그리고 마지막으로 세 번째 친구는 친구이기는 했으나 그다지 친한 사이는 아니었다. 겁에 질린 그는 무엇인가 문책을 당할 것이 틀림없으리라는 불안감에 휩싸였다. 그러나 왕의 명령인지라 아니 갈 수가 없었다. 그래서 그는 세 친구를 불러 동행해 주기를 간청하였다. 먼저 가장 친한 친구에게 부탁을 하였다. 그러자 그 친구는 냉정하게 한마디로 거절하고 말았다. 그리고 두 번째 친구는 "왕궁의 대문 앞까지만 동행하겠다."고 대답하였다. "당연히 같이 가야지. 자네는 아무런 잘못도 저지르지 않았으니 함께 임금님을 만나도록 하세." 이렇게 흔쾌히 승낙한 친구는 그다지 친한 사이가 아닌 세 번째 친구였다.

　　탈무드에 의하면, 첫 번째 친구는 다름 아닌 '재산'을 말하는 것으로, 아무리 친한 사이라도 죽을 때는 가지고 갈 수 없음을 의미한다. 그리고 두 번째 친구는 '친척'을 뜻하는 것으로, 겨우 화장터까지만 동행한다는 의미이고, 마지막 순간까지 함께 가주겠다는 세 번째 친구는 '선행'을 뜻하는 것으로, 평소에는 눈에 띄지 않지만, 사후에까지 남는 것은 이것 뿐이라고 탈무드는 가르치고 있다.

　　이처럼 옛날부터 현재에 이르기까지 유태인들은 재산이나 친척보다도 훨씬 자선을 소중한 것으로 여기고 이를 삶에서, 그리고 교훈집을 통해 그리고 재미있는 탈무드 이야기 등을 통해 자선이 자연스럽게 삶의 일부분으로 자리할 수 있도록 교육하는 것이다. 그들의 자선교육은 가정생활과 가정에서의 종교교육에서도 강조된다. 특별히 유대인의 전통적인 기도서에는 철저히 사회적 약자에 대한 관심을 표명할 것을 가르치고 있다. 부모를 공경해야 하는 것, 부단한 사랑의 행위에 대한 위무, 병자를 방문하고 과부를 돌보는 것, 장례식에 참석하는 것 등 공동체 성원 간의 상호 돌봄이 철저하게 이루어져야 함을 자세히 명시하고 있다. 이처럼 고아와 과부, 그리고 이방인들을 돌보는 일은 그들 민족의 풍습으로 전해 내려오고 있는데 이는 철저히 구약성경에 기인한 것이다.

특히 유태인 사회는 동족끼리는 마치 친형제와 같이 가깝게 지낸다. 그러므로 자기 형제가 어려운 처지에 놓이게 되면 기쁘게 돕는 것이 당연하다. 그러나 탈무드는 남의 힘에 의해 살아가서는 안 된다고 훈계하고 있지만, 지금도 유태인 지역에 생활이 어려운 동족이 있으면 서로 수입금의 일부를 내 어려운 동족을 돕고 있다. 이는 친절과 선행을 베풀어 남을 기쁘게 해 주는 일은 자기 자신도 함께 즐거움을 갖게 되는 일이기 때문이다.

※ 제1장 사회사업의 뿌리로서의 성서 이해에 대한 토론 ※

1. 약자 보호는 구약의 가르침

  구약성경의 사회적 약자 보호 및 나눔의 삶은 계약 법전, 성결 법전, 신명기 법전 등 법률적 테두리 안에서 이루어짐으로써 하나님의 백성이라면 누구든지 다 지켜야 하는 제도적인 장치의 틀 안에서 이루어졌다. 그 결과 실제로 빈곤문제 등으로 고통당하는 사람은 한 사람도 없는 완벽한 사회복지 장치를 구현하고 있었다. 다시 말해 구약성경은 처음부터 전문적인 사회복지 형태를 제도적 장치 안에서 구현하고 있었다는 말이다. 왜 하나님은 이러한 사회적 약자 보호를 이렇게 제도적 틀 안에서 실시하도록 법제화하신 것이며 사회적으로 어떤 결과를 초래했다고 보는가.

2. 신약의 중심 사상으로서의 청지기 의식

  사복음을 중심으로 한 신약의 사건은 거의가 예수 그리스도의 사역에 조명하고 있다. 그리스도의 사역의 중심은 철저히 사회적 약자였고 그리고 친히 긍휼의 사역을 실천하셨고 또한 그의 가르침 속에 강력하게 피력하셨다. 그리고 그리스도인들로 하여금 복음 선포의 삶과 동시에 청지기의 삶을 통한 나눔의 삶을 살도록 교훈하셨다. 그리스도의 삶은 철저히 선포의 삶과 실천의 삶으로 대변할 수 있는데 이것이 오늘날의 교회의 본질로 보아야 할 것이다. 그럼에도 불구하고 이 사회적 약자보호나 나눔의 삶이 교회의 본질로 인식되지 못하는 중요한 원인이 무엇이라고 생각하며 또한 그 결과는 무엇이라고 생각하는가.

3. 유태인 자녀의 자선교육

유태인들은 어릴 때부터 다양한 방법으로 자선교육, 즉 나눔의 교육을 실시함으로써 거룩한 하나님의 백성으로 살아가게 하고 또한 철저히 나눔의 실천을 배우게 된다. 그로 말미암아 거룩한 하나님의 백성의 삶을 영위하도록 교육하게 된다. 다시 말해 이러한 자선교육을 통해 인간은 마땅히 더불어 살아가야 함에 대한 중요성을 인식하고 약한 사람을 보호하면서 살아가게 됨을 인식하게 되는 것이다. 이런 관점에서 오늘의 한국사회의 자녀교육의 문제점을 생각해 보고 유태인의 자녀 교육을 어떤 측면에서 적용할 수 있을지에 대하여 토론해 보자.

제2장 초대교회와 교부시대의 자선사업

제1절 초대교회의 자선사업
제2절 교부시대의 자선에 대한 가르침과 교훈

제1절 초대교회의 자선사업

초대교회의 자선사업[1]은 철저히 유태 전승의 틀 안에서 해석할 수 있다. 유태인의 자선은 대부분이 회당을 중심으로 교훈되어지고 실천되었는데 회당에는 빈자와 유랑자들이 구제를 요청할 수 있는 두 개의 통로가 마련되어 있었다. 그 첫째가 쿱파(quppah-weekly monet chest)라고 불리는 빈자를 위한 제도로, 이는 유태인에게 일주일 단위로 일정액이 할당되는 제도를 말한다. 또한 탐후이(Tamhui)라고 불리는 접시를 통한 구제제도로서 이 제도는 특별히 방랑자 등 식사를 요하는 모든 사람에게 열려 있었다.[2] 이러한 두 종류의 빈자를 위한 기금은 적어도 두 명의 담당자에 의해 관리되었다. 구약에서 빈자를 위한 보호가 법률 아래서 이루어졌듯이 이 제도와 기금을 위해 헌금하는 것이 모든 유태인들에게 의무로 되어 있었다.

유태인의 마땅한 의무로서의 자선기금은 다양한 종류의 요구호자를 위하여 제공되었다. 뿐만 아니라 특별히 동네와 마을에 등록된 빈자들에게는 현금, 음식, 옷 등이 제공되었다. 그러나 분명한 것은 문전을 배회하는 걸인들에게는 아무것도 주어지지 않았다. 물론 이러한 걸인들은 물론 더욱 가난한 사람들이었지만 문전을 배회한다는 이유로 말미암아 빈자로 등록될 수 없었다. 그리고 이러한 기금들은 유랑자들을 위해, 종들의 해방을 위해 제공되었으며, 가난한 신부의 지참금으로 제공되기도 하였다.[3]

이러한 유태교의 자선의 전통은 아주 자연스럽게 초기 기독교 공동체에 그 정신이 계승되거나 전수되었다. 그러나 초기 기독교가 유태교의 구호방법

---

1) 여기서 필자가 자선사업이라는 용어를 사용한 것은 초대교회와 중세교회의 사회제도가 자선적 의미와 자선적 범주에 속해 있기 때문이다.
2) E. Schurer, *The History of the Jewish People in the Age of Jesus Christ*, Edinburgh: Clark, 1972, p.437., Gildas H. Hamel, *Poverty and Charity in Roman Palestine*, first three centuries, p.218.
3) Ibid.

보다 자발성과 전문성을 띠게 된 것은 예수의 승천 후 성령과 은혜를 경험하고 난 이후였다. 물론 예수의 가르침을 그대로 실천하지 않은 것은 아니었지만 예수의 가르침에 대한 자각은 그들이 성령을 통해 은혜를 체험하게 됨으로써 보다 실천적이며 실제적인 형태의 모습을 나타내기 시작하였다.

다시 말해 초대교회의 성령의 충만함을 경험한 이후부터 그들의 일, 사유재산, 부에 대한 생각이 철저하게 바뀌었던 것이다. 성령의 각성 이후 일한다는 것은 그리스도인들에게는 더 이상 품위를 낮추는 것이 되지 못하였다. 왜냐하면 그리스도인들은 그들 자신의 삶을 유지하기 위하여, 그리고 그들의 가치를 믿지 않는 자들에게 나타내기 위하여 일했으며, 그리고 필요를 요하는 자들을 위하여 일했기 때문이다.[4] 이처럼 성령을 체험하고 난 이후 그리스도인으로서의 나눔에 대한 그들의 인식 변화는 빠르게 확산되었다. "지극히 작은 네 형제들에게 하는 것이 곧 나에게 하는 것이다."라는 예수의 가르침, 즉 신 중심적 개념은 새로운 그리스도인들에게 사람들은 아무것도 돌려받기를 원하지 않는 진정한 자선의 잠정적 가치로 인식되었다. 그리고 예수께서 실천하셨던 자원함으로써의 봉사, 그리고 예수께서 실천하셨던 의도적 가난 역시 그들에게 새롭게 다가왔던 것이다. 그래서 제자들은 그들의 물건을 팔아 그것을 가난한 자들에게 주고 예수를 따랐다. 예수는 집이나 가족이나 안전 등을 모두 포기할 것을 요구하셨고, 그의 말씀을 따르는 제자들은 자발적으로 이를 버리고 형제들을 구호하는 일에 힘썼다.[5]

이러한 자발적인 구호활동은 각각의 성도들이 정기적인 기부, 또는 유대의 회당에서 이루어진 것처럼 주간으로 빈자를 위한 모금함에 기부하는 것 등이 있었다. 또한 성만찬을 위하여 선택된 사람들과 감독에 의하여 수집된 빵과 포도주를 가난한 성도들에게 나누어 주기도 하였다. 물론 이러한 구호는 처음에는 기독교인에게만 국한되었으나 점차 믿지 않는 자에게로 확대되었다.[6]

---

4) Phyllis Day, *A New History of Social Welfare*, Pierson Education, 2005, p.81.
5) Hamel, op. cit., p.220.
6) Days, op. cit., p.81.

이렇게 활발하게 진행되었던 초대교회 성도들의 자발적인 나눔 및 구호활동의 원인은 예루살렘에 임한 성령의 임재로 인해 회심하거나 개종함으로써 그 무리들 중 상당수가 갈릴리 지방을 떠나 그 직업을 버리고 예루살렘에 모였기 때문이다. 이와 때를 같이하여 46년부터 8년 동안 팔레스타인에 대기근이 있었고 따라서 예루살렘의 생활은 공동에 의한 원조과정이 이루어지지 않으면 안 되는 시점에 이르렀다. 이러한 사회적 요인과 더불어 성령의 충만함을 경험한 그들은 이러한 사회문제에 대하여 자발적인 나눔을 실천하였고 이러한 구호활동은 예수의 가르침에 의한 전적으로 자발적인 신앙의 동기에 의한 것이었다.[7] 그리고 초대교회는 인간의 요구에 부응하기 위해 여러 가지 사회사업의 기관들을 세우기 시작했는데 그것은 음식의 나눔을 통해 이루어졌다. 특히 아가페라고 불리는 교제를 위한 식사는 처음에는 성례전으로 시작하였으나, 곧 개인의 집에서 이루어지거나 공동의 장소를 만들어 행하였다. 이러한 현상은 신약성서 사도행전 2장에 잘 나타나 있다.

> 그들은 모두 성령으로 충만하게 되어서, 성령이 시키시는 대로, 각각 방언으로 말하기 시작하였다(행2:4).

> 그의 말을 받아들인 사람들은 세례를 받았다. 이렇게 해서, 그 날에 신도의 수가 약 삼천 명이나 늘어났다. 그들은 사도들의 가르침에 몰두하며, 서로 사귀는 일과 빵을 떼는 일과 기도에 힘썼다. 모든 사람에게 두려운 마음이 생겼다. 사도들을 통하여 놀라운 일과 표징이 많이 일어났던 것이다. 믿는 사람은 모두 함께 지내며, 모든 것을 공동으로 소유하였다. 그들은 재산과 소유물을 팔아서, 모든 사람에게 필요한 대로 나누어주었다. 그리고 날마다 한 마음으로 성전에 열심히 모이고, 집집이 돌아가면서 빵을 떼며, 순전한 마음으로 기쁘게 음식을 먹고, 하나님을 찬양하였다. 그래서 그들은 모든 사람에게서 호감을 샀다. 주님께서는 구원 받는 사람을 날마다 더하여 주셨다(행2:42-48).[8]

---

7) 김덕준, 『기독교사회복지』(서울: 한국기독교사회복지학회, 1984), p.79.
8) 신약성서(개역), 사도행전 2:4-48.

이처럼 초대교회는 성령을 체험한 후 처음부터 복음의 양면성을 잘 실천하기에 이르렀고 이로써 하나님의 사랑과 이웃 사랑의 실천이 균형을 잃어버리지 않는 선에서 그리스도의 통전적 가르침을 따르기 위한 실천적 삶을 살고 있었다. 다시 말해 그들이 이러한 삶을 영위할 수 있었던 것은 사회사업적 관점에서 볼 때, 구제사업이란, 예수의 구속의 사랑에서 표출된 것이며, 이것을 기독교의 중심사상으로 보았기 때문이었다. 이를 보다 구체적으로 표현하면 초대교회의 성도들은 예배(Leiturgia)와 봉사(diakonia)를 분리된 개념으로 이해하지 않았고 오히려 이 두 관계를 당연한 그리스도인의 의무로 생각하고 있었다는 말이다. 이는 곧 예배와 봉사는 항상 중요한 교회의 양면으로 이해되어 예배하는 삶과 봉사하는 삶의 적정한 균형을 유지하고 있었다. 따라서 예배를 통해 그리스도의 사랑의 구속을 확인한 후 자연스럽게 가난한 형제들을 위한 봉사를 실천하는데 거리낌을 느끼지 않았다. 뿐만 아니라 성도에 대한 상호책임감을 형성함으로써 체계적인 복지정책은 없었으나 서로 간에 영적인 위안과 물질적인 위안을 동시에 그리고 자발적으로 형제들에게 제공하였다.

이런 관점에서 누가는 사도행전에서 믿는 자들이 "사도의 가르침을 받아 서로 교제하며 떡을 떼며 기도하기를 전혀 힘쓰니라(행2:42)."라고 기록하였는데, 이는 사도적인 교회의 거룩한 습관이었음을 밝히고 싶었던 것이다. 다시 말해 교회의 집회가 있는 곳에는 반드시 말씀, 기도, 성만찬의 참여 그리고 구제가 있어야 한다는 것이 일종의 원칙이었다.[9]

이처럼 사도행전의 특색은 처음부터 교회의 사역이 복음전파와 나눔의 활동으로 병행하고 있었음을 우리에게 보여준다. 성령의 역사는 복음의 역사와 나눔의 역사로 나누어지고 있는데 초대교회에서는 이러한 현상이 너무나 분명하게 형성되고 있다. 다시 말해 복음이 전파되는 곳에는 떡의 나눔이 있다는 것인데, 이처럼 선포와 나눔은 처음부터 교회를 지탱하는 중요한 두 기둥

---

[9] Calvin, Institute, 2 : 1422, § 4.17.44, 엘시 N. 맥키, 류태선·전병준 역, 『개혁교회 전통과 디아코니아』(서울: 한국장로교출판사, 2000), p.67에서 재인용.

으로 존재하고 있었던 것이다.[10]

이러한 초대교회의 선포와 나눔을 바탕으로 초대교회는 상상을 초월할 정도로 빠르게 성장하게 된다. 그 직접적 원인은 교회가 사회계급 혹은 종족의 여하를 막론하고 모든 인류에게 개방되어 있었을 뿐 아니라 자발적인 물질의 공유에서부터 시작되었기 때문이다. 또한 모든 성도들은 자립을 위주로 하여 그들의 능력에 따라 집단유지와 공헌에 기여해야 한다는 공동체적 나눔의 사상이 있었기 때문으로 보인다.

초대교회는 특별히 전도하는 여행자들에 대해서는 유난히 관대하였다. 초대교회는 이들을 대접하는 것을 중요한 봉사행위로 여겨, 만약 여행하는 그들이 그리스도인이 분명하다면 아무것도 묻지 않고 사흘간의 숙소를 제공하고 감독들은 이 일을 위해 교회재정을 배분하기도 하였다.

위에서 언급한 바와 같이 초대교회는 이렇게 가난한 자를 돌보는 것을 공동체적 사명으로 인식하고 이러한 사업들을 대단히 빠르게 개발하게 되었다. 뿐만 아니라 가난한 자를 돌보는 일에 대해 교회는 상당한 전문성을 유지하려고 노력하였다. 그 한 예로, 예루살렘 교회에서는 과부들에게 매일 봉사하기 위해 일곱 집사를 선택하였다. 일곱 집사의 첫째 자격은 성령이 충만한 자였다. 이것은 바로 그들이 자발적인 나눔의 발단이 성령의 충만함으로부터였기 때문이기도 하거니와 성령의 충만함이 없이는 이러한 구호와 도움도 그 기본정신이 변질될 수 있다고 믿었기 때문이다. 또한 이러한 자격 기준은 영적, 사회적, 인격적 자격을 말하는데, 이러한 자격을 명시한 이유는 일단 윤리적으로 신뢰할만한 성격을 소유해야 하고, 아울러 영적으로도 충만하여 이 사명을 영적인 측면에서 감당해야 함을 의미하면서 동시에 성실함으로 감당해야 하기 때문으로 보인다.[11]

뿐만 아니라 사도들도 자신들이 하는 일과 일곱 집사들이 하는 일에 차별

---

10) 김한옥, 『기독교 사회봉사의 역사와 신학』(서울: 실천신학연구소, 2004), p.189.
11) Evert F. Harrison, *ACTS : The Expanding Church*, Chicage: Moody Press, 1980, p.106, 김한옥, 『기독교 사회봉사의 역사와 신학』(서울: 실천신학연구소, 2004), p.186에서 재인용.

을 두지 않았음을 알 수 있다. 이런 의미에서 김한옥은 "말씀선포와 구제는 사역의 내용에 있어서 서로 구별되는 것이지 차별되는 것은 아니다."라고 말하고 있는데 이는 참으로 옳은 지적이 아닐 수 없다.

분명히 말해서 초대교회의 집사들은 종, 수종자 혹은 사역자의 의미를 가지면서 가난한 자를 위한 기부금이나 재산관리 등을 수행하는 자들이었다. 그러나 이들이 사역을 수행하는데 있어서도 무원칙적인 사역이 아니라 철저한 원칙에 의하여 수행되었는데 그것은 '도움을 받아 마땅한 자(the deserving poor)'를 일정한 기준, 즉 자산조사(means test), 신분조사(status test)를 바탕으로 한 선별주의(selectivism)에 의해 실시하였다.[12]

이렇게 자격화 된 과정에 의해 선택된 집사들은 교구 내의 빈민을 찾아내고 방문함으로써 구호활동을 실시하였다. 특히 집사는 마트리규라(Matrigula)라고 하는 구빈명부를 작성하여 빈민의 이름과 분배된 물품을 기재함으로써 회계부를 작성하고 무계획적이고 무차별적 자선이 실시되지 않도록 제도적인 자선을 위하여 구성된 제도였다. 이 명부에 의하여 나태한 걸인, 즉 진정한 구호의 대상이 되지 않는 빈민을 제외시켰고 새로이 등재해야 할 빈민은 교구의 소개장을 지참해야만 하였다.[13]

초대교회의 구호는 이처럼 집사제도를 통하여 처음부터 분명하게 전문성을 유지하고 있었다. 이처럼 사도시대의 자선행위의 특징은 수혜자를 무차별적으로 원조하는 것이 아니라 도움을 받아 마땅한 자를 선별하여 구제행위를 실시했다는 점이며, 앞서 언급한 바와 같이 일종의 자산조사와 신분조사를 통해 선별적으로 선발하는 선별주의를 실시했다는데 그 특징이 있다. 그 한 예로서 위에서 언급한 과부명부를 작성한 후 구제한 것을 알 수 있다.[14]

이러한 초대교회의 전문화된 구호는 특히 64년 경 로마의 네로 황제의 박해 아래에서도 초대교회는 강력한 상호부조의 형태를 이루는 동기를 제공하

---

12) 신약성서(개역), 디모데전서5:9-10.
13) 김동훈,『사회복지발달사』(서울: 현학사, 2004), p.43.
14) 김기원,『기독교사회복지』(서울: 학지사, 1998), p.94.

게 되었다. 상호부조는 무이자로 돈을 빌려주며 담보 없이 매장 일을 돕고 과부를 보살펴 주는가 하면 가난한 신부에게 혼수를 장만해 주기도 하였다. 특히 구제품을 전달할 때는 수혜자의 자존심이 상하지 않도록 철저히 배려하는 것도 잊지 않았다. 그러나 이러한 상호부조의 의식은 너무나 강해서 금욕주의적인 종교적 의식으로까지 발전하게 되었다는 평가를 받고 있다.[15]

놀랍게도 초대교회의 이러한 의도적인 나눔의 전통은 박해 가운데서도 끈질기게 이어지고 있었다. 특히 250년경 박해 중에서도 로마 교회들은 1,000명 이상의 과부들을 구제한 바 있고 또 안디옥 교회는 3,000명이 넘는 고아와 과부들을 도왔다는 기록을 발견할 수 있다.[16] 물론 기독교에 대한 박해가 더욱 성도들을 결속시키고 구호를 요하는 그들의 형제에 대해 자발적 나눔으로 승회했다는 사실은 부정할 수 없는 사실이다. 특히 콘스탄틴 대제의 개종 이후로 교회는 더욱 더 깊이 고아를 찾고 돌보는 일에 개입되었으며 성도들로 하여금 고아들을 입양하도록 적극적으로 권장하였다. 교회와 교회의 구성원들의 구호행위는 나아가 구빈원(hospital)을 형성하여 조직적으로 이들을 돕는 동기를 제공하는 자리에 까지 나아가게 된다.[17]

결론적으로 초대교회의 빈민보호의 정신에 대하여 독일 뮌헨대학 교수 아돌프 베벨은 그의 저서 『빈민보호의 역사』에서 다음과 같이 그 중요성을 언급하고 있다.

> 현대의 빈민보호는 분명히 윤리적이고 종교적인 근본원리를 가지고 있으나 이 원리는 결국 아득한 초기 기독교의 사랑의 가르침에 소급해 올라가지 않으면 안 될 것이다. 기독교의 사랑의 가르침에는 5개의 사상[18]이 내포되어 있다. 이것은 빈민보호의

---

15) 박영호, 『기독교사회복지』(서울: 기독교문서선교회, 2001), p.439.
16) 임종운 외, 『기독교사회복지론』(서울: 홍익재, 2003), p.42.
17) Hinson, The Church in Social Work : a Study of moral welfare work undertaken by the Church of England, p.2.
18) 첫째로, 빈민을 구제하는 이유는 그들이 시민이거나 빈민의 폭동이 국가에 위험을 미치기 때문도 아니다. 그것은 성경에서 이웃을 가장 가까운 사람으로 대하는 일반 인류애에 기인한다. 둘째로, 유태교는 시여에 대한 자상한 규정을 유럽에 규정하고 있으나 기독교의 사랑

일관된 원리인 것이다.[19]

초대교회의 나눔의 효율성에 대한 아돌프 베벨의 강조에 더하여 김덕준(1984)은 초기 기독교 공동체로부터 흘러나온 그리스도인의 이웃사랑의 중요성을 강조하면서 "이 세상에는 참으로 많은 종교가 있지만 기독교만큼 빈자와 약자의 보호에 힘을 다한 종교는 없다고 본다. 물론 중세기의 구보적인 형태로 인해 큰 폐해를 조성하기도 했지만 처음에는 극히 순진한 마음에서 유래된 것이며, 다른 종교에서는 결코 흉내 낼 수 없는 깊은 사랑의 발로였다."고 초대교회의 사랑의 행위를 높이 평가하고 있다.[20]

고무적인 것은 말로 표현할 수 없는 심각한 박해 속에서도 그리스도인들은 항상 그들의 신앙의 축인 나눔의 삶을 결코 외면하지 않았다는 점이다. 또한 초대교회의 신자들이 어떻게 구체적으로 나눔의 삶을 실천하였는지에 대해서 모이어(E. S. Moyer)는 다음과 같이 기술하고 있다. "그리스도인들은 만민을 사랑하는 사람들이다. 그들은 핍박 속에 살던 사람이면서 동시에 거지와 같은 어려운 사람들이다. 그러나 자기들은 물론 다른 많은 사람들까지 풍족하게 만드는 사람들이다. 이들은 지극히 결핍한 중에서도 지극히 풍부한 사람들이다."[21]

이처럼 초대교회 성도들의 생활을 기록을 통하여 살펴보면 극심한 핍박 가운데서도 복음을 잃지 않았으며 동시에 형제와 사회에 대한 나눔의 삶을

의 가르침은 그와 같은 형식을 경시하고 단지 사랑에 찬 마음씨를 요구하며 또 사랑의 행위는 스스로 때를 맞추어 필요에 따라 나타나는 것이 특징이다. 셋째로, 인간은 정신의 힘, 육체의 힘을 인류에 대한 봉사를 위해 바칠 때 비로소 인간으로서의 생존의 최고 가치를 느끼는 것이다. 빈자에게 노동능력을 주고 노동능력을 가진 자에게는 적당한 노동을 주는 것은 기독교의 사랑의 가르침에 대한 최종적 목적일 뿐만 아니라 일체의 빈민보호의 최고의 목적이 되지 않으면 안 된다. 넷째로, 시여는 무비판적으로 해서는 아니 될 것이며 각 개인의 사정을 정밀히 조사한 끝에 시행하는 것이 타당하다. 다섯째로, 개인은 가능한 자기의 가족을 돌보아야 할 것이다. 김덕준, 『기독교사회복지』(서울: 한국기독교사회복지학회, 1985), p.208.
19) 김덕준, op. cit., p.208에서 재인용.
20) Ibid.
21) E. S. Moyer, 곽안전 역, 『인물중심의 교회사』(서울: 대한기독교서회, 1998), p.46.

동시에 추구하였다. 이러한 이유만으로도 초대교회에는 복음과 나눔의 삶이 결코 나누어지지 않았음을 증거한다고 하겠다.

제2절 교부시대의 자선에 대한 가르침과 교훈

　국교 이전시대 또는 교부시대란 사도시대로부터 약 100년까지와 콘스탄틴 대제가 밀라노 칙령을 발표하여 기독교를 공허한 313년까지의 2기를 지칭한다. 이 시대에 교부들은 예수 그리스도의 가르침과 초대교회로부터 전승된 약자보호의 사상을 중심으로 강력하게 교회의 사회문제 해결을 위한 구호활동의 중요성을 그들의 설교에서 강조하였고 이러한 자선에 대한 강조를 통하여 교회는 자선중심의 교회로 자리 잡기도 하였으나 이로 인한 많은 문제점 또한 내포하지 않을 수 없었다.

　이 시기에는 일차적으로 사도들의 가르침과 교회의 나눔을 통해 많은 개종자들이 발생하게 되었다. 그러나 그들의 개종으로 인해 새로운 종교, 즉 기독교의 교제에 참여하기 위하여 그들의 직업까지 버려야 했던 상황이 발생하게 되었고 성도들은 이러한 사람들에 대해서는 부유한 사람들이 직업을 제공하거나 공동모금에서 그들을 돕기도 하였다.[22]

　이러한 구호활동 외에도 위에서 이미 언급한 바와 같이 초대교회는 교회의 설립과 동시에 성찬과 애찬을 날마다 행하였다. 이를 통하여 빈민들이 식사에 함께 참여할 수 있도록 배려하였으며 이러한 교회의 구제사업은 문예부흥기까지 지속되었다. 이 시기에는 이삭 및 십일조 헌금과 헌물이 자발적으

---

22) Hinson, op. cit., p.2에서 재인용.

로 이루어져 이 헌금은 감독이 감찰하였고, 이것을 고아, 과부, 빈민 및 여집사 등에게 분배하였다. 이러한 사실은 유스티누스(Justinus, 100-165) 교부의 증언을 통하여 알 수 있는데, 그는 그의 저서 『변증론』에서 "그 생활이 유족하여 뜻있는 사람들은 자원하여 여러 가지 금품을 바쳤으며 그것을 회장이 보관하였다가 고아와 과부 및 병 등의 이유로 빈궁에 빠진 자 또는 수감자 및 나그네 등을 구조하였다."라고 하였다. 뿐만 아니라 교회는 발생하는 사회 문제에 대처하기 위해 초대교회와 같이 7명의 집사를 구제를 위한 책임자로 선임한 것과 동시에 최초로 7개의 구조지구를 설정하여 각 구에 한 사람의 집사를 두어 필요한 구제를 담당하도록 함으로써 구제가 단순한 자선행위가 아니라 체계적이면서도 전문적인 형태를 취하게 되었다.[23]

또한 유스티누스는 그의 변증론 14장에서 말하기를 "우리는 지난날에 간음을 즐기는 자였는데 지금은 순결을 사랑하는 자가 되었다. 우리는 지난날에는 지상의 소유에 전 가치를 두는 자였지만 지금은 공동의 소유를 사랑하고 각자가 유무상통하는 것을 낙으로 삼게 되었다."고 말하면서 "무엇보다 먼저 부와 소유에 이르는 길을 사랑했던 우리는 이제 그러한 정신을 벗어 버리고 이것을 필요로 하는 모든 사람에게 주어야 할 때가 되었다."라고 역설하였다.[24]

그는 또한 그의 변증론 67장에서 교회의 자선사업과 사회결합의 가능성에 대해 "부호는 가난한 자를 도와줌으로써 비로소 진정한 사회결합이 가능하다."라고 교훈하였다. 그의 주장에 의하면 "부자들의 나눔이 없으면 결코 진정한 사회통합이란 일어날 수 없다."라는 논리를 이미 터득하고 있었던 것이다.[25] 동 시대, 즉 주후 100년에서 140년 사이에 기술된 논문 형태의 교훈집인 『12사도의 교훈집』에서도 "가난한 자로 하여금 빈손으로 가게 하지 말라. 일체의 것을 네 형제와 공유하라. 이것은 내 자신의 것이라는 생각을 버리라.

---

23) 김덕준, op. cit., p.206.
24) Ibid. p.98.
25) Ibid. p.93.

그리고 너는 죽지 않고 영원한 것의 공유자가 되기를 원하느냐, 무슨 일로 잠시 동안의 것에 구구하게 그 소유를 집착하느냐. 네가 만일 무엇을 타인에게 준다면 너는 그와 함께 네 죄의 대가까지도 주어 보내는 일이다."라고 설파함으로써 타인에 대한 구제의 행위가 죄장의 소멸까지 이를 수 있다는 논리로 발전하고 있음을 발견할 수 있다.[26]

뿐만 아니라 스루미루나의 승정이었고 대 순교자로 정평이 난 폴리갑(Polycarp)은 112년 빌립보인들에게 보내는 서한에서 "교회의 장로는 모든 사람에게 온정과 자애의 소유자가 되지 않으면 안 된다. 그는 헤매는 자를 집에 돌려보내고, 병든 자를 방문하며, 과부와 고아와 가난한 사람을 돌보지 않으면 안 된다."라고 권고함으로써 교회가 마땅히 연약한 자의 약점을 담당해야 할 것을 권고하고 있다.[27] 뿐만 아니라 초대교회의 목회자들에게 적지 않은 영향을 미친 『헤르마스의 목자(Shephered of Hermas, 120-140)』는 비록 그 저자가 불분명하더라도 그리스도인의 부와 재산에 대해서 깊이 언급한 책이라는 점에서 귀하게 평가된다. 특히 이 책은 불신자가 세례를 받은 후 그의 삶이 구체적으로 어떻게 영위되어야 하는가에 대해 논하고 있는데 특별히 그는 종말론적인 관점에서 부와 재산의 문제를 다룸으로써 초대교회 나눔의 사상에 깊이 관여한 듯하다. 특별히 그는 "곤궁한 사람들이 신음하여 그들의 신음이 주를 깨워서 너희 선한 것들과 함께 너희가 탑의 문 밖으로 닫혀 지지 않도록 너희 부를 자랑하는 사람들아 주의하라."라고 경고하고 있다.[28]

이 문서는 자선에 대한 교부들의 가르침과 교훈은 다양한 지도자와 다양한 방법을 통해 강조되고 있는데 여기서 저자는 간절한 마음으로 부자들을 타이르고 있다. "부자는 그 저택에 높은 돌담을 두르고 있으나 그 돌담을 낮추어 버리지 않는다면 어떻게 교회의 탑을 높이 세울 수 있을 것인가."라고

---

26) Ibid. p.88.
27) Ibid. p.89.
28) Henry Chadwick, 박종숙 역,『초대교회사』(서울: 크리스챤다이제스트, 1999), p.278에서 재인용.

묻고 있다.[29] 이렇게 구호와 자선에 관한 교부들의 가르침은 대단히 강도 높게 진행되었다. 그러나 이들 교부 가운데서도 알렉산드리아의 클레멘스 (Clemens, Titus Falvius Alexandrinus, 150~215)만큼 강력한 영향력을 행사한 사람은 없다고 본다. 그는 그의 교훈집에서 모든 그리스도인들은 생활양식으로 단순하게 살아야 것을 가르쳤다. 그는 말하기를 "진정한 크리스천은 고통을 받고 있는 형제를 간과하지 않기 위해서 자기 자신의 가난, 즉 자발적인 가난을 택한다. 그는 타인의 고뇌를 자신의 고뇌로서 느끼는 것이다."라고 하였는데[30] 그가 이 글에서 강조한 '자기 자신의 가난' 이란, 그가 부요하게 살 수도 있지만 가난한 자들을 생각하면서 의도적으로 가난한 삶, 즉 단순한 삶의 양식을 취하며 살아간다는 것을 의미했던 것이다. 이러한 생각은 철저히 인간의 몸으로, 그리고 종의 형체를 입고 오신 그리스도의 삶을 의미하는 것으로 그리스도인이라면 당연히 그리스도와 같이 의도적인 가난의 삶을 살아야 함을 강조하였던 것이다. 그는 또한 "부자란 이것을 소유하는 자를 호칭하는 것이 아니라 이것을 타인에게 주는 사람의 호칭이다."라고 역설하였으며 "부한 자는 가난한 자의 필요를 충족할 것이며 가난한 자도 그 필요를 충족하여 주는 자가 하나님에 의해서 보내진 것이라고 생각하여 이 일로 하나님께 감사하는 것을 배워야 할 것이니라."라고 교훈하였다.[31]

이에 더하여 217년 경 히포리투스(Hipolitus)는 세례를 받기 위한 기본적 사안으로서 과부를 돌보아야 할 것을 명령하였고, 사이프리안(Cyprian)은 "오늘 자선을 하면 마지막 심판의 날에 하나님이 그들의 기도를 들으시고 자선으로 보상해 주신다."라고 설교하였다. 이와 같은 주장은 오리겐(Origen)에 의해서도 동일하게 주창하고 있다. 그는 "가난한 자에게 식물을 주기 위해 금식하는 자는 행복하다."고 하였고, "만약 어떤 사람이 줄 것이 아무것도 없으면 금식하고 그리고 성자들에게 일용할 양식을 나누라."라고 설교하였다.[32]

---

29) Ibid. p.91.
30) Ibid. p.96.
31) Ibid. p.88.
32) Sturt Alfred Queen, *Social Work in the Light of History*, Philadelphia and London, J.B.

그는 또한 버려지거나 죽음에 처하게 된 어린이들을 돌보는 일을 교회의 중요한 사명으로 생각하였을 뿐만 아니라 이러한 어린이들을 자신의 집으로 데려오거나 이들을 위한 거처를 마련해 주었다. 이러한 가르침에 기인한 교회의 행위는 당연한 것이었고 참으로 순수한 의미에서 말씀에 대한 실천으로 승화되었던 것이다.[33]

이와 같은 교부들의 나눔에 대한 강도 높은 가르침의 영향으로 3세기 중엽 로마교회는 1,500명의 과부 및 기타 구조를 필요로 하는 자들을 구조하고 기부금을 타 도시로 보내기도 하였다. 이는 기독교의 자선사업은 단순히 기독교도에게만 국한된 것이 아니라 비신자에게까지 확대되었다는 것을 의미한다. 뿐만 아니라 그 당시 전염병으로 인해 엄청난 사람이 희생되었을 때도 이교도들은 도망을 갔지만 손수 나서서 시체를 수습한 사람들은 기독교인들이었다는 관점에서 교부들의 가르침의 영향력은 그리스도의 가르침을 실천하는데 있어서 엄청난 파급효과를 가져왔다.[34] 이와 같이 기독교인들은 가난한 자들이나 고아를 돌아보는 것은 그들의 삶의 기본으로 여겼고, 더 나아가서 감옥에 갇혀 있거나 광산에서 고생하는 형제들을 방문하는가하면, 기근, 지진, 역병 또는 전쟁과 같은 재난의 경우에도 그들의 사랑을 나누는 일에는 조금도 주저하지 않았다.[35] 이 뿐만 아니라, 그 시대의 그리스도인들은 구약성경의 사상을 그대로 유지한 유태교의 나눔의 전승을 철저한 초기 기독교의 핵심으로 삼았다. 그리고 그들은 핍박과 박해 가운데서도 이러한 나눔의 행동을 꾸준하게 이어 갔던 것이다.

그리고 이러한 사실들을 통하여 기독교인들은 참으로 경건한 자들이며 진실로 하나님을 사랑하는 사람들이라고 역사학자 유세비우스도 칭찬하며 이를 기록하고 있다.[36]

---

33) Hinson, op. cit.
34) 김덕준, op. cit., p.206.
35) Henry Chadwick, 박종숙 역, 『초대교회사』(서울: 크리스챤다이제스트, 1999), p.64.
36) 유세비우스, 엄성옥 역, 『유세비우스의 교회사』(서울: 은성출판사. 1995), p.511.

이와 같은 그리스도인의 사랑의 행위는 두말할 나위 없이 이 시대 교부들의 영향 때문이다. 위에서 언급한 알렉산드리아의 클레멘스와 더불어 자선에 대하여 강력한 영향력을 행사한 또 한 사람의 교부는 4세기의 콘스탄티노플의 대주교였던 크리소스톰(Chrisostomos, Johanes, 354-407)이었는데, 그는 재산의 공유에 대해 강력하게 역설했다. 그는 "부자는 강도이며 부자는 그 나머지를 빈자에 주어 소유의 균형을 가져와야 할 것이다. 그 최선의 수단은 근원적으로 재산의 공유에 있는 것이다."라고 강조하였다. 그의 이러한 사상들은 두말할 것 없이 초대교회의 고유사상에 기인한 것으로 보인다.

그는 또한 "신은 다음과 같은 시장을 우리들의 앞에 열어 놓았다. 만일 실제로 보상의 실현을 구하려고 한다면 자선이라는 물건을 싸게 사서 장래 (구원이라는 물건으로) 다시 비싼 값으로 팔 수 있는 것이다. 그렇게 하면 자선은 쉽게 행하여질 것이다. 빵의 극히 적은 한 조각으로도, 한 벌의 의복 또는 한 잔의 생수로도 행할 수 있다."라고 강조함으로써 자선의 행위가 구원을 대신할 수 있는 것으로 이해하였고,[37] 또한 그는 "우리의 모든 죄과를 깨끗이 씻지 않으면 안 된다."고 역설하면서 "먼저 세례에 의하여 우리의 죄과를 씻어 버려야 하며 그 다음 여러 가지 방법이 있으나, 그 중에서도 제일로 구제로 인해 가능하다."라고 함으로써 구제의 행위가 구원의 행위와 더불어 죄과를 소멸하는 능력이 있다는 비약적인 논리로까지 발전하게 된다.[38]

나아가 그는 그의 설교에서 "어떠한 죄를 지었든지 간에 자선이 모든 죄의 문제를 해결해 줄 것이다."라고 하였다.[39] 다시 말해 크리소스톰(Chrisostoms)은 자선을 통해 사소한 과오들로부터 자신의 양심을 정화할 수 있는 기회를 부자들에게 제공한다는 점에서 교회 문전에서 구걸하는 거지들의 존재를 칭송하였고, 이러한 크리소스톰의 사상에 동조한 어거스틴(Augustine)은 자선

---

37) 지윤,『사회사업사』(서울: 홍익재, 1985), p.35.
38) Ibid.
39) Stuart Alfred Queen, *Social Work in the Light of History*, Philadelphia and London, J.B. Lippincott Company, p.218.

을 통해 죽은 자뿐만 아니라 살아있는 사람들도 속죄할 수 있다는 믿음을 역설하였다.[40]

물론 이와 같은 크리소스톰의 사회적 나눔은 후에 신학적으로는 상당한 파장을 불러일으키기도 했지만, 당대, 즉 교부시대에는 하나의 핵심적인 가르침으로 기록되었다. 그는 단순한 가르침의 차원을 넘어서서 진정한 실천의 사람이기도 하였다. 그는 그 당시 만연한 성직자들의 부패한 생활에 대한 개혁을 주도해 나갔다. 특히 부유한 사제들의 저택에 '영적 자매들'이 거주함으로 인해 발생하는 추문을 잠재우기 위해 '영적 자매들' 추방운동을 전개하는가 하면 성직자들로 하여금 그리스도를 좇아 청빈한 삶을 살아가도록 지시하였다. 그는 실제로 감독의 저택에 있는 호화롭고 값비싼 물건들을 팔아 극빈자들의 식량을 공급하기도 하였다. 뿐만 아니라 그는 평신도들에게도 그리스도의 가르침을 따라 검소한 생활을 하도록 교육하는 것을 잊지 않았다.[41]

그러나 문제는 자선에 대한 지나친 가르침이 후대에 비판받지 않을 수 없는 죄장소멸사상(자선적 시혜사상)을 낳게 되었다는 점이다. 교회가 시대적으로 발생하는 궁민을 보호해야 하는 어쩔 수 없는 상황에서 다양한 교부들에 의해 발전되고 강조된 이러한 죄장소멸사상은 313년 콘스탄틴 대제의 밀라노 칙령에 의해 기독교가 공인됨으로써, 그리고 데오도시우스(Theodosius) 대제에 의하여 기독교가 로마의 국교로 인정받게 됨으로써 더욱 탄력을 받게 된다. 기독교로 개종한 콘스탄티누스 대제로 인해 교회의 위치는 완전히 바뀌었다. 그는 고아와 기아 그리고 가난한 사람을 돌보는 교회사역에 적극적으로 후원했고, 특히 교회로 하여금 몰수된 땅과 건물들을 되돌려 줄 것을 요구할 수 있도록 함으로써 교회의 법인적 성격을 인식하도록 해 주었다는 점에서 대단히 긍정적으로 평가할 수 있다. 어쨌든 교회는 이러한 과정을 통해 더욱 강력한 자선행위가 뿌리 내리게 되는 동기를 형성하게 되었다.

---

40) 감정기 외, 『사회복지의 역사』(서울: 나남출판사, 2002), p.69.
41) 우스토 곤잘레스, 서영일 역, 『초대교회사』(서울: 은성출판사, 1995), p.311.

사실 지금까지 언급한 교부들이 이렇게까지 자선을 강조한 데에는 그만한 이유가 있었다. 교회가 공인 받기 이전에는 교회가 작아서 사회적인 도움이 그리 크게 요구되지는 않았다. 그러나 콘스탄틴 대제의 공인 이후, 교회가 급격하게 커지면서 교회의 사회적인 도움이나 자선에 대한 요구 역시 더욱 더 증가하기에 이르렀다. 따라서 자동적으로 교부들의 설교도 이에 부합하지 않을 수 없었다.[42]

전술한 바와 같이 콘스탄틴 대제 이후, 교부들의 자선에 대한 설교는 더욱 강렬해지기 시작한다. 특히 3세기경 성 시프리안(St. Cyprian)은 부자들의 행태를 꼬집으며 그들에 대해 "부자들은 재산에 재산을 덧붙이고, 가난한 자를 그들의 국경으로부터 내쫓았다. 그들의 땅은 측정할 수 없을 만큼 확장되었다."라고 비판하였다.[43] 이렇게 군주들의 부는 걷잡을 수 없이 확장되었고 가난한 사람들은 그들의 자유를 수호하기 위해, 그리고 그들의 땅을 보호하기 위해 영주의 보호체제 안으로 들어갈 수밖에 없었다. 결국 그들의 땅은 영주의 땅이 되고 그들은 영주의 농노로 전락할 수밖에 없었다. 이런 상황에서 교부들의 설교는 당연히 부자에 대한 경고와 고통 받는 자들에 대한 설교로 이어질 수밖에 없었던 것이다.

또한 우리가 이 시점에서 분명히 기억해야 할 것은 교부들의 가르침과 기독교의 이러한 도움과 자선의 행위는 어느 정도 문제가 있었지만, 그것은 정의와 사랑의 발로였지 선행으로 구원을 받는다는 면죄부를 정당화한 것은 결코 아니었다는 점이다.[44] 물론 교부들 중에는 교회의 구제를 시혜적 자선사상에 그 바탕을 두고 장려한 사람들이 결코 적지 않다. 그 한 예로서 헬마스(Hermas, 120-140)는 "시여는 이것을 받는 자의 감사의 기도로서 반드시 시여를 한 자에게 보답이 이루어진다."라고 설교했고, 크리소스톰 역시 "세상에 빈자가 없었다면 너희 죄과의 많은 것이 구원 받을 수 없을 것이다. 빈자

---
42) Stuart, op. cit., p.218.
43) 김성이, 『사회복지의 발달과 사상』(서울: 이화여자대학교 출판부, 2002), p.92.
44) Alan Keithlucas *The Church and Social Welfare*, Philadelphia: the westminster press, p.30.

는 너희의 상처의 치료자이다."라고 말하면서 가난한 자를 구제할 것을 촉구한 사실도 있었다. 그러나 모두가 자선사상을 찬양한 것만은 아니다. 거의 동시대를 살았던 사람이지만 바젤(Vaser, 330-379)은 이러한 시혜적 자선사상의 폐해를 미리 예견했는지 "빈민을 구별하지 않고 교회의 문전에 오는 자를 내키는 대로 시여함은, 이것은 싸우는 개에게 고기를 던져 주는 장난과 동일하다."라고 역설하면서 그 위험성을 지적한 바 있다.

이 시대의 또 하나의 근본적인 문제는 사회봉사 전문가로서의 집사 제도 전환에 있었다. 한 예로, 3세기에는 교회를 섬기는 직분이 보다 세분화되고, 전문화되었으며, 다양화되었다. 그 직분은 감독, 집사, 장로뿐 아니라 성경낭독자, 과부들, 부집사, 동정녀들, 여집사들, 문답교수자, 복사, 구마사, 그리고 문지기 등도 포함되었다. 문제는 이러한 집사의 기능이 제도화되면서 초대교회에 비해 구호를 실천하는 교회의 전문성이 상당히 약화되었다는 점이다. 이러한 교회의 집사제도의 약화는 바로 기독교의 국교화에서 기인한 것으로 보인다. 콘스탄틴 황제의 기독교 개정으로 인해 그 자신이 구제사업에 열정을 쏟았을 뿐만 아니라 초대교회와 박해시대에도 왕성하게 수행하던 교회의 자선사업을 국가가 담당하겠다고 나섬으로써 그 본질을 잃어버리는 계기가 되었다. 원래 초대교회에서 집사의 직무는 대단히 중요한 것이었다. 사도시대의 집사는 원칙적으로 구제를 위해 선택되었고, 실제로 그러한 일을 담당했으며, 또한 예배에서도 일정한 책임을 맡으면서 감독의 보조자나 하급자로 감독과 밀접하게 연결되어 있었다. 그러나 문제는 시간이 흐름에 따라 이러한 집사의 기능은 점차적으로 변해 갔다는 점이다. 특히 4세기와 6세기 사이의 집사는 자선의 역할을 상실하였고, 예배적인 기능이 점점 강화되었을 뿐만 아니라 7세기에는 신부의 보조자로 활동하게 되었다.[45]

---

45) 엘시 N. 맥키, 류태선 · 전병준 역, 『개혁교회 전통과 디아코니아』(서울: 한국장로교출판사, 2000), p.71.

※ 제2장 초대교회와 교부시대의 자선사업에 대한 토론 ※

1. 집사제도를 통한 초대교회의 전문적인 사회사업과 그리스도인의 실천적 삶

　성령을 경험한 초대교회의 성도들은 자발적인 나눔의 자리로 나아가게 된다. 뿐만 아니라 초대교회는 시대적 요청인 구호활동의 전문화를 위해 집사제도를 두어 체계적으로 사회문제에 대처하게 된다. 이에 더하여 전염병의 재앙 가운데서도 초대교회 성도들은 자신의 몸을 아끼지 않고 봉사함으로써 사회로부터 칭찬을 한 몸에 받았다. 초대교회는 한 마디로 여러모로 칭찬받는 교회였다. 이러한 점을 바탕으로 한국교회의 현실을 생각해보고 한국교회가 진심으로 반성해야 할 점에 대해 토의해 보자.

2. 지나친 수요증가로 인한 기독교 정신의 변질과 기독교 공인으로 인한 자선의 변질

　모든 것이 지나치면 변질을 가져오게 마련이다. 기독교의 공인으로 인한 구호자의 증가로 교회는 자선을 강조하지 않을 수 없었다. 그 결과는 복음의 변질이었다. 뿐만 아니라 밀라노 칙령과 데오도시우스 황제의 기독교 공인이 기독교의 정신적 측면에서 볼 때 반드시 좋은 결과만 초래한 것은 아니었다. 이것으로 말미암아 전통적인 기독교 자선의 변질을 가져왔다. 이런 측면에서 비대함을 항상 경계하지 않을 수 없다. 한국교회 비대는 과연 어떤 변질을 초래할 수 있다고 보는가? 그리고 우리가 어떻게 이러한 위험으로부터 변질을 최소화할 수 있다고 보는가?

3. 교회의 교권화로 인한 전문적 사회사업 기능의 약화

교회가 교권화되고 체계화되면서 전문적인 집사제도의 변질을 가져오게 된다. 그로 인해 교회의 전문적인 대사회적 기능의 현저한 약화를 초래하여 교회는 전문적 형태를 벗어나 단순구호의 차원에 머물게 된다. 이런 차원에서 초대교회의 대사회적인 기능으로서의 집사제도와 제도화된 한국교회의 집사제도를 비교해 보고 이 문제를 해결할 수 있는 방안에 대해 토론해 보자.

제3장 중세 초기의 자선사업

제1절 중세 초기의 사회, 경제 및 종교적 상황
제2절 교부시대의 시혜적 자선사상(죄장소멸사상)의 전승
제3절 중세 초기의 수도승과 구빈원
제4절 중세 초기 자선사업의 중심기관으로서의 구빈원과 사원 숙박소

제1절 중세 초기의 사회, 경제 및 종교적 상황

 일반적으로 중세를 정의하기란 그렇게 간단하지만은 않다. 왜냐하면 중세라는 기간이 장장 1,000년 이상의 긴 세월을 다루고 있기 때문이다. 그런 의미에서 어떤 학자는 중세를 고대 그리스·로마시대와 근대 르네상스와의 중간시대, 즉 5세기 말부터 봉건사회가 해체되는 15세기까지로 구분하는가 하면, 또 어떤 학자는 475년 로마제국의 몰락으로부터 마그나 카르타(Magna Carta)가 탄생한 1215년의 약 천 년을 말하기도 한다. 한편, 또 다른 학자는 중세를 313년의 밀라노칙령부터 약 1,000년 지속된 문예부흥의 시대까지로 정의하는 경우도 있다. 그러나 대체로 중세라고 하면 그레고리 대제 이후부터 출발하여 서로마 제국이 멸망하고 봉건제도가 확립되었다가 십자군 전쟁으로 봉건제도가 붕괴되어 루터의 종교개혁이 일어나는 시기까지의 약 900년의 기간을 말하는 것이 통례이다. 어쨌든 이렇게 1,000년 이상 지속된 중세의 사회사업의 발달과정을 한 시대로 표현한다는 것은 사실상 불가능하기 때문에 우리는 이 글에서 사회복지적 관점에서 그리고 특정한 사회복지적 사건을 바탕으로 중세를 초기, 중기, 말기로 나누어 생각해 보고자 한다.
 먼저 중세 초기는 313년 니케아 회의로부터 약 800년까지, 그리고 중기는 800년부터 1300년까지 500년간을, 그리고 중세 말기는 1300년 이후부터 루터의 종교개혁기까지로 구분하여 기술할 것이다.
 중세 초기를 이해하기 위해서는 무엇보다 장원제도에 대해 고찰할 필요가 있다. 6~7세기경 메로빙거 왕조의 퇴조와 더불어 발달된 튜토니 왕국의 건설은 비록 질서회복이라는 대명제를 설정하기는 하였으나, 또 한편으로는 급속한 농노제의 형성을 가져왔다. 빈곤자는 부자 및 영주라고 불리는 권력자에게 자신과 땅의 보호를 요청하였고, 부자는 자신의 토지를 경작할 사람, 즉 농노가 필요했는데, 이를 농노제라 한다. 다시 말해 농민들은 자신들을 보호하기 위해 영주에게 의존했고 토지 또한 영주의 관리 하에 들어가게 되었다. 이러한 경제사회 생활의 형태를 '장원제도'라고 하는데 시간이 지남에 따라 영주는 더욱 강력한 권한을 유지하게 되었다.[1]

이 장원제도는 영국에서는 매너(manor), 유럽대륙에서는 피프(Fief) 혹은 베네피쿰(beneficium)이라고 불리며, 통상 영주의 소유지가 되는 토지로부터 형성되었으며 영주는 대군주 또는 국왕에 대해 일정한 의무를 갖는 제도로 서양 중세에서의 가장 단순한 사회단위였다. 영주들은 실제적으로 땅을 소유하고 있었기 때문에 소작인들은 자연스럽게 농노나 노예의 상태로 전락할 수밖에 없었다. 그들은 국왕에게 금전 또는 물품을 헌납할 의무를 가졌으며, 때로는 인두세가 부과되기도 하였다. 보통 각 장원은 질서유지를 위해 각각의 재판소를 소유하고 있었으며, 전 촌락민은 동일한 교회에 소속되어 철저한 사회적, 종교적 종속관계에 놓이게 되었다. 특히 농노는 모든 사회적인 제약을 받고 있었을 뿐 아니라 심한 경우, 허가 없이 자신의 가축도 매매할 수 없는 상황에 처하였다.

특징적인 것은 이러한 장원이 교구와 항상 밀접한 관계를 유지하고 있었다는 점이다. 교구제도는 장원제도와 심히 유사하며 모든 기능이 장원제도와 동일하였다. 그러나 장원제도와 다른 것은 장원제도는 정치, 사회적인 기능인 반면, 교구제도는 종교적 기능을 했다는 점이다. 보통 교구는 몇 개의 작은 장원을 포함하기도 했지만 이는 대단히 한정된 지역이었다. 이렇게 영주의 권력이 장원제도를 통해 강화되면서 기독교의 위세가 증대하게 되었는데, 이는 중세 초기의 교회들이 교구를 통해 소유하게 되고 주교가 영적 권력 외에 영주까지 겸하게 됨으로써 실제로는 교회가 영주요, 영주가 교회라는 등식이 형성되면서 교회는 막강한 권력을 갖게 되었고, 위에서 언급한 바와 같이 사제가 곧 영주인 상황이 되었다. 따라서 교회는 광대한 토지를 소유하면

---

1) 감정기 외, 『사회복지의 역사』(서울: 나남출판, 2002), p.71.

서 다수의 농노 및 노비까지 소유하게 되었던 것이다.[2]

이렇게 중세의 무정부적 상태 속에서도 교회의 재산은 점차 증가하게 되었다. 물론 교회의 재산이 증가하게 된 원인은 교회가 땅을 소유한 영주 및 지주가 되었다는 이유도 있지만 영주들이 세금과 십일조와 기부금 그리고 유산을 받는 교회의 주교였다는 점, 즉 그들이 실제적으로 경제문제를 통제했다는 점 때문이다.[3] 특이한 것은 영주를 비롯한 대부분의 권력을 소유한 자들이 교부들의 가르침과 자선의 전승에 따라 많은 기부금을 교회에 헌납하였다. 이러한 현상은 중세 초기뿐만 아니라 중세 전반에 걸쳐 왕을 비롯한 귀족들의 기부행위는 지속되었고, 자신의 모든 것을 팔아 구호금으로 귀속 시킨 후 수도자의 길을 사람들도 있었다. 또한 일반 기독교인들의 구제를 위한 자발적인 헌금, 그리고 임종 시 재산 전체를 기부금으로 헌납하는 행위 등으로 인해 교회의 재정은 폭발적으로 증가할 수밖에 없었다. 이렇게 로마의 교회는 부호의 개종자에게서 막대한 기부를 받아 성 베드로의 세습지 이름 하에 사회는 교회에 의해 지배되었다. 그 한 예로, 성 그레고리우스[4] 시대에 법왕령은 15,000평방 마일에 1년 동안의 수입이 장장 43만 파운드에 달하였을 정도로 교회의 재산은 기하급수적으로 늘어만 갔다.

---

2) 지윤,『사회사업사』(서울: 홍익재, 1985), p.42.
3) Day, Phyllis, *A New History of Social Welfare*, Pierson Education, 2005, p.97.
4) 그레고리 대제는 영성이 깊은 지도자로 유명한데, 특히 그는 깊은 명상을 통하여 그리스도와의 교제를 중요시 한 사람이다. 그러나 분명한 것은 그가 그러한 깊은 영성을 소유하고 있었다고 해서 결코 사변적이고 영적인 면에 치우친 지도자만은 아니었다. 그는 행동하는 신앙인이었다. 그는 구체적으로 교황청에도 나그네들을 잘 대접하였으며 병자들에게는 따로 음식을 만들어 먹였을 정도였다. 그의 명성은 로마뿐만 아니라 외국에까지 미침으로서 많은 사람들이 그의 도움의 날개 아래 있게 되었다. 그의 치세에 가장 많은 사람들이 그의 도움을 받았던 것으로 기록되고 있다. 그의 가르침은 명확하였다. 그는 "굶주린 이들에게 먹을 것을 나누어 주고, 무지한 이들을 가르치며, 잘못을 교정하고 교만한 이웃에게 겸손의 길을 제시하며, 병자들을 돌보고, 모든 이에게 필요한 것들을 제공하는 것이 생활 속에서 나타나야 한다."고 강조했고 그 또한 그 실천의 길을 걸어갔다. 전달수,『교황, 그레고리 1세의 영성』, p.16, 김한옥,『기독교 사회봉사의 역사와 신학』(서울: 실천신학연구소, 2004), p.252에서 재인용. 그는 사목규범이라는 책에서 나눔의 정신을 구체적으로 소개하고 있다. 이를 소개하면 다음과 같다. 첫째, 노예는 주인이고 주인은 노예이다. 그러나 둘 다 모두 동등한 인간이다. 둘째, 자신의 것을 나누어 주지 않는 사람은 가난한 사람을 파괴하는 자이며, 그들의 것을 되돌려주지 않는 사람이다. 셋째, 구제는 신중하고 신속하게 해야 한다. 넷째, 선행 없는 구원은 없다. 그러나 선행으로 죄를 합리화해서도 안 된다. 김한옥,『기독교 사회봉사의 역사와 신학』(서울: 실천신학연구소, 2004), pp.252-257.

제2절 교부시대의 시혜적 자선사상 (죄장소멸사상)의 전승

교회의 재산이 이렇게 획기적으로 증가하게 된 원인은 위에서 언급한 대로 교회의 권력화와 각종 기부금을 통한 폭발적인 헌금과 기부행위에 있었다. 그렇다면 이런 폭발적인 헌금과 기부행위의 원인을 어디서 찾을 수 있을까? 이는 두말할 필요도 없이 교부시대로부터 전승된 시혜적 자선사상 내지 죄장소멸사상에서 기인했다고 볼 수 있다. 중세의 설교가들은 교부시대로부터 전승된 자선과 선행을 강조하기 위해 은둔 성자 마카리우스(Macarius)의 경험에 관한 우화를 자주 인용하였다. 그 내용은 아래와 같다.

그는 여행 중 어느 동시의 광장 바닥에서 홀로 누워 죽어가는 빈민(hominen Pauperrimum)을 보았다. 그의 행색이 초라하고 궁색해 보인 탓인지 아무도 그를 돌보지 않았다. 그러나 은둔성자는 이 죽어가는 사람의 주위에 많은 천사들이 모여 있는 것을 보았다. 은둔성자는 또 이 도시의 한 부잣집에서 흘러나오는 즐거운 웃음소리를 들었다. 그러나 그는 그 집의 주위를 둘러싸고 있는 악마의 무리를 보았다.[5]

중세 시대에는 대체로 자선사업에 대한 뚜렷한 두 가지 견해가 등장하게 된다. 그 첫째는 예수님처럼 가난하고 병든 자를 아낌없는 사랑으로 도와주는 순수한 자선사업으로, 주로 하층민, 노예, 병자 등 무산자 계급을 대상으로 한 사상이며, 둘째는 남을 구제함으로써 그 공적으로 인과응보를 받는다는 시혜적 자선사상이었던 것이다. 분명한 것은 중세교회가 단순히 예수의 청빈함에 대해 가르친 것만은 아니었다. 또한 자선 행위의 중요성을 가르친 그 올바른 자선의 바탕, 즉 천진한 신학적인 가치관에 의해 그들의 물질을 기

---

5) Michael Mollat, *The Poor in the Middle Ages: An Essay in Social History*, trans. by Arthur Goldhammer, Yale University, 1986, pp.20-23, 허구생, 『빈곤의 역사, 복지의 역사』(서울: 한울아카데미, 2002), p.38에서 재인용.

부하거나 헌금한 것만은 아니었다. 오히려 교부시대를 통해 전승된 시혜적 자선사상을 깊이 받들거나 더욱 발전시킨 결과이기도 하였다. 여기서 시혜적 자선사상이란, 시혜를 베푸는 목적이 가난한 자들의 영혼 구원과 삶의 질을 확장하는 것이 아니라 시혜자의 입장에서 이해되어 결국 자선사업을 수행함으로써 그들이 구원을 얻을 수 있다는 논리에 의한 것으로 순수한 차원에서 자선행위를 한 것이 아니라 자아 중심적 시혜, 즉 자선을 베풀며 자신의 구원을 이룬다는 변질된 신학적 바탕에 그 원인을 둔 것이다.

교부시대에서는 이미 언급한 바와 같이 크리소스톰을 중심으로 한 대부분의 교부들이 교회의 대사회적 책임을 강조하기 위해 자선에 대해 설교했는데 이러한 교부들의 사상에 깊이 영향을 받은 많은 부자들은 자선행위를 하지 않고서는 천국에 갈 수 없다고 믿었다. 뿐만 아니라 만약 성도들이 구제의 활동을 등한시 하거나 부족하면 이는 곧 마지막 날 영원한 형벌을 받는다는 과중한 공포로 인식됨으로써 그들이 구원을 받기 위해서는 수단과 방법을 가리지 않고 구제해야 한다는 죄장소멸의식 또는 시혜적 자선사상에 따른 무차별한 자선이 실시되지 않을 수 없었던 것이다. 따라서 그들의 자선은 자선을 행하는 자의 행복의 기회를 증가시키는 것을 위한 행위였지, 현세에 있어서 빈민의 생활을 개선하기 위한 것은 결코 아니었다.[6]

그들은 구원의 길이라면 무엇을 해도 좋다는 잘못된 사상을 교부시대로부터 전수받았던 것이다. 구원의 길을 이루기 위해서는 이처럼 자발적 빈곤, 즉 자신의 모든 것을 버리고 가난의 길을 가는 것과 엘리트 계급들은 그들의 풍부한 부를 선행에 사용하도록 기부행위를 통해 가능하다고 생각하였다. 그러나 대다수의 기독교인들은 위의 두 가지 형태를 취할 수 없었다. 따라서 그들은 구원을 이루는 차선책을 선택했는데, 이는 자신이 가진 모든 것을 포기하는 대신 재산의 일부를 교회와 빈민을 위해 사용함으로써, 그리고 가능한 많

---

6) L. Coser, *The Sociology of Poverty*, Social Problem, Vol. 13. 1965, 박광준,『사회복지의 사상과 역사』(서울: 양서원, 2003), p.64에서 재인용.

은 구제헌금을 내는 것으로써 자신들의 죄를 씻는 방식을 택했다.[7]

대단히 흥미로우면서도, 또 한편으로 우려할 만한 것은 교부시대에 속죄의 방법으로 재물을 기부케 하는 길을 열어 놓음으로써 구제의 방도로 사용되기도 했는데 이것이 여과 없이 중세시대에 전수되어 강력한 영적인 영향력을 행사했다는 점이다. 예를 들어 간음, 살인, 우상예배의 종죄 등에 대해 재산의 전부를 기증토록 하였다. 그리하여 여기에 해당되는 모든 기금은 과부, 고아, 나그네, 노예의 구제를 위해 사용하였다. 그러나 점차적으로 이러한 거대한 교회의 자금은 빈민구조의 비율에서 멀어지고 교회는 광대한 토지의 소유자가 되어 갔다.[8]

제3절 중세 초기의 수도승과 구빈원

중세 초기의 교회는 대체로 교부들의 가르침에 따라 가난은 거룩한 것이라는 이론적 바탕에 동의하고 있었다. 또한 어떤 성자들은 가난을 세상의 선입견을 제거하는 길로 선택하였는가 하면 교회는 가난한 사람들의 구원을 위하여 하나님으로부터 보내심을 받았다는 확고한 논리적 바탕 위에 있었던 것이다.[9] 그리하여 그들은 예수 그리스도의 자발적 빈곤을 본받아 자신들도 자발적인 빈곤의 길을 선택함으로써 사람들로부터 존경을 받았으나 문제는 이러한 의도적인 초월적인 삶이 때로는 맹목적 숭배의 대상이 되기도 했다는 점이다.[10] 청빈한 삶을 살아가는 성자들은 주로 '빈민들의 아버지'로 불렸으

---

7) 허구생, op. cit., p.36.
8) 김덕준, 『기독교사회복지』(서울: 한국기독교사회복지학회, 1985), p.21.
9) Alan Keithlucas, The Church and Social Welfare, Philadelphia, the westminster press, p.19.
10) Bronislaw Germaka, Poverty, trans. Agnieszka Kolakowska, Oxford, UK and Cambridge, Massachussetts, 1994, pp.4-8, 허구생, op. cit., p.35에서 재인용.

며, 그들의 거처는 빈민구호소와 같은 뜻으로 사용되었다. 그래서 주교들은 자신들의 거처 문 앞에서 직접 빈민들에게 음식과 옷 등을 나누어 주기도 하였고, 빈민들과 같은 식탁에서 식사를 하기도 하였다. 물론 이러한 것은 진정한 박애와 인간에 대한 사랑으로부터 출발한 당연한 그리스도인의 삶이었다.[11] 그러나 한 가지 기억해야 할 것은 수도승의 주류를 이룬 은둔자나 금욕주의자들 모두가 높은 사회적 지위나 부요한 가정의 출신들이 아니었다는 점이다. 물론 자신들의 모든 소유를 팔아 나누고 자발적인 빈민의 삶을 살아가는 엘리트들이 있기도 했지만, 또 한편 도둑, 창녀, 부랑자, 걸인 등 인생의 밑바닥을 걸었던 사람들로 과거의 삶을 청산하고 거룩한 길을 선택한 사람들도 상당 수 있었다. 문제는 이들이 과거에 어떠한 삶을 살았느냐의 외형적 모습이 중요한 것이 아니라 비록 외형은 빈민으로 살아가지만 그들의 거룩한 정신과 의도적인 낮춤은 오히려 그들의 영적, 사회적 지위를 향상시키는 도구로 작용했다는데 문제가 있었다.[12]

어쨌든 이러한 연유로, 중세 초기에는 사회전체가 자선의 분위기에 편승될 수밖에 없었다. 이 외에도 또 하나의 중요한 자선 분위기의 고조는 중세 초기, 즉 4세기 이후에는 교회재산이 크게 부유해져 교회는 전적으로 구조의 절정을 이루었다. 교황 그레고리우스 1세(540~604년) 이전에는 일반기부, 유언기부 등에 의해 상당히 부유해졌고, 이러한 기금은 곧 감독과 승려, 회당건축, 빈민구조 등에 사용되었고, 교회재산의 1/4, 그리고 십일조세 및 하나님께 바치는 물건은 전부 구제를 위해 사용되었다. 또 이 시대의 구조는 대단히 조직적인 형태를 취하고 있었는데 로마교회의 지역을 7지국으로, 그리고 30교구로 나누어 1지구에 집사와 부집사를 두었다. 그리고 집사는 감독의 주관 하에 빈민, 과부, 고아 및 노쇠자 등의 구조를 담당하고, 각지에 구빈원이나 구빈사무소를 설치하여 집사의 주관 아래에 두었으며, 병자와 빈민, 고아 등

---

11) Ibid. p.73.
12) Ronislaw Germka, *Poverty*, trans. Agnieszka Kolakowska, Oxford, UK and Cambridge, Massachussetts, 1994, pp.4-8, 허구생,『빈곤의 역사, 복지의 역사』(서울: 한울 아카데미, 2002), p.36에서 재인용.

을 수용하는 등 빈민구조에 조직적으로 대응한 바 있다.[13]

특히 이 시대의 수도승들은 구빈원을 중심으로 그들의 사회적인 활동을 효과적으로 시행하고 있었다. 또한 로마제국에 병원 및 일종의 사회관(나그네의 집)을 창립한 것도 수도승들이었다. 특히 수도승과 구빈원이 중세사회를 가장 특징화 할 수 있는 봉건제도로 인해 고통 받고 있는 사람들의 사회적 방패로 작용하고 있었다는 점에 의미를 부여할 수 있다. 중세 초기에 형성된 봉건제도는 로마제국의 패망과 더불어 자구적 보호책으로 시작되었으나, 결국 지주와 소작인 사이에는 봉건적 율법, 봉건적 경제, 그리고 법규가 발생함으로써 지주는 영주로, 그리고 소작인은 노예의 상태로 변화하게 되었다. 후에 이러한 권력의 계급조직은 평민에게는 상당한 부담과 압박을 가하게 되었고, 상층계급은 하나님의 나라를 지향하는 형제주의와는 정반대의 조직을 구성함으로써 급격한 계급 투쟁의 현장으로 이해될 수밖에 없었다.

고무적인 것은 기독교가 봉건제도 속에서 세속화의 과정을 걷고 있는 그 때에도 수도원만은 봉건제도의 반대편에 서서 평민의 친구로서 평등을 무시하는 계급주의의 특권에 대항하였다. 다시 말해 수도원은 당시의 유일한 문화, 학문, 예술의 원천이 되었고, 수도원의 학교는 유일한 평민의 교육기관이 되었다. 그 한 예로, 케사리아 마자카(Caesarea Mazaca)의 위대한 교부 바실리우스(Basillius, Basil, 330-379)는 청년시절에 이집트를 방문하여 후에 그리스 수도원의 조직자이며 수도원 조직의 주요한 임무를 감당하는 사람이 되었다. 그는 수도원을 상호부조, 교육, 박애의 마음으로 섬기는 기관으로 육성하는 데 크게 기여하였다. 소위 말해서 그의 수도원은 적극적인 사회적 기능을 가진 사회적 원조기관의 역할을 충실히 감당하였던 것이다. 그래서 혹자는 수도원을 그 당시의 교육의 기관으로, 농업기술 전수의 장으로, 그리고 피압박자의 피난처로 묘사하기도 하였다.

---

13) 김덕준, op. cit., p.213.

제4절 중세 초기 자선사업의 중심기관으로서의 구빈원과 사원 숙박소

중세 초기에는 공공적 구제라고 불릴만한 시설은 존재하지 않았고, 다만 교회만이 빈곤자 구제의 유일한 기관으로 활동하였다. 교회는 교구화 되었는데 교구의 책임자는 그 교구 내의 빈곤자를 보호하는 책임이 있었고, 재원은 신도의 헌금, 영지수입 및 생산물의 일부를 헌납하는 십일조 제도로 운영되고 있었다. 특히 1/10을 4등분하여 빈민구제비로 사용하였다. 이 때 수도원의 구빈원이 구제 기관으로 주로 사용되었다. 특히 교회와 수도원에 의해 설립된 구빈원[14]은 집단적 수용보호시설로, 최초에는 순례자를 접대하는 장소였으나 차후 여행자와 과부, 고아, 노인, 그리고 절망에 처한 사람들을 위한 요양처의 역할을 감당하게 되었다. 이렇듯 수도원의 구빈원은 사회적 약자를 돌보고, 전쟁과 기근 중에는 주린 자들을 먹이는 중요한 기관으로 자리 잡게 되었다.[15] 결국 구빈원의 구호활동은 필요에 따라 세분화 하면서 유아원, 양호시설, 양로원, 병자시설 등으로 구분되었다. 또한 구빈원은 병자를 치료하고 빈민을 돌보며 여행자에게 숙소를 제공할 뿐만 아니라 필요한 자에게 약품을 무료로 배포하였다. 특징적인 것은 그들이 주민의 생활을 깊이 파악하면서 사람들에게 영혼의 피난처로 인식되기 시작하였다. 사람들의 신망을 받게 되었고, 유산의 증여 등에 따라 더욱 조직적으로 구호활동을 실시할 수 있었다. 이렇게 중세 초기를 대표하는 사회사업 시설로서의 구빈원 활동은 대단히 활동적이었다. 그 구빈원의 활동 가운데 가장 특징적인 형태가 바로 크

---

14) 구빈원은 hospital, spital, maison-dieu, dormus-deus 등으로 불렸으며 영국에서 almshouse, 프랑스에서는 aumoreie라고 불렸다. 그러나 이러한 시설의 종합적인 기능은 치료보다는 보호를 주로 하는 시설이었고, 육체보다는 영혼에 관심을, 그리고 신앙을 중심으로 한 기관이었다.

15) Hinson, *The Church in Social Work* : a Study of moral welfare work undertaken by the Church of England, 1988, p.60.

세노도치움(Xenodochium)이라고 불리는 사원 숙박소라고 할 수 있다. 사원 숙박소는 콘스탄틴 황제의 칙령으로 공인된 종교로 인정받게 되었고, 빈민에 관심이 많았던 콘스탄틴 황제의 영향을 받아 설립되어 당시의 중요한 사회사업 기관으로서 활동하였다.[16] 전술한 바와 같이 콘스탄티누스 황제가 서기 313년 밀라노의 칙령에 의해 모든 종교에 대한 신앙의 자유를 허용하였고, 서기 392년에 데오도시우스 대제는 기독교를 로마의 국교로 선포하였다.

결국 이러한 신앙의 자유를 통한 성도들의 자유로운 왕래가 보장되고 복음전도에 대한 열정이 높아지면서 요보호자들을 위한 사회복지시설이 발생했는데, 이것이 곧 구빈원에 소속된 사원 숙박소였던 것이다. 사실 신앙의 자유와 복음전도로 인해 급격히 증가한 기독교인 여행자 및 빈곤자를 영접하는 일이 중요한 일로 간주되었지만, 가정에서 이들을 제대로 돌볼 수 없었기 때문에 이와 같은 시설이 필요하게 되었다.[17] 그러나 이러한 목적으로 설립된 사원 숙박소는 점차 사회적 상황의 변화로 모든 종류의 구호를 요청하는 사람들을 위해 사용하게 되었는데 추후에 고아, 과부, 노인, 환자, 가난한 사람이나 여행객들을 위해 사용되었다.[18] 다시 말해 사원 숙박소의 원래 목적은 멀리 여행하는 신도들과 여비 없는 자들을 유숙시키기 위해 교회와 수도원에서 교통로에 설치했던 것이나 구호를 요하는 사람들의 증가로 자연스럽게 고아, 과부, 노령자, 병약자 및 나그네를 위한 시설로 그 활용범위가 넓어졌다.

이 중, 특히 사원 숙박소를 위한 에브라임 사이러스(Ephaem Syrus, 310-378)의 공헌은 참으로 지대하였다. 그는 대기근의 참상을 통해 스스로 빈민 구호 사업에 자청하여 돈을 기부하도록 부자를 설득하였다. 또한 사원 숙박

---

16) 이 기관은 본래 여행자를 위한 숙소로 사용되었으나 추후 구호를 필요로 하는 빈민을 보호하는 기관으로 전환하게 되었다. 이 크세노도치움은 고대 그리스 제나도카이아(Zenadochia : guest house)의 정신을 계승한 것으로 집 없는 사람들의 쉼터로 사용되었다. 함세남 외,『사회복지 역사와 철학』(서울: 학지사, 2001), p.22, 김동훈,『사회복지발달사』(서울: 현학사, 2004), p.43에서 재인용.
17) 지윤,『사회사업사』(서울: 홍익재, 1985), p.42.
18) Sturt Alfred Queen, *Social Work in the Light of History*, Philadelphia and London, J.B. Lippincott Company, p.235.

소를 설치, 300개의 침대를 준비하고, 병자까지 돌봄으로써 근대 병원 형태의 시설을 운영하였다.[19] 의료구제 역시 사원 숙박소에서 행해졌고, 이러한 병자의 보호를 위한 병원, 부양을 요하는 고아와 아동들에 대한 양육원, 노령자를 위한 양로원의 시설도 있었다. 그러나 이 시기에도 벌써 교회는 무차별한 시혜를 실시함으로써 많은 문제들이 발생하기에 이르렀고 구제를 받은 사람들 중에는 노비, 도망한 수도사, 방탕자들까지 공존하여 순수한 구호정신에 흠집을 내는가 하면 이러한 이유로 교회는 가능한 한 피구제자를 선발하기 위해 초면자에게는 소개장을 구해 오도록 하는 제도적인 장치를 마련하기에 이른다.

이러한 문제점에도 불구하고 중세 초기의 수도원과 구빈원은 사회문제를 해결하는 유일한 사회사업의 기관으로서의 면모를 분명히 했고, 또한 이러한 기관들이 사회개조의 발원지일 뿐만 아니라 발생된 사회문제의 치료자로서의 역할을 충실하게 감당하였다. 특히 교황은 어느 정도 각종 교회자선사업 및 종교제도를 통제할 수 있는 위치에 있었기 때문에 수도원과 구빈원의 제도는 교회가 사회적 긍휼을 실천하는 중요한 장으로 자리하게 되었다. 그러나 수도원과 구빈원이 고통 받는 모든 사람들을 위한 육적 및 영적인 문제까지 포함한 모든 사회문제 해결을 위한, 진정한 그리고 유일한 사회사업의 기관이었다는 점에서 높게 평가하지 않을 수 없다.

---

19) 김덕준, op. cit., p.117.

※ 제3장 중세 초기의 사회사업에 대한 토론 ※

1. 중세 초기교회의 부의 축적으로 인한 목적의 전치

김덕준 선생은 중세 초기의 교회가 각종 기부금을 바탕으로 형성된 거대한 교회의 자금을 빈민을 구조하는 데 사용해야 하는 교회의 원천적 사명을 외면하고, 오히려 그 자금으로 교회가 광대한 토지를 소유하게 되었다고 안타까움을 토로하고 있다. 예나 지금이나 부유함은 곧 목적과 존재의 변질을 가져온다는 점에서 이를 경계하지 않을 수 없다. 신명기 8장 12-17절을 바탕으로 우리의 삶과 또 한국교회가 가져야 할 태도에 대하여 토론해 보자.

네가 먹어서 배부르고 아름다운 집을 짓고 거주하게 되며, 또 네 소와 양이 번성하며, 네 은금이 증식되며, 네 소유가 다 풍부하게 될 때에, 네 마음이 교만하여 네 하나님 여호와를 잊어버릴까 염려하노라. 여호와는 너를 애굽 땅 종 되었던 집에서 이끌어 내시고 너를 인도하여 그 광대하고 위험한 광야, 곧 불뱀과 전갈이 있고 물이 없는 간조한 땅을 지나게 하셨으며, 또 너를 위하여 단단한 반석에서 물을 내셨으며, 네 조상들도 알지 못하던 만나를 광야에서 네게 먹이셨나니 이는 다 너를 낮추시며 너를 시험하사 마침내 네게 복을 주려 하심이었느니라. 그러나 네가 마음에 이르기를 내 능력과 내 손의 힘으로 내가 이 재물을 얻었다 말할 것이라(신8:12-17).

2. 사원 숙박소의 건립과 사회적 상황에 따른 목적 전환

사원 숙박소(크세노도치움)가 처음에는 종교의 자유로 인해 여행하는 여행객들을 위한 종교적 목적으로 시작되었으나 점차 시대적 요청과 상황의 변화에 따라 전문적인 사회복지 시설의 역할을 충실히 감당함으로써 교회의 사명을 완수하였다. 이러한 원리는 오늘날에도 정확하게 교회에 적용할 수 있다고 본다. 오늘날 교회에 대한 지역사회의 요청이 무엇이라고 생각하며 교회는 어떻게 종교적 목적으로부터 전환하여 사회적 목적까지 이룰 수 있다고 생각하는가.

3. 중세 시대의 유일한 사회사업기관이었던 교회

비록 중세교회의 구호활동이 시혜적 자선 등에 의해 많은 문제점들을 노출하기는 했어도 교회야말로 진정으로 인간을 사랑으로 대하고, 그들의 요구에 응하였으며, 또한 사회문제를 해결하는 유일한 구호기관이었다는 점은 참으로 자랑스러운 일이 아닐 수 없다. 오늘날 '교회가 사회사업기관이냐'라는 말로 교회의 대사회적 사명에 대한 기능을 폄하하는 사람들이 교회 내, 그리고 지도자 내에도 얼마든지 존재하고 있다. 귀하는 이러한 그들의 편협된 주장에 대하여 어떻게 변호할 수 있다고 생각하는가.

제4장 중세 중기의 자선사업

제1절 중세 중기의 일반적 자선기관
제2절 중세 구빈원의 폐해
제3절 구빈원의 폐해와 걸식자 양산에 대한 도전
제4절 무차별적 시혜에 대한 도전으로서의 탁발승 운동과 수도원 운동
제5절 종교개혁 이전의 중세교회의 자선 형태와 그 폐해

제1절 중세 중기의 일반적 자선기관

중세에는 다양한 자선기관들이 존재하였다. 이러한 시설들은 중세 초기의 수도원을 통한 구빈원과 사원 숙박소가 그 시초가 된 것은 두말할 나위가 없다. 특징적인 것은 중세 중기에도 이러한 구빈원과 사원 숙박소를 통한 자선사업이 끊임없이 진행되었다는 점이다. 게다가 중세교회는 초대교회의 나눔 사역을 한층 더 강조하여 감독의 재량 아래 조직적인 자선사업의 터전을 마련함으로써 획기적인 발전을 꾀하게 되었다. 물론 앞 장에서 언급한 중세의 시혜적 자선사업[1]이 많은 문제점을 도출하기도 했지만, 그럼에도 불구하고 조직적인 구빈정책의 기초를 마련했다는 점에서 높이 평가할 만하다. 중세 중기의 사회사업 시설들은 중세 초기에 설정된 구빈원과 사원 숙박소 이외에도 공익전당포, 기사단, 그리고 길드제도 등 다양한 자선기구들이 존재하고 있었다.

1. 구빈원과 사원 숙박소

구빈원과 사원 숙박소에 대해서는 앞 장에서 이미 언급한 바 있다. 수도원에 속한 사원 숙박소는 멀리 여행하는 신도들과 여비 없는 자들을 유숙시키기 위해 교회와 수도원에서 교통로에 설치했던 것인데 시대가 흐를수록 점차 구제를 필요로 하는 모든 사람, 즉 고아, 과부, 노령자, 병약자 및 나그네를 위한 시설로 그 활용범위가 점차 넓어졌다. 이와 더불어 앞에서 이미 언급한 바

---

[1] 시혜적 자선사업이란, 시혜를 베푸는 목적이 가난한 자들의 영혼의 구원과 삶의 질을 확장하는 것이 아니라 시혜자의 입장에서 이해되어 결국 자선사업을 수행함으로써 그들이 구원을 얻을 수 있다는 논리에 의해 순수한 차원의 자선사업보다는 자아 중심적 시혜를 베풀었던 것이다. 따라서 이 문제로 인해 더욱 심각한 사회문제, 즉 많은 걸인과 가난한 자를 창출하는 결과를 가져왔다.

와 같이 구빈원은 교구 구역 내의 요구호자를 보호할 책임을 지게 되었고, 재원은 신자의 헌금, 영지수입, 십일조 등에서 충당하였다. 이러한 재원을 4등분하여 감독의 활동비, 승려비, 교회수리비, 빈민구제로 활용하였다. 수도원과 사원 숙박소는 시대가 지날수록 계속 증가하였다. 놀랍게도 12세기부터 16세 사이 영국에서는 구빈원이 무려 800개 이상 세워졌고, 저명한 교인, 개인 기부자, 군주, 마을 주민, 상인 길드, 수공업 길드 및 종교 길드에 의해 그 운영 재원이 조달되었다. 그 후 이러한 자선원은 특정한 인구집단을 보살피는 구빈원(almshouse)으로 변화되었다. 특정한 인구집단이란, 퇴역군인을 위한 구빈원, 선원을 살피는 구빈원, 빈곤 남녀를 위한 구빈원 등으로 세분화되었다.[2]

2. 공익전당포

중세의 가장 차별적이며 가장 건설적인 형태의 자선형태는 종교적 금융기관으로서 몽드피에테(Monts-de-Piete)라고 불리는 공익전당포였다. 이 제도는 중세의 자선사업 중에 가장 특징이 있고, 건설적인 형태의 종교기관으로 사회적 약자를 위한 금융기관의 역할을 하였다. 이 공익전당포는 그 당시에 만연된 고리를 금하고, 교회가 저리로 빌려줌으로써 민생의 문제를 해결하려는 목적으로 제도화 되었다.

중세 당시에는 고리대금의 유해에 대한 교회의 끊임없는 설교와 금지에도 불구하고 일부 몰지각한 부자들에 의해 주도된 전당물에 대한 높은 이자는 참으로 서민들에게는 견디기 어려운 고통이 아닐 수 없었다. 이 문제를 해결하기 위해 1198년 프라이징겐(Freisingen)에서는 적정한 이자를 책정하기 위한 서약을 시도했으나 얼마 가지 않아 실패하고 말았다.[3]

---

2) 감정기 외, 『사회복지의 역사』(서울: 나남출판, 2002), p.77.
3) Stuart Alfred Queen, *Social Work in the Light of History*, Philadelphia and London, J.B.Lippincott Company, p.243.

그러나 15세기에 들어 이러한 사회문제가 보다 강하게 대두되어 수도승과 목사의 설교는 지속적으로 이 문제를 제기했고, 그 결과 프란시스코 교단은 이 문제를 정식으로 해결하고자 하는 노력을 기울이게 되었다. 라르만은 15세기에 보통 20~50%의 이율이 요구되고 있었다고 지적하면서 이렇게 상상을 초월할 정도로 폐해가 심했던 전당포에 대해 문제를 제기하였다.

특히 이탈리아에는 대단히 많은 기관들이 설립되었다. 몽드피에테의 진정한 창시자인 프란시스코 교단은 두 가지 목적을 분명히 하였다. 하나는 교단이 적정한 이자로 대여하여 고리대금으로 인한 가정의 몰락을 막는데 있었고, 또 하나는 가난한 자들의 파탄을 막는데 있었다.[4]

프란시스코 교단 자체가 신뢰할 만한 기관이었지만, 어쨌든 이 기관에 의해 운영되는 공익전당포는 대단히 전문적이면서도 철저하게 운영되었다. 이를 운영하는 이사회는 네 명의 성직자와 세 명의 의사, 세 명의 상인, 그리고 세 명의 평신도로 구성되어 있었다. 데포지타리오(Depositario)라고 불리는 책임자는 반드시 능력이 있고 선한 사람이어야 했으며, 하나님을 경외하는 자여야 한다고 규정되어 있었다. 또한 공익전당포 운영을 위해서 직원들의 영성을 그 어떤 부분보다 강조하였다. 그 한 예로, 공익전당포의 담보물을 담당하는 자는 철저히 하나님을 사랑하는 사람 중에서 선임되었으며, 수납과 체납에 대해서도 철저한 감사를 시행했고, 직원의 임기는 모두 2년으로 장기적 봉사로 인한 부정이 발생할 수 있는 근원을 원천적으로 차단하였다.

특히 캅세리오(Capserio) 또는 파토레(Fattore)라고 불리는 회계 책임자는 가장 신앙이 두터우며 존경받는 사람들로 회중의 추천을 받은 사람들이었으며, 그들은 조심스럽고 정직하게 이 기금을 운영하였다.[5] 뿐만 아니라 공익전당포를 운영하는데 있어 무엇보다 저렴한 이자, 그리고 꼭 필요한 시민에게 조사를 통해 실시했다는 점뿐만 아니라 불필요한 대부는 금지하면서 이 기관을 운영했다는 점을 볼 때, 오늘날의 전문적인 사회사업의 한 기능을 대하는

---

4) Ibid.
5) Ibid. p. 244.

것 같다.

또한 우리가 주목해야 할 것은 이 기관이 시민들이 진정으로 원하는 것이 무엇이며, 그들의 고통이 무엇인지를 분명하게 인식함으로써 발생한 사회사업 기관이라는 점이다.

결론적으로 중세의 공익전당포는 중세의 가장 일반화 되었으면서도 가장 건설적이며 가장 효과적인 자선사업의 일환이었다는 점에서 이를 높이 평가해야 하며 그 정신면과 실천면에서 오늘의 사회사업에서 적용할 가치가 높은 사업이라고 할 수 있겠다.

3. 십자군 운동과 기사단

기독교인의 성지 예루살렘이 터키인에 의해 점령당하면서 성지 순례자들이 터키인에 의해 부당한 학대를 받았을 뿐만 아니라 심지어 학살당하는 일까지 발생하자, 1074년에 유럽의 기독교도는 그 성지를 회복하기 위해 군인을 모집하고 진격하였다. 십자군 운동으로 인해 이들의 이동과 함께 유럽 대륙에서 이제까지 전혀 경험하지 못했던 대량 무역의 상업 활동이 발생하였다.

물론 십자군 운동이 역사가의 관점에 따라 부정적인 영향 또는 긍정적인 영향으로 대변해 볼 수 있으나 사회사업적인 관점에서 미친 영향은 결코 적다고 볼 수 없다. 십자군 운동이 사회사업에 미친 가장 큰 업적은 이들이 순교를 각오하고 전지로 떠났기 때문에 그들이 소유하던 재산들을 처분하고 교회나 수도원에 저렴하게 팔거나 헌납하여 교회는 재정적으로 든든한 위치에 서게 되었고, 교회가 다시 한 번 사회적인 자선사업을 수행할 수 있는 힘을 기르게 되었다는 점이다. 이 외에도 십자군 전쟁은 중세 전체를 관장하며 오랫동안 지속되었던 봉건제도를 무너뜨리고 군주중심 정치로의 전환을 이끌었고, 십자군의 이동을 통해 교역의 획기적인 발달을 가져와 산업의 발달을 이끌었다. 결국 이러한 교역의 확대는 시민 생활의 질을 향상시켜 새로운 복지적 접근을 꾀할 수 있게 되었다.[6]

또한 십자군 형태와 유사한 형태로 십자군 운동과 관련하여 창시된 군대제도를 기사단이라고 불렀다. 기사단은 보통 3가지로 분류되었는데 이교도에 대한 영원한 전쟁을 서약한 기사, 필요한 종교적 의식을 집행하여 빈곤자에게 구제품을 분배하는 목사, 그리고 빈곤자 및 병자를 보호하는 봉사자들로 구성되었다. 특징적인 것은 이 조직이 군대의 성격과 사회사업의 성격을 동시에 갖는 조직으로, 그들은 이러한 조직을 통해 한편으로는 전쟁을 하고, 또 한편으로는 구제를 하고 구빈원을 운영하면서 요구호자의 문제를 해결했으나 다른 자선기관과 마찬가지로 처음의 정신이 쇠퇴하면서 15세기 경 그 자취를 감추게 되었다는 점이다.

4. 길드(Guild)제도

우리가 공히 인지하듯이 교회 및 귀족이 통제하던 사회는 대부분 농경사회이었다. 그러나 십자군 혹은 전쟁에 참가했던 자들을 중심으로 유럽에는 교역이 활발히 전개되었고 이로 인해 유럽 상업의 발달을 촉진한 물자의 대이동이 있었다. 이것이 산업을 자극하여 동서제국과의 교역을 위한 더 많은 물자를 생산하게 되어 근대 산업주의의 발달을 초래하게 되었다. 이러한 산업의 형태는 길드라는 제도 속에서 성장하게 되었다. 이렇게 성장한 길드는 주로 영업의 독점권을 얻고 그 독점권을 보호하기 위해 만든 자생적 조직으로 중세 말의 도시형성 및 산업의 확장과 함께 이루어졌다. 길드는 본래 동업자끼리 독점권을 보호하기 위해 조직되었기 때문에 배타성이 강했다. 그리고 이 제도는 집단 복지적 측면을 띠고 있었기 때문에 사회복지 이해에 있어서

---

6) 류상열, 『사회복지역사』(서울: 학지사, 2002), pp. 47-48.

는 대단히 중요하게 다루어지지 않을 수 없다. 왜냐하면 이러한 길드제도를 토대로 후대에 노동조합이 형성되었다고 볼 수 있기 때문이다.

위에서 언급한 바와 같이 십자군 전쟁은 다양한 측면에서 사회의 변화를 초래했다. 그 중에서도 중앙집권적 군주제도의 형성과 더불어 산업의 발달로 인해 같은 직업을 가진 사람들끼리 공동부조 형태의 길드제도를 탄생시켰다는 점이다. 그 길드는 상인 길드, 수공업 길드, 종교 길드로 나누어 생각해 볼 수 있는데 이러한 길드제도가 중세교회의 자선사업에 미친 영향은 다음과 같다.

첫째, 십자군 운동으로 말미암은 교역의 성행으로 상인 길드(Merchant Guild)가 형성되었다. 상인 길드는 본래 상업상의 특권을 획득하고 유지할 목적으로 조직되었다. 다시 말해 상업독점권을 획득하여 타국의 도시와 교역할 수 있는 자유를 획득했던 것이다.

상인 길드가 사회복지적 측면에서 중요하게 다루어 질 수 있는 것은 그 구성원 중에 남편을 잃은 과부 및 고아를 보호하고 교육하여, 만일 여자일 경우, 결혼의 지참금을 준비하는 등의 책임도 부여되었기 때문이다. 또한 길드는 성원 중의 병자를 위해 구빈원에 특별히 침대를 설치하고 보호하였다. 또한 길드의 성원 중 한 명이 감옥에 갇히게 될 때 입감자의 석방을 교섭하기도 하였다.

상인 길드는 시대에 따라 그 기능이 조금씩 달라졌다. 첫 번째로 11세기경 형성된 상인 길드는 같은 업종에 종사하는 상인들의 상업상 정보와 독점, 그리고 시민의 복지에 많은 기여를 하였다. 그러나 13세기 이후 상인 길드의 기능이 점차 변형되어 행정기관의 기능과 그 차이를 설명할 수 없을 정도로 유사한 기능을 하였다.

두 번째로 상인 길드에 이어 형성된 것이 수공업 길드(Craft Guild)였다. 수공업 길드는 12, 13세기에 발생한 단체로 상인 단체에 대립하여 동일 도시에서 동일한 수공업에 종사하는 상업인들의 결사체였다. 이 단체의 일차적인 목적은 상품을 제조하는데 있어서 양질의 상품을 양산하기 위한 제조상의 감독을 하는 것이었다. 이것이 발전하여 시와 중앙정부는 이것을 상품제조를 조절하는 적당한 기관으로 인정하게 되었다.

수공업 길드의 특징은 민주적이었을 뿐만 아니라 다분히 인간적인 측면이 강했다고 볼 수 있다. 왜냐하면 수공업자가 어떤 사람을 고용하여 그 작업장 혹은 자택에서 함께 노동할 경우 양자의 관계는 가족적, 가정적 성격을 띠고 있었고, 또한 열심히 일하는 직공은 어느 정도의 숙련을 쌓은 후 독립된 주인으로 인정되기도 하였다. 이런 현장을 도제(apprentice)라고 했는데, 이러한 관계로 인해 고용주와 피고용자 사이에는 사회적 장벽이 존재하지 않았다. 그러나 시대가 진보함에 따라 이러한 형태의 관계는 변화했고, 결국 후기에는 도제로부터 주인이 되기까지의 기간을 주어 고용주가 되는 과정을 엄격하게 통제하게 되었다. 심지어 의복에서도 차별을 둠으로써 그 기본적인 성격이 희석되었다.

어쨌든 수공업 길드의 상호부조적 성격 역시 근세 사회사업의 발전에 크게 기여했다고 볼 수 있다. 그것은 그들 회원에 대한 부조가 사회복지적인 접근을 시도하고 있기 때문이다. 예를 들어 1346년 피혁공 길드 규약에 의하면, 그들은 공동적 출금 관리부를 가지고 있었고, 빈궁에 빠진 직공들에게 1주간에 7불을 지불하며 또한 빈궁자의 과부가 재혼하지 않는 경우 1주간에 7불을 지원하였다. 뿐만 아니라 만일 길드의 성원이 사망한 후 장례를 치를 수 없을 때 공동적 출금 관리부의 비용으로 장례를 거행하기도 하였다. 이처럼 도시 길드의 규약 중에는 성원이 빈궁할 경우 공동기금 또는 사재로부터 구제하라고 규정하였다. 길드에 기증된 토지의 일부는 빈민구제를 위해, 맹인, 환자 등의 보호를 위해 사용되었다. 이에 더하여 수공업 길드가 자선사업에 기여한 것으로는 그들이 노령 혹은 노동 불능에 이르게 될 때 서로 간에 일정액을 보조했다는 점으로, 이렇듯 훌륭한 사회사업적 기능을 담당하였다.

세 번째는 종교 길드(Religious Guild)로 혹자는 종교 길드가 가장 먼저 형성되었다고 주장하는 경우도 있다. 종교 길드는 상인 길드와 수공업 길드의 목적과는 달리 순수한 종교적 목적 및 경제적 목적에 따라 형성되었다. 물론 초기에는 종교적 성격, 즉 '등불을 켜 놓음'과 미사를 드리는 일에서 시작하여 그 다음으로는 상호부조를 시행했고, 나아가 종교단체 이외의 사람들에게 구제를 하면서 공덕을 쌓아 나갔다. 길드를 통해 모여진 기금은 제례나 장례 및 자선적 구조 등에 사용되었다. 구제는 단순히 빈곤자 구제만을 위해 행해졌던 것이 아니라 구제하는 자들의 정신적 위안을 얻으려고 하는 것이기도 하였다.

이러한 길드의 정신은 기독교적 인생관, 즉 인류는 형제이며 상부상조하여야 할 책임을 가진다는 사회 연대적 책임에 의한 것이었다. 물론 종교 길드가 물질 원조를 우선시하지는 않았으나, 그럼에도 불구하고 구성원 내에서의 구제는 공동금고에서의 대출을 통해 문제를 해결하였다. 종교 길드 역시 상업길드나 수공업 길드처럼 성원간의 공동부조에 대한 성격을 강조했다고 볼 수 있다.[7]

이상으로 중세의 중요한 사회사업 기관으로서 구빈원과 사원 숙박소, 공익전당포, 기사단, 그리고 길드에 대해 살펴보았다. 그러나 중세에는 이 외에도 정신이상자 분리수용시설, 정신병원의 창설, 맹인시설, 농아자 교육, 양육원 등 다양한 사회복지시설을 갖추고 있었다.[8]

---

7) Ibid. pp.55-57.
8) Ibid. pp.51-52.

제2절 중세 구빈원의 폐해

중세교회의 자선사업에는 2가지 종류가 있다. 구호를 요하는 사람들에 대한 개인적인 도움과 또한 시설에 수용해야 할 요구호자를 위한 집단적 수용시설 등이었다. 구빈원은 전술한 바와 같이 사원 숙박소 또는 수도원 숙박소로 불리기도 했는데, 수도원과 구빈원은 늘어나는 교회의 재정과 자선적 시혜사상에 따라 왕과 영주 등에 의해 설립되었다. 나중에는 십자군 전쟁에 참여한 군대에 의해 설립되거나 교회의 고위 목회자, 귀족, 국왕 등에 의해 설치되기도 하였다. 후년에 이르러는 상인 길드 혹은 공업 길드에 의해 설립된 적도 적지 않았다. 이 구빈원은 초기에는 성실한 교역자들을 통해 운영되었으므로 대단히 건실하고 바르게 운영되었다.

본래 구빈원은 빈곤문제를 해결하기 위한 전문적인 구호시설로 설립되었고, 빈민명부(마트리규라) 등의 방법을 통해 전문적이고 체계적인 방법으로 운영되었다. 이러한 구빈원은 결코 부정적인 결과만 낳은 것은 아니었다. 첫째, 중세 그리스도인들은 구빈원을 통해 기독교적인 삶의 모델을 보여주었다. 둘째, 중세 그리스도인들은 구빈원을 통해 개별적 구제에 치우치지 않고 집단적 구제도 실천할 수 있었다. 셋째, 구빈원은 세상의 어두운 면을 밝히는 빛이었다.[9]

그러나 문제는 이렇게 선한 뜻으로 시작한 구빈원이 세월이 경과함에 따라 그 핵심적인 정신은 사라지거나 망각되었고, 무차별적 구호를 일삼아 오히려 구걸자들을 양산하는 기관으로 전락하게 되었다는 것이다. 때때로 구걸자들은 교회 문밖에서 구걸 행위를 하도록 허락되었다. 다시 말해 여행자들에 대한 배려, 그리고 자선행위로써 오는 종교적 이익 그리고 수도회 정문에서 베풀어지는 무차별적 시혜가 오히려 그 본래의 목적을 저버리고 구걸자를

---

9) 김한옥, 『기독교 사회봉사의 역사와 신학』(서울: 실천신학연구소, 2004), p.283-295.

배가시키는 중요한 요인으로 작용했던 것이다.[10] 왜냐하면 수도원에서는 거의 무차별적으로 대체로 양질의 음식을 제공했기 때문이었다. 일반적으로 구빈원에서 제공되는 음식은 빵과 야채, 치즈, 맥주, 돼지 정제기름 등이었다. 크리스마스나 부활절 같은 중요한 축일에는 많은 양의 고기와 와인이 제공되었다.

이밖에 수도사들이 입던 옷과 신발, 덮을 것 등이 방문객의 필요에 따라 제공되었다. 난방이나 취사에 필요한 연료가 지급되었고, 9세기부터는 현금이 지급되기도 하였다.[11]

게다가 10세기 이후에는 수도원을 통한 대규모 자선행위가 실시되었다. 수도원은 이러한 대규모 자선을 정기적으로 베풀었으며 특히 축일에는 특별한 자선행사가 시행되기도 하였다. 큰 수도원들에 의해 행해진 특별한 자선행사는 상당한 규모에 이르렀다. 그 한 예로, 14세기 피렌체의 한 수도원 산 미카엘(San Michael)에서는 5천 명이 넘는 빈민에게 일주일에 서너 차례 이상 급식을 실시했으며, 그들을 돌보았다는 기록을 살펴볼 수 있다. 또한 클뤼니(Cluny) 수도원의 축일 자선에도 2천 명 가까운 사람들이 몰렸다고 보고되고 있다.[12]

이러한 구빈원 폐해가 얼마나 심각하였는지 영국에서는 국왕의 명령으로 부식물 판매를 금지하기에 이르렀다.[13] 결국 이러한 구빈원의 무책임한 자선의 문제는 점차 사회문제로 번지게 되었다. 레온 라루만(Leon Lallemand)은 이 구빈원의 폐해를 다음과 같이 지적했다. "관용으로 시작한 수도원의 자선은 태만을 조성하였으며 또한 진정한 빈민과 교정할 수 없는 태만자를 구별하지 않고 장례 시에 있어서의 구제물 혹은 일반의 구제민 급여는 많은 폐해

---

10) Stuart, op. cit., p.237.
11) 허구생,『빈곤의 역사, 복지의 역사』(서울: 한울 아카데미, 2002), p.76.
12) Bronislaw Germark, trans. Agnieszka Kolakowska, *Poverty*, Massachussetts: Oxford, UK and Cambridge, 1994, pp.4-8., 허구생,『빈곤의 역사, 복지의 역사』(서울: 한울 아카데미, 2002), p.50에서 재인용.
13) 류상열, op. cit., p.46.

를 낳았다." 실로 그의 지적은 날카로웠다. 예수 그리스도의 사랑의 나눔이라는 순수한 차원에서 시작한 자선활동이 전문적이지 않고 무분별한 자선을 시행하면서 사회문제의 온상이 되고 만 셈이었다.

문제는 구빈원의 이러한 무차별한 자선에만 있는 것이 아니었다. 수도승들의 방종과 타락 그 자체가 더욱 심각한 문제로 부상했던 것이다. 초기 수도원은 사회의 등불로 각인되어 백성들의 신망을 받게 되었고, 많은 재산을 기증 받아 부유하게 되자, 타락의 길을 걷기 시작했다. 수도승들은 나태와 사치에 빠져 빈민을 사랑하는 마음이 식어갔고, 급기야 문전에서 무차별적인 시여를 베풀어 걸인을 양산하는 기구로 전락하고 말았다.

의회나 도시당국의 조사 결과에 의하면, 구빈원의 직원 대다수가 방종한 생활을 했으며, 구빈원 이외의 사업에 종사하여 구빈원 업무를 등한시 했다는 사례가 상당수 발견되기도 했다. 뿐만 아니라 수도승들은 거룩하게 여겼던 노동을 버리고 타인의 노동에 기식하며, 이른바 착취상태에 이르게 되었다. 그리하여 8, 9세기 경 수도원은 노동계급 대신 귀족 및 상류계급으로 채워지게 된다.

그리고 그들 대다수는 게으름과 영화와 수뢰를 일과로 삼기에 바빴다고 전해진다. 이처럼 구빈원, 특히 구빈원을 운영하는 수도승의 폐해는 실로 심각하였다. 안타깝게도 구빈원은 대리자들에게 신임장을 주고 운영비를 모금해 오도록 했는데 이들은 모금된 것을 구빈원에 맡기지 않고 자신의 소유욕을 채우는가 하면 심지어는 신임장을 위조해 판매하는 사태로 타락하게 되었을 뿐만 아니라 구빈원의 대리인 행세를 하는 사람을 양산하는 결과를 낳게 되었다.[14] 지윤은 그의 저서 『사회사업사』에서 이러한 구빈원의 폐해를 상세하게 서술하고 있다.

구빈원의 종업원들 또한 시여물을 공공연히 팔아 착복하는 사례가 빈번하게 됨으로 인하여 영국은 1315년 법령에 의하여 이러한 시여물을 판매하는

---

14) 김한옥, op. cit., p.286.

것을 금지한다고 법제화하기까지 하였다. 뿐만 아니라 최초의 설립자와 그 후의 보호자 사이에 쟁탈권이 벌어져 법적으로 송사하는 사태가 벌어지기도 하였다고 보고 되고 있다. 도시당국의 조사에 의하면 구빈원의 직원 대다수가 방종한 생활을 하였으며 또한 구빈원 이외의 사업에도 종사하여 구빈원 업무를 등한시하였다는 사실이 밝혀지기도 하였다. 많은 직원들이 임지에 거주하지도 않았고 또한 위원 중에는 수개의 구빈원을 담당한 사람이 있기도 한 반면 포츠마우스에서는 18세 청년이 교회위원에 임명되기도 하였고 뉴톤 갈스의 경우 16세의 원장이 구빈원장에 임명되는 사례도 있었다. 한 마디로 말해서 구빈원은 빈자의 구제를 목적으로 설립되었으나 성직인 관리자는 이것을 개인의 수입원으로 간주하는 자리에 이르게 되었다. 프랑스의 경우 원장이 구빈원의 재산을 낭비하고 자신의 이익을 위하여 유용하는가 하면 그로 인하여 수용자의 생계를 궁핍하게 하여 사망하는 사례까지 발생하였다. 더더구나 구빈원의 신임장은 용이하게 위조할 수 있으므로 구빈원을 통한 사기행각까지 벌어지는 사태가 발생하였던 것이다. 또 다른 문제는 구빈원에서는 부랑자와 기타의 구호자를 구별하려고 시도하기는 하였으나 충분한 조사를 하는 것은 거의 불가능하였으므로 부랑자들은 이 구빈원에서 저 구빈원으로 옮겨 다니면서 다량의 빵과 육류를 챙기는 끊임없는 폐해가 연속적으로 구빈원에서 이루어지고 있었다.[15]

유상열(2002)은 이렇듯 심각한 구빈원의 폐해가 발생했던 원인을 세 가지 측면에서 평가하였다. 첫째로, 관리상의 문제였다는 점이다. 그 당시 구빈원 운영에 상당한 영향력을 행사했던 보호자들은 그들의 공로를 인정하여 구빈원 시설의 무료 이용을 요구했고, 공무원들도 이러한 부조리에 한 몫을 담당했다. 이 과정에서 구빈원은 봉사의 대가로 뇌물을 받는가 하면, 기여된 물건을 되팔거나 부식물을 판매하는 행위 등 전형적인 사회복지시설의 폐해를 반복했던 것이 그 중요한 원인이 되는 것이다. 다시 말해 종교시설이 운영하는

---

15) 지윤, 『사회사업사』 (서울: 홍익재, 1985), pp.62-64.

사회복지시설에서 절대로 나타나서는 안 될 바로 그 근본적인 문제가 구빈원 폐해의 발목을 잡았던 것이다.

둘째로, 구빈원 봉사자들의 도덕적 해이 및 권력과 부의 쟁취를 위한 투쟁이 또 다른 근본적인 문제가 되었다. 열거하자면 처음의 설립자와 그 후의 보호자 사이에 뜻이 맞지 않아 소송이 끊이지 않는가 하면, 구빈원 직원의 대다수가 방종한 생활을 할 뿐만 아니라 구빈원에서 얻어진 재물로 구빈원 일 외에 다른 일을 하여 수익을 올리고 있었으며, 어린 사람을 교회위원에 임명하는 부당한 인사와 치부를 위한 부당한 행위도 적발되었다. 12세기 이후에는 감독의 손이 미치는 못하는 점을 이용해 구빈원의 관리자들이 구빈원을 수입의 재원으로 삼아 그야말로 구빈원이 사회복지시설로서는 절대 있어서는 안 될 온갖 범죄의 온상이 되고 말았던 것이다.

셋째로, 구빈원이 거지와 걸식자를 양산하는 못자리로 자리하게 된 점이다. 사실 구빈원은 철저히 나그네와 병자 그리고 사회적 약자를 위해 설립되었으나, 이러한 설립정신을 저버리고 시혜적 자선사상의 온실이 되어 무차별적 시혜를 베푸는 곳으로 전락하게 되었다. 빈궁한 자라면 누구에게나 음식을 제공해야 한다는 규정에 따라 노동을 중시하지 않음으로써 오히려 구빈원을 이용해 걸식하는 사람들을 배양하는 기구로 자리하게 되었다.[16]

특별히 우리는 중세 구빈원의 부패와 타락으로부터 많은 교훈을 얻게 된다. 우선, 부와 권력 앞에 그 어떤 사람도 자유로울 수 없다는 중요한 교훈을 얻을 수 있다. 또한 오늘날 기독교 사회복지를 수행하는 교회와 성도들에게 어떠한 가치와 철학으로 나눔의 사업을 수행해야 하는가에 대한 분명한 교훈을 던져 준다. 뿐만 아니라 교회가 사회사업을 수행하는데 있어서 단순한 동정의 발로가 아니라 교회가 빈민과 사회적 약자를 원조하는데 있어 얼마나 지혜롭게 행해야 하는지에 대한 분명한 가이드라인을 제시해 주고 있으며, 또한 교회가 부의 일로를 달리다 보면 어떻게 타락의 길로 접어들 수 있는지

---

16) 유상열,『사회복지역사』(서울: 학지사, 2002), p.218.

에 대해서도 우리에게 강력하게 전달해 주고 있다. 또 다른 측면에서 이런 역사적인 아픔이 오늘날 이 시대에 그대로 반영됨으로써 무엇이 진정한 교회의 모습인가에 대해서도 우리에게 교훈을 주고 있다.

이렇게 중세 전체를 통해 볼 때, 이 시대에는 사람들에게 자비를 베푸는 것이 가장 큰 존경을 받는 것으로 인식되었고, 미덕으로 받아들여졌다. 그래서 귀족들과 부유한 개인 혹은 단체들은 자신들의 영혼 구원을 위해 기도했고 가난한 사람과 어려운 기독교인들을 돕기 위한 재단이 자주 설립되었고, 이러한 재단은 사실상 구빈원이 되었다. 이러한 자선의 형태는 결국 지역에서 방랑하는 거지들에게 구제물품을 나누어 주었을 뿐만 아니라 보다 더 나아가 구제가 미덕이듯이 가난 또한 미덕이라는 관점에서 종교적인 사람들은 때때로 자신의 소유를 전적으로 포기하고 구걸자가 됨으로써 자선 행위에 호소하는 것 외에 달리 살아갈 방도가 없는 가난한 사람들의 일원이 되었다.[17]

이러한 사회적 인식으로 인하여 자연적으로 구걸자는 점점 더 증가하게 되고, 교회는 더욱 자선에 매달리는 이중적인 문제에 부딪히게 되어 이제는 자선문제가 해결하지 않으면 안 되는, 사회문제화 되는 시점에 이르게 된다.

---

[17] 엘시 N. 맥키, 류태선·전병준 역,『개혁교회 전통과 디아코니아』(서울: 한국장로교출판사, 2000), p.92.

제3절 구빈원의 폐해와 걸식자 양산에 대한 도전

구빈원이 중세 자선사업의 중요한 기관으로 기능하고, 그 사명을 감당했던 것에 대해서는 부정할 수 없는 사실이다. 수도원은 6세기경 베네딕트에 의해 설립되어 가장 오랫동안 교회의 사회적 기능을 감당하는 자선기관으로 발전했고, 사회에 깊은 영향력을 행사했다. 그러나 이러한 수도원은 교회와 구빈원이 설립 당시의 초심을 잃어버리고 타락의 길을 걸어간 것을 직시하고 청빈, 빈곤, 순결, 복종, 그리고 계율을 지킴으로써 순수한 신앙을 유지하려는 공동체적 노력을 경주하고 또 다른 움직임도 없지 않았다. 다시 말해 이렇게 전통적인 기독교의 사랑에 바탕을 둔, 그리고 자발적인 나눔의 사상에 기인한 기독교의 나눔에 대한 사랑은 결국 시혜적인 자선 사상으로 말미암아 엄청난 빈민을 양산하기에 이르렀고, 감당할 수 없는 사회문제로 등장하게 되었다. 그러나 이런 잘못된 사회병리 현상에 대해, 특히 빈민의 구호에 있어 전문적인 방법을 도입해야 할 것을 주장한 사람들도 결코 적지 않았다.

앞의 글에서 구빈원의 폐해에 대해 비판적 시각으로 정리했다고 해서 중세의 자선행위가 전부 무차별적 자선이었다고 평가하기는 어렵다. 실제로 교회의 지나친 자선행위로 인한 구걸을 근절하기 위해 여러 가지 형태의 법률이 제정되거나 규정화되기도 하였다.

800년경 샤를마뉴 대제는 구걸을 법으로 금지하고, 건강한 사람에게 자선을 베푸는 것을 엄격히 금지했으며, 이를 어길 경우 벌금을 징수하도록 하였다. 샤를마뉴의 법에 의해(Chalemagne's Law) 걸식행위를 금지하고, 노동할 수 있는 걸인에게 구호하는 자에게 벌금을 부과하기도 하였다. 물론 이러한 행위는 순수하게 빈민을 선도하고 계몽하여 자립의 삶을 살도록 하기 위한 조처라기보다는 오히려 당시의 노예와 농촌에 거주하는 노동자들을 장원에 묶어 두어 노동력을 증가시키려는 옳지 못한 동기에 있었다. 뿐만 아니라 이러한 법령의 제정은 불량배들이나 걸인들의 약탈행위로부터 주민들과 여행자들을 보호하기 위한 조치였다.[18] 이러한 점을 미루어 보아 그 당시 유랑하는 빈민들의 문제가 어느 정도였는지를 가늠할 수 있을 것이다. 한편 10세기 영국에서도 에드워드 왕의 통치 하에서 빈자를 위한 구호가 종교적인 전통보다는 국가적인 법률로 제정하는 노력이 경주되기도 하였다.[19]

이런 움직임 외에도 수도원의 무차별적인 자선에 대해 조심스럽게 경계의 목소리를 높이는 사상가들도 결코 없지 않았다. 중세 유럽의 가장 위대한 사상가로 대표할 수 있는 토마스 아퀴나스(Thomas Aquinas, 1255-1274)는 다양한 사회적인 혼란으로 발생하는 빈곤의 참상과 부의 심각한 불평등으로 인한 상호 간의 불의에 대해 깊은 관심을 표명하였다. 그는 빈곤 상태가 사람의 영적, 육체적 균형을 무너뜨릴 우려가 있다고 지적하면서 자신의 남는 것(superfluity)을 통해 고통을 겪고 있는 이웃들에게 베푸는 것이 기독교인의 의무요, 책임이라는 사상을 설파하였다. 다시 말해 결코 자선이 사람의 게으름이나 사악함을 조장하는 도구로 사용되어서는 안 된다고 주장하면서 사람이라면 어떤 경우에든 노동을 통해 자신의 삶을 영위하려는 노력을 경주해야 한다고 하였다. 이러한 스콜라 철학의 배경에는 무비판적으로 수혜되고 있었던 중세교회의 자선행위에 대한 강력한 반발의식이 내포되어 있었던 것은 자명한 사실이다.[20] 또 하나 분명한 것은 교부들이라고 해서 무조건적 자선에 대해 모두가 강조하고 역설한 것은 아니었다. 오히려 무비판적인 자선행위의 문제를 예견하고 선지자적인 관점에서 이에 대한 문제의 심각성을 경고하지 않은 것은 아니었다. 암부로스(Ambros)는 선한 의도 없는 (이것은 철저히 자신의 유익을 위한) 자선, 그리고 자선을 받는 자들의 마음에 대한 진정한 이해 없는 자선은 자선을 하는 사람이나 자선을 받는 사람 모두에게 해가 된다

---

18) 함세남 외, 『선진국사회복지발달사』(서울: 홍익재, 1995), p.19.
19) Day, Phyllis, *A New History of Social Welfare*, Pierson Education, 2005, p.97.
20) 허구생, op. cit., p.97.

는 것을 분명히 하였다.[21] 또한 토마스 아퀴나스는 이러한 무제한적이며 무절제한 시혜의 심각성을 예견하였고, 암부로스의 사상에 힘입어 남을 돕는 행위를 할 때에는 반드시 공의로 행해야 하고, 자선으로 해서는 안 된다고 주장한 바 있다.[22] 뿐만 아니라 바실(Basil) 역시 자선의 중요성을 대단히 강조하면서도 또 다른 측면으로는 누가 진정 가난한 사람이고, 또 누가 돈을 거출하기 위해 걸인 행위를 하는지를 분간하기란 쉽지 않다고 하면서 자선을 받아 마땅한 자를 지나치는 것 보다는 자선을 받지 않아도 될 가난한 자에게 자선하는 것이 더 죄악적이라고 지적한 바 있다.[23]

이 시대에는 빈곤이라고 해서 똑같은 의미를 지닌 것은 아니었다. 높은 위치와 부요를 버리고 자발적으로 가난을 선택하며 살아가는 빈곤의 형태를 '자발적 빈곤' 이라고 하고, 개인의 나태와 게으름 또는 열등한 사회 구조로 인해 어쩔 수 없이 빈곤한 삶을 살게 되는 '비자발적 빈곤' 사이에는 삶의 방식에 있어 큰 차이를 나타낼 수밖에 없다. 12세기 이후 신학자들 사이에는 빈민을 베드로형 빈민(Paupers caum Pettro)과 나사로형 빈민(Paupers cum Lazaro)로 구분하였다. 베드로형 빈민은 주로 성직자들을 지칭한 것이다. 또한 12세기의 후구치우스(Heguccio)는 빈민을 세 가지로 분류하였다. 그 첫 번째는 가난하게 태어나 가난을 신의 뜻으로 묵묵히 받아들이고 살아가는 빈민들이고, 두 번째는 예수의 삶을 모델로 삼아 자기가 가진 것을 모두 내어놓고 스스로 빈민으로 살아가는 사람들이다. 마지막 세 번째는 세속적 재물에 끝없는 욕구를 가졌으나, 이를 채우지 못해 어쩔 수 없이 빈민으로 살아가는 사람들이라고 하였다.[24] 따라서 교회는 비전문적이고 무조건적인 자선의 행각을 버리고 전문적인 자선을 실시할 것을 촉구하였다.

---

21) Alan Keithlucas, *The Church and Social Welfare*, Philadelphia, the westminster press, 1974, p.30.
22) Ibid. p.22.
23) Ibid. p.20.
24) Brian Tierney, *Medieval Poor Law: a Sketch of Canonical Theory and Its Application in England*, Barkeley and Los Angeles: University of Califonia Press, 1959, p.11, 허구생,『빈곤의 역사, 복지의 역사』(서울: 한울 아카데미, 2002), p.35에서 재인용.

1348년에는 흑사병으로 당시 영국 전체 인구의 2/3가 사망하는 초유의 사태가 벌어지게 되었다. 이 병으로 말미암아 장원의 노동력은 절대적인 부족 현상을 초래하게 되었고, 부족한 노동력으로 인해 전체적인 임금의 상승을 가져오게 되었다. 당시 토지를 소유하던 영주들은 에드워드 3세에게 압력을 가하여 1349년 노동자법(The Statute of Laborers)을 발표하게 된다. 이 법은 노동력이 있는 노동자로서 고용주가 그를 고용하고자 하는 의사가 있을 때 그 고용주의 고용제의를 반드시 받아들여야 하며, 또한 그들이 살고 있는 교구를 떠나지 못한다는 내용을 수록하고 있었다. 그리고 시민들에게는 일할 수 있는 걸인들에 대한 시혜를 금지시켜 부랑과 구걸행위를 예방하고, 농촌의 노동자들로 하여금 영지를 이탈하지 못하게 하여 영주의 노동자로 묶어두려는 목적으로 그 동기가 그렇게 온전한 것은 아니었다.[25]

이 법의 집행은 생각보다 엄격했다. 만약 노동력이 있는 걸인들이 이 법을 어길 경우 감금, 채찍, 낙인 혹은 귀나 코를 절단하여 불구자로 만들거나 노예선으로 보내 노를 젓게 하였으며, 최악의 경우에는 교수형에 처하는 그야말로 잔혹한 형벌이 부과되었다.[26]

이처럼 14,5세기에는 가난한 사람들의 문제를 처리하는데 있어 전통적인 해결 방법이 옳지 않다는 인식이 전 유럽에 확장되게 되었다. 그리고 빈민 및 구걸자들이 다양한 원인에 의해 늘어나게 되었다. 앞서 언급한 흑사병과 백년전쟁의 폐해는 물론 고아, 만성병자, 근거지를 잃은 농노들, 종교적인 이유로 소유를 포기한 프란체스코, 도미니크 교단 탁발 수도사들 같은 전통적인 범주의 구걸자들 외에도, 전쟁에서 제대한 후 방랑하는 병사들로 인해 상상할 수 없는 재정적 남용과 부패로 전통적인 빈민 구제에 대한 교회지도자들의 대응은 제한되었고, 점차 평신도 지도력이 자선단체의 민간운영으로 발전하는 계기를 마련하지 않을 수 없게 되었던 것이다.[27]

---

25) 함세남 외, op. cit., p.27.
26) Ibid.
27) 엘시 N. 맥키, op. cit., pp.92-93.

제4절 무차별적 시혜에 대한 도전으로서의 탁발승 운동과 수도원 운동

무비판적인 자선행위에 대한 교회의 정화 노력에도 불구하고 중세교회의 시혜적 자선으로 말미암은 걸식행위는 증가했고, 그 시대의 중요한 사회문제가 되었다. 이러한 교회의 세속화는 결국 일부 교구민과 성직자들로 하여금 수도원 운동으로 알려진 은둔공동체를 발전시키는 계기가 되었다. 왜냐하면 수도원과 구빈원은 그 원래의 참 자선의 의미를 저버리고, 부자든, 빈자든 누구나 문전에서 음식배급이나 은신처를 제공받을 수 있는 장소로 전락해 버렸기 때문이었다.

이러한 교회의 무질서한 자선행위와 부패에 대항하여 11세기에는 초기 기독교인의 삶보다 더욱 경건하고 청빈한 공동체적 삶을 영위하려는 사제단이 나타났는데, 이를 카르투지오 교단(Carthusian order)이나 시토교단(Citeauz order)이라고 명명한다. 이들은 기존 수도원의 청빈과 빈곤보다 훨씬 직접적이고 긍정적인 측면에서 경건하게 살아갔던 사람들이었다.[28]

그러나 카르투지오 교단보다 본격적으로 교회와 구빈원의 폐해에 도전하며 등장한 것이 프란체스코와 도미니크 교단이었다. 프란체스코 교단은 성 프란체스코(St. Fransisco, 1226)[29]에 의하여 설립되었는데 물질적으로 가난한 자의 복을 설파하면서 베네딕트처럼 무소유의 영성을 강조하였다. 그들은 아무것도 소유하지 않고 병자를 섬기는 일에 매진했고, 청빈을 약속하면서 머리를 깎아 탁발승 교단이라 하였다. 그들은 빈민계층으로부터 두터운 신뢰와 존경을 받았다. 그래서 13세기 교회의 빈민운동은 이들 탁발승 교단에 의해

---

28) Brian Tierney, *Medieval Poor Law: a Sketch of Canonical Theory and Its Application in England*, Barkeley and Los Angeles: University of Califonia Press, 1959, p.11, 허구생,『빈곤의 역사, 복지의 역사』(서울: 한울 아카데미, 2002), p.84.
29) 프란체스코는 1182년 이탈리아의 아씨시에서 태어났다. 한때 그는 호화와 사치 속에 안일한

주도되었다고 해도 과언이 아니다. 이들 교단은 아씨시의 '작은 형제수도원' 운동이 '가장 높은 사람에게, 가장 낮은 사람에게' 라는 슬로건으로 하나님의 뜻과 생활을 전달하기 위해 노력했던 그들로부터 깊은 영향을 받았던 것이다. 한 마디로 그들은 귀족과 승려의 기독교를 평민의 기독교로 전환하는데 일조하게 되었다.

프란체스코 교단과 때를 같이하여 도미니크 교단이 발족하게 되었는데 신학자인 도미니크는 원래 이단운동의 방지와 교회를 위해 프랑스 남부에서 교회 사업에 종사했으나, 그 과정에서 수도회 조직의 필요성을 느껴 교황 이노켄티우스의 윤허를 얻어 이태리, 스페인, 프랑스, 폴란드까지 그 세력을 확장했다. 물론 그 정신적인 바탕과 조직은 프란체스코회를 모방했다. 특히 도미니크는 교육 사업에 특별한 관심을 가져 대학의 발전에 힘썼으며, 대학의 소재지에 반드시 수도회를 조직함으로써 수많은 학자들을 배출해 낸 것은 결코 우연이 아니다. 그 대표적인 학자가 토마스 아퀴나스(Thomas Aquinas, 1225~1274)였다.

탁발승 교단은 이처럼 프란체스코와 도미니크에 자발적 빈곤 정신에 의해 설립된 것으로 이들에게는 어떠한 형태의 소유도 허락하지 않은 것이 큰 특징이라고 볼 수 있다. 그 예로서 그들은 끼니를 벌기 위해 육체노동이나 구걸을 감수해야 했으며, 신발조차 신지 않았고, 더구나 편안한 잠자리조차 제공되지 않았다. 그들은 거룩함의 상징인 수도원의 담장에 갇혀 세속을 차단하고 사는 그러한 종류의 은둔자들은 아니었다. 오히려 그들은 과감히 세상을

삶을 영위하였으나 이상하게도 빈민에 대한 동정심이 강하였다. 후에 그는 아씨시 근교에 있는 성 다미엔 성당에서 예수를 만나 대회심을 경험한 후 (가난이란 예쁜 부인과 열정적으로 결혼하여) 포교활동을 계속하였다. 그는 철저히 빈민을 위하여 살다가 1209년 법왕인 인노켄티우스 3세로부터 수도회 윤허를 받고 프란체스코 수도원을 설립하게 되었다. 이 때 지체 높은 신분을 소유한 크라라(Santa Clara)는 그녀가 소유했던 모든 행복의 권리를 버리고 프란체스코와 동역함으로서 여수도회를 조직하기에 이르렀다. 프란체스코는 빈자를 환영하고 하층 사회에서 친히 인간성의 실상을 관찰하며 인간의 고민에 함께 동참하였을 뿐 아니라 평민의 가치를 인식하고 노동의 신성을 알게 함과 더불어 깊은 종교적 영성을 소유하게 함으로서 통전적인 인간회복을 꿈꾸었던 사람이었다. 특히 그는 그의 임종시 걸식에 반대하여 노동에 의해 생활해야 한다는 사실을 기록하도록 하였다. 김덕준, 『기독교사회복지』(서울: 한국기독교사회복지학회, 1985), pp.162-163.

떠돌아다니며 가난한 사람들의 친구가 되었고, 그들을 돕는 자유스럽고 자발적인 삶을 살아갔던 것이다. 그들은 신학적인 관점에서 굳이 구분하려는 자발적인 가난과 비자발적인 가난에는 관심조차 없었으며, 아예 그러한 구분 자체를 즐겨하지 않았다. 단순히 몸소 가난을 체험하며 사는 그런 사람들이었다. 때로는 혹독한 육체적 고통 속에서 자신의 이름조차 잊어버리고 이름도 알 수 없는 빈민들 속에서 죽어가야 했다.[30]

뿐만 아니라 그들은 스스로 민중의 생활에 접하여 사회생활의 실정을 알고 그 고뇌와 빈곤이 무엇인지를 자상히 관찰하여 그 사회생활의 파산자에게 따뜻한 손을 펴줌으로써 인류가 하나님의 아들이기 때문에 존엄해야 한다는 것을 항상 교시했다. 그들은 민중을 계몽하고 무지를 제거하기 위하여 교육기관을 세우고 대학을 세우는 일에 증진하였다. 특히 도미니크회에서는 전술한 바와 같이 탁월한 많은 대학자들을 길러내게 되었던 것이다.[31]

그렇다면 그들은 왜 이처럼 잔인하다면 잔인하다 싶은 그런 처참한 삶을 자발적으로 취하며 살았을까? 이런 금욕적 생활은 결국 예수 그리스도 복음의 정신을 왜곡하고 인간의 욕심에 취한 교회와 교회의 성직자들의 축적된 세속적인 재물에 대한 항의였으며, 부와 권력으로 가난한 자들을 압제하는 지위에 대한 반감일 뿐만 아니라 가진 자가 더 많이 가지려는 도덕적 타락에 대한 강력한 메시지였다고 혹자는 해석하고 있다.[32]

탁발승 교단의 특히 프란체스코파의 감화는 전 유럽에게 강력하게 그 영향력을 행사했고, 교회를 새롭게 하고 사람들에게 새로운 희망을 전달하는 데 크게 일조했다.

---

30) Michael Mollat, op. cit., p.93.
31) 김덕준, op.cit., pp.160-161.
32) 허구생, op.cit., p.94.

제5절 종교개혁 이전의 중세교회의 자선 형태와 그 폐해

루터와 칼빈이 종교개혁을 일으키기 훨씬 전부터 유럽에는 이미 종교개혁이 이루어질 수밖에 없는 다양한 사회적, 종교적, 정치적 요인들이 자리 잡고 있었다. 사회적 정황으로서는 아무리 노력해도 해결되지 않는 빈곤의 악순환과 이에 대한 강압적 근절로 사회적 갈등이 증폭되었다. 그리고 중세 1,000년 동안 줄기차게 지켜 내려온 죄장소멸사상으로 인한 교회의 무차별적이고 시혜적인 자선활동이 만연되었다. 그리고 이러한 시혜적 자선행위로 인해 엄청난 부를 축적한 수도원과 교회의 급격한 타락이 끊임없는 개혁의 불씨로 자리 잡고 있었다. 이로 인해 이미 몇몇 뜻있는 지식인을 중심으로 종교개혁에 대한 강력한 요구가 표출되고 있었다.

1. 종교개혁 이전의 사회적 정황

루터가 종교개혁을 실시하기 직전의 사회는 그야말로 사회문제의 온상이라고 표현할 수 있을 정도로 심각한 상황에 처해 있었다. 중세의 봉건제도로 인해 지주들의 과대한 세금부과로 농노들은 패망 직전에 놓여 있었고, 도시에서는 자본주의적 경제체제가 시작되어 부의 극심한 편차를 초래하였다. 결국 평민들은 농노로 전락하거나 새로운 직업을 구하기 위해 도시로 이주함으로써 땅 한 평도 소유할 수 없는 극빈자 빈민의 대열에 합류할 수밖에 없는 처지에 있었다. 뿐만 아니라 직업을 구하지 못한 이들은 결국 노숙자 신세로 전락했고, 열악한 주거환경은 물론 먹지 못하여 3/4이상이 영양실조 상태에 놓이는, 그야말로 암흑의 시대를 살아가고 있었다.[33]

---

33) Lewis, Spitz, *The Renaissance and Reformation Movements*, Chicago: Rand Mcnally & Company, 1971, p.32.

이런 심각한 사회문제의 발단은 물론 다양한 측면에서 생각해 볼 수 있겠으나 그 근본적인 원인을 봉건제도의 붕괴로 볼 수 있다. 양모 산업의 발달로 농경지가 목장으로 전환된 것이 원인이 될 수도 있겠지만, 무엇보다 직접적인 원인은 공유지의 사유화 운동인 인클로저 운동(enclosure)[34]에 있다고 하겠다.

또 다른 심각한 문제는 영국에서 가장 크게 나타나고 있었다. 헨리 8세는 자신의 이혼을 반대하는 로마교황청과의 관계를 단절하고 자신이 정치의 수장일 뿐 아니라 교회의 수장이라는 수장령을 발표한 후 로마교황청에 소속된 모든 재산들을 영국 국교회에 환속시키고 수도원을 폐쇄하여 수도원에 기거하던 빈민들이 대거 거리로 내몰림으로써 소위 사회는 거지 떼로 뒤덮인 사회로 전락하고 말았다. 이러한 사회적 요인과 종교적 요인이 결합하여 유럽 사회는 걷잡을 수 없는 문제에 빠지게 되었다.[35]

문제는 빈민을 포함한 사회문제의 방대함이었다. 당시 거지 무리는 단체를 조직하여 시내를 활보하고 있었고, 각국은 거지 문제로 골머리를 앓고 있었다. 20만 명이 거주하는 파리에는 4만 명이, 독일 인구 1,000명 중 260명이, 인구 4만 명에 불과한 쾰른 시에는 12,000명이 거지였고, 스코틀랜드에만 20만 명의 부랑자가 있었다고 전해지고 있다.

실로 이러한 문제는 종교의 힘만으로는 해결하기에는 역부족이었다. 이제는 자선은 고사하고 치안의 차원에서 이 문제를 해결하지 않을 수 없는 상황이 도래했던 것이다. 구빈원 차원에서 실시되던 것이 공공차원으로 전환되려 하자, 빈민들은 거리를 배회하게 되었다. 이로 인해 치안에 엄청난 위협을 받게 된 각 나라는 일제히 거지금지법을 제정하기에 이르렀다. 그러나 거지금

---

34) 인클로저 운동은 공유지를 사유화하기 위해 경계표식으로 담을 만들고 사유지로 바꾸어 목장화한 것이다. 목장의 주인들은 농사를 짓기 보다는 양모를 생산하는 것이 더 이윤이 남는다고 생각하여 농지를 목초지로 전환했던 것이다. 이 운동은 결국 자본주의적 산업화를 촉진하는 결정적인 요인으로 작용하였다. 왜냐하면 이 인클로저 운동으로 농민들은 생계수단인 경작지를 잃고, 부랑인으로 전락할 수밖에 없었기 때문이다.
35) 이강희, 『사회복지발달사』(서울 : 양서원, 2006), p.69.

지법만으로는 그 실효를 거둘 수 없었고, 이에 쾰른 시는 15세기에 거지금지령을 제정하여 부랑자들을 쫓아 버리고, 거지가 도시를 배회할 시 모두 귀를 잘라 버리고 심지어는 사형으로 처단하는 사태에 이르게 되었다.[36]

영국 역시 만연한 걸식과 빈곤의 문제를 해결하려는 노력들이 경주되고 있었다. 그러나 이러한 노력은 결국 국가적인 차원에서의 복지적 해결이 아니라 지주계급의 이익을 지켜 주기 위한 수단으로서의 행동이었다. 1348~1349년의 흑사병과 흉작, 농민의 유민화 등으로 절대적인 노동자의 부족현상이 발생했지만, 노동자들은 노동자가 절대적으로 부족한 상황에서 과다한 노임이 주어지지 않는 한 일하지 않으려고 했고, 차라리 걸식을 선택하는 경우도 허다하였다. 결국 영국 정부는 1349년 노동력을 요구받고도 일하지 않는 자는 투옥할 수 있으며, 노동자들을 거주지에 묶어 두기 위한 강제적 규정을 담은 '노동자법'을 발표하기에 이르렀다. 결국 이 법은 노동자의 이동으로 발생하는 사회문제 및 정치사회적 불안을 방지하기 위한 정치적 목적과 노동력 감소에 따른 농업생산 과정의 마비를 통제하기 위한 노동통제적 차원에서의 경제정책이었다고 볼 수 있다. 결국 이 법은 그 후 영국의 지주계급에 의해 지속적으로 일관된 전략적 정책으로 자리하게 된다.[37]

이 법을 따르지 않는 걸인에게는 대단히 혹독한 처벌이 주어졌다. 초범은 태형, 재범은 단이, 삼범은 사형으로 엄벌하였으나, 그럼에도 불구하고 해마다 사형자가 2,000명에 이르렀고, 오히려 거지는 더 증가하여 결국 이 법을 폐지하고 말았다. 결국 엄벌주의 구빈법을 실시한 모든 나라가 실패로 돌아갈 수밖에 없었다. 왜냐하면 거지, 부랑자는 이에 대항하여 조직적이고 폭력적으로 변하여 폭도화 하고, 사회에 엄청난 해독을 끼치는 결과를 초래했기 때문이다.

어떤 역사학자는 이러한 상황에 처한 유럽, 즉 루터의 종교개혁 이전의 시대를 한 마디로 '재앙의 시기'로 표현하고 있을 정도로 심각함 그 이상의 처

---

36) 김덕준, op. cit., p.243.
37) 이강희, op. cit., p.72.

참한 상태를 유지하고 있었는데 이는 계속된 생태학적 재난 때문이었다.[38]

이러한 생태학적 재난에 이어 흑사병과 그 반향으로 발생한 마녀사냥[39]의 영향으로 유럽전역의 사람들은 그야말로 300년이라는 긴 세월동안 무질서와 황폐의 시대로 기록되고 있었다.

---

38) 실로 종교개혁 이전의 생태학적 상황과 돌림병 창궐은 일상적인 심각함을 훨씬 상회하는것으로, 사회 붕괴의 위기를 초래하였다. 특히 1307-1308년의 홍수, 1355년의 대폭설, 1315-1317년의 대기근, 1439년의 대폭염, 1347년 이후 200년 동안 진행된 흑사병 후유증으로 인한 지속적인 돌림병의 발생, 1493, 1513, 1517년의 대규모 농민봉기로 인한 대학살 등은 재기할 수 없는 상황에 이르렀던 것이다. 특히 이러한 사회적 위기와 재난으로부터 가장 직접적으로 영향을 받는 것은 역시 연약한 여자들과 어린이들이었다. 여성에 대한 학대는 다반사로 발생하였고, 엄지손가락 두께의 매가 공식적으로 아내와 아이들을 교육시키기 위해 허락되었다는 기록도 있다. 임신한 여성들은 먹지 못해 영양실조로 인한 조산과 사산으로 이어졌고, 태아의 사망률 역시 상상할 수 없을 정도로 높았으며, 1/3이상의 아이들이 5세 이상을 넘기지 못하였을 뿐만 아니라 이로 인한 임산부들의 사망률 역시 대단히 높았다.

39) 마녀사냥은 1351년 발생한 흑사병과 더불어 시작되었다고 볼 수 있다. 흑사병은 동서간의 무역이 활발하게 진행됨과 동시에 인도로부터 전염된 쥐가 퍼뜨린 병으로, 유럽 인구의 1/3이 사망하는 대참사로 기록되었다. 이 흑사병은 신의 저주로 인해 발생한 병이라는 루머때문에 유대인, 이슬람교도, 나병환자, 장애자, 동성연애자, 여성을 희생양으로 삼아 저주를 속죄해야 한다는 잘못된 발단으로 실시되었다. 그러나 그 결과는 너무나 치명적이었다. 유대인들에게는 가슴에 노란 별을 달거나 특별한 옷을 입게 하여 그들이 열등한 사람이라는 것을 강제로 식별하도록 하였다. 추후 유대인들은 독이 있는 우물에 던져졌고, 대략 90% 이상의 유대인들이 집단적으로 학살당하였다. 프랑스에서는 병자, 장애자들을 마녀라고 불태워 죽이는가 하면, 여성 역시 마녀로 인식되면서 처참한 학살로 이어졌다. 성직자들은 여성이 저주의 핵이라는 믿음을 버리도록 설교했으나, 군중들의 오해는 그칠 줄 몰랐다. 마녀로 붙잡힌 여성들은 55세에서 65세 사이로 이웃의 자선을 구걸하며 혼자 사는 거지들이었다. 토마스와 맥팔에인의 해설에 의하면, 그들은 자선을 요구하는 여성들에게 자선을 하지 못하는 것을 후회하고, 그 결과로 자신에게 일어날 가정의 재앙을 예견함으로써 그 죄책감을 자신을 탓하는 것 대신에 자선을 구하는 사람에게 투사했다는 것이다. 처음에는 이렇게 가난한 사람이나 노파들이 마녀로 끌려가 화형을 당했으나 점차 나이, 지위, 계층을 불문한 모든 여자들이 마녀로 몰려 처형당하게 되었는데, 그 수가 300년에 걸쳐 수천 명에 이르게 되었다. 인노센트 8세 때에는 마녀사냥을 위한 종교 재판소가 생겼고, 붙잡힌 여성들은 알몸으로 강간당하거나 고문당했다. 너무나 수치스럽고 두려워 재판에 회부되기 전에 자살하기도 하였다. 안타까운 것은 자신들의 아이들이 보는 앞에서 불태워 지는가 하면, 때로는 아이들과 여성들이 함께 불에 던져지기도 하였다. 이렇게 여성이 마녀사냥의 타겟이 되었던 이유는 이 시대의 종교적 사고가 여자는 구원의 자격이 없고, 죄에 유혹되기 쉬우며, 사탄과 함께 한다는 참으로 어차구니 없는 허황된 사고 때문이었다. Phyllis Day, *A New History of Social Welfare*, Pierson Education, 2005, p.100, 김성이, 『사회복지의 발달과 사상』(서울: 이화여자대학교 출판부, 2002), p.104.

2. 죄장소멸사상으로 인한 교회의 시혜적 자선의 만연

　루터와 칼빈에 의해 종교개혁이 일어나기 전 개혁자들에게 종교개혁의 진정한 빌미를 제공한 것이, 바로 앞에서 여러 차례 언급한 죄장소멸사상으로 인한 교회의 시혜적 자선의 만연이었다고 볼 수 있다. 죄장소멸사상은 각주를 통해 설명한 바와 같이 교부들로부터 시작되어 1,000년이라는 참으로 긴 세월동안 사라지지 않고 중세 기독교의 핵심으로 인식된 사상으로 이로 인한 폐해는 말로 설명하기 어려울 정도로 치명적인 것이었다.

　다시 말해 이러한 자선에 대한 교부들의 사상과 가르침[40]은 중세 1,000년여의 역사 동안 중세교회의 교리적 핵심으로 모든 기독교 사상의 최우선적 과제로 인식되었다. 특히 크리소스톰(Chrisostom)의 영향력은 결정적이어서 그의 설교가 중심이 되어 사람들은 빈자들은 부자들로 하여금 그들의 부를 제거할 수 있는 유용한 도구로, 그리고 그들로 하여금 하늘의 보물을 얻게 하

---

[40] 217년경의 교부 히폴리투스(Hipolytus)는 과부를 돌보는 일이 세례를 받을 자격이 있나 없나를 시험하는 한 수단이 될 수 있다고 역설한 바 있고, 또한 초대교회는 버려지거나 죽음에 처하게 된 어린이들을 돌보는 일을 교회의 중요한 사명으로 생각하였을 뿐만 아니라 이러한 어린이들을 자신의 집으로 데려오거나 이들을 위한 거처를 마련해 주었다. 사이프리안(Cyprian) 역시 성도의 자선활동을 그의 설교에서 대단히 강조했는데 그는 오늘날 자선을 하면 마지막 심판의 날에 하나님이 그들의 기도를 들으시고 자선으로 보상해 주신다는 내용이었다. 이러한 것은 오리겐에 의해서도 동일하게 주장되고 있다. "가난한 자에게 식물을 주기 위해 금식하는 자는 행복하다"고 하였고, 사도들의 교훈집 역시, 만약 어떤 사람이 아무것도 줄 것이 없으면 금식하고, 성자들에게 일용할 양식을 나누라고 설교하였다. 특별히 자선에 대해 유난히 강조한 교부는 4세기의 콘스탄티노플의 대주교였던 크리소스톰이었는데 그는 그의 설교에서 "어떠한 죄를 지었든지 간에 자선이 모든 죄의 문제를 해결해 줄 것이다"라고 하였다. 그는 우리의 모든 죄과를 깨끗이 씻지 않으면 안 된다고 하였다. 먼저 "세례에 의하여 우리의 죄과를 씻어 버려야 하며, 그 다음 여러 가지 방법이 있으나 그 중에서도 제일로 구제로 인해 가능하다"고 하였다. 이에 더하여 크리소스톰(Chrysostom)은 자선을 통해 사소한 과오들로부터 자신의 양심을 정화할 수 있는 기회를 부자들에게 제공한다는 점에서 교회 문전에서 구걸하는 거지들의 존재를 칭송하였는가하면 어거스틴(Augustine) 또한 자선을 통해 죽은 자뿐만 아니라 살아있는 사람들도 속죄할 수 있다는 믿음을 역설하였다. 자선에 대한 교부들의 가르침은 아래의 책들에서 잘 나타나고 있다. Alan Keithlucas, *The Church and Social Welfare*, Philadelphia: the westminster press, Hall. M. Penelope, *The Church in Social Work : a Study of moral welfare work undertaken by the Church of England*, Stuart Alfred Queen, Social Work in the Light of History, Philadelphia and London: J,B. Lippincott Company, 지윤, 『사회사업사』(서울: 홍익재, 1985), 감정기 외, 『사회복지의 역사』(서울: 나남 출판, 2002)를 참고하라.

는 도구로 사용되었다는 것으로 이론화하게 되었다. 결국 자선은 구원의 한 중요한 방법과 도구로 각인되기 시작했고, 안타깝게도 이러한 현상은 지금까지 지탱되었던 초대교회의 순교의식을 현저하게 약화시키는 요인으로 작용하게 되었다.[41]

놀라운 것은 교부시대부터 시작한 죄장소멸사상이 장장 천년 이상을 중세교회의 중심사상으로 군림하여 설교되었기 때문에 자연스럽게 자선이 구원의 조건으로, 구원의 통로로 인식될 수밖에 없었다. 특히 '자선에 의하여 형성되는 믿음'이라는 왜곡된 자선 사상이 중세 사회를 구걸문화로 만들면서 치명적인 사회문제로 부상하게 되었던 것이다. 근본적인 문제는 이렇게 가난을 덕으로 보는 중세적 가치관에 기인하여 사지가 멀쩡하고 노동할 수 있는 사람들까지 걸식하도록 조장함으로써 사회 전체가 생산적인 사회가 아니라 게으르고 나태한 그리고 그야말로 희망 없는 사회로 전락할 수밖에 없었던 것이다.[42]

더구나 성도들이 구제의 활동을 등한시 하거나 부족하면, 이는 곧 마지막 날 영원한 형벌을 받는다는 과중한 공포로 인식됨으로써 그들이 구원 받기 위해서는 수단과 방법을 가리지 않고 구제해야 한다는 시혜적 자선사상으로 인해 무차별한 자선이 실시되지 않을 수 없었다.

케이투르카스(Alan Keithlucas)는 그의 저서 『The Church in Social Welfare』에서 "이것이 중세교회가 가장 경계해야 할 가장 큰 이단이 되고 말았다."라고 지적하고 있다. 왜냐하면 죄장소멸사상에 따른 무차별한 시혜적 사상이 진정한 자선의 정신과 진정한 사랑이나 정의로부터 그리스도인들이 마땅히 가져야 할 청지기 의식을 갈라놓는 중대한 실수를 범하게 되었기 때문이라는 것이다.[43] 이러한 케이투르카스의 비판 이외에도 훗날 보상퀴트

---

41) Alan Keithlucas, *The Church and Social Welfare*, Philadelphia, the westminster press, 2001, p.20.
42) 김동주, "기독교 사회봉사와 마르틴 루터의 개혁", 『기독교교육정보』(한국기독교교육정보학회, 2005년 8월), p.294.
43) Ibid.

(Bernard Bosanquet)는 중세교회를 타락과 마비로 몰고 간 시혜적 자선사상에 대해 살수(撒水)적 자선이라고 강도 높게 비난한 바 있다.[44]

3. 급격한 부의 축적으로 인한 수도원과 교회의 심각한 타락

문제는 선행을 통해 구원에 이른다는 교부신학의 영향으로 왕을 비롯한 귀족들의 기부행위는 끊임없이 지속되었고, 자신의 모든 것을 팔아 구호금으로 귀속 시킨 후 수도자의 길을 가는 사람들의 행위, 일반 기독교인들의 구제를 위한 자발적인 헌금, 그리고 임종 시 재산 전체를 기부금으로 헌납하는 행위 등으로 인해 교회의 재정은 폭발적으로 증가할 수밖에 없었다. 이러한 기부금의 축적은 처음에는 목적대로 사용되었으나, 결국 교회 및 구빈원 등의 자선기관에서 무계획적이고 무비판적으로 사용될 수밖에 없었던 것이다. 이 모두가 죄장소멸을 유도하는 시혜적 자선을 강조함으로써 야기되었음은 두 말할 나위가 없다. 결국 이런 상황 하에서 교회의 재산이 물질의 폐해로 오는 세상적 결함의 전철을 밟을 수밖에 없었다. 다시 말해 교회가 부를 축적하는 데 새로운 기독교의 사회적 책임도 증가한 반면, 새로운 위험도 도사리고 있었는데, 그것이 곧 그 시대의 유일한 자선기관으로 인식되었던 수도원과 교회의 급격한 타락이었다.

그 결과는 실로 엄청났다. 수도원이 많은 재산을 소유함으로써 부유하게 되자, 수도원은 다시 한번 타락의 길을 걸었다. 수도승들은 나태와 사치에 빠져 빈민을 사랑하는 마음이 식어갔고, 급기야 문전에서 무차별적인 시여를 베풀어 걸인을 양산하는 기구로 전락하고 말았으며, 루터가 활동하던 시대의 거리는 걸식 승려로 넘쳐 나게 되었다. 볼무스에서는 7,000명 주민 중 1,500

---
44) 김덕준, op. cit., p.220.

명이 승려였고, 고타에서는 주민 1,000명 중 100명이 승려였다고 한다.

특히 독일 전체 토지의 1/3은 사원에 속했고, 주민은 십일조 형식으로 높은 현물급부를 사원에 바칠 의무가 있었으며, 이 외에도 여러 가지 기부로 시달리는 그런 시대였다. 승려는 아무 일도 하지 않고, 제사일 및 순례가 많았을 뿐 노동일은 적었다.

특히 탁발은 존경할 만한 생활이라는 사회사상 때문에 걸식 탁발의 수가 많아 너무나 비생산적이었다.[45]

뿐만 아니라 수도원 내의 성생활이 문란했고, 계율을 위반하더라도 소액의 벌금으로 문제를 해결하였다. 어떤 경우에는 벌금을 미리 내고 수도원 내에서 동거생활을 허락받는 초유의 사태도 발생하게 되었다.

이런 현상에 대해 가톨릭 역사학자인 라징거(Georg Ratzinger)는 "15세기에 아니 14세기에도 너무나 자주 수도승들은 게으르고 화려함을 추구하였으며 진정으로 가난한 자를 불쌍히 여기는 마음은 냉담해져 구호자에 대한 조심스러운 조사나 노동자 사이에서 발생하는 고통에 대한 진정한 이해는 이미 포기되었고 수도회 정문에서 실시되는 무차별적 자선행위 밖에 남은 것은 아무것도 없었다."라고 술회하였다.[46]

이와 관련하여 교회의 돌봄 사역이 이렇게까지 비조직화, 타락화 된 요인 중의 하나가 바로 교회의 직제에 있다고 보는 견해도 있다. 예를 들면, 중세 집사의 직제가 급격하게 변하게 되었음에 그 원인을 두는데, 이는 중세 말 교회의 집사와 집사장은 법적 권한을 가진 관직이 되어 본래의 봉사적 기능을 상실하고 예배의식적인 기능만을 보유하게 되었다. 그로 말미암아 발생하는 사회문제들은 교회와 관련된 봉사시설들이 담당하게 되었다. 이로 말미암아 교회는 점점 사회문제와는 무관한 존재가 되어 갔다는 것이다. 이런 상황 가운데서 예배의 네 가지 핵심요소에 디아코니아가 포함되었다는 것은 두말할

---

45) 김덕준, op. cit., p.180.
46) Stuart Alfred Queen, *Social Work in the Light of History*, Philadelphia and London: J.B.Lippincott Company, p.225.

필요가 없다. 그러나 16세기 이전부터 구제는 교회의 정식예배인 미사(Mass)의 순서에서 사라지게 되었다. 그 원인은 율법의 첫째 판(안식일의 준수: 말씀, 성례, 기도)과 둘째 판(이웃에 대한 보살핌: 구제) 사이를 나누려고 하는 경향성 때문에 친교-자비의 요소는 사실상 제일 먼저 사라지게 되었던 것이다.[47]

이처럼 교회의 대사회적인 사명을 지탱하고 있던 집사제도의 급격한 변화는 결국 교회로 하여금 전문적인 대사회적 책임을 외면해 버리는 결과를 낳고 말았다.

4. 종교개혁 이전의 자선개혁론의 필요성의 대두

중세교회가 십일조의 1/3을 빈민구제에 사용하였음에도 불구하고 대중 궁핍의 증대는 빈민구제에 관한 중세의 여러 방법들을 무력화시켜 버렸으며, 오히려 걸식자에 대한 무차별적인 희사와 시여가 대량의 걸식자를 양산하여 사회질서에 심각한 위협을 가하고 이러한 행위가 사회문제의 해결이 아니라 오히려 빈곤의 문제와 사회의 문제를 더욱 심화시켰다는 사실을 인식하기 시작하였다. 특히 스콜라 철학의 배경에 무차별적으로 수혜 되고 있었던 중세교회의 자선행위에 대한 강력한 반발의식이 내포되어 있었던 것은 자명한 이치다.[48]

중세 말기 이 문제를 집중적으로 제기한 또 다른 부류는 옥스퍼드 대학의 신학교수 존 위클리프(J. Wicliff)였다. 그는 교회와 승려들의 부패를 고발하고 성서를 신앙의 근본으로 할 것과 여러 가지 개혁에 관한 의견을 개진했으나 결국 이단으로 몰려 처형되었다. 또한 프라하 대학의 신학교수 존 허스(J. Huss)가 이에 동조하여 교회의 행위에 반대했으나 그도 역시 이단자로 몰려

---
47) 엘시 N. 맥키, op. cit., p.68.
48) 허구생, op. cit., p.97.

화형에 처해졌다. 그러나 이러한 운동은 결국 루터를 통한 종교개혁의 터전을 마련하는 계기가 되었다. 드디어 16세기 초 교황 레오 10세는 성 베드로 사원의 건축비를 얻기 위해 천년 동안이나 지속되었던 중세교회의 전통인 죄장소멸사상을 극대화하면서 면죄부를 발매했고, 이에 젊은 신학교수 마르틴 루터는 그 발매를 비난하며, "기독교는 선행과 자선으로 구원받는 것이 아니라 오로지 성서에 기초하여, 하나님의 은혜를 통하여, 오직 믿음으로 구원 받는다"는 것을 주장하면서 종교개혁의 기치를 높이 들었다.

※ 제4장 중세 중기의 사회사업에 대한 토론 ※

1. 빈민을 돕자고 시작한 선한 사업이 오히려 구걸자의 온상이 되다

구빈원은 세월이 경과함에 따라 그 핵심적인 정신은 사라지거나 망각되고 무차별적 구호를 일삼음으로써 오히려 구걸자들을 양산하는 기관으로 전락하게 되었다. 때때로 구걸자들은 교회 문밖에서 구걸행위를 하도록 허가되었다. 그들을 돕자고 시작한 구빈원이 오히려 구걸자를 양산하는 온상으로 전락하였다. 예수 그리스도의 사랑의 나눔이라는 순수한 차원에서 시작한 자선활동이 비전문적이고 무분별한 자선을 시행함으로써 오히려 사회문제의 온상이 되고 만 셈이었다. 그렇다면 도대체 왜 이러한 현상이 발생하게 된 것일까. 이 토론 문제를 바탕으로 한국 교회의 사회사업에 이런 현상이 어떻게 구체적으로 나타나고 있으며, 어떻게 극복해야 한다고 생각하는가.

2. 사회사업이 부패하면 가장 구린 냄새가 나는 법

구빈원은 빈자의 구제를 목적으로 설립되었으나, 성직인 관리자는 이것을 개인의 수입원으로 간주하는 자리에 이르게 되었다든지, 구빈원장이 원의 재산을 낭비하고 자신의 이익을 위해 유용한 예라든지, 또는 신임장 위조를 통한 사기행각까지 벌어지는 사태가 발생함으로써 종교시설이 운영하는 사회복지 시설에서 절대로 나타나서는 안 될, 바로 그 문제로 인해 구빈원 폐망의 원인이 제공되었다는 점을 바탕으로, 그 근본 원인이 무엇인지를 생각해 보자. 또한, 이를 어떻게 예방할 수 있었을지 생각하며, 아울러 오늘날 교회사회사업에 어떻게 이를 적용할 수 있다고 보는가.

3. 무엇이든 과하면 부족함만 못하다.

중세교회의 폐해는 자선을 구원의 조건으로 인식하는 것과 교회사회사업을 전문적으로 수행할 집사의 직제가 본래의 봉사적 기능을 상실하고 예배의 식적인 기능만을 보유하게 됨으로써 교회는 점점 사회문제와는 무관한 존재가 되어 갔다. 이 모든 것이 지나친데서 문제가 비롯되었다. 성서 해석도 지나쳐서 문제가 되었고 집사제도 역시 교회의 교권화를 굳건하게 하기 위해 무리하게 시도한데서 비롯되었다. 무엇이든 과하면 부족함만 못하다는 만고불변의 진리가 그대로 반영된 케이스라고 볼 수 있다. 오늘날의 교회는 자선을 지나치게 강조함이 아니라 구원을 지나치게 강조함으로써 교회의 본질을 왜곡하고 있는가 하면 집사 역시 지역사회 중심의 사역보다 교회 내의 봉사만을 주장함으로써 교회의 대사회적인 관계에 있어 고립화 현상이 일어나고 있다. 이에 대한 극복방안은 무엇인가.

제5장 중세교회의 폐해에 대한 도전으로서의 루터와 칼빈의 자선개혁

제1절 중세교회의 무차별적 시혜와 걸식에 대한 루터의 도전과 비판

제2절 루터의 자선개혁안

제3절 칼빈의 자선관 및 자선개혁안

제1절 중세교회의 무차별적 시혜와 걸식에 대한 루터의 도전과 비판[1]

모든 사람이 일반적으로 인식하고 있듯이 루터를 중심으로 전개된 종교개혁의 발단은 단순히 성 베드로 성당의 건축비 마련을 위한 면죄부 판매에 대한 도전만은 아니었다. 엄밀히 말해 루터와 칼빈의 도전은 이미 천년 동안 지속되어 온 죄장소멸로 인한 시혜적 자선사상의 만연에 대한 도전이었고, 절대적 부에 편승하여 타락의 나락을 달리는 수도원에 대한 도전이었으며, 수도원의 무분별하고 무책임하게 그리고 무차별적으로 실시하는 자선에 대한 강력한 반발이었을 뿐만 아니라 이런 시류에 편승하여 사지가 멀쩡한데도 노동하지 않고 걸식하는 수도승과 걸식자들에 대한 거룩한 비판이었던 것이다. 루터는 단순히 이러한 폐해에 대해 도전하고 비판만 하는 사람이 아니라 제도적인 차원에서 그리고 근본적인 차원에서 이 만연된 악습을 개혁해 보려는 강력한 의지를 소유하고 있었다.

루터가 종교개혁, 특히 자선개혁을 통한 사회개혁으로 걸식자를 추방하고, 엄격한 법령을 통한 자선개혁을 주창했다고 해서 그 자신이 개인적인 측면에서 가난한 사람들에 대한 부정적인 생각을 가졌거나 자선사업 그 자체를 부정하는 사람은 아니었다. 오히려 그는 자신을 찾아오는 가난한 사람들과 억압 받는 사람들을 위해 봉사할 준비가 되어 있었고, 실제적인 도움을 제공하였다. 루터는 또한 '이웃 사랑의 실천이야 말로 환희에 찬 상호 간의 교환(주는 자와 받는 자)으로 이것이야 말로 그리스도 신비의 사건이자 신앙의 결과' 라고 생각한 사람이었다.[2] 루터가 근본적으로 문제 삼았던 것은 다름 아니

---

[1] 본 내용은 저자가 2006년 부산장신대학교 『장신논총』에 "종교개혁의 진정한 시발점으로서의 자선개혁에 관한 소고"라는 제목으로 제출한 내용임을 밝힌다.
[2] T. Strohm, *Die Entstehung einer sozialen Ordnung Europasm Heidelberg*, 2004, p.164, 홍주민, "종교개혁과 디아코니아", 『신학연구』(한신대학교, 2004, 제46집), p.273에서 재인용.

라 위의 서두에서 거론한 바와 같이 가난의 문제와 자선에 대한 교회의 기본적인 이해였다. 자선이 중세 후기에는 그 원래의 의미를 상실하고 구원의 수단으로 전락했다는 것과 이렇게 중세 시대에 만연된 자발적 가난이 교회에서 활동한 수사들, 신부들, 탁발 수도승들 사이에서 유행처럼 번졌을 뿐만 아니라 이로 인한 폐해가 상당했다는 것이 루터가 지적한 문제의 원인임을 확고하게 인식할 필요가 있다.[3]

1. 걸식조장의 원인으로서의 중세 시혜적 자선에 대한 비판

루터는 이렇게 자선이 왜곡되고 선행을 통한 공로로 구원받는다는 중세의 구제관과 구원관에 대하여 강력한 도전의 뜻을 분명히 하였다. 구원은 우리의 행위에 상관없이 하나님의 선물인 바, 구원을 얻기 위한 자선에는 아무런 의미가 없음을 분명하게 천명하였다. 그렇다고 해서 루터는 가난이 가난한 자들만의 책임이라고 생각하지도 않았고, 또한 부정직한 축재 방법으로 부를 축적하는 부자들에 대해서도 강하게 비판하면서도 빈곤을 야기시킨 사회구조 또한 비판 받아야 할 것임을 분명히 하였다. 뿐만 아니라 당대에 만연된 고리대금에 대해서도 1540년 '성직자는 고리대금업을 반대해야 한다(Clergy should preach against usury)'라는 설교를 발표함으로써 고리대금을 근절하기 위한 시도를 하였다. 또한 고리대금업자가 교회에 올 경우 성직자들은 그들을 회개의 자리로 인도해야 하고, 이에 동의하지 않으면 성찬금지를 명해야 한다고 선언하였다.[4] 이는 그리스도인들이 수단과 방법을 가리지 않고 부정한 방법으로 돈을 벌었다 하더라도 시혜만 하면 구원받을 수 있다는 잘못

---

3) Ibid.
4) 김동주, "기독교 사회봉사와 마르틴 루터의 개혁", 『기독교교육정보』(한국기독교교육정보학회, 2005년 8월), p.295.

설정된 구원관에 대한 정면 도전이었다. 이런 측면에서 "그리스도인들 중에는 구걸을 하고 다니는 사람이 절대로 없어야 한다."라는 루터의 비난은 단지 악폐들을 향한 것만이 아니라 중세의 신학과 교회론 체계의 핵심을 겨냥한 것이었음을 부정할 수 없다.

2. 신성한 노동을 통한 자립의 가치를 부정하는 걸식 행위에 대한 비판

루터는 엄연히 육체가 건강하여 얼마든지 일하며 생계를 유지할 수 있는 사람임에도 불구하고 구걸행위를 하도록 제도화된 자선행위를 신학적으로 정당화한 시혜적 구원의 이론을 맹렬하게 비판하였다. 루터의 구걸행위에 대한 태도는 단호했다. 그는 "구걸행위야 말로 이웃 사랑을 실천하라는 주님의 명령에 대한 반대 행위이고, 하나님의 질서와 계명을 위반 하는 일이요, 또한 부도덕의 상징이며 인색의 겉표지이기 때문에 이를 통해서는 어떠한 방법으로도 구원을 얻을 수 없다."라고 단호히 천명하였다. 또한 구걸은 하나님이 창조하신 인간의 존엄성을 파괴하는 행동이기에 구걸행위를 폐지시키는 법을 마련하기 위해 최선의 노력을 경주하였고, 국가주도형의 보호법을 통해 마땅히 구호를 받아야 할 사람들을 효과적으로 보호하는데 최선을 다하였다.[5] 루터의 걸식에 대한 비판은 1520년 '독일국민의 기독교 귀족에게 고함' 이라는 글에서 가장 분명하게 나타난다. 그는 이 글에서 하나님의 교회가 가장 시급하게 해결해야 할 문제 중의 하나는 바로 걸인사회의 전멸에 있다고 외쳤다. 그리고 1523년 독일 신교도의 사회개혁의 지침서로 통할 수 있는 『공동기금의 규정』이라는 저서에도 역시 "걸식은 엄중히 금지하라. 노쇠하여 연약하지 않은 자는 일하여야 한다. 그 교구에 속하지 않는 걸인은 유하는 것을

---

5) 손규태, 『마틴 루터의 신학과 윤리』(서울: 대한기독교서회, 2003), pp.41-45.

금하라. 정직한 수공업 또는 농업에 종사하는 빈한한 호주에게는 만일 타인으로부터 어떠한 원조도 구하지 못한다고 하면 무이자로 공동기금으로부터 자금을 대여하라."는 등의 규정을 마련하여 철저히 걸식금지에 대한 의지를 천명하였다.

중요한 것은 루터와 뜻을 같이 했던 동료 칼스타트도 그 시대에 만연된 구걸행위에 대해 강력한 어조로 비판하였다. "걸인들은 빵을 얻으려고 이 곳 저 곳을 돌아다니고 있다. 그들은 거리에서 집 앞에서 빵을 구걸하거나 교회 앞에 앉아 있다. 우리는 그들을 관대하게 묵인하지 말고 쫓아 버려야 한다."[6]라며 루터의 걸식 금지를 적극적으로 지지하였다.

이 사실을 통해 루터는 틀림없이 위에서 언급한 바와 같이 '가난한 사람들이 보배이며 자선을 통한 선행이 구원의 수단'이라는 전통을 전적으로 거부하고 있었던 것이다. 그러나 그렇다고 해서 루터가 가난한 사람들을 무조건 정죄하는 것은 결코 아니었다. 그의 주장은 다만 교회가 걸인을 구제함으로써 무위도식하는 자들로 하여금 자활의식을 잃게 하는 것이 문제임을 직시하면서 '오히려 가난한 사람들에게 베풀고 궁핍한 사람들에게 꾸어, 사람이 면죄부를 사는 것보다 더 훌륭한 행동을 하는 것'이라는 사실을 배워야 한다고 강조하기도 하였다. 그의 논조는 궁핍한 사람을 보고 그냥 지나치면서 면죄부를 사는 데 돈을 바치는 사람은 교황의 면죄부를 사는 것이 아니라 하나님의 진노를 사는 것이라고 표현할 만큼 인간의 자활의지를 꺾어 거룩한 하나님의 백성으로 살아가지 못하게 하는 걸식의 폐악에 관한 것이었음은 너무나 분명한 일이다.

이에 더하여 루터는 만연된 탁발 수도승들이 노동을 하지 않고 걸식행위를 하는 일에 대해서도 강력한 비판을 서슴지 않았다. 루터는 탁발 수도승들이 음식을 먹기를 원한다면 당연히 일을 해야 한다고 하였다. 그 근본적인 이

---

6) Abituhung Lietzmann, *These Should be No Beggars*, p.164., 박영호, 『기독교사회복지』(서울: 기독교문서선교회, 2001), p.312에서 재인용.

유는 탁발 수도승들이 가난한 사람들에게 배분되어야 할 구제물을 고갈시키는 원인제공자가 된다는 것이었고, 또한 그들의 탁발 행위가 다른 건달들에게 위장행위를 할 수 있는 근거를 제공한다는 측면에서였다. 루터가 생각한 것은 언젠가 이 부랑자들과 협잡꾼들의 부정직한 행동으로 인해 경건한 사람들이 가난한 사람들에게 베푸는 순수한 자선이 억지로 제한될 수 있음을 염려한 것이었다. 왜냐하면 그 당시 탁발 행위에 물든 많은 불순한 동기를 가진 불량자들과 유랑자들이 탁발 수도승의 흉내를 내어 위장함으로써 정말로 가난한 사람들이 받아야 할 몫을 가로챘기 때문이었다.[7] 뿐만 아니라 그들의 위장술로 인해 경건한 사람들이 가난한 이들에게 베푸는 진정한 차원의 자선이 제한될 수 있다고 생각했기 때문이었다.[8]

이렇게 루터의 고발은 빈자 자체에 대한 비판보다는 오히려 지금까지 너무나 깊이 뿌리 내려 하나님의 교회로 하여금 하나님의 거룩한 백성을 걸식자와 폐인으로 만들어 버리는 잘못 설정된 자선관과 구원관을 겨냥한 것이었고, 또한 고상하고 높은 자아존중감으로 살아가야 할 하나님의 백성들의 자립정신을 말살하는 무차별적 걸식에 그 초점을 맞추고 있었던 것이다.

제2절 루터의 자선개혁안

자선과 선행으로 구원 받을 수 있다는 잘못된 중세의 자선관 및 구원관을 타파하고, 인간의 존엄성을 상실케 하는 걸식의 문제를 근본적으로 해결함으로써 빈민에 대한 효율적인 구호를 실시하겠다는 루터의 높은 이상은 결코 호화스러운 사진들에나 갇혀 있는 그런 그림 같은 계획은 아니었다. 그는 만

---

7) Ibid. p.291.
8) Ibid.

연된 시혜적 자선의 폐단과 걸식에 대한 분명하고도 구체적인 개혁안을 가지고 있었는데, 이것이 곧 루터의 자선개혁론이었다. 그의 자선개혁론에는 교회의 자선사업이 국가적 사회복지체제로 전환되어야 한다는 것과 항구적인 빈민문제의 해결 그리고 공동기금에 의한 조직적이며 합리적인 사회보장제도의 확립뿐만 아니라 법령의 제정을 통한 정부차원의 사회사업을 실시할 것을 제안하고 있다.

1. 교회사회사업으로부터 국가주도형의 사회복지체제로의 전환

루터는 그의 자선개혁안을 추진하는 데 있어 첫째로, 지금까지 교회의 전통으로 인식되고 추진되어 온 교회의 사회사업을 국가 주도형의 사회복지체제로 전환할 것을 제안하였다. 둘째로, 국가주도형의 사회사업을 통해 임기응변적이고 형식적인 형태의 자선사업을 탈피하고, 법령의 제정과 개정 등을 통한 조직적이며 실제적인 국가주도형의 사회보장제도로 나아갈 것을 제안함과 동시에 루터 스스로 공동기금을 위한 법제정에 부단한 노력을 아끼지 않았다.

일차적으로 루터는 개혁의 중심을 다양한 사회문제 발생의 일차적인 책임이 정부에 있다고 보았기 때문에 교회가 국가보다 앞선 구제행위를 시행하기보다 두 번째 위치에 서서 국가와 협조하여 국가의 관리를 책임지도록 하며 모든 도시는 국가주도 하에 도시의 빈민을 위한 구제시설을 갖추어야 한다고 주장하였다. 루터는 재원마련에 대해 교회가 전적으로 협조해야 하고, 교회의 영지수입과 성도들이 기부할 수 있는 분위기를 조성해야 하며, 나아가 조직적인 구호를 위해 모든 국민에게 세금을 부과해야 한다고 하였다.[9]

---

9) Ibid. p.309.

이러한 정부 주도형의 사회복지가 되기 위해 루터는 우선, 정부가 지금까지 관행으로 내려오던 모든 구걸행위를 폐지하고, 가난한 사람을 돌보는 사회복지 계획을 개발할 것을 청원하였다. 그의 주장에 의하면, 가난한 사람을 어떤 분명한 기준에 의해 구분하고 그들을 감독하는 관리자가 있어야 할 것을 제의했다. 특히 "그리스도인들 중에는 구걸을 하고 다니는 사람이 절대로 없어야 한다."라는 그의 결연한 의지는 단순히 구걸행위의 해로움과 사회적인 폐해 때문이 아니라 지금까지 걸인을 양산했던 잘못된 중세 신학과 교회론 체계에 대한 강력한 도전이었기 때문에 이 문제를 교회적 차원이 아니라 국가적 차원에서 해결해야 한다고 분명하게 주장했던 것이다.[10]

또한 노동을 하지 않고 묵상을 직업과 노동으로 평가하는 교회와 수도원을 강력하게 비판하면서 그리스도인에게 세상의 소명(직업)의 중요성을 각인시키고 게으름을 도둑질의 한 형태로 이해하게 된 것은 그의 논문 『노동과 구걸에 대해』를 더욱 분명하게 하고자 한 것으로 보인다. 결국 이렇게 함으로써 사회문제의 책임이 교회가 아니라 정부에 있다는 것을 분명히 하고 싶었던 것이다.[11] 그러나 분명한 것은 앞서 언급한 바와 같이 이러한 정부차원의 지원이나 수용 구제사업 등을 거론했다고 해서 그가 개인적인 차원에서의 봉사를 등한시 했다는 말은 결코 아니다. 그는 실로 가난한 사람을 위한 탄원을 지속적으로 실시하였고, 특별히 가난한 목사들과 수도원을 떠난 신부와 수녀들을 돕는데는 너무나 적극적이었다. 그 자신이 남을 돕는 데는 앞장섰지만 빈곤에 대처하는 문제에 있어서는 철저히 합리적인 방법, 즉 국가 주도형의 사회복지를 이루려 했다는 점은 바로 사회를 깊이 보고 전망할 수 있는 그의 영적인 통찰력에서 발현된 것이라 평가할 수 있다.

뿐만 아니라 일할 수 있는 사람은 노동을 통해 살아가야 하지만 홀로 문제를 해결할 수 없는 약자만 지원을 받아야 한다고 주장한 루터의 주장은 국가 주도의 복지정책에 대한 그의 확고한 신념에서 비롯된 것이었으며 이러한 그

---

10) Ibid. p.290.
11) Ibid. p.294.

의 신념은 결코 변함이 없었다.

> 만약 우리에게 충분한 용기와 열의가 있다면 모든 도시는 소속 빈민을 위해 시여를 용이하게 마련할 수 있을 것이다. 각 도시는 그 빈민을 위해 보조할 수 있어야 하며, 또 누가 참된 빈민인지를 발견할 수 있어야 한다. 그 곳에는 모든 빈민을 알고 있으며, 또 그들이 필요로 하는 사람들을 평의회에 보고할 수 있는 한 명의 관리인 혹은 감독을 두지 않으면 안 된다.[12]

2. 공동기금 및 법령 제정을 통한 조직적이며 합리적인 사회보장 제도의 확립

루터는 효과적인 사회사업의 실천을 위해 정부가 주도하는 형태의 사회복지로 전환되어야 함을 주장함과 동시에 법령제정을 통한 조직적이며 합리적인 사회보장제도로 전환해야 할 것을 주장하였다. 그는 『공동구제기금의 감리』라는 책을 저술하였는데, 그 책에는 거지를 금하고, 건강한 자는 반드시 노역을 시키고, 자금이 없는 빈민에게는 공동구제기금에서 무이자로 사업자금을 대부하는 제도를 강력히 주장하였다.[13]

특별히 그가 깊이 관심을 두고 개입하여 제정된 라이스니히 법령(The Leisnig Ordinance)은 여러 가지 측면에서 교회의 사회사업을 이해하는 데 중요한 통찰력을 제공해 주고 있다는 점에서 중요하게 다루지 않으면 안 된다. 그 이유는 루터가 이 법령의 창설에 개인적이면서도 결정적인 역할을 했기 때문이다.

위텐베르그의 동편에 위치한 라이스니히 의회는 '하나님의 영광을 위해, 그리고 같은 그리스도인들의 사랑을 위한' 공동 기금의 설립에 대해 언급하

---

12) S. & B. Webb, *English Poor Law History*, London: Frank Cass, 1963, p.406.
13) 김덕준, 『기독교사회복지』 (서울: 한국기독교사회복지학회, 1985), p.244.

면서 루터에게 성경적인 근거를 제시해 주기를 청원하였다. 루터는 이 지방을 방문하고 열정적으로 지원하여, 라이스니히 의회는 공동기금을 설치하고 예배 질서를 개혁하는 데 성공하였다.

루터의 열렬한 지원과 도움으로 라이스니히 의회는 공동기금을 설치하고 예배의 질서를 개혁해 나갔다. 이 법령은 위텐베르그에서 제정된 법령과 비교할 때 뚜렷한 특징을 가지고 있었는데, 그것은 공동기금 유지를 위한 과세 규정이었다. 그리고 이 법령에는 진실로 가난한 사람들만 구제하고 다른 자들은 구걸을 그만두고 일을 해야 한다는 종교개혁의 기본적인 입장을 철저히 반영하고 있었다. 또 다른 특징은 이 라이스니히 법령의 구성에서 10명의 관리자를 두고 있었는데, 2명은 귀족 중에서, 2명은 현직 시의원들 중에서, 3명은 도시의 일반 시민들 중에서, 그리고 나머지 3명은 지방 농민들 중에서 선출하여 이 법령을 지켜 나갔다는 점이다.[14]

이에 더하여 공동기금을 위한 재원은 교회의 재산과 자금들, 유언에 의한 상속 재물들을 몰수함으로 가능하게 되었고, 특히 루터는 기존의 재단들과 수도원 건물들, 교회당들을 기금으로 사용함으로써 지금까지 온 세상의 재물로 살찌고 호화를 누렸던 교회와 성직자들의 끔찍한 잔재들이 크게 감소하기를 기대했던 것으로 보인다.[15]

놀랍게도 이렇게 마련한 공동기금은 흉년 기간 동안에 사용하고, 비상시에 가격을 안정시키기 위해 밀과 콩을 비축하고, 교회, 학교, 병원과 같은 공공건물들을 유지, 건설하는 등의 사업에 주로 사용되었다.[16] 단순하게 말해서 라이스니히의 공동기금은 단순한 개인의 구호에 관심을 두었던 것은 아니었다. 오히려 이 기금은 흉년에 대비하고, 재난 및 비상시 물가를 안정시키는 한편, 공공건물들을 유지하고 건설하는 것을 포함하여 다양한 사업에 사용되었다. 그래서 관리자들은 수혜의 자격이 있다고 판정되는 대상자에게 비축용

---

14) 박영호, 『기독교사회복지』(서울: 기독교문서선교회, 2001), p.317.
15) Ibid. p.318.
16) Ibid. p.319.

품을 저렴한 값에 팔기도 하고 빌려주기도 했으며, 무상으로 제공하기도 하였다.[17] 그렇다고 해서 이 법령이 가난한 자를 무조건 배척한 것은 아니었다. 특히 새로운 이주자들에 대해서는 그들이 정착할 수 있도록 대부와 증여를 실시하고 집이 없는 사람에게는 직업을 얻도록 돕고, 고아와 무의탁자들과 병약자들과 노인에게는 생활비를 지급하라고 규정하고 있다. 그야말로 이 법령과 공동기금은 빈민들의 삶을 단순히 원조하는 자선적 차원이 아니라 사회복지적 차원에서 실시한 종교의 전문적인 구호행위로 볼 수 있다.[18]

결국 루터의 자선개혁론으로 인해 많은 사원과 수도원이 폐쇄되고 승려는 해방되어 주민의 부담을 과중시키는 계기가 되기도 하였다. 또한 수도원에서 실시했던 불완전한 교육제도 대신 공립학교를 설립하고 초등교육을 받아야 할 것을 제안하였다. 뿐만 아니라 루터는 매춘의 심각함을 지적했고, 1520년에는 독신은 '악마의 가르침'이라고 주장하면서 수도승의 결혼을 인정했으며, 그가 먼저 결혼을 함으로써 사회적인 그리고 가정적인 질서를 유지하도록 하였다. 결국 수도원의 폐지가 가정의 가치를 높이고, 가정이 온전한 기독교의 정신이 자랄 수 있는 온상으로 회복되도록 함으로써 루터와 칼빈의 공적은 국가에 개인주의를 도입하는 길을 열어주게 되었다.[19]

종합적으로 평가해 볼 때, 루터의 자선개혁론은 무엇보다도 시혜적 자선사상이나 인과응보적인 잘못된 신학사상을 되돌려 놓음으로써 구제의 행위로 하늘나라를 얻을 수 있다는 죄장소멸의 사상으로부터 완전히 벗어나는 기회를 제공해 주었다는 점에서 그 의미를 부여할 수 있다. 또한 전통적, 형식적, 의식적인 구제사업의 차원을 넘어 국가주도형의 사회복지를 이루었고, 더 나아가 신학적, 과학적, 조직적 그리고 전문적인 사회복지가 그의 자선개혁론과 이러한 법령들을 통해 실현될 수 있었던 것이다. 루터의 자선개혁론은 후대에 영국의 구빈정책에 획기적인 공헌을 하였고, 영국의 영적 부흥과

---

17) Ibid.
18) Ibid.
19) 김덕준, op. cit., p.181.

함께 자선조직화 운동에도 크게 기여하였다. 자선조직화운동은 그 사상적 바탕을 인도주의에 두고 비조직적이었던 자선활동을 큰 단위로 조직화시켜 보다 통일적, 조화적, 효과적인 방법을 시도한 것이다. 이와 더불어 오웬을 중심으로 한 강력한 주택 개량사업으로 확대되었으며, 여기에 끝나지 않고 인보사업으로까지 이어지는 특별한 계기를 마련하였다.

한편, 물론 루터의 자선개혁론이 교회의 비효율적인 자선문제를 사회정책화 했다는 점에는 크게 공헌하였으나, 교회가 사회문제를 감당할 수 있는 인원을 가지지 못하고 있으므로 국가가 빈민을 책임져야 한다고 그 책임을 전가하고 사회문제의 책임이 원칙적으로 국가나 정부에 있다고 함으로써 교회의 사회봉사 의무나 사회문제 해결에 대한 관심이 다소 소홀하게 취급되는 계기를 마련했다고도 볼 수 있다. 아울러 교회의 중요한 사회봉사의 축이었던 수도원을 없애고, 아울러 교회가 운영하던 큰 기관들을 전부 국가에 귀속시켜 한층 교회의 사회봉사 운동이 위축되는 동기를 부여했다는 부정적인 평가도 있다.

제3절 칼빈의 자선관 및 자선개혁안

루터와 함께 종교개혁의 쌍벽을 이루었던 칼빈 역시 루터와 같이 자선개혁을 개혁의 핵심 요소로 인식하였다. 칼빈의 자선관에 있어서는 루터와 크게 상이한 점이 없어 보이나, 자선개혁안에 있어서는 루터와는 상당히 다른 생각을 갖고 있었고, 그 접근방식 또한 전혀 다르다는 사실을 발견할 수 있다. 칼빈은 루터에 비해 상당히 전통적으로 접근하는 것처럼 보인다.

루터는 사회보험 및 사회정책적 접근을 시도한다면, 칼빈은 철저히 사회사업적 관점을 유지하고 있다. 다시 말해 칼빈을 중심으로 실시된 개혁교회

전통의 모형은 결국 경건, 사랑 그리고 예배와 봉사에서 본질을 추구하는 것이라고 할 수 있다.[20]

1. 칼빈의 자선관

1530년대에 제네바는 영주 주교(prince bishop)를 거부하고 스스로 프로테스탄트 도시로 전환하였다. 이렇게 새로운 자치 도시가 된 제네바는 자선단체들을 중앙집권화 했고, 분리되어 있었던 중세적 자선기관들을 새로운 병원(General Hospital)으로 대체하였다.[21] 또한 1540년대 중반부터 피난민들이 제네바로 몰려들면서 도시의 기능은 거의 마비상태에 이르게 되었다. 이로써 제네바는 피난민들을 위해 병원을 확충하고 극빈자들과 환자들을 돌보는데 일대 전쟁을 치르게 되었다. 이렇게 시작된 사회봉사를 실천하기 위해 제네바 시의 난민집단들은 제네바 시민을 위한 시 빈민 구제제도(city poor-relief system)와 상응하는 것을 자신들의 궁핍한 자에게도 수행하기 위한 자원봉사 조직으로 비제도적인 형태의 집사직무를 조직하였다.[22]

칼빈은 이렇게 위급한 상황에서 이웃 사랑에 대해 유난히 강조하였다. 그는 이웃사랑에 대한 관심과 가르침은 육체를 가진 인간이 실제로 필요로 하는 물질에 실제적으로 적용될 수 있는 도움이 되어야 한다고 보았으며, 이러한 사랑의 행위는 결코 부득이함이나 강제적인 행위가 아니라 그리스도를 사랑하는 마음에서 우러나오는 자발적인 행위여야 함을 강조하였다. 칼빈의 이

---

20) 엘시 N. 맥키, 류태선·전병준 역,『개혁교회 전통과 디아코니아』(서울: 한국장로교출판사, 2000), p.65.
21) Robert M. Kingdon, The *Deacons of the Reformed Church in Calvin's Geneva*, Geneva: Droz, 1970, pp.81-90., "*Social Welfare in Calvin's Geneva*", American Historical Review 76, 1971, pp.50-69, 엘시 N. 맥키, 류태선·전병준 역,『개혁교회 전통과 디아코니아』(서울: 한국장로교출판사, 2000), p.102에서 재인용.
22) 엘시 N. 맥키, op. cit., p.102.

런 자발적인 나눔의 사상은 두말할 것도 없이 초대교회의 성령의 역사로 인한 자발적인 나눔의 역사를 염두에 두고 있는 것으로 보인다.[23]

이렇게 그는 그리스도인들의 자발적인 나눔을 강조하면서 "우리가 소유하고 있는 은사들은 하나님께서 선물로 주신 것이며, 이러한 은사들은 우리 이웃의 행복을 위해 사용되어야 한다는 조건 아래 우리에게 맡겨진 것이다."라고 말함으로써 그리스도인들은 철저한 청지기 의식을 소유하고 또 그 청지기 의식을 적용하며 살아야 참 그리스도인임을 재차 강조하였다. 칼빈이 이웃에 대한 그의 가르침에서, 그리스도인들이 이웃을 섬기는데 있어 반드시 갖추어야 할 사랑의 4가지 요소를 정의하였다.[24]

칼빈은 또한 그리스도인들의 자선활동에 대한 무관심을 대단히 강도 높게 비판하고 있다. 그는 "우리 눈앞에 구제를 바라는 이웃이 있음을 보고도 그 문제를 해결하지 않는다면 우리는 하나님 앞에 중죄를 범할 것이다."[25]라고 힘주어 말하였고, 또한 착취하는 부자들을 살인자, 야만인, 가난한 자를 물고 삼키는 자, 그리고 피를 빼는 자들이라고 규탄하였다.[26] 칼빈은 만약 이웃 사랑에 대한 장애물이 존재한다면, 그것은 탐욕과 이기적인 자기사랑에서 비롯된다고 주장한 바 있고, 이러한 인간에 내재한 자기사랑을 제거하는 길은 오직 예수 그리스도를 본받을 때만 가능하다고 하였다.[27]

---

23) 손병덕, "칼빈의 개혁주의 사회복지 실천과 현대 기독교 사회복지의 과제", 『신학지남』(서울: 신학지남사, 2003년 겨울호), p.163.
24) 첫째, 기회가 주어질 때는 언제든지 형제를 진실로 애정을 가지고 사랑한다. 둘째, 주님께서 사랑을 실천하도록 기회를 주셨다고 믿고 형제를 사랑하는 것에 대해 사명감을 느낀다. 셋째, 할 수 있는 한 목마르거나 굶주리거나 혹은 여타 다른 형제의 필요를 충족히 채워준다. 넷째, 사랑으로 참여하지 않는 한 하나님을 기쁘시게 할 수 없다. 우리의 마음이 열려져야 하고 주님이 가지신 마음을 본받아 주님과 같은 감정을 가져야 마치 고통 받는 자들이 우리 자신들인 것처럼 다른 사람들의 고통을 느낄 수 있다. *Calvin's New Testament Commentaries*, Grand Rapids: Baker Book House, 1979, 손병덕, "칼빈의 개혁주의 사회복지 실천과 현대 기독교 사회복지의 과제", 『신학지남』(서울: 신학지남사, 2003년 겨울호), p.162에서 재인용.
25) John Calvin, *Commentary on Deutronomy*, Grand Rapids: Eerdmans, 1985, p.114.
26) John Calvin, *Sermon on the Harmony of the Gospel*, Matt, 3:9-10.
27) Calvin, *Commentary on the Epistle of Paul the Apostle to the Corinthians*, Grand Rapids:Baker House, pp.241-243.

칼빈은 이와 같이 부자와 가난한 자가 물질을 서로 주고받는 공동체를 통해 하나님이 만드신 법의 한 국면을 생각하면서 그러한 하나님 나라의 도래를 꿈꾸고 있었던 것이다. 특히 그는 부자와 가난한 자의 차이가 없을 수는 없으나, 이 둘 사이의 극심한 차이에 대해서는 '용서할 수 없는 죄악'이라는 관점을 유지하고 있었던 것이다. 이처럼 그는 그리스도 안에서 한 형제 사이를 갈라놓는 치명적인 악재로서의 탐욕을 극히 경계하면서 거룩한 노동의 중요성 또한 강조함을 잊지 않았다.[28]

2. 칼빈의 자선개혁안

루터는 걸식을 금지하고 지금까지 교회중심의 자선정책이 국가주도의 사업으로 전환해야 한다는 관점, 즉 구제사업을 교회의 차원을 떠나 국가, 즉 세속통치자들에게 전환해야 한다고 보았으며, 이와는 다르게 칼빈은 가난한 이에 대한 의무는 교회의 고유의 의무이기 때문에 교회가 이를 보다 조직적이고 체계적으로 감당해야 한다고 주장하였다. 따라서 이러한 교회의 사회사업의 추진은 절대적으로 집사직 기능의 회복, 즉 전문화된 집사가 이 기능을 감당해야 하는 거룩한 사업이라는 것이며, 두 번째로 이러한 교회의 사회복지활동은 철저히 중세의 시혜적 차원의 자선행위를 벗어나 전문적이고 체계적인 형태를 갖추어야 함을 주장하였다. 칼빈의 자선개혁은 결국 교회 주도의 공동체적 자선사업이 확장됨으로써 결국에는 국가주도형 사업으로 전환되어야 함을 강조하고 있다.

---

28) 박영호, op. cit., p.336.

1) 집사 기능의 회복으로 인한 거룩한 사업으로의 전환

칼빈의 자선관을 정확하게 이해하기 위해서는 우선적으로 그의 집사관을 이해하는 것이 첩경인 듯하다. 칼빈의 사회사업에 대한 특별한 이해, 즉 가난한 이를 돌보는 것과 사회적 약자들을 돌보는 것은 교회의 고유하고 거룩한 사업이기 때문에 이를 세속적인 가치관 및 세속적인 영역에 속한 사람들에게 맡겨 둘 수만은 없는 중요한 일로 간주하였다.[29] 다시 말해서 교회는 교구와 독립된 기독교적 시설 수용 구제사업을 이상적으로 보았고, 구제사업이 교회 전도사업의 한 부분으로 시행되어야 한다고 주장한 것이다.[30] 그는 교회를 거룩한 공회로 간주하고 거룩한 공회에서 실시하는 사업 역시 거룩한 사업으로 이해했기 때문에 이러한 사업을 감당하는 사람 역시 거룩한 사람들이 감당해야 함을 강조하였다. 이런 관점에서 그의 주장을 분석해 보면, 결국 교회가 국가와는 독립된 교회 나름대로의 시설 수용 구제사업을 실시해야 한다고 보았고, 구제사업이 교회 전도사업의 한 부분으로 시행되어야 함을 강조하였다. 위에서 언급한 바와 같이 그가 강조한 것은 자선활동도 세속세력이 아닌 거룩한 사역으로 이해되어야 한다는 것으로 병원을 세워 병자들을 돌보는 것과 여행자를 돌보는 숙박소를 설치함에 있어서도 거룩한 교회가 거룩한 마음으로 이 사업을 실시하여야 한다고 보았던 것이다. 그는 진정한 구제가 바로 하나님을 예배하는 행위라고 보았던 것이다.[31] 이렇게 사회사업을 바라보는 그의 관점은 교회가 거룩한 곳이요, 거룩한 사업을 수행하는 곳으로서 이런 거룩한 사업은 반드시 거룩한 사람들을 통해 이루어짐이 가장 이상적이라고 보았던 것이다. 그런 취지에서 칼빈은 거룩한 공회인 교회의 직무를 목사, 교사, 장로, 집사로 구분하고, 특히 구빈시설을 교회의 직무로 여겨 자선관리와 구호봉사의 과제를 집사에게 맡겨 전문적으로 관리하게 하였다. 특히 집사들

---

29) G. S. 워커, 이종태 역, "칼빈과 교회", 『칼빈신학의 이해』(서울: 생명의 말씀사, 1991), p. 299.
30) 박영호, op. cit., p. 328.
31) Ibid.

은 교회 안에서 가난한 자를 파악하고 헌금을 관리하며 어려운 자들을 돌보는 것을 중요한 직무로 여겨졌다.

칼빈이 이렇게 집사의 직분을 강조한 것은 그만한 이유가 있기 때문이었다. 칼빈은 자신에게 주어진 종교개혁의 사명을 완수하는 데 있어서 무엇보다 지금까지 전통의 사슬에서 벗어나지 못하는 수도승들의 윤리관과 도덕적 모순을 강도 높게 비판하였다. 그 이유는 그들이 거룩한 자선이라는 명목으로 기부금을 받기는 했지만 빈민을 위한 구호활동에 사용하기보다는 개인을 위하여 치부함으로써 오는 도덕적 불감증에 노출되어 있었기 때문이었다. 그래서 그는 이러한 폐해가 결국 교회와 직분자들의 거룩성[32]의 상실에서 기인했음을 인지하고, 거룩성이라는 차원에서 교회의 기능을 분명히 하고 직제를 보다 명확하게 설정함으로써 개혁적인 교회로 탈바꿈하려고 하였던 것이다. 그래서 그는 목사의 역할은 참된 경건을 가르치는 것이요, 장로의 직무는 다스리는 것과 구제하는 것이며, 집사는 가난한 자를 더욱 직접적이고 체계적으로 돌보는 역할임을 분명하게 설정하였다. 이를 통해 초대교회의 교회기능을 재차 확인하는 기회로 삼고 싶어 했던 것이다. 예를 들어 가난한 자를 돌보던 자로 부름을 받았던 7집사의 자격이 성령이 충만한 자였다는 사실을 상기시키면서 하나님의 교회와 직분자들이 거룩함을 상실할 때 타락할 수밖에 없고, 거룩함으로 감당하지 않으면 자신의 이익만을 채우려는 중세교회의 폐해를 반복할 수밖에 없다는 사실을 뼈저리게 느꼈기 때문인 것으로 보인다. 그러나 거룩성의 원리로 가난한 자를 돌보게 될 때 그들을 진정 사랑하는 마음으로 접근할 수 있고, 그들을 하나님의 소중한 백성으로 대할 수 있으며, 어려운 사명도 즐거운 마음으로 감당할 수 있다고 본 것이다. 아마도 칼빈은

---

32) 교회사회사업 실천에 있어서의 거룩성의 원리는 구약성경 도피성(The Cities of Refuge)에서 그 기본적인 원리를 찾아볼 수 있다. 도피성의 운영과 관리는 반드시 레위인에게만 허락되었다. 그 이유는 사회적인 약자를 돌보는 일은 하나님의 백성들을 돌보는 사역이기 때문에 거룩함으로 감당해야 하기 때문인 것으로 보이며, 이러한 사역에는 항상 물질이 따르기 때문에 성령 충만하지 않은 세속적 가치관을 가진 사람들에게는 쉽게 재물의 유혹에 빠져 타락의 길로 나아갈 수밖에 없었기 때문인 것으로 보인다.

사회사업을 수행하는 데 있어서 이 거룩성의 원리가 얼마나 핵심적인 요소이며, 중요한 요소인지를 누구보다 잘 알고 있었을 것이다.[33]

종합해 보면, 칼빈은 빈민구제를 사도적 의무(Apostlic Obligation)로 보고, 집사 직분은 세속 사업을 수행하기 위해 존재하는 것이 아니라 거룩하고도 영적인 사업을 행하는 것이라고 생각하여 병든 자와 가난한 자들을 이들로 하여금 돌보게 하였다.[34] 이러한 사실로 미루어 보아 칼빈은 사회적으로 약한 자를 돌보는 것을 교회가 마땅히 해야 할 거룩한 사업으로 보았고, 또한 이 일을 하는 사람들도 세속적인 가치관이 아니라 거룩한 마음으로 감당해야 한다고 보았기 때문에 집사라는 기능을 그렇게 강조했던 것으로 보인다.

칼빈은 교회의 사역을 세상적인 봉사로 연결시킨 개혁교회 전통의 유일한 신학자는 아니었다. 오히려 그는 그보다 연상의 친구이며, 조언자였고, 디아코니아 신학자로 불렸던 마틴 부처(Martin Bucer)로부터 깊은 신학적 영향을 받았으며, 아울러 그로부터 많은 것을 배울 수 있었다.[35]

전술한 바와 같이 칼빈의 경우는 루터의 경우와는 다르게 교회의 사회봉사의 방향을 설정하였다. 그는 마틴 부처의 봉사규정을 활용하여 교회의 직책들 가운데 교사, 목사, 관리자 이외에 집사의 직책을 세웠고, 집사의 기능을 초대교회로부터의 전승으로 인식하면서 보다 전문적이고 사회적인 기능을 부여함으로써 집사들을 교회의 사회봉사의 주축으로 활용하는 데 총력을 기울였던 것이다. 중세 후기의 전통적 집사는 예배에서 신부의 조력자에 불과하였다. 결국 집사제도는 그 본질적인 정체성을 상실하였고, 집사는 대체로 성직자가 되기 위한 한 과정으로 인식되었다. 그러나 개신교인들은 이러한 직제의 변경을 인정하지 않았고, 오히려 가난한 자와 병든 자에 대한 봉사를 교회에서의 고유한 지위와 특별한 전문적 지도력을 필요로 하는 하나의 중요한 기능으로 인식하였다.

---

33) 손병덕, op.cit., p.34.
34) 박영호, op. cit., p.329.
35) 엘시 N. 맥키, op. cit., p.108.

로마 가톨릭의 집사들은 안수 받은 성직에서 세 번째 서열인 예배를 보조하는 성직자였고, 일반적으로 예배 보조기간이 끝나면 신부로 승진하였다. 이러한 연유에서 가난한 사람을 돌보는 일에는 특별한 지도력이 없었다. 이에 비해 칼빈주의 개혁교회 역시 집사라는 명칭을 교회의 중요한 직제로 유지하였다. 그리고 그들은 이 직제의 임무를 가난한 사람을 돌보는 프로테스탄트 유형으로 재규정하였다. 그 한 예로, 시의 구호담당 관리들은 실제로 교회의 집사로 인정되었다.[36]

칼빈의 관점은 분명하였다. 이러한 집사의 직제는 변화되어서는 안 될 성경의 직제임을 분명히 하면서 그들의 직무를 분명하게 설정하였다.

이제 우리는 집사들이 생겨난 목적을 확인한다.
그 용어 자체는 분명히 일반적인 것이다. 그러나 그것은 가난한 사람을 돌보는 청지기들을 위해 적절하게 채택된 용어이다.[37]

칼빈은 집사직제의 유지와 회복에 대해 상당한 관심을 가지고 있었다. 이 중 칼빈이 집사직무의 근거로 삼는 구절은 바로 로마서 12장 8절인데, 그는 1539년에 완성하고 그 다음 해 출판한 그의 로마서 주석에서 바울이 말하는 집사에 대한 명확한 개념을 정리한 바 있다.

여기서 바울이 구제하는 자(metadidountas)를 말할 때, 그는 자신의 소유를 나누어 주는 사람들을 의미한 것이 아니라 교회의 공적인 재정을 기술적으로 분배하는 책임을 맡은 집사를 뜻하는 것이다.
또한 그가 긍휼을 베푸는 자를 말할 때, 그는 교회 내의 관습을 따라 병든 사람을 보살피도록 임명된 과부들과 다른 봉사자들을 말한다.[38]

---

36) Ibid. p.110.
37) Calvin, Acts. p.161. 엘시 N. 맥키, 류태선, 전병준 역, 『개혁교회 전통과 디아코니아』,(서울: 한국장로교출판사, 2000), p.119에서 재인용.
38) Calvin, Romans. p.321.

칼빈에게 있어서 집사는 교회의 중요한 직분 중의 하나였다. 집사직은 로마 교회의 전통이었던 사제의 보조자가 아니라 전적으로 교회의 한 직무로 받아들였기에 그는 집사들에게 돈을 관리하며 구빈원의 운영에 참여토록 하고, 가난한 사람들을 돕기 위해 사역하도록 하였다. 이 시대의 집사들은 교회의 다른 세 직무와 사역의 내용에 있어서는 낮은 서열에 있었지만 결코 다른 직무보다 비중이 낮은 것은 아니었다.

2) 조직적, 체계적, 전문적인 사회복지로서의 전환

칼빈은 교회의 사회사업을 수행하는 데 있어서 거룩함으로 감당해야 함의 원리를 가장 우선적으로 주창하였고, 이러한 거룩한 사역은 반드시 거룩한 사람들에 의해 운영되어야 함에 대해서는 결코 타협하지 않았다. 그렇다고 해서 그의 제안이 교회의 사회사업이 전통적인 차원에 머물러 있으면서도 거룩성만 강조하자는 것은 결코 아니었다. 그는 이러한 교회사회사업의 거룩성은 반드시 전문성이 겸비되어야 진정한 효과를 거둘 수 있다는 점에서 교회의 사회사업이 조직적, 체계적, 그리고 전문적인 사회복지 체제로 변환되어야 함을 강조하였다.

이런 관점에서 그는 이 사업을 수행하기 위해 효과적인 조직에 착수하게 된다. 그는 일단 그의 핵심적 강조점인 집사직을 두 종류로 구분하였는데, 한 부류는 구제금을 나누어 주는 역할을 담당하도록 하였고, 또 다른 부류는 가난한 사람들과 병든 자들을 직접 돌보는데 헌신하도록 하였다.[39]

종교개혁 시절, 특히 칼빈과 함께 활동하던 시대의 집사들의 기능은 실로 다양하였다. 그들은 난민을 위한 복지기관을 운영하는 데 있어서 사회적인 경험과 그들의 특기를 최대한 살려 자신에게 적합한 기능을 수행했던 것 같다. 난민들의 필요에 따라 집사들은 잘 조직된 복지 시스템을 통해 매주 보조

---

39) 손병덕, op. cit., p.166.

금, 옷, 장작, 성경, 먹을 것을 나누어 주거나 잠잘 곳을 마련해 주었고, 진료, 의약품 전달, 간호 등의 서비스를 실시하였으며, 소아를 보육하거나 고아들을 위한 집단 가정 고아원을 운영하기도 하였다. 이렇게 실로 그들의 활동은 다양하고, 조직적이었으며, 전문적인 면모를 갖추고 있었다. 특히 칼빈은 집사들로 하여금 가난한 사람들을 위한 일에 전념하도록 제도를 만들었고, 이러한 전문화는 결국 그의 세분화된 사역원칙에 충실함으로써 이루어졌던 것이다.[40] 칼빈이 집사직을 어떻게 전문적으로 활용했는가에 대해서는 아래의 글이 잘 반영해 주고 있다.

> 집사들은 그 지역사회에서 아주 뛰어난 사람들로서 부유한 투자가나 사업가들이 많았다. 그들 가운데는 몇 년씩 혹은 25년 이상 사례도 받지 않고 일하는 사람들이 있었다. 집사들로서의 기능은 두 부분으로 나누어지는데 그것은 재정과 목회적인 측면이 그것이다. 집사들의 책무는 거의 매일 찾아온 가난한 사람들을 만나고, 병든 자들의 집을 직접 방문하는 것이었다. 그들은 또한 필요한 물품을 사고 봉사자들의 사례를 지급하고 복지사업을 담당하는 재정의 법적, 행정적인 일도 감당하였다. 개혁교회들의 집사들은 이와 같이 종교개혁 기간에 양산된 많은 사회문제를 직접 감당하는 전문적 사회복지적 책무를 감당했던 것이다.[41]

분명한 것은 칼빈의 관심은 집사직의 전문화를 통한 교회 안에서의 사업과 교제에 국한되지는 않았다. 그의 궁극적 관심은 교회가 먼저 서로에 대한 깊은 관용과 사랑과 용서를 구현하고, 이를 사회전역에 제공해 줄 수 있는 믿음의 공동체가 있어야 함을 역설하였다. 그러한 의미에서 칼빈의 생각은 그리스도의 삶을 닮은 섬김이 교회의 담을 넘어 그리스도인이 속하여 살고 있

---

40) Ibid. p.169.
41) J. Olson, *Calvin and the Diaconate, Calvin's Ecclesoplogy: Sacraments and Deacons*, New York& Londdon : Garland Publishing Inc, 1992, 손병덕, "칼빈의 개혁주의 사회복지 실천과 현대 기독교 사회복지의 과제", 『신학지남』(서울: 신학지남사, 2003년 겨울호), p.168에서 재인용.

는 지역사회에 뿌리 내리지 않으면 안 된다고 주장하였는데 그의 이러한 주장은 결국 교회가 사회사업을 실천하는 데 있어서 사회보다 월등한 위치에 있지 않으면 사회가 기독교의 영향을 받을 수 없다는 그의 확고한 신념에 기인한 것이었다.[42]

결국 칼빈의 믿음의 공동체 구성은 현실로 이루어졌다. 그가 제네바에 도착한 것은 1538년이었다. 놀랍게도 그가 도착한 후 1년 동안 당시 전체 인구 12,000명의 조그마한 도시였던 제네바와 제네바 시립병원은 종교적 박해를 피하여 제네바에 도착한 사람, 병자, 과부 등 10,657명을 도왔다는 기록을 가지고 있을 정도로 가난한 자의 입장에 서 있었다. 그러나 걷잡을 수 없이 밀려드는 난민 등으로 인해 구호활동의 한계를 느낀 칼빈은 이러한 급박한 상황을 인식하고 난민구호 기관인 부르스 프랑세즈(Bourse Fancaise)[43]를 건립하게 된다.

칼빈의 부르스 프랑세즈가 세인의 주목을 받은 이유는 이 기관이 중세교회의 시혜적인 자선형태를 완전히 탈피하여 전문적이고 체계적인 사회복지 기관의 면모를 갖추고 있었기 때문이었다. 이 기관을 실제로 운영하는 사람들은 집사, 기부금 모금인, 회계인, 성직자로 구성되어 있었다. 이들은 연 1회의 총회를 통해 선출되었다. 이들의 업무는 잘 구분되어 있어서 효율적으로 운영되고 있었는데, 집사는 기부금을 수거하며 날마다 일어나는 복지 사업 전반을 운영 및 관리하는 일에 힘썼고, 기부금 모금자는 해외로 순회하며 기부금 모금을 독려하는 일을 했으며, 회계인은 장부를 정리하고 해마다 총회에 회계 정산을 요약, 보고하는 일을 하였다. 이 외에도 부르스 프랑세즈를

---

42) Wallace, R, *Calvin, Geneva, and the Reformation*, Edinburgh: Scottish Academic Press, 1988, p.113, 손병덕, "칼빈의 개혁주의 사회복지 실천과 현대 기독교 사회복지의 과제", 『신학지남』(서울: 신학지남사, 2003년 겨울호), p.166에서 재인용.
43) Bourse Fancaise는 제네바 시가 감당하지 못하는 난민들을 수용하는 기관으로 칼빈에 의해 설립되었으며, 난민 가운데서도 특히 늙거나 병들고 장애로 인해 스스로 자립할 수 없는 사람들을 대상으로 복지활동을 지속하였다. 칼빈은 이 기관을 운영하는데 있어 그의 사회사업의 철학이었던 거룩성과 전문성의 원리에 따라 실천함으로써 진정한 교회사회사업의 모범을 보였다.

섬기는 일에는 의사, 간호사, 우편 배달원 등 전임 사역자 외에도 간병인, 고아 보육사, 육아 담당자, 세탁인, 의복 수선인들도 약간의 수고비를 받으며 봉사하고 있었다.[44]

3) 공동체 차원에서 국가적 차원으로의 점진적인 전환

칼빈이 이러한 기관을 운영하면서 깨달은 것은 부자와 가난한 자들이 서로 자신의 소유물을 주고받는 모습을 통해 하나님이 그의 말씀, 즉 구약의 법전들을 통해 친히 세우신 법에 따라 돈이나 소유물이 건전하고 자연스러운 방법으로 공동체를 통해 아래로 흘러가도록 되어 있다는 것이었다.[45] 실로 그의 발견은 중요한 것이었다. 그리고 정확한 것이었다.

이것은 초대교회에서나 기타 진정한 기독교의 자선행위가 올바로 전달되는 모든 곳에서 발생한 진정한 자선의 올바른 방편으로 인식될 수 있는 것이다.

그러나 칼빈이 공동체적 삶을 강조했다고 해서 부자와 가난한 사람이 일절 구별될 수 없을 정도로 공평한 삶을 살아야 한다고 생각한 것은 아니었다. 그가 강조한 것은 한 공동체 내에서의 부와 가난의 심각한 차이만은 결코 용납할 수 없는 죄악이라는 것이었다. 다시 말해 그는 공평한 삶을 공동체 내에서 서로를 보충해 주는 상호보완적 개념으로 이해했던 것이었다.[46]

이를 좀 더 정밀히 풀이하면, 부자는 나눔으로써 그리스도의 사랑을 실천했다는 자부심을 보충할 수 있고, 그 나눔으로 말미암아 하나님의 은총을 경험할 수 있었다는 것이고, 빈자는 부자들의 나눔으로 말미암아 자신들의 가

---

44) 손병덕, op. cit., p.42.
45) 박영호, op. cit., p.330.
46) 칼빈의 이러한 사상은 신약성서 고린도후서 8장 13-14절의 바울의 사상에서 기인한 것이다. 바울은 다음과 같이 그리스도 안에서의 평균을 이루는 삶이 얼마나 중요한지를 강조하였다. "나는, 다른 사람들을 편안하게 하고, 그 대신에 여러분을 괴롭게 하려는 것이 아니라, 평형을 이루려 합니다. 지금 여러분의 넉넉한 살림이 그들의 궁핍을 채워 주면, 그들의 살림이 넉넉해질 때에는, 그들이 여러분의 궁핍을 채워 줄 수도 있을 것입니다. 그리하여 평형을 이루는 것입니다. 이것은 성경에 기록하기를 '많이 거둔 사람도 남지 않고, 적게 거둔 사람도 모자라지 않았다' 한 것과 같습니다."

장 고통스러운 부분을 해결할 수 있다는 관점에서 진정한 보충적 관계가 형성되었던 것이었다.

교회의 사회사업적 측면에서 볼 때, 칼빈의 이러한 생각이 대단히 신선하게 느껴지는 것은 그의 생각이 교회의 교제 차원이나 사회사업의 차원에 무관하게 이러한 사업이 공동체를 통하여 확장되고 발전되어야 한다는 획기적인 아이디어에 있는 것이 아니라 그는 이것을 통해 다음의 목표에 정확하고 분명하게 적용을 시도하고 있다는 점이다. 그 목표는 곧 공동체를 통해 확장되고 발전된 전문직은 이제 국가적 차원으로 승화할 수 있어야 한다는 것이다. 다시 말해 칼빈의 자선 활동은 거룩성과 전문성을 바탕으로 강력한 교회 중심의 사업으로 전개되었고, 공동체에서 발전된 일종의 기독교 사회주의 형태로 발전하게 되었으며, 교회 및 공동체 중심의 사적인 배려 차원을 넘어 광범위한 국가적 차원으로 승화하려는 노력을 아끼지 않았다는데 그 의의가 있는 것이다.[47]

결국 궁극적인 목적에 있어서 루터나 칼빈이 추구하는 것은 차이가 있을 수 없다. 그것은 사회사업의 활동이 방법이야 어떻든 결국에는 국가적 차원으로 승화해야만 한다는 것이었다. 루터는 처음부터 국가적 차원에서, 그러나 칼빈은 점진적으로 국가적 차원으로 승화해야 한다고 본 것이 하나의 차이점이었을 뿐이었다.

---

47) 김덕준, op. cit., p.188.

※ 제5장 중세교회의 폐해에 대한 도전으로서의 루터와 칼빈의 자선개혁에 대한 토론 ※

1. 루터와 칼빈의 교회사회사업에 대한 이견에 대하여

루터는 걸식을 금지하고 지금까지 교회중심의 자선정책이 국가주도의 사업으로 전환해야 한다는 관점, 즉 구제사업이 교회의 차원을 떠나 국가, 즉 세속통치자들에게 전환해야 한다는 관점을 피력함으로써 국가주도형의 사회복지를 구현하려고 하였다. 그러나 이와는 대조적으로 칼빈은 가난한 이에 대한 의무는 교회의 고유 의무이기 때문에 교회가 이를 보다 조직적이고 체계적으로 감당해야 한다고 주장하였다. 이 두 개혁자의 주장에 대한 귀하의 의견은 무엇이며 그 이유는 무엇인가.

2. 사회사업가의 거룩성이 상실되면

칼빈은 중세교회 폐해의 원인을 직분자들과 교회의 거룩성 상실로 단정지었다. 그래서 칼빈은 교회가 사회사업을 수행하는데 있어 이 거룩성의 원리가 얼마나 핵심적이고 중요한 요소인지를 누구보다 잘 알고 있었고, 그의 전 사역에서 바로 이것을 강조하였다. 뿐만 아니라 그는 교회를 거룩한 공회로 간주하고 거룩한 공회에서 실시하는 사업 역시 거룩한 사업으로 이해했기 때문에 이러한 사업을 감당하는 사람 역시 거룩한 사람들이 감당해야 함을 가장 먼저 강조하였다. 그는 이렇게 사회사업이 하나님의 거룩한 사업이기 때문에 거룩한 마음으로 하는 구제야 말로 진정으로 하나님을 예배하는 행위라고 보았던 것이다.

그렇다면 칼빈은 하나님의 교회와 사회사업가들이 사회사업을 실시하는

데 있어서 왜 이렇게 거룩을 강조했다고 생각하는가. 또한 거룩성이 상실될 때 사회사업가들에게 어떠한 일이 발생한다고 보는가.

3. 교회사회사업의 핵심은 거룩성과 전문성이다.

칼빈의 사회사업 철학을 한 마디로 함축한다면, 그것은 바로 거룩성과 전문성이었다. 거룩성에 대해서는 위의 항목에서 언급한 바 있다. 그렇다고 해서 교회의 사회사업이 전통적인 차원에 머물러 있는 채로 거룩성만 강조하자는 것은 결코 아니었다. 그의 생각은 이러한 교회사회사업의 거룩성은 반드시 전문성이 겸비되어야 진정한 효과를 거둘 수 있다는 점에서 그는 교회의 사회사업이 조직적, 체계적, 그리고 전문적인 사회복지 체제로 변환되어야 함을 강조하였다. 오늘날 교회사회사업이 공격을 받는 이유 역시 바로 이 전문성에 있다면 교회사회사업의 전문성을 유지하기 위해 어떠한 노력들이 경주되어야 한다고 보는가.

제6장 인도주의에 기초한 경건주의 사회사업

제1절 구빈법의 제정과 그 폐해
제2절 경건주의 운동과 사회사업
제3절 경건주의의 영향과 웨슬레의 교회사회사업
제4절 경건주의 사회사업과 그 특성

제1절 구빈법의 제정과 그 폐해

1. 구빈법 제정의 동기

유럽 전역은 중세 말기부터 일관된 모습으로 빈민을 통제하는 법을 제정하고 있었다. 특히 영국은 1349년부터 제정되기 시작한 '노동자법'은 1351년, 1381년, 1388년을 거쳐 1530년대까지 지속적으로 수정되었으나, 걸식자와 방랑인을 처벌한다는 관점에서는 조금도 변함없이 진행되었다. 특히 1530년대 들어 걸인에 대한 처벌은 대단히 강화되기 시작한다. 특히 1531년과 1536년의 영국 헨리 8세 법령으로 영국에서 최초로 구빈법의 시초가 열리게 되었다. 이 법령은 시민의 개인적 자선행동을 금하고, 교회의 자선모금으로 재원이 확보되지 않을 경우 교구민에게 강제과세 할 것을 규정짓고 있다. 또한 노동능력이 있는 빈민에게 교구에서 직업을 제공할 것을 명하고 있다.

그러나 1547년에 제정된 노동자 법에는 그 유래를 찾아보기 힘들 정도의 가혹함이 나타나게 된다. 일하지 않거나 도주하는 자와 부랑자들은 가슴에 인두로 V자 낙인을 새기고, 2년간 노예로 부린다는 규정을 두었으며, 노예로 부리는 2년 내에 도주한 경우에는 체포하여 이마 또는 뺨에 S자 낙인을 새기고 영원한 노예로 부릴 수 있도록 하였다.[1]

이러한 노동자법의 지속적인 발효에도 불구하고 빈민과 부랑자의 수는 결코 줄어들지 않았다. 그 중요한 원인 중의 하나가 앞에서 언급한 바와 같이 바로 헨리 8세의 수장령이었다. 그는 그의 이혼을 반대하는 로마교황청에 반기를 들고 모든 교황청에 속한 재산을 성공회에 귀속시킨 후 그가 교회의 수장임을 천명함으로써 수도원은 자동적으로 폐쇄하게 된다. 이 일로 인해 수도원에 수용되어 있던 엄청난 빈민들이 쏟아져 나와 걸인이 되거나 부랑인으

---

1) 이강희 외, 『사회복지발달사』(서울: 양서원, 2006), p.76.

로 살아가게 되었다.

이렇게 종교개혁 이후 구빈사업의 유일한 통로였던 수도원이 몰락하자 수도원을 대치할 만한 기구가 필요하게 되었다. 그래서 국가적 차원에서의 구빈사업을 결의하게 되었고, 이로 말미암아 1300년대부터 지금까지 지속적으로 형성되어 온 노동자법을 정비하면서 엘리자베스 여왕의 주도아래 1601년 공포되어 1834년까지 약 200년이 넘게 구빈행정에 관한 영국의 모법이 되었다.[2] 또한 엘리자베스 구빈법은 구빈사업에 결정적인 영향을 미치면서 세계 각국의 구빈제도 정립에 초석이 되었다. 구빈법은 지금까지의 구빈사업과는 달리 빈민을 분류하고 차별적으로 취급하여 빈민통제와 구제를 보다 효율적으로 했다는 것과 건장한 빈민의 경우 노동을 조건으로 생계를 지원했다는 것에서 의미를 부여할 수 있다.

구빈법의 또 다른 동기는 지금까지의 빈민구제가 교구 단위의 자선행위로 이루어졌고, 그로 인한 폐해가 분명해졌기 때문에 루터의 종교개혁의 여파로 이제는 행정기구 수립과 구빈세 활용에 따른 정부활동으로 전환되었던 것이다. 뿐만 아니라 영국 구빈법의 또 다른 목적은 봉건제도의 몰락, 수도원의 몰락, 가신의 도망, 인클로저 운동, 무역의 성행, 산업의 발달 등으로 인해 흩어지는 노동자를 묶어 두는 것과 동시에 이로 인해 발생하는 빈민과 노동자들을 억압하기 위한 것이었다.

---

[2] 빈민에 대한 규제의 문제는 1300년대부터 본격적으로 제도적인 틀 안에서 해결하려는 노력들이 있었다. 1531년에는 걸식, 부랑자 규제령, 걸식허가제를 규정하여 부랑자에게는 태형, 출신지 소환 및 강제노동을 명령하였고, 1563년에는 빈민의 자제들을 7년간 24세까지 강제노동을 시켰던 도제조례가, 그리고 1572년에는 치안판사 조례를 발표하여 구빈세 수입으로 무능빈민을 보호하는 권한을 갖도록 하였다. 1388년에는 무차별한 자선이 오히려 걸식을 양산함을 문제로 삼고 부랑행각을 금지하고 자선을 규제하기 위하여 제정된 노동자조례를 발표하였다. 그러나 사실 이러한 모든 조례들은 억압책을 그 기본적 방향으로 설정하였기 때문에 빈민에 대한 근본적인 문제를 해결하지 못하고 오히려 노동자 억압법으로 인식됨으로써 빈민의 문제를 한층 더 복잡하게 만드는 결과를 낳고 말았다. 이처럼 빈민문제에 대한 대처는 점차 발전되어 나갔으며 이러한 빈민문제를 해결하기 위해 집대성한 조례가 구빈법이라고 말할 수 있다.

2. 구빈법으로 인하여 발생한 폐해

문제는 이러한 과정을 통해 제정된 구빈법이 시행 초기부터 엄청난 도전에 부딪히지 않을 수 없었다는 점이다. 1603년에는 각 지역의 구제사업을 통합관리하기 위해 왕실구제위원회를 설치하였다. 그러나 문제점은 이 과정에서 부유한 교구와 그렇지 않은 교구 사이의 차이가 있다는 사실을 인식하게 되었고, 빈민들은 구제사업이 잘되는 교구를 찾아 이동하는 경향이 나타났다는 것이다. 다시 말해 구빈법이 제정된 후 종전의 구빈원(almshouse)과는 달리 워크하우스(workhouse)라는 새로운 종류의 구빈원이 설립되어 빈민구제사업을 담당하게 되었다. 이 기관은 빈민들, 특히 어린이들에게 도제제도를 통한 기술습득으로 근면한 생활방식을 익혀 자립할 수 있는 계기를 마련해 주었고, 대다수의 영국 사람들이 이 일을 지지하였다. 그러나 문제는 이러한 작업장이 인기 속에 성행되자, 빈민, 거지, 실업자들은 자신의 교구를 이탈하여 더 많은 혜택을 받을 수 있는 부유한 교구로 몰려다니는 집단이주 현상이 발생했다는 점이다.[3] 이것은 빈민을 없애고 유랑자를 없애겠다는 구빈법의 취지에 원칙적으로 어긋나는 것이었다.

또 다른 문제는 구빈법이 중앙법령과는 상관없이 지주계급의 지배 아래 실시되었기 때문에 지방에 따라 엄청난 편차가 발생하게 되었고, 행정 역시 일관화 되지 않았다. 더 큰 문제는 빈민들과 노동자들이 보다 나은 구빈 혜택을 받기 위해 각지로 떠돌아다니게 됨에 따라 노동력의 일정한 확보를 이룰 수 없다는 관점에서 급기야 거주지를 제한하는 취지의 정주법(Law of Settlement)을 제정하기에 이르렀다.

그러나 이러한 정주법은 노동자가 자신이 출생한 곳에 머물러 있어야 한다는 측면에서 지주들이 노동력을 자신의 교구에 묶어 두기 위한 목적이었기 때문에 또 다른 복잡한 문제를 양산하지 않을 수 없었다. 예를 들어 빈민 감

---

3) 권오구, 『사회복지발달사』(서울: 홍익재, 1997), p.78.

독관들은 자기 교구의 빈민 수를 줄이기 위해 빈민들을 매수하여 비밀리에 다른 교구로 이주시키는 기괴한 일을 저지를 뿐 아니라 이로 인한 교구 간의 빈번한 논쟁과 소송이 벌어져 불필요한 소모전쟁에 휩싸이는가 하면, 떠돌이 노동자로 인해 마땅히 노동력이 필요한 지방에는 노동력이 공급되지 않아 산업발전을 막는 결과를 낳게 되었다.[4]

구빈법의 또 다른 문제는 미리 예견되었듯이 이 법이 참된 자선과 구호를 위한 법이 아니라 영국 노동자법의 전통을 따르는 처벌책에 가까운 법이라는 점이었다. 다시 말해서 이 빈민법은 노동자와 빈민들에게 노동의 기회를 제공하고 그들의 환경을 개선하여 개화하려는 목적보다 정치적 목적에 따라 억압의 수단으로 사용되었기 때문에 그 부작용은 더욱 클 수밖에 없었다.

구빈법의 발효로 인해 미혼모와 사생아 등 부양 문제가 있는 사람들은 구빈법의 권위자, 즉 교구의 사무를 맡는 자들에게 넘겨졌다. 구빈법 아래 출생한 어린이들은 그 출생 후의 양육을 교구가 책임지게 되었다. 이러한 법은 그들의 어머니로 하여금 엄청난 부담을 떠안게 하였다. 교구들은 이러한 여인과 아이들을 제거하거나 이 아이들의 양육비를 줄이기 위해 이 교구, 저 교구로 책임을 떠넘겼고, 여기서 희생을 강요당하는 것은 오직 어머니와 아이들뿐이었다. 그야말로 이러한 현상은 참혹함 그 자체였다.[5]

이러한 문제와 더불어 노동자와 빈민들에게 고통을 주었던 또 다른 문제는 정부가 교회위원과 민생위원들에게 작업장을 운영하는 새로운 권리를 부여하고, 작업장에 들어오지 않는 빈민들에게는 국가의 원조를 주지 않는 제도까지 마련함으로써 절대적인 권력을 유지하게 되었다. 엄청난 국가 권력이 작업장에 주어지게 되어 작업장은 빈민을 돌보아 주는 일 대신 이를 빌미로 삼아 돈을 벌어들이는 기구로 전락하게 되었고, 그들의 인권은 착취되어 엄

---

4) 이강희, op. cit., p.86.
5) Hall, M. Penelope, *The Church in Social Work: a Study of moral welfare work undertaken by the Church of England*, p.10.

청난 사회문제를 야기하기에 이르렀다. 작업장은 이윤 문제에 집착하면서 이러한 작업장은 걷잡을 수 없을 정도로 증가하게 되었다.

이러한 문제를 내포한 빈민법은 그 이름만 바꾸었을 뿐이지 지금까지 지속되어 온 억압책의 연장선상에서 이해할 수밖에 없었다. 따라서 이 법은 항상 최소한의 구제와 최악의 처우에 머무를 수밖에 없었다.

이로 인해 발생하는 문제는 심각함, 그 이상의 것이었다. 예를 들어 구빈원에 수용된 빈민들은 불결한 환경과 가혹한 처우로 악명 높았기 때문에 빈민들에게는 공포의 대상이 되고 말았다. 쉽게 말하자면, 빈민을 보호하고 감화시키는 것이 아니라 빈민을 쓰레기로 취급하고 이를 가장 싼 가격으로 처리하는 기능 정도로 인식되었다는 것이다. 특히 작업장의 환경은 말로 표현할 수 없을 정도로 열악했다. 작업장은 마치 강제노역장을 방불케 할 정도로 처벌과 혹사에 의한 착취가 비일비재하게 행해졌다. 작업을 거부하는 사람들이 마지막으로 보내지는 감옥 형태의 교정원은 일반 범죄자, 정신병자, 창녀, 임산부 등을 구별하지 않고 수용하는가 하면, 분뇨와 음식 찌꺼기도 치우지 않은 채 이들을 수용하고 잔혹하게 취급하였다. 안타깝게도 빈곤 아동들은 직물공장 등에서 3~4세부터 일하게 했고, 매질도 서슴지 않았으며, 하루 14~16시간씩 노동을 시켜 노예처럼 취급하였다.[6] 놀라운 것은 이 모든 것이 걸식자와 부랑인을 감소시킨다는 명분 아래, 그들을 처벌함으로써 그 수를 감소시킨다는 구빈행정의 테두리 안에서 행해졌다는 사실이다.

특히 작업장은 위생적으로 대단히 불결한데다가 사람을 사람으로 취급하지 않고 동물처럼 학대하는가 하면, 불충분한 음식으로 보호자들을 대하였고, 가혹한 노동으로 인간을 쓰레기 취급하는 그야말로 또 다른 사회문제의 온상으로 자리 하게 되었던 것이다. 이런 상황에서 작업장에 대한 혐오는 사회의 심각한 반발을 초래하기에 이르렀던 것이다.[7]

---

6) 이강희, op. cit., p.83.
7) 권오구, op. cit., p.78.

3. 빈민법 폐해의 보완책으로서의 작업장과 그 문제점

　이러한 문제를 해결하기 위한 작업장법이 발효되었다. 물론 작업장은 구빈법이 제정되기전인 1576년부터 형성되었지만 실제적인 작업장 제도는 1700년 들어 본격적으로 자리 잡게 되었다. 문제는 이 작업장 제도 역시 구제의 억제수단으로 악용되게 되었다는 것이다. 처음에는 작업장이 빈민에게 일자리를 제공한다는 측면에서 대단히 긍정적으로 인식되었으나 이 역시 설립이념과는 전혀 다른 형태로 운영됨으로써 걸식의 감소와 구빈세의 감소효과를 가져왔던 처음의 내용과는 크게 달라졌다. 빈민들이 작업장 입소를 꺼려 구제요청을 회피하였기 때문이다.
　이러한 작업장의 현실을 보완하기 위해 1722년, 나치블법이 제정되었다. 나치블법은 제안자의 이름을 따서 제정된 법으로 '작업장 선서법' 또는 '작업장 테스트법'이라고 불렸다. 이 법에서는 작업장을 구제를 억제하면서 노동의욕을 선서케 하는 곳이라고 규정했기 때문이다. 그러나 이 법의 빈민관은 비관적 형벌주의였다. 이 법은 작업장의 생활을 매우 열악하게 만들어 빈민들이 구제신청을 꺼리게 하여 구호를 억제하고 빈민을 통제한다는 빈민에 대한 영국 전통 사상이 고스란히 전승된 것이었다. 특히 이 법의 내용 중 특징적인 것은 빈민의 숙박, 부양 및 고용 등에 관해 교구는 어떤 사람에게도 민간위탁을 줄 수 있다고 규정한 것이었다. 따라서 작업장은 민간에 위탁되었고, 위탁자는 보다 높은 이윤의 추구를 위해 작업장에 수용된 노동자의 처우는 최소화하고 노동은 극대화함으로써 그야말로 작업장이 아닌 노예선으로 만들어 버렸던 것이다.
　작업장의 생활은 매우 엄격히 통제되었고, 규율을 위반할 경우 족쇄, 감금, 식사금지, 외출금지 등의 엄격한 처벌이 따랐다. 또한 청부제도로 인해 빈민을 대상으로 위탁사업을 하려는 민간업자가 많아지면서 교구는 가능한 한 적은 돈을 민간업자에게 지출하고 민간업자는 가능한 한 많은 이윤을 추구하려 함으로써 작업장은 그야말로 최악의 수준이 되었다. 따라서 작업장에 수용된

다는 사실에 대한 공포와 치욕 때문에 노동능력이 있는 빈민도 구제를 회피하게 되었다.[8]

그러나 작업장에 남게 된 노동자들의 생활은 그야말로 말이 아니었다. 작업장에는 결국 고아와 기아에 허덕이는 사람이 반수 이상이었고, 빈민들 중에서도 최하층에 속한 사람만이 수용되었으며, 처벌과 학대가 만연하는 그야말로 작업장이 아닌 '공포의 집'이 되고 말았다. 결국 이 공포의 집이라 불리는 작업장은 남녀노소, 노동능력의 유무나 장애인, 정신질환자, 임산부, 매춘부, 성병환자 등에 상관없이 모두 한 곳에 수용되는 '일반 혼합작업장'으로 전락하고 말았다.[9] 참으로 무서운 결과였다. 이 모든 것이 바로 빈민을 무력으로 억압해 보려는 영국 정부의 탄압 및 억압정책의 결과였다. 그것은 항상 실패에 실패를 거듭할 수밖에 없는 결과를 초래했다. 사람의 영혼을 존귀하게 보지 않고, 인권을 중시하지 않는 구호책은 항상 벽에 부딪힐 수밖에 없다는 결론에 봉착하게 된 것이었다.

4. 빈민과 노동자 개화를 위한 기독교 기관으로서의 노동의 집

빈민과 노동자들을 대하는 교회의 태도는 사뭇 달랐다. 사실 이러한 빈민의 문제는 15~16세기에 끝난 문제가 아니었다. 그래서 각 나라들은 이들에 대한 처벌로 이 문제를 다스리려고 시도해 보았지만 항상 실패에 실패를 거듭할 뿐이었다. 그래서 이러한 방법보다는 감화하는 편이 더 효과적이라는 판단으로 '노동의 집'이 창설되었다. 노동의 집은 본래 1600년경 네덜란드에서 시작된 것으로 기독교적 정신으로 빈민과 부랑인을 개화시키는 데 그 목적이 있었다. 이 운동의 효과가 입증되어 영국과 스코틀랜드에 이어 1630년

---

8) Ibid. p.90.
9) Ibid. p.91.

에 세워졌다. 특히 신교지역에 많이 생겨나게 되었다. 이렇게 발전된 확장을 거듭한 노동의 집은 18세기에 63개의 노동의 집이 신교지역에, 그리고 6개의 노동의 집이 가톨릭 지역에 설립되었다.[10]

노동의 집에는 어린이와 빈자와 질병을 가진 자, 그리고 장애인이 수용되었고, 18세기에 이르러 범죄자와 장애인, 그리고 어린이가 분리, 수용되었다. 물론 이 노동의 집들은 봉건제후들이 경제적인 이윤을 획득하기 위해 이용되었지만 선교적 목적으로 더 활용되었다. 따라서 매일 복음의 선포와 경각심으로 사람의 영혼을 회개시키려는 정책과 더불어 노동의 중요성을 일깨워 주는 계기가 되었다. 그러나 보다 더 근본적인 동기는 사형시키는 것 보다는 노동을 통한 교화가 더 효과적이라는 발상에서 시작된 것이었다. 실로 이러한 운동의 효과는 대단하였다. 노동의 집은 빈민에 대한 억압보다는 개화를 목적으로, 이윤의 추구보다는 사회적 적응을 목적으로 한 기독교적 철학에 따라 운영되었기 때문에 상당히 많은 파급효과를 나타내게 되었다.

제2절 경건주의 운동과 사회사업[11]

1. 경건주의의 배경으로서의 루터의 자선개혁과 청교도 운동

빈민법의 시행으로 말미암아 발생된 정주법, 나치블법, 길버트법 등을 단순한 사회사업의 발전적 측면으로 이해하는 경우도 있으나 사실 이러한 법들

---

10) 김덕환, "독일의 사회복지발달사", 『선진국사회복지발달사』(서울: 홍익재, 1995), p.276.
11) 여기서 필자가 사회사업이라는 용어를 사용한 것은 이 때부터 교회는 공동체 활동을 통한 지역사회 중심의 기술적 사회사업 형태를 띠기 때문이다.

은 엄밀히 말해 어디까지나 빈민을 억압함으로써 빈민의 수를 감소시키려는 억압적 정책에 바탕을 두고 있다. 이는 진정한 인도주의적 차원이나 인간의 존엄을 극대화한 인본주의적 관점에서의 접근은 결코 아니었던 것이다.

그러나 기독교는 이러한 국가주도의 차별적이고 억압적인 차원이 아니라 지속적으로 국가가 이루지 못하는 진정한 의미에서의 인도적 차원과 박애적 차원의 사회사업을 감행했다. 이러한 운동은 일반 사회복지의 발달에 정신적인 면이나 철학적인 차원, 그리고 전문적인 차원까지 지속적으로 지대한 영향력을 행사하고 있었던 것이다. 다시 말해 기독교의 사회사업적 접근은 일반의 그것과는 전혀 다른 것이었다. 억압적인 차원이 아니라 감화적인 차원에서의 갱신을 목적으로 하며, 어디까지나 그들의 정신을 개조시켜 하나의 존엄을 가진 인간이라는 차원에서 자립을 목적으로 그들의 구호활동을 계속했다는 점에서 많은 차이점을 내포하고 있다. 그 인도주의적인 차원의 대표적인 사회사업 활동이 경건주의의 사회사업이라고 볼 수 있다. 무엇보다도 18세기의 경건주의자들은 루터의 종교개혁에 깊이 영향을 받았던 사람들이 이 운동을 주도해 나갔다.[12] 그들은 루터의 종교개혁 정신뿐만 아니라 무엇보다도 루터의 자선개혁을 더욱 발전하여 보다 효과적으로 계승 발전한 사람들이라고 볼 수 있다. 물론 경건주의 운동이 루터로부터 지대한 영향을 받은 것이 사실이지만 또 한편으로는 영국 청교도의 청지기의식에 영향을 받은 것으로 보인다.

루터의 종교개혁 이후 "기도하며 일하라."라는 베네딕트 수도회의 규칙이 스위스 취리히에서 뿌리 내리기 시작하였다. 노동과 기도를 소중하게 여기는 이러한 삶의 형태는 지금까지 은둔 형식의 수도원적 삶이 아니라 직업에 대

---

12) 루터의 영향을 받은 경건주의자들은 루터가 세워 놓은 종교개혁의 전통 특히 자선의 사회개혁이라는 차원에서 보다 전문적인 발전을 꾀하게 된다. 그 대표적인 사람으로서 요한 발렌틴 안드레아, 필립 야콥 스페너, 아우구스트 헤어만 프랑케, 니콜라라우스 루드비히 폰 젠센돌프, 테오도아 프리드너, 그리고 요한 힌리히 비헤른 등이었다. 경건주의자들은 단순히 신학적이거나 학문적인 측면에서의 발전이 아니라 실제적이며 영성과 진심으로 영혼을 사랑하는 그리스도의 사랑의 차원에서 루터의 사상과 전통을 발전시켜 나갔다. 홍주민, "종교개혁과 디아코니아", 『신학연구』(한신대학교 연구논문집, 2004, 제46집), pp.280-289.

한 신성한 의무감을 갖고 살아가는 수공업자들과 상인들의 일상생활을 바탕으로 자발적인 금욕생활로 실천되었다. 다시 말해 "노동을 중히 여기고 자발적인 금욕"이라는 루터의 삶의 양식이 영국 청교도들에게 전승되었다. 청교도들은 1560~1660년간 영국에서 가장 강력한 영향력과 힘을 발휘했었다. 그들 청교도들이 지향했던 순수하고 청빈한 삶은 그 당시 영국의 정치, 사회적 상황에 대단히 많은 영향력을 행사하였다. 특히 그들이 영국 사회 전반에 강력한 영향을 주었던 것은 직업에 대한 소명의식과 물질을 자기의 것이라고 주장하지 않고, 맡겨진 것이라고 믿는 청지기의식이었다.

영국의 청교도들은 영국 국교도들보다 더 극단적으로 '부의 청지기(stewardship of wealth)' 이념을 강조하였다. 이러한 개념은 부자들의 부가 실제로 그들의 것이 아니라 하나님의 부를 소유한 것이기에 자발적으로 부를 나누어야 한다는 사상에 기인한 것이었다. 이러한 부의 청지기 이론은 곧 강력한 자선활동으로 귀결되었고, 영국 사회에 지대한 영향을 미치게 되었다. 이러한 청교도 정신, 특히 청지기 의식이 경건주의자들에게 깊은 영향을 주었던 것은 말할 나위가 없다.[13]

2. 대표적인 경건주의자들과 교회사회사업

1) 실제적인 경건주의의 창시자, 스페너

1600년대 유럽 전역에서 가톨릭 국가와 개신교 국가 간에 발발한 30년간의 종교전쟁[14]은 파괴와 결핍을 초래하여 유럽 전체를 초토화, 황폐화하고 말았다. 그러나 봉사를 통한 국민의 회복보다 물리적인 힘으로 지역사회를 회

---

13) 감정기 외, 『사회복지의 역사』(서울: 나남출판, 2002) p.79.
14) 16세기 후반부터 17세기 후반까지 신·구 양교파의 대립이 국제전쟁으로 발전한 상황을 지

복하고자 함에 따라 많은 폐단을 초래했다. 이러한 상황 가운데 황폐해진 세대를 회복하기 위한 정신적 부흥을 부르짖으며 나타난 운동이 바로 스페너(J. Spener, 1635~1705)에 의해 제창된 경건주의(Pietismus) 운동[15]이다.

경건주의자의 대표자로 인식되었던 스페너는 지금까지 순수한 목사 중심적 교회를 극복하고자 하는 노력에 관심을 기울였으며, 이러한 사회운동은 평신도 중심으로 전개되어야 함을 역설하였다. 루터의 영향을 받아 만인제사설을 그 개혁의 바탕으로 두었는데, 이는 그 당시 성직자와 교회에 대한 도전이 아닐 수 없었다.

그는 루터의 사상으로부터 대단한 영향을 받았음에도 불구하고 정통 루터주의에 반대하면서 '실천적 그리스도교'로서의 경건주의의 발전을 주창하였다. 그리고 보다 실질적인 차원에서 사회적 문제들을 극복하기 위한 프로그램을 구성하였다.

한 마디로 그의 생각은 행동하는 경건주의자로서의 자리매김을 하려는 것이었다.[16] 특히 그는 1666~1668년에 프랑크푸르트에서 빈자, 고아, 노동자의 집을 열었다. 이는 가난한 이들을 돕기 위한 개혁의 한 방편으로 공적 복지사업으로 시행되었으며, 독일을 포함한 유럽에서 모범적인 실례가 되었다. 한 마디로 '사랑이 구조 안에서, 구조를 통하여 사랑이' 실현되는 그야말로

칭한다. 여기에는 프랑스의 위그노 전쟁(1562~1598), 네덜란드 독립전쟁(1568~1648), 30년 전쟁(1618~1648) 등이 속한다. 이 전쟁에서 용병 가운데 다수는 급료를 제대로 지급받지 못했기 때문에 보급품 충당을 위해 시골마을을 약탈했으며 따라서 이 전쟁에서 하나의 전형을 이루는 이른바 '늑대 전략'이 시작되었다. 쌍방 간의 군대는 모두 진군 중에 약탈을 일삼아 도시와 마을 및 농장들을 황폐하게 만들었다. 따라서 이 전쟁으로 인해 유럽 전체사회가 초토화 또는 황폐화 되고 말았다. http://100.empas.com/dicsearch/pentry.html=153565.

15) 넓은 뜻으로는 17,8세기의, 고정된 정통적 교회 내에서의 속화(俗化)된 교회 생활을 반대하고 내면적 계시를 개개의 마음속에서 체험하여 '경건한 생활'을 추구하는 운동을 가리키나, 좁은 뜻으로는 독일의 루터파 교회에서 P. J. 스페너와 A. H. 프랑케의 지도로 일어난 종교운동을 말한다. 교리 면에서는 정통적 신앙을 지키려는 보수적 경향이 강하고, 새로운 학문과 문학에 반감을 가지며 금욕적 생활을 주장하였다. 그러나 종교적 주관주의를 발전시키고 신앙을 개인의 체험으로 돌린 점은 진보적이었다. 이 운동은 특히 프랑케 의하여 실천되었고, 그 영향은 북부와 중부의 독일을 중심으로 전 유럽에 파급되었으며, 특히 19세기 경건주의 사상에 큰 영향을 미쳤다

16) 홍주민, "종교개혁과 디아코니아", 『신학연구』(경기: 한신대학교 신학연구소, 2004년 제46집), pp. 281-283.

조직적, 실천적, 개혁적 자선이었다. 이로써 병원, 빈민구호, 병자구호, 노동촉진과 교육촉진이 지역적, 국가적 보호가 된 셈이다.[17]

스페너의 특징을 종합해 보면, 신앙에서 있어서는 철저한 경건주의 사상을 바탕으로 하고 있으면서도 사회사업의 체계에 있어서는 과감히 공적 부조를 수용, 도입하면서 진정한 교회와 국가의 통합적인 차원에서 사회복지를 구상했다.

2) 사회봉사를 통한 통전적 인간회복에 주력했던 프랑케

전후 세대의 고통과 아픔을 경건주의, 즉 신앙의 바탕에서 정리하고 회복하려고 애썼던 스페너의 경건주의 운동은 그의 제자 프랑케(A. H. Francke, 1663~1727)에게 깊은 영향을 미쳤으며, 교회를 중심으로 한 사회봉사의 새로운 시대를 열었다. 스페너의 정신을 계승한 프랑케는 경건주의적 측면, 즉 사회적인 서비스를 제공함과 동시에 교육적이면서도 선교적인 목적을 동시에 수행하려 하였다. 프랑케가 설치한 기관(Anstalten)들은 오늘까지 사회봉사 조직 및 시설의 원형이 되었다. 오늘날 개신교에서 '기관 중심의 봉사활동(Anstalten diakonie)'이라고 부르는 것은 프랑케에 의해 본격적으로 시작되었다고 볼 수 있는데, 그는 할레에서 자신의 이름을 딴 자선기관을 창설하여 대단히 활동적인 사업을 감행하였다.

특히 그는 1695년 가난한 학생을 가르칠 목적으로 목사관에다 '누더기 학교'라는 임시 학교를 설치했는데, 이것이 그가 설치한 모든 자선기관의 기초가 되었다. 이 '누더기 학교'가 인기를 얻으면서 1696년에는 주로 부모가 도시 밖에 살고 있는 아이들의 교육을 위해 설립된 정규학교로 발전되었으며, 동시에 고아원이 세워졌다. 그는 사망할 때까지 지속적으로 이러한 사업을 유지하였는데, 그가 사망한 해에 누더기 학교의 학생 수는 2,200명, 고아원의

---

17) Ibid.

재적수는 134명에 달했다. 175명의 교사와 8명의 감독관이 고용되었고, 약 250명의 학생이 기숙사를 제공받았다. 1천명이 넘는 아동과 청소년들에게 자립정신교육과 직업훈련을 실시했다. 그 안에 고아원, 교사양성소, 종합학교, 농장, 농업 모범업체, 가난한 과부들을 위한 서점, 화학 실험실, 도서관, 세탁소, 약품업체, 제과점, 양조장, 병원과 당시 세계 모든 지역과 연계되는 대형 무역업체를 만들었다. 이러한 사업들은 철저히 금욕적이면서도 경건주의 신앙을 바탕으로 진행되었다.[18]

다시 말해 그는 기독교적 이웃사랑을 세계시민적 차원과 연결하려고 했다. 그는 모든 그리스도인들은 디아코닌(Diakonin, Diakonnin)이라고 주장하면서 하나님으로부터 부여된 이웃사랑의 목적을 위해 과감히 헌신하여야 함을 역설하였다. 그러나 그는 봉사활동을 통해 기존의 상처를 치료하는 데만 매달리지 않고, 예방적 차원으로 접근할 수 있도록 노력했다. 경건주의를 바탕으로 한 그의 사역에 많은 사람들이 호감을 갖게 되었고, 이를 운영하기 위한 자금이 원근 각처로부터 답지되어 자발적인 모금기금을 통해 이러한 사역이 충당되었다.

프랑케가 경건주의 운동 중에 세운 기관들은 현대 사회봉사 및 사회봉사 조직의 기반을 이루기 때문에 그 중요성을 인정하지 않을 수 없다. 그의 최종 목표는 사회봉사를 담당하는 사회봉사공동체였다. 특징적인 것은 프랑케의 사회운동이 부랑자나 빈민에 대한 구제행위가 아닌, 하나님을 만나게 하는 회개운동으로서 인간회복에 그 초점을 두었다는 점이다. 물론 프랑케가 고아원을 설립하고 독립적인 기관을 통해 사회적이고 교육적이며 선교적인 목적을 수행하였지만, 더 나아가 미래의 수공업자, 상인, 의원, 목사, 군인, 법률가들을 기독교적인 정신에 의해 훈련함으로써 사회봉사에 기여하고자 했던 것이다.[19]

---

18) H. Weigelt, Die Deutsche Christentumsgesellschaft in ihrer geschichtlichen und theologischen Entwicklung in, Stuttgart, 1965, p.129., 홍주민, "종교개혁과 디아코니아", 『신학연구』(경기: 한신대학교 신학연구소, 2004년 제46집), 284에서 재인용.
19) 백용기, "독일의 기독교 사회복지", 『기독교와 사회복지』(서울 : 홍익재, 2001), p.99.

놀랍게도 그의 경건주의 활동은 1천명이 넘는 아동과 청소년들에게 자립정신 교육과 직업 훈련을 성공적으로 실시하여 구빈법이 채워주지 못한 커다란 공백을 영적, 선교적, 교육적으로 채워 사회적 관심을 모았고, 또한 신앙적인 관점에서 사회개혁을 성공시킨 당대의 중요한 인물로 평가되고 있다.

3) 자발적, 자주적, 협동적 공동체를 통한 정신적 개선을 이루려 했던 진젠돌프

일반적으로 독일의 경건주의를 대표할 수 있는 사람으로 스페너와 프랑케, 그리고 비헤른 등을 들 수 있지만, 실제적으로 경건주의에 있어 가장 획기적인 공헌을 담당했던 사람은 진젠돌프(N. L. Zinzendorf, 1700~1760)로 볼 수 있다. 그는 어려서부터 스페너와 프랑케의 개혁운동에 영향을 받았고, 할레 대학에서 프랑케로부터 법학을 수학하였다.

그는 결혼 후 드레스덴에서 공무원으로 일하던 중 모라비아 교도들을 만나 그의 신앙에 결정적인 변화를 경험하게 되었고, 그 후 모라비아파에게 정착지를 제공[20]함으로써 실제적인 리더와 후견인으로 자리하게 되었다. 그들은 헤른후트(Herrnhut) 공동체를 결성하게 되는데 1732년에는 500명으로 늘어났고, 속회 수는 80개에 이르렀다. 이 공동체의 특징은 철저한 경건주의 신앙을 바탕으로 자조와 협력을 통한 획기적인 자립을 이루어 사회적으로 만연한 빈곤 문제를 근본적으로 해결하였을 뿐만 아니라 철저한 공동체 활동을 통해 빈민들의 정신적인 개선을 이루려 하였다.[21]

경건주의자 진젠돌프의 헤른후트 형제단은 개신교의 사회사업에서 아주

---

20) 모라비아 교도들은 박해를 피해 고향 모라비아를 떠난 후스파로서 진젠돌프는 그들에게 자신의 사유지를 제공하여 정착하게 하고 그곳을 '주님이 지켜보시는 곳'이란 뜻의 '헤른후트(Henhut)'라고 명명한 후 공동체를 형성하게 된다. 이 공동체를 헤른후트 공동체라고 한다. 추후 요한 웨슬레도 이 헤른후트 공동체를 방문한 후 그들의 실제적인 개혁의 삶에 큰 도전을 받고 영국에서 기독교적 사회개혁을 추진하는 원동력으로 삼게 된다.
21) 홍주민, "종교개혁과 디아코니아",『신학연구』(경기: 한신대학교 신학연구소, 2004년 제46집), p.286.

중요하게 다루어야 할 부분으로 인식되고 있다. 그 이유는 빈민들이 진젠돌프의 영토에 정착하여 공동체를 구성하고, 하나님의 자녀로서 마음의 공동체, 신앙의 공동체를 이룰 뿐 아니라 풍부한 공동체적 삶을 구체적으로 이루어 나갔다는 점 때문이다. 특히 이 공동체는 자발적이고 자주적이며 협동적인 공동체를 이루어 정신적 가치관의 함양은 물론, 경제적 자립을 이룩했다. 단순한 구제나 경제적 차원의 원조집단이 아니라 진정한 인간회복 차원의 공동체이면서도 빈곤의 문제를 상호 해결하는 자원집단이었으며, 절대적으로 신앙공동체를 통한 자립과 회복을 이루었다는 점에서 중요하게 인식할 필요가 있다.

헤른후트 형제단, 즉 헤른후트 공동체는 형제들의 기율 훈련, 노인의 돌봄, 폐질환자 및 환자의 돌봄, 경제활동의 추진 등을 주요 업무로 행했다. 같은 경건주의 시대를 살면서도 프랑케는 사회공동체를 통해 사회문제를 해결하려 했던 반면, 헤른후트 형제단은 교회공동체를 통해 사회문제를 해결하려 했다.[22]

결론적으로 프랑케와는 달리 진젠돌프는 공동체적 기관(Anstalt der Gemeinschaft)을 통해 루터가 생각했던 것처럼 '봉사적으로 행동하는 교회'를 실현하려 했다. 이를 통해 교회별로 국내외 선교사업을 추진하게 되었다. 그러나 문제는 진젠돌프가 사회사업을 실행하는데 있어서 지나치게 경건성을 강조했기 때문에 많은 교회들이 이에 따르지 않았다는 데에 있다.

4) 단계적 사회사업의 발전을 주장한 경건주의자, 비헤른

스페너와 프랑케 그리고 진젠돌프와 함께 경건주의 네 축의 한 기둥이었던 비헤른(J. H. Wichern)은 교회의 사회복지를 실천을 세 가지 형태로 구분하고 실천하였다. 첫째로 개인적이며 자율적 차원, 교회적 차원, 그리고 국가

---

22) 백용기, op. cit., p.99.

적인 차원이 그것이다. 이를 쉽게 설명하면 우선 그리스도인들은 그들의 가정과 그들이 속한 곳에서 사랑의 자율적 섬김을 강화한다. 그 다음 단계로 그들은 어려운 이웃들의 곤경에 동참하면서 사회적 과제를 찾아낸다. 또 다른 사회적 과제는 사회뿐만 아니라 지역교회에서 섬김의 형태로 나타나게 된다. 이렇게 형성된 사회적 교회적 섬김의 형태는 사회 안에서 섬김의 의지를 형성해 나가며 공동체로서의 국가에 밀접한 연결고리를 이루는 핵심적인 역할을 하게 된다는 것이 그의 구상이었다.

결국 국가는 이에 상응하는 제도를 설정하고 유지하고 관리할 섬김직의 의무를 부여받게 된다. 이런 차원에서 비헤른에게 있어서 국가는 지배의 영역에 속하는 것이 아니라 섬김의 영역에 속한다는 것을 분명히 하였다.[23] 비헤른의 사회봉사는 독특한 면이 없지 않았다. 그의 주장은 상당히 발전적이라는 측면에서 그리고 진보적인 측면에서 관찰해 보아야 한다. 결국 그의 주장은 사회사업, 사회정책, 사회복지라는 관점으로 발전한 현대 사회복지의 중요한 초석이 된다고 볼 수 있다.

비헤른과 독일 기독교 사회복지에 대해서는 그 중요성을 감안하여 제11장에서 따로 보다 정밀하게 다룰 것이다.

---

23) Ibid, p.290.

제3절 경건주의의 영향과 웨슬레의 교회사회사업

1. 웨슬레와 경건주의의 영향

웨슬레 (J.Wesley, 1703~1791)는 영국 국교의 목사로 젊은 나이에 미국 전도를 꿈꾸고 조지아 주로 가는 도중 폭풍을 당한 기선 위에서 처음 모라비아 교도들을 만났다. 그는 조지아에 도착한 다음 날 경건주의를 대표하는 스판겐베르그(A. G. Spangenberg)를 만나 대화를 나누게 되었고, 그 후 모라비아 교도인 진젠돌프를 만나게 되었다. 그러나 웨슬레는 미국에서의 전도여행이 순조롭지 않자, 다시 영국으로 돌아가 영국 모라비아교도들의 지도자들을 만났다. 이들을 통해 영국을 변화시키는 역사적인 일들이 이루어졌던 것이다. 경건주의 사상이 경건과 사회봉사를 통해 세상을 변화시키려 했던 웨슬레를 포함한 영국과 미국의 초기 감리교 운동에 결정적인 영향을 주었음은 틀림없는 사실이다. 결국 웨슬레는 진젠돌프와 헤른후트의 사상에서 많은 영향을 받았고, 경건주의자들의 방식대로 사회문제가 절대적으로 신앙적 차원에서 정신적 개선을 통해 해결되어야 한다고 보았다. 그래서 그는 경건주의 신앙과 사회개혁을 동시에 추구해 나갔다.

웨슬레의 동생인 찰스 웨슬레는 경건주의적 배경을 분명히 하였고, 그 가르침의 핵심은 성결에 있었다. 그 성결이란, 중생을 초기의 성결로 보고 이 단계를 거쳐 믿음이 성장함으로써 성숙한 성결의 단계에 이른다고 보았다. 참된 성결이란 하나님과의 관계에서 온전한 구원을 이루고 사람과의 관계에서 순수한 사랑의 관계를 형성하는 것으로 보았다. 따라서 그의 핵심적인 교리인 성결이란 하나님을 사랑하는 것과 이웃을 사랑하는 것이었다.[24]

---

24) 김한옥, 『기독교 사회봉사의 역사와 신학』(서울: 실천신학연구소, 2004), p.355.

2. 웨슬레 사역 당시 영국의 처참한 상황

웨슬레가 이렇게 경건주의적 신앙으로 사회개혁을 추구한데에는 그만한 이유가 있다. 웨슬레가 목회할 당시의 영국 사회는 상상을 초월할 정도의 사회문제로 영국사회 전체가 깊은 고통의 수렁을 헤매고 있었기 때문이었다.

일차적으로 지나치게 엄격한 청교도의 집정으로부터 다시 왕정을 회복한 영국사회는 사치, 연락, 음란, 방탕의 총 본산이 되었고, 청교도의 엄격한 제약 속에서 해방된 영국 국민들은 극단의 향락주의에 빠져 백성은 말할 것도 없고 정치인들도 심히 부도덕하여 음주와 음담으로 나날을 소비하던 때였다.[25] 그 한 예로서 당시의 영국의 소설은 극히 음탕하였고, 정조는 시대에 부합하지 않은 케케묵은 것으로 인식되었고, 아들은 그 부친의 진부를 의심할 정도로 성도덕이 극에 달했던 것으로 보고된다.[26]

이처럼 당시 영국 사회는 엄격한 청교도 윤리에 대한 반작용으로 윤리적 부패가 극에 달하였는데, 이러한 현상은 상류 계층일수록 더욱 심하였다. 또한 초기 자본주의의 무자비한 착취가 난무하므로 노동자들의 생활은 그야말로 절대 빈곤에 이르렀는데 그것은 그 당시 유아 사망율이 최악의 상태였다는 것과 노동자의 평균 수명이 30세였다는 사실이 이를 증명해주고 있다.[27]

특히 산업 혁명 초기 사회의 부도덕한 생활은 가속도로 증대되었다. 파산자와 실직자가 계속 생기게 되어 빈민과 걸인의 수가 날마다 증가하고 있었다. 또한 이 시대는 극도로 성적으로 타락하여 평화스럽던 가정에는 불화와 이혼 등이 계속 일어났고, 소위 그 당시의 극장은 모든 음란방탕의 소굴이었다. 뿐만 아니었다. 상류 가정의 부인들은 '소설읽기' 품팔이를 고용하여 음탕한 소설을 들으며 방탕에 빠지는가 하면, 도박으로 말미암아 가지각색의 비극이 일어났으니 파산은 물론이요, 도둑, 자살, 자포자기, 가정불화, 가정

---

25) 김석규, "웨슬레의 생애와 공적", 『활천』(기독교대한성결교회 활천사, 1963), p.18.
26) Ibid.
27) http://kr.blog.yahoo.com/goryo2005/4858.html.

의 이산 등이 끊임없이 일어났다. 이에 더하여 닭싸움과 소싸움 등의 성행으로 인한 잔인한 경기의 결과, 당시의 사회는 결투와 폭행이 성행하였다. 뿐만 아니라 런던에는 폭력이 난무하고 도발과 술이 극에 달하여 그 한 예로 런던의 6층짜리 건물들이 모두 선술집으로 바뀔 정도였다. 도박의 한 종류로 권투는 물론 개와 소의 싸움(bullbaiting-개를 부추겨 소를 물어 죽이는 경기)이 성행하는가 하면, 닭싸움 등 온갖 사회적 나태를 야기하는 현상들이 연속적으로 속출하기 시작하였다.

또한 당시 경제적 압박 역시 극에 달하였다. 대부분의 노동자들은 탄광 또는 방직 공장에서 하루 15시간씩의 중노동에 시달려야 했고, 이로 인하여 어린이들은 방치되거나 부모를 따라 탄광에서 일하는 것이 다반사였으며, 어린이들도 하루 12시간 이상씩 탄광의 물을 퍼내는 중노동에 시달렸으며 그럼에도 불구하고 의식주의 문제는 항상 위기상황을 달리지 않을 수 없었다. 특히 여성들은 하루 12~13시간씩 짐승처럼 일해야 했으며 석탄차 앞에 달린 쇠사슬을 배에 걸치고 갱 안의 좁은 길을 따라 지상으로 석탄을 옮기는 일을 해야 했다.[28] 문제는 사회의 양심적 버팀목이 되어야 할 교회도 타락하여 성직자들은 직업적으로 그들의 직무를 행할 뿐이었고, 사람을 회개와 중생의 길로 나오게 하는 아무런 영력도 없었다는 것이다.[29]

도덕적 타락은 말할 것도 없거니와 주거환경은 최악의 상태를 달리고 있었다. 가구가 제대로 없는 방에서 열 명 정도가 집단생활을 할 정도였고, 이러한 불량한 주거환경으로 인한 장티푸스나 천연두, 이질, 그리고 콜레라 같은 전염병에 대해서는 속수무책일 수밖에 없었다. 이로 인해 발생하는 엄청난 사망자들을 장례할 수도 없어 큰 구덩이에 이름도 알 수 없는 시체들을 한꺼번에 묻어 버리는 일들이 비일비재하게 발생하였다.[30]

---

28) 트레이시, "가난한 자들의 친구 요한 웨슬레", 『활천』(기독교대한성결교회 활천사, 1991), p.49.
29) http://www.daerim.or.kr/cgi-bin/technote/read.cgi.board=ptdata&y_number=168.
30) 트레이시, op.cit., p.50.

영국 교도소의 처참함 역시 이루 말로 표현하기 힘들 정도였다. 수인들은 죄에 비하여 너무나 가혹한 형벌을 받아야 했고, 분명한 절차 없이 형이 집행되는가 하면, 형을 집행하더라도 비인간적일 뿐만 아니라 법률이 너무 엄중하여 작은 죄에도 불구하고 중벌을 면치 못할 정도였다.[31]

이러한 사회적 참상은 끝도 없이 계속되었다. 1740년 런던 포스트 지는 "지금 거리를 꽉 메운 비참한 무리들은 보기에도 비참한 정도이다. 사람들은 배고픔으로 죽어가고 있다. 그리고 사람들이 도시 주변의 들판과 거리에서 추위로 죽어가고 있다. 모든 참상을 언급하자면 끝이 없을 것 같다."라고 지적하면서 당시 참상을 폭로하고 있다.[32]

놀위치 가젯트(Norwich Gazette) 신문 역시 이러한 영국의 참상을 보도하고 있다. "지난 토요일 한 여인이 네 살 난 자기 아들과 디취 타워(Ditch Tower)에서 몸을 날려 물에 빠져 죽고 말았다. 인근 사람들에 의하면 그녀는 배가 너무 고파 죽기로 결심하고 타워에 올라가 아들을 먼저 물에 던지고 그녀도 뒤따랐다는 것이다."

이러한 참상에 대해 웨슬레도 동일하게 기술하고 있는데, 그는 베스놀 그린(Bethnol Green) 지방에 사는 주님들의 빈곤을 Wesleys Journal에서 다음과 같이 다루고 있다.

나는 그런 참상을 뉴게이트(New gate) 감옥에서 조차 본 일이 없다. 한 가난한 남자가 낡아빠진 침대에서 기어 내려와 절름발이 아내와 세 명의 자식들에게로 가려고 버둥대었다. 그는 거의 벌거벗었으며 아사 직전에 있는 듯했다. 어떤 사람이 빵 한 조각을 가져오자 그들이 정신없이 뛰어가 서로 붙잡고 늘어지는 통에 빵은 순식간에 조각조각 나버렸다.[33]

---

31) 김한옥, 『기독교 사회봉사의 역사와 신학』(서울: 실천신학연구소, 2004), p.371.
32) Ibid.
33) Wesley's Journal, 1741년 3월 23일자, 트레이시, "가난한 자들의 친구 요한 웨슬레", 『활천』 (기독교대한성결교회 활천사, 1991), p.50에서 재인용.

이렇게 상상할 수조차 없는 비참한 현상을 목격한 웨슬레는 1772년 12월 Lloyd's Evening Post, The London Chronicle, Leeds Mercury 등 여러 신문사에 다음과 같은 호소의 편지를 보내었다.

왜 수 천명의 사람들이 기아에 허덕여야만 합니까? 나는 내 눈으로 이 땅에 일어나고 있는 모든 비극을 똑똑히 보았습니다. 좋지 못한 음식으로 그것도 하루 걸러서나 겨우 배고픔을 면하는 많은 사람들을 나는 알고 있습니다. 또한 오물더미 속에서 썩은 내 나는 생선을 주워, 배고픈 가족들을 위해 집으로 들고 가는 이도 보았습니다. 게다가 조금이라도 더 살아보려고 개들이 먹다 버린 뼈다귀를 모아서 끓여 먹는 이도 있었습니다. London, Bristol, Norwich 할 것 없이 영국 땅에 있는 모든 지역에 왜 이리 먹을 것이 없습니까? 왜 이리 일자리가 없습니까?[34]

이것은 그야말로 사회적 참상을 목격한 웨슬레, 즉 신앙적 양심을 소유한 한 그리스도의 절규였다. 결국 이러한 극심한 굶주림은 영국에서 수백 건의 폭동으로 이어지게 되었고, 웨슬레가 목격한 것만 하여도 150건 이상이 넘어섰다. 다행히 1741년 영국 왕실의 대배심원(Grand Jury)들은 영국 전역에서 발생하고 있는 이러한 극단적인 빈곤과 참상으로 인한 폭동을 저지하기 위하여 대처 방안을 강구하기 시작하였다. 그러나 막상 그들은 이 문제를 근본적으로 해결하기 보다는 그러한 사실을 귀찮고 또 수치스러운 일이라 규정하고, 영국사회가 이제까지 항상 전통적으로 빈자에 대하여 압박을 강행하는 정책을 수행했듯이 이번에도 예외 없이 더욱 강하게 범법자들을 처벌할 것을 결의하였다.[35]

문제는 법을 집행하는 군인들은 이와 같은 대배심원의 결정사항을 그대로 받아들여 이행하였고, 그 결과 그 해에만 260여명이 이 규정에 의하여 사형

---

34) Ibid. p.52.
35) Gentlemen's Magazine, 1741년 7월자, 트레이시, "가난한 자들의 친구 요한 웨슬레",『활천』(기독교대한성결교회 활천사, 1991), p.52에서 재인용.

을 집행당하게 된 것이었다. 놀라운 것은 모자 한 개, 손수건 한 장, 동전 한, 두 개라도 훔친 도둑이나 강도들은 모조리 교수형이나 화형을 면할 길이 없었다는 것이다.

3. 사회적 상황 극복을 위한 웨슬레의 영적, 사회적 대처

영국사회에서 발생하는 이러한 처절한 상황에 대하여 웨슬레는 결코 침묵의 기도만으로 대처하지는 않았다. 그야말로 행동하는 신앙을 소유한 사람이었고, 직접 문제를 가진 사람들을 찾아가 그들의 상황을 파악한 후 돕는 그야말로 방문자로서의 치료자였던 것이다.

웨슬레는 가난하고 병들고 옥에 갇힌 자들을 방문하는 것이 개인 기도나 공중기도, 성찬예식 못지않게 중요한 은총의 수단이라고까지 강조했다.[36] 그는 "그들이 게으르기 때문에 가난하다는 것은 일반적인 생각과는 달리 매우 사악하고 추악한 거짓말이다. 당신들이 당신의 눈으로 이러한 것을 직접 목격하면 장식품이나 사치품에 돈을 쓸 수 있겠는가."[37]라고 물었다.

> 나는 가난하고 병든 자를 더 방문했다. 나는 많은 그들의 근면함에 놀랐다. 아프지만 걸을 수 있다면 많은 사람들이 일을 했다. 그럼에도 불구하고 그들 중에 일부는 지독하게 추운 날에도 불이 없었고 먹을 것이 없었다.[38]

그가 이렇게 기술할 수 있었던 것은 그의 마음에 얼마나 뜨거운 그리스도의 사랑이 존재하였는지를 이해해 볼 수 있다. 그 역시 사변적인 신학에 갇혀

---

36) 정무성 역, "웨슬레와 가난한 자: 웨슬레의 빈민복지관", 『기독교사회복지』(서울신학대학교 기독교사회복지연구소, 1994년 제4호), p.154.
37) Ibid. p.154에서 재인용.
38) Ibid.

있던 그리스도인 사역자는 아니었다. 그야말로 진정으로 한 영혼을 뜨겁게 사랑하는 진정한 영성을 바탕으로 살아간 행동하는 신앙인이었다.

뿐만 아니라 웨슬레는 우선 이러한 문제들을 해결하기 위하여 직접 런던 교회에서 가난한 자들을 위하여 고아원과 진료소를 개설하고 신용협동조합과 섬유 공장을 운영하였을 뿐만 아니라 노동자들을 위한 세금 감소와 노예제도 폐지를 위한 사회 운동을 전개하였다. 그리고 간접적으로는 평신도들로 하여금 각자가 활동하는 사회의 여러 부분에서 양심운동, 인간화운동, 민주 운동을 일으킴으로써 영국 사회 전체를 구원하는 계기를 만들었다.[39]

그는 1740년의 급격한 실업 문제를 교회적 차원에서 해결하기 위하여 교회사무소에 극빈자 12명을 채용하여 교회 내 교사에서 솜틀기와 방직을 가르치면서 조직적이며 체계적인 구호를 계획하였다. 특징적인 것은 런던시를 23구로 분할하여 각 구에 2명씩 방문원을 지명하여 빈민과 병자를 방문하였다. 뿐만 아니라 보다 체계적으로 빈민을 돕기 위하여 런던에 최초의 무료진료사업을 시작하였을 뿐만 아니라 주택개량, 감옥개량 등 지역사회 운동의 터전을 놓았다.[40]

물론 웨슬레는 당시 영국교회가 추구하고 있던 강력한 개인 구원에 그 신앙적인 바탕을 두고 있으면서도 항상 사회개량과 개발에 더 많은 관심을 두었다. 그는 특히 게으르기 때문에 가난하다는 사상에 반대하였고, 실업자를 최소화하기 위하여 다양한 방도를 강구했던 사람이었다. 특히 그는 사람들에게 의복을 기부할 것과 일주에 일정액을 가난한 사람을 위하여 헌금할 것을 권했으며, 모금한 돈으로 빈자들에게 생계기금을 대여하여 3개월 동안 매주 분할하여 갚게 하는 등 전문적이고 체계적인 자선활동에 매진하였다. 또한 그는 선거의 신성을 주장하는 시정개혁자로서 일하기도 하였다.

그는 그야말로 '빈민의 사도'로 불렸다. 그는 학창시절부터 빈민구제에

---

39) http://kr.blog.yahoo.com/goryo2005/4858.html.
40) 임종운 외, 『기독교사회복지론』(서울: 홍익재, 2003), p.49.

흥미를 가져 동생 찰스 웨슬리와 함께 옥스퍼드 대학 내에 '신성(神聖)클럽'을 조직하였다. 그들은 종교적 의무를 다하는 데 규칙적이면서도 조직적으로 행동하여 메소디스트(methodist)라는 별명으로 불렸다. 그들은 성경 및 신학 연구 등에 힘쓰고, 빈민과 병자, 감옥의 죄수들의 전도에 힘썼으며, 클럽의 규칙 중에 "클럽회원은 자기의 필요한 것 이외의 모든 것은 빈민구제를 위하여 사용되어야 한다."라고 명시하여 사회적 구제활동에 힘썼다.

그는 특히 감옥개량에 많은 관심을 두었다. 그는 교도소 조사위원회의 위원장으로 활동한 오그레쇼프(Oglethorpe)와 교도소 개량 사업의 또 다른 선구자는 하워드(J.Haward)[41]로 인하여 그 당시 감옥의 비참함을 알게 되었다. 웨슬레는 이들과 함께 감옥개량운동에 착수하였고 결국 이와 같은 개량주의자들의 노력으로 후일에 교도소법이 제정되었으며, 교정기관들을 관장하는 중앙 행정부서가 설치되었다. 이 법으로 어린 수감자와 중범자의 분리수감조치가 이루어졌으며 이로 인하여 어린수감자가 중범죄를 배우는 것을 예방하고, 청소년들에게 직업훈련을 시키는 특별조치를 실시하게 했다. 후에 소년 법원과 청소년 감화원을 설치하게 하는 계기를 마련하게 했다.

아무리 비천한 사람일지라도 그 한 영혼을 지극히 사랑하고 이를 그리스도의 정신으로 해결하려는 웨슬레의 영향력은 이렇게 대단한 결실을 맺게 되었던 것이다. 특히 그는 빈민을 돌보는데 있어서 그리스도인들이 반드시 숙지해야 할 봉사자의 원리와 수칙을 재정하였는데 그 원칙이란 빈민을 접촉함에 있어서 차별을 하지 말 것, 온유하고 인내할 것, 병자를 위하여 무엇을 하

---

41) 당시의 감옥에는 범죄에 연루된 범죄인들 뿐 아니라 공과금을 제 때 내지 못한 사람도 포함되어 있었다. 모든 수감자들은 간수들의 생활유지비를 지불하게끔 강요당했다. 수감자들은 굶주림, 추위, 태만과 잔혹한 채찍으로 고통을 당했다. 하워드는 우연한 계기로 감옥들을 전전하게 되면서 겪은 감옥 내의 불결하고 열악하며 음식이 불충분하고 침구가 없으며 수감자들을 가혹하게 취급하는 현실을 사회에 알리게 되었다. 그는 보안관으로 활동하며 재판과정의 부조리와 교도소의 부당한 처우 및 환경조정에 힘썼다. 또한 그는 교도소 내의 불결함과 그에 따라 질병이 발생되어 사망까지 이르는 현실, 남녀 간의 도덕적 타락행위, 도망자에 대한 무자비한 처우, 간수와 목사들의 음주 및 도박 등에 관해 조사 자료로 정리하여 사회에 알렸고, 교도소 개량이 사회의 개량을 위하여 꼭 필요하다는 것을 강조했으며, 이후로도 많은 연구를 통해 교도소 개량사업에 헌신했다.

든지 청결 제일주의로 할 것, 변덕스럽지 말 것의 네 가지를 계속하여 주지시킴으로서 철저한 인본주의에 바탕을 둔 사회개혁을 시도해 나갔던 것이다.

특히 빈자를 향한 웨슬레의 영적인 감화는 참으로 대단하였다. 그의 설교는 참석자들을 회개시키기에 충분하였다. 이로 말미암아 도적이 개심하고 주정뱅이는 금주자가 되었으며 싸움질로 날날을 보내던 불량배는 신사가 되었다. 그러나 웨슬레의 이러한 영적인 감화에 불구하고 영국 교회 목사들의 시기와 질투로 그는 결국 교회건물 밖으로 나갈 수 없는 감금상태에 놓여 영국 국교회를 떠나지 않을 수 없는 상황에 까지 이르게 되었다.[42]

또한 그는 가난한 병자를 볼 때 연민의 정을 억제하지 못하여 의학을 연구하여 그들을 도우리라는 결심을 하고 26,7년간 틈 있는 대로 의학을 연구하였다. 또한 그는 열렬한 금주주의자였고, 빈민은행의 창시자였으며, 수감자들을 위해 열심히 일했고, 노예 제도를 반대했다. 실제로 그는 그의 수입에서 꼭 필요한 부분을 제외하고는 철저히 빈자들을 위한 나눔의 삶을 실천하면서 살았다.[43]

웨슬레의 사회개혁은 다음의 세 가지로 나타나고 있다.

첫째, 개인적 차원에서 훈련과 절제를 통한 자기발전을 촉구한 것이다.

둘째, 인류애적 입장에서 이웃에게 봉사하고 헌신하는 대인적 차원의 사회봉사와 구제사업의 확장이다.

셋째, 제도적 개혁을 통한 사회변형의 사회적 차원이다.[44]

웨슬레의 사회 구원전략을 종합하면 다음과 같다.

- 그는 복음을 전함으로써 그들의 영혼을 구원하였다.
- 그는 학교를 세워 문맹을 퇴치하고 인간의 권리와 존엄을 가르쳤다.
- 그는 신앙적인 계층과 신앙적인 무리를 형성하여 공동체적 책임을 함양하였다.

---

42) 김석규, op. cit., p.21.
43) http://www.daerim.or.kr/cgi-bin/technote/read.cgi?board=ptdata&y_number=169
44) 박영호, 『기독교사회복지』(서울: 기독교문서선교회), p.481.

- 그는 간병인 협회를 구성하여 육체적, 정신적 고통을 들어 주었다.
- 뉴게이트 감옥과 브리스톨 지역을 인수받아 모범지역으로 정화하였다.
- 영국 역사상 처음으로 무료진료소를 개설하였다.
- 음식이나 의복을 매일 공급하였다.
- 병원 안에 여성보호소를 설치하여 여성의 인권을 보호하였다.
- 이방인들의 친구협회라는 조직을 결성하여 조직적으로 사회사업을 실천하였다.
- 극빈자보호소, 과부보호소, 고아원, 신용조합을 결성하였다.[45]

놀라운 것은 그의 사회를 구원하기 위한 전략은 현대 사회복지의 기술을 그대로 반영하고 있다는 사실이다. 케이스워크, 그룹워크, 지역사회조직, 그리고 자원봉사, 시설보호 등 참으로 조직적이고 전문적인 복지수행을 실시하고 있었던 것이다.

이처럼 웨슬레를 포함한 경건주의자들의 사회개혁 방식은 우리가 생각하는 그런 통속적이고 소극적인 방법을 사용하지는 않았다. 오히려 강력한 경건주의적 신앙관을 바탕으로 강력한 사회개혁을 시도해 갔다는 점에서 우리에게 시사하는 바는 참으로 크다고 하겠다.

결론적으로 웨슬레는 자기 스스로를 '가난한 자들을 위한 하나님의 청지기'라고 불렀다. 그는 "가난한 이를 위해 헌신하려는 의지가 없다면 어느 누구를 막론하고 나는 그를 진정한 기독교 신앙의 열매를 맺은 사람으로 여기지 않는다."라고 하였고, "가난한 이를 살리는 하나님의 손길에 협력하라."라고 성도들을 격려하였다. 결국 웨슬레의 이러한 열정은 영국의회를 움직여 공장노동법과 탄광노동법, 그리고 어린이노동법을 통과시키기에 이르렀다.

얼마 후 사회주의 국가들이 한 자리에 모인 국제회의가 개최되었다. 그 회의에는 초청인사로서 한 영국 정치인이 참석하였는데 그는 다음과 같은 질문

---

45) 트레이시, op. cit., p.54.

을 받았다. "영국의 사회보장제도가 그렇게도 잘 운영되고 있는 특별한 이유라도 있습니까?" 그 정치인은 서슴없이 대답하기를 "그 차이점은 바로 이것입니다. 여러분들은 칼 맑스의 가르침을 따르고 우리는 요한 웨슬레의 가르침을 따르기 때문입니다."라고 하였다.[46]

제4절 경건주의 사회사업과 그 특성

경건주의자들의 변혁적 삶의 핵심은 두말할 것도 없이 철저한 신앙에 있었다. 그들은 혁신적인 철야기도를 했고, 24시간 계속되는 기도는 장장 100년간이나 지속되었다는 기록이 있다.[47] 그러나 분명한 것은 그들은 언제까지나 경건이라는 피안의 세계에 머물러 있지 않았다. 오히려 그들은 공동체를 구성하여 이 공동체를 통하여 결집된, 통합된 힘으로 건강한 사회를 만들어 간다는 목적을 분명히 하고 있었다.

경건주의자들의 공동체는 종교적인 자립뿐만 아니라 경제적인 자립을 아울러 구상하였다. 이 공동체는 다양한 사업들을 전개했는데, 특히 독신 형제들의 양털실 제조업은 상당한 기술을 보유하고 있었고, 독신 자매들이 짠 천과 섬세한 자수품들은 유럽 왕실에까지 알려질 정도로 전문적인 기술을 보유하고 있었다. 또한 그들은 무역회사를 운영하고 있었는데 더닝거(Durninger)라는 회사는 국제적 명성을 얻었고, 농장과 제과점은 모범적으로 운영되었을 뿐 아니라 모든 이익금은 '어린 양의 금고'에 예치되어 모든 공동체를 어린 양으로 간주하고, 어린 양을 섬기는데 사용되었다. 이들 공동체는 생산과 소비 면에서도 괄목할 만한 규모를 지니고 있었고, 재산 전체를 공유함으로써

---
46) Ibid. p.55.
47) 홍주민, op. cit., p.286.

경제적, 사회적, 종교적으로 통합된 하나의 대단한 섬김공동체를 구성하고 있었다.

실제로 이러한 공동체의 유지는 결코 쉬운 일이 아니었으나 철저한 예수정신이 신앙의 바탕에 이룩되었기 때문에 가능한 것이었다. 실제로 진젠돌프 역시 원시 기독교 공동체의 공동생활에 지대한 관심을 표명하고 있었기 때문에 원시 신앙공동체를 그 모형으로 삼고 후른후트 공동체를 운영하고 있었던 것이다. 놀라운 것은 나아가 세계에 퍼져 있는 헤른후터 뿐만 아니라 형제자매단을 '하나님의 공화국'으로 하나의 네트워크를 만들어 세계의 형성에 기여했다는 긍정적인 평가를 받고 있다.[48]

이에 더하여 이들은 형제 자매간의 사랑, 평신도 실천의 강조, 가정 방문, 사랑의 식탁과 발 씻어 줌, 빈자와 병자 구호에 열심이었지만 무역, 수공업, 공공 경제를 통한 일들을 통해 손님 접대 등을 결코 게을리 하지 않았다. 뿐만 아니라 현대적 차원에서 볼 때 경건주의 공동체들은 주택 보조, 직업 교육, 학교 봉사, 영업 감독, 의료 봉사 같은 시설을 갖추고 있었다. 한 마디로 이 공동체의 성격을 규명하자면 루터의 은혜보편주의(신앙적 바탕)에 개혁적 행동주의(실천적인 사회 경제적 바탕)가 절묘하게 조화된 가장 이상적인 형태의 공동체를 구성하고 있었던 것이다.[49]

특히 경건주의를 대표하는 퀘이커 교도들은 이러한 사회사업을 시행하는 데 있어서 대단히 중요한 영향력을 행사하였다. 레오날드(Leonard)는 퀘이커(Quaker) 신조인 'inner light'를 모든 사람을 가치 있게 하는 기본으로 평가하였다. 퀘이커는 빈자의 돌봄, 형무소의 개량, 정신적 문제를 가진 자들과 장애자의 처우에 대한 개혁에 진정한 관심을 표명하였고, 노예해방에 대해서도 대단히 적극적인 자세를 가지고 도왔다고 증언하고 있다.[50]

---

48) Ibid. p.287.
49) Ibid. p.288.
50) Hall, *The Church in Social Work : a Study of moral welfare work undertaken by the Church of England*, p.2.

종합적으로 경건주의 교회의 사회복지 실천의 특징은 중세교회에서 무차별적으로 실시되었던 그러한 종류의 자선이나 개인적인 차원에 머물러 있는 그런 구호가 아니라 교회와 사회가 연계되고, 나아가 그 섬김이 결국은 국가적 공유로 확대되며, 국가와 교회의 상호협조를 통해 이루어지고 있다는 점이다. 그리고 그들은 단순한 신앙의 경건성 위에 머물러 있지 않고 결집된 신앙의 경건성을 통해, 구체적이고 실천적인 행위를 통해 사회를 개혁해 나가자는 의지를 갖고 있었다.

※ 제6장 인도주의에 기초한 경건주의 사회사업에 대한 토론 ※

1. 오늘날의 교회사회사업의 정체성을 어떻게 확립할 것인가

빈민법 아래에서 시행된 정주법, 나치블법, 길버트법 등은 사실 어디까지나 빈민을 억압함으로써 빈민의 수를 감소시키려는 억압적 정책에 그 바탕을 두었다. 그러나 경건주의 사회운동은 국가가 이루지 못하는 진정한 의미에서의 인도적인 차원과 박애적인 차원에서의 사회사업을 감행했던 것이다. 또한 이러한 운동은 일반 사회복지의 발달에 정신적인 면이나 철학적인 차원 그리고 전문적인 차원에서 지속적으로 지대한 영향력을 행사하고 있었던 것이다. 다시 말해 경건주의 사회운동은 기독교의 정신인 사랑의 감화를 통한 갱신을 그 목적하였다. 그렇다면 일반 사회복지의 틈바구니 속에서 오늘의 교회사회사업이 그 정체성을 어떻게 형성하는 것이 옳다고 보는가.

2. 국가와 교회의 통합적 차원에서의 사회복지가 가능한 것인가

경건주의의 아버지인 스페너는 사랑이 구조 안에서, 구조를 통하여 사랑이 실현되는 그야말로 조직적이며 실천적이며 개혁적인 자선을 시도하였다. 사회사업의 체계에 있어서는 과감히 공적 부조를 수용하고 도입하면서 진정한 교회와 국가의 통합적인 차원에서의 사회복지를 구상하였다. 그렇다면 과연 오늘의 현실에서 국가와 교회의 통합적인 차원의 복지가 가능한 것인가. 가능하다면 구체적으로 무엇이 가능하다고 생각하는가.

3. 교회사회사업이 서야 할 자리가 어디인가

프랑케는 1천명이 넘는 아동과 청소년들에게 자립정신 교육과 직업 훈련을 성공적으로 실시함으로써 구빈법이 채워주지 못하는 커다란 공백을 영적으로, 선교적으로, 그리고 교육적으로 채움으로써 사회적 관심을 모았고, 또한 신앙적인 관점에서 사회개혁을 성공시킨 당대의 중요한 인물로 평가되고 있다. 이렇게 교회의 사회사업이 국가가 채우지 못하는 사회적 공백을 채운다면 그 효과는 극대화 될 수 있을 것이다. 그렇다면 과연 오늘에 있어서 국가가 채우지 못하는 사회적 공백이 무엇이라고 생각하며, 교회는 어떻게 그 공백을 메울 수 있다고 생각하는가.

4. 웨슬레의 차원 높은 교회사회사업과 오늘날의 교회

웨슬레의 사회개혁은 첫째, 개인적 차원에서 훈련과 절제를 통한 자기발전, 둘째, 인류애적 입장에서 이웃에게 봉사하고 헌신하는 대인적 차원의 사회봉사와 구제사업, 셋째, 제도적 개혁을 통한 사회변형의 사회적 차원을 구현함으로써 오늘의 사회사업인 케이스워크, 그룹워크, 지역사회조직, 그리고 자원봉사, 시설보호 등 참으로 조직적이고 전문적인 복지수행을 실시할 수 있었다. 웨슬레의 사회사업의 원칙을 중심으로 오늘날의 한국교회의 사회사업을 평가해 보라.

제7장 개정구빈법의 폐해와 찰머즈 목사의 근린운동

제1절 찰머즈 목사의 근린운동의 배경
제2절 신구빈법의 재정, 폐해 그리고 이에 대한 교회의 개입

제1절 찰머즈 목사의 근린운동의 배경

영국의 산업혁명 이후 종교개혁을 통한 자선개혁론의 발원으로 말미암아 빈민의 구제문제는 교회의 차원을 넘어 공공의 차원으로 전이되었고, 그 결과 구빈법이 탄생하게 되었다. 그럼에도 불구하고 공공차원의 구제는 여전히 문제의 악습의 고리를 끊지 못하고 계속하여 표류하거나 또는 더 많은 문제를 양산하기에 이르렀다. 더욱 심각한 문제는 앞에서 언급한 바와 같이 구빈법이 궁민억제책의 한 방편으로서 약자보호라는 인도주의적인 차원에서의 발상이 아니라, 억압책으로서 오히려 궁민들의 자중심을 고갈케 하여 의뢰심만 조장하게 한다는데 기인한다. 이것은 사람들의 인격 내지 존엄성을 배제시킨 그야말로 정치적 발상에 불과한 것으로 인간의 자립정신과 정신적 개선을 고려하지 않은 것이 그 근본적인 문제로 지적되었다.

교회는 바로 이 문제를 직시하게 되었고, 물질적이며 사회적인 차원에서의 구호가 아니라 전문적인 구호와 동시에 인간의 정신적 개화에 초점을 맞추어 사회사업을 추진하려 한 사람이 있었는데, 그가 곧 찰머즈(T. Chalmers, 1780~1847) 목사이다.

찰머즈 목사는 17년 동안 교회를 통한 선교에 전념하였다. 그러나 그의 사역을 통해 발견한 결정적인 문제는 구빈법을 실시하는 지방과 그렇지 아니한 지방과의 사이에 그 구조 인원 및 구조 금액에 큰 차이가 있다는 사실이었다. 다시 말해 그는 구빈법을 실시하는 지방에서는 타민조장[1]이 일어나고, 궁민화 현상이 심화되었을 뿐만 아니라 또한 주민들 자신들도 이것에 대해 냉담하여 하등 관심을 보이지 않는다는 사실을 인식한 것이었다. 그는 이러한 현상에 대해 심히 유감을 표했다. 그는 1819년 세인트 존 교구의 목사에 임명되자, 그가 품고 있었던 약자보호라는 일대 이상을 실현하기 시작했고, 교구나

---

1) 타민조장이란, 빈민을 자신의 교구로부터 내몰아 그 교구의 빈민의 수를 줄이자는 일종의속임수였다. 밀어낸다는 뜻이다.

주민의 교화에 전력을 기울일 것을 결심하였다.

그는 제일 먼저 빈곤의 원인은 개인에게 있으며, 그러므로 개인의 성격을 변화시키지 않는다면 문제의 해결은 없다고 생각하고, 그 방법으로 교회가 교구민들의 가정을 방문하여 그들의 인격에 변화를 주도록 하였다.[2] 그래서 그는 먼저 관헌의 허가를 얻어 이 교구에서는 구빈법을 실시하지 않기로 하고, 오직 주민의 자치심과 독지가의 손만으로 문제를 해결할 것을 기획하였다. 그는 우선 교구민의 생활 상태를 정신적, 물질적 양면에서 철저히 조사 분석하는 것을 잊지 않았다.[3] 그리고 그는 그 결과를 종합하여 그 교구를 수많은 소 교구로 구분, 각 구에 독지가를 선임하여 항상 주민과 접촉하는 생활을 하게 하여 개인적인 친교를 맺어 생활 상태를 조사하고 그 상황에 따라 적절하게 대처해 나가기 시작하였다. 그리고 각 교구에 정주하는 장로 및 집사를 선임하고 장로는 정신적 교화를, 그리고 집사는 물질적 보호 및 환경 개선 등에 노력하도록 분담하였다. 그는 그의 동역자들에게 철저히 과학적으로 접근할 것을 요구하였다.[4]

찰머즈 목사는 자선사업을 수행하는 데 있어서 중요한 4가지 원천에 대하여 설명하였다. 그 첫 번째 원천은 가장 효과적이고 생산적인 것으로서 사람들 그 자신의 습관과 경제문제에 초점을 두어야 한다고 하였다. 왜냐하면 구빈법 체계 속에서는 노동자 계급들이 근검과 절약을 통한 습관을 경감시키는 자리로 나아갈 수 없다는 것이다. 다시 말해 이는 구빈법을 통해서는 노동자들이 스스로의 힘으로 자신의 습관을 고칠 수 없기 때문에 사회사업의 수행

---

2) 이강희, 『사회복지발달사』(서울: 양서원, 2006), p.117.
3) 찰머즈 목사는 교구의 효과적인 조직을 통하여 빈민을 해결하려고 하였다. 이러한 찰머즈 목사의 생각은 아마도 연합교구에 의하여 행정구역을 확대하고 행정의 합리화와 빈민처우를 개선하려고 시도한 길버트법에 기인한 듯하다.
4) 빈민에 대한 그의 접근은 아주 독창적이었다. 그는 빈민을 대하기 전에 사전조사에 중점을둘 것, 구호를 주로 하지 않고 가능한 대로 자조향상의 정신을 환기하는데 노력할 것, 요구호자의 노동능력을 높일 것, 자기의 경제 상태를 개선케 할 것, 요구호자에 대해서는 될 수 있는 대로 친척으로서 구호의 방법을 강구케 하며, 그리고 이웃으로 하여금 상부상조에 힘을 쓰도록 할 것 등을 강조하였다. 김덕준, 『기독교사회복지』(서울: 한국기독교사회복지학회, 1985), p.254.

자들은 바로 이 면을 도와 줄 수 있어야 한다는 것이다. 둘째로 빈민들에게 자립이라는 차원에서 가장 효과적인 도움을 줄 수 있는 사람들이 친척이라는 것을 인식하고 자립의 과정에 친척들의 도움을 최대로 활용해야 한다는 것이었다. 셋째로 사회의 빈자에 대한 부자들의 동정을 이끌어 내는 것이었다. 그리고 마지막으로 빈자들 스스로가 스스로에 대한 동정을 갖게 하는 것이었다.

찰머즈 목사의 방법은 참으로 분석적이고 과학적이었으며 효과적인 방법으로 판명되었다. 다른 사람에게 손을 벌리기 보다는 오히려 빈자 스스로가 스스로를 도울 수 있는 방안을 마련해 주어야 한다는 것은 뛰어난 분석력의 소산이 아닐 수 없었다.[5] 그는 우선 빈자의 독립심과 자립심과 더불어 신앙심에 초점을 두고 10,000명으로 구성된 교구를 25개 지역으로 나누고 집사를 두어 50가구를 돌보게 하였다. 그리고 그에게 도움을 받으러 오는 클라이언트의 모든 개인의 상황을 조사하는 것은 전적으로 집사의 책임 하에 두었다. 그리고 찰머즈 목사는 "또 다른 보상을 받기를 희망하는 자는 또 다른 정밀한 조사를 받아야 한다."라고 규정하였다. 이후 집사는 그 가난의 문제를 해결하기 위한 자연적인 자원이 무엇인지를 찾아야 했다. 이 모든 시도는 반드시 위에서 언급한 네 가지 원천의 과정을 통하여 점검되었다. 이 모든 것에 해당되지 않을 때에만 공적원조가 허가되었다.[6]

찰머즈 목사는 그들의 자원방문가로 하여금 수혜를 신청한 사람의 가족의 상황과 가족관계 그리고 그들의 성격 등 중요한 정보들을 반드시 조사할 것을 요구함으로써 빈민의 문제를 해결하였다는 것은 자명하다. 이로 말미암아 집사들이 아주 현명하게 그 일에 대처할 수 있도록 제도화하였다. 특히 찰머즈 목사는 훈련된 방문가들을 수혜자 조사를 위해 보냈는데 이는 그 수혜자들을 잘 이해하고 효과적으로 이 일을 수행하기 위한 것이었고, 뒤죽박죽 식이나 퍼주기 식의 수혜나 기분에 의한 시여를 철저히 방지하기 위한 것이었다.

---

5) Kathleen M Woodroofe, *From Charity to Social Work : In England and the United States*, 1962, London: Routledge & Kegan Paul, p.46.
6) Ibid.

이러한 점이 결국 19세기 영국 사회사업의 발전에 초석을 놓은 자선조직협회의 사역방향에 획기적인 기여를 하게 된다.

이렇게 세인트 존 교구에서 그의 실제적이면서도 적용 가능한 이상이 결국 또 다른 구빈법에 강력한 영향력을 행사하였고, 1853년 엘버펠트 제도를 비롯 케이스워크 기관은 물론 Metropolitan Board of Guardians, the Central Relief Society, the Metropolitan Visiting and Relief Association 등의 전문적인 활동에 크게 기여하게 되었다.[7]

뿐만 아니라 그의 이러한 철저하고 과학적이며 체계적인 접근으로 말미암아 피구호자의 수가 해마다 급감하여 결국 그 인원과 금액에서 1/5 내외로 줄어들 수 있었다. 한편 찰머즈 목사는 각 가정을 지혜와 동정으로 방문하여 그들의 자조향상을 격려한 결과 몇 해 되지 않아 주민의 물심양면의 생활에 일대 변혁을 보게 됨으로써 스코틀랜드에 있어서 모범적 교구로 칭해졌고, 전 영국을 거룩한 긴장으로 몰아넣은 놀라운 일을 수행하게 되었던 것이다. 소위 동시대를 살아가던 엘리자베스 프라이(E. Fry, 1780~1845)의 "구제의 정신은 정신의 구제에 있다."라는 말이 가장 잘 실현된 그런 교구를 이루었던 것이었다. 이는 노동자 자신이 자치적으로 스스로를 구제한 결과를 초래함으로써 호조적이고 자주적이며 자발적인 형태의 자립을 일구었던 것을 의미한다. 이러한 찰머즈 목사의 영향력은 결국 차후 엘버펠트 구빈제도, 함부르크 제도 등 상당히 많은 구빈제도에까지 영향력을 미치게 되었다.

뿐만 아니라 찰머즈 목사의 영향력은 앞서 언급한 자선조직협회, 그리고 영세민지구 주민의 자립사업인 보린사업(Settlement Work)까지 깊숙하게 관여하게 되었다. 이것이 바로 영적, 즉 정신적 구조방법에 의한 것이었음은 두말할 나위가 없다.

결국 1860년대 로흐(Loch)를 중심으로 한 자선조직협회(COS), 찰머즈 목사를 중심으로 한 새로운 사회사업의 방법들은 재창조의 역할을 충실하게 감당하였던 것이다. 과거 사회사업사들의 궁극적인 관심이었던 빈자에 대한 관

---

7) Ibid. p.47.

심은 이제 단순히 제거되어야 할 가난의 문제만으로 인식되는 것이 아니라 그 상처를 치유하기 위한 도덕적 감당으로 인식되기 시작하였다. 그리고 이로 인해 환경보다는 개인이 접근의 중심이 되었으며, 그리고 개인을 치료하는데 집중되기 시작하였다.

어떻게 개인의 문제를 해결하며, 의존의 바탕에 깔려 있는 것을 제거하고, 동정과 절망, 그리고 개인이 갖고 있는 여러 가지 문제에 초점이 맞춰졌으며, 이제는 빈자에 대하여 자신의 가치를 인식할 수 있는 방향으로 나아가게 되었다.

제2절 신구빈법의 재정, 폐해 그리고 이에 대한 교회의 개입

1. 개정구빈법 제정의 동기

18세기부터 시작하여 19세기에 이르도록 영국 특히 런던의 경우, 음주, 성병, 그리고 매춘은 만연된 사회문제였다. 런던의 참상에 대해서는 이미 웨슬레와 사회사업에서 다룬 바 있지만 그 참상은 실로 말로 표현하기 어려울 정도로 참혹하였다. 특히 여성이 당했던 처참함이란 상상을 초월할 정도여서 많은 문헌들이 이를 증명해 주고 있다.

그 한 예로서 1784년에 기록된 조나스 한웨이(Jonas Hanway)의 글에 의하면 런던만 해도 약 3,000명의 창녀들이 길거리를 활보하고 있었는데, 그들 중 대부분이 젊었고 상당한 수가 10대였으며 24살 이전에 죽는 경우가 허다하였다고 기록하고 있다. 뿐만 아니라 이러한 타락의 행위는 1800년대 영국에서

좀처럼 사라지지 않고 지속되고 있었다는 점이다.[8] 물론 이러한 여성의 몰락에 대한 방지책이 없었던 것은 아니다. Reformation of Manner라는 제도를 마련하고 이를 방지하기 위해 지도위원들이 런던의 모든 거리를 활보했어도 결국 이들은 자신들이 처음 가졌던 직업으로 모두 돌아감으로써 실패하고 말았던 것이다.[9] 왜냐하면 결국 이들은 어찌할 수 없는 상황에서 생계를 위해 이와 같은 직업을 택하였던 것이므로 그들에게 항구적인 대책을 마련해 주지 않는 한, 이러한 사회문제를 근절할 수 있는 방법은 아무것도 없었다.

이렇게 남성들의 성적 만족을 채워주기 위해 엄청난 수의 여성들이 사회질서의 중요한 부분들이 되어 있었고, 사회적, 경제적 상황은 이러한 문제를 해결하기에는 너무나 역부족이었다. 그리고 이것을 방지하기 위한 구호사역이 존재하기는 하였으나 그 중요성이 그렇게 명백하게 인식되지도 않았다.[10]

이러한 여성문제 뿐만 아니라 이 시대에 런던에만 해도 적절한 후견인이 없는 어린이가 100,000명 이상이 존재하고 있었다고 보고되었고, 실제로 구빈법에 의해 작성된 명부에는 68,435명의 어린이와, 10,000명의 과부가 등재되어 있었다.[11]

이러한 과정에서 이렇게 버려진 창녀들의 삶에 관심을 가지고 그들에게 다가가려고 노력했던 것은 기독교 기관뿐이었다. 이처럼 버려진 여성들을 수용하고 보호하며 고용의 문제를 해결하기 위해 설립된 기관이 막달렌 병원 (Magdalen Hospital)이었고, 이 시설은 30년 이상 운영되었다. 뿐만 아니라 막달렌 병원과 같은 기능을 가진 기관이 1808년 바스(Bath)에 건립되었다.

그러나 만연된 사회문제에 대한 기독교적인 대처 역시 역부족이었다. 왜냐하면 위에서 밝힌 이러한 현상들은 결국 그 가정을 책임지고 있는 가장들의 실업으로 인해 발생한 문제였기 때문에 더욱 그러하다. 산업혁명이 영국

---

8) Hall, *The Church in Social Work : a Study of moral welfare work undertaken by the Church of England*, p.14.
9) Ibid.
10) Ibid. p.22.
11) Helen Bosanquet, *social work in London*, 1869-1912, The Harvester Press Limited, p.16.

사회에 끼친 영향은 참으로 지대하였다. 특히 산업혁명으로 도시에 이주하는 빈곤한 노동자들의 문제는 심각한 수준에 머물게 되었다. 이 과정에서 가장, 즉 농민들이 생계곤란으로 도시에 집중되는 현상이 나타났다. 특히 나폴레옹 전쟁의 장기화로 인해 식량가격이 폭등하고 인클로저 운동으로 농토를 잃은 농민들은 대도시로 몰려 도시화를 초래하였다. 특히 기계화를 초래한 인클로저 운동에 대한 일환으로 1812년 기계파괴운동(luddite movement)과 1830~1832년 농민폭동(swing riot)이 일어남으로써 이들의 사회적 욕구를 반영하지 않을 수 없는 상황에 이르게 되었던 것이다. 이러한 요소들이 1834년 빈민법 개정에 일조하게 되었다.

이 시대에 농민폭동과 더불어 빈민법이 개정될 수밖에 없었던 또 다른 요인은 지나친 구빈세의 납부와 평등하지 않은 구빈정책에 있었다. 그 한 예로 1832년 영국 인구는 약 1,400만 명으로 700만 명이던 1760년대의 두 배였지만 구빈비용 지출은 125만 파운드에서 703만 파운드로 늘어나 구빈비용은 5.5배나 증가하게 되었다. 뿐만 아니라 이러한 구빈세도 교구에 따라 다르게 부담됨으로써 납세자의 불만을 초래하게 되었다.[12] 이에 더하여 『인구론』의 저자인 말서스(T. R. Malthus)가 영국 구빈제도에 대한 비판과 개선을 제창함으로써 결국 1834에 구빈법을 개정하기에 이르렀다.

2. 개정구빈법(신빈민법)의 폐해

심각한 사회문제, 특히 걷잡을 수 없이 늘어만 가는 빈민을 억제하기 위한 개정구빈법 그 자체도 역시 많은 문제를 내포하고 있었다. 개정구빈법은 구호의 수급을 아주 낮게 책정하고, 구호자에게 구호자라는 낙인을 만들어 빈민구호를 받지 못하게 하는데 그 초점을 두었다. 이는 열등처우의 원칙, 작업

---

12) 이강희, op. cit., p.100.

장 수용의 원칙, 전국적 통일의 원칙을 중심으로 시행되었다. 열등처우의 원칙을 지키기 위해 작업장은 비인간화되어 더 이상 생존해 갈 방법이 없을 때만 구호를 요청하게 만들었다. 수용자는 작업장의 복장에 굴욕감을 줄 수 있는 배지까지 착용하게 함으로써 가장 비인간적인 방법으로 빈민을 감소시키겠다는 정책이었다.[13]

물론 빈민을 감소시키겠다는 의도로 제정된 개정구빈법은 구빈비용억제라는 측면에서는 어느 정도 목적을 달성하였다. 실제로 1837년에는 1834년에 비해 구빈법 적용자가 1/3로 감소되었고, 구빈기금의 소요액이 연간 7백만 파운드 정도였던 것을 약 40% 감소한 4,5백만 파운드 수준으로 낮추는 효과를 보았다.[14]

그러나 문제는 구빈법을 주관하는 빈민감독관들이 지나치게 엄격하게 법을 적용하는데 있었다. 예를 들어 그러한 죄의 범주에 들지도 않는 사람들을 투옥시키는 현상들이 발발하였기 때문이다. 그러나 실제로 구빈감독관들이 죄 없는 사람들을 벌주는 일이 전체적인 법의 효과와 비교해 볼 때 너무나 크게 여겨졌다는 사실이다.[15] 사실 개정구빈법의 문제는 가혹한 빈민감독관들의 엄격한 법 적용에만 있었던 것은 아니었다. 개정된 신빈민법은 1601년의 엘리자베스 구빈법과 그 철학적인 면에서는 그리 다르지 않았다. 개정구빈법의 핵심은 열등수급의 원칙(less eligibility)으로 작업장의 피구제빈민에 대한 구호의 수준은 자력으로 살아가는 가장 소득이 낮은 최하층 노동자의 생활보다 더 열등해야 한다는 것이었다. 이 열등처우의 원칙을 실현하기 위해서 노동능력이 있는 구호신청자는 작업장에 입소하는 경우에만 수혜가 주어졌다. 이제까지 시행되던 원외구제를 완전히 중지하고 작업장의 구제만을 인정하되, 구제의 수준을 최하위로 한다는 규정을 따르게 되었던 것이다.

심각한 문제는 이 열등처우의 원칙을 지키기 위해서 작업장은 더욱 비인

---

13) Ibid, p.110.
14) Ibid.
15) Hall, op. cit., p.16.

간화되어 갔고 '바스티유 감옥' 또는 '죄 없는 감옥'으로 불리게 되었다.[16] 아래의 글은 빈민을 강제적으로 억제하기 위한 작업장의 상태가 얼마나 열악했는지 그리고 심각했는지를 보여주고 있다.

> 작업장에 들어온 노인부부는 별도로 수용되어 서로 만나는 것이 허용되지 않았다. 식단에 대해서는 아주 세밀한 부분까지 규정되었고, 식사시간에 말조차 할 수 없었으며, 초라하고 맛없는 식사는 열등수급의 원칙상 당연시되었다. 수용자는 작업장의 복장에다 굴욕감을 줄 수 있는 배지도 착용하였다. 아동은 복종하도록 훈련을 받았으며, 다른 교육은 없었다. 수용자의 장례식은 사람이 죽었다는 것을 알리는 종소리도 금지하였다. 결과적으로 작업장은 모든 근로 계층의 공포의 대상이 되었다.[17]

이러한 시대적 상황 하에서 빈곤문제를 해결하기 위해 1834년 빈민법 체제를 나름대로 수정하기에 이르지만 실제적으로 빈민문제를 해결하는데는 아무런 도움이 되지 못했다. 다시 말해 신빈민법이 빈민의 구제라는 고유의 기능을 전혀 수행하지 못하고 오히려 수급 빈민에 대하여 비인간적이고 치욕적인 대우를 감행하였는데 이는 철저히 계산된 정책적 오류였다. 다시 말해 정부가 그런 억압적인 태도로 빈민을 대하게 되면 결국 빈민은 감소할 것이라는 정책적 착각에 의한 것이었다. 그 결과는 심각한 것이었다. 빈민들 중에는 이러한 열등처우의 원칙이라는 이름 아래 행해지는 걸인(Pauper)이라는 낙인을 거부하고 차라리 굶주림과 죽음을 선택하는 사람도 적지 않았다.[18] 정부가 인식하지 못했던 것은 인간이란 물질적인 구호를 받고 안 받고 보다는 인간의 존엄성에 대한 문제가 더 중요하다는 사실을 인식하지 못했던 것이다. 인간을 인간으로 취급하지 않고 비인간적이며 모욕적이고 치욕적인 구호에 대하여 항거할 수밖에 없었던 것이다. 뿐만 아니라 개정구빈법은 심각할

---

16) 이강희, op. cit., p.107.
17) Ibid. p.110.
18) Ibid. p.113.

대로 심각해진 사회의 문제를 억압으로 해결하는 데는 역부족이었다. 심각한 것은 구빈법을 개정하기 전에 만연되었던 사회적 문제는 조금도 나아질 기미가 보이지 않았다. 오히려 사회적 상황은 그들의 노력을 배로 요구하였다. 예를 들자면 메이휴(Mayhew)는 1858년, 즉 빈민법이 개정된 후에도 런던에만 약 80,000명의 창녀들이 있었다고 주장하고 있다. 뿐만 아니라 청소년 매춘, 매춘부 주선, 자살 기도, 낙태 그리고 유아살해 등 온갖 형태들이 런던에서 발생되고 있었다고 보고하고 있다.[19]

3. 개정구빈법에 대한 다양한 도전

이렇게 제정된 비인간적이고 잔인한 작업장의 환경과 신빈민법에 대한 사회의 강력한 도전은 이미 예견된 일이었다. 이러한 사회적 저항은 안도버 사건(Andover scandal)으로 인하여 강력한 사회문제로 전환하게 된다.

1846년 신빈민법이 발효된 지 10여년이 지났음에도 불구하고 빈민의 문제는 해결되지 않았다. 오히려 열등처우의 원칙을 수행하기 위한 도구로 전락한, 악랄한 작업장을 중심으로 구빈행정이 실시되던 무렵, 안도버 작업장에서 배고픈 수용자가 버려진 썩은 말뼈의 연골과 골수를 빨아먹고 있다는 사실이 발견되었다. 이 사건이 사회문제화 되었고, 강력한 사회적 저항이 일어나게 되었다.[20] 왜냐하면 인간적인 측면에서 볼 때 신빈민법은 악랄함 그 자체였기 때문이었다. 신빈민법의 개탄스러운 상황에 대하여 급진파뿐만 아니라 보수파도 반기를 들게 되었다. 극우파요, 전직 토리파(보수파)의 대장상을 역임한 엘든(Elden)은 신빈민법을 들어 기독교 사회의 가장 저주스런 법이라고 강하게 비난하는가 하면,[21] 급기야 영국의 구빈위원회는 빈민법청(Poor

---
19) Hall, op. cit., p.22.
20) 이강희, op. cit., p.111.
21) 원석조,『사회복지 역사의 이해』(서울: 양서원, 2001), p.54.

Law Board)으로 조직 개편되어 의회의 책임 하에 빈민의 문제를 해결하려는 노력을 하게 되었다. 이런 사실을 미루어 보아 개정구빈법이 가진 결정적인 문제는 시혜의 방법이 아니라 시혜의 철학에 있었다. 인간을 인간으로 보지 않고 단순한 구호의 대상으로 보아 이들을 억압함으로써 시혜를 줄이겠다는 정부의 의도는 결국 완전한 실패의 자리로 나아갈 수밖에 없었고 몇몇 뜻있는 사람들에 의하여 새로운 빈곤구제의 방법에 대하여 진지하게 생각하기에 이른다. 다시 말해 빈민법이 가지고 있는 한계를 극복하기 위해 민간 자선기관이 개입해야 할 필요성을 강하게 느끼게 되었던 것이다. 심각해질 대로 심각해진 사회를 그대로 방치해 둘 수만은 없다는 생각과 이러한 상황 아래 이제는 무엇인가 행해져야 한다는 자성의 목소리가 확산되기 시작하였다. 구빈법의 개정에도 불구하고 구빈법의 폐해를 알리고, 구빈법의 후유증 속에서 일어나는 많은 범죄와 빈곤의 문제를 거론하는 엄청난 양의 보고서들이 쏟아져 나오기 시작하였다. 이제는 무언가를 결단해야 한다는 생각 아래 많은 귀족들과 여성들이 봉사를 위한 준비를 하고 있었고, 세를 규합하고 있었다. 이러한 문제는 단순히 런던에서만 제기되었던 것이 아니라 에딘버러와 리버풀에서도 동일하게 전개되기 시작하였다.[22]

4. 처절한 빈곤 및 여성문제에 대한 교회 개입의 필요성 대두

빈민뿐만 아니라 미혼모에 대한 구빈감독관들의 무자비하고 상상을 초월하는 몰이해는 결국 신실한 기독교인들과 무감각한 사람들에게 거룩한 자극을 주기에 충분하였다.[23] 뿐만 아니라 이렇게 빈민법이 빈민의 구제라는 본래의 기능을 수행하지 못함을 자각한 경건한 그리스도인들을 중심으로 빈민법

---

22) Helen Bosanquet, *social work in London*, 1869-1912, The Harvester Press Limited, 1973.
23) Hall, p.18.

과는 별개로 민간차원에서 빈곤구제의 방법을 개선해 나가게 된다. 이처럼 빈민법의 처우는 비인간적이었고, 다른 한편에서는 불황으로 인한 빈곤이 극심한 상태에 이르게 되었다. 이러한 상황에서 이에 대한 교회의 개입은 어쩌면 당연한 것인지도 모른다. 위에서 언급한대로 이러한 상황에서 가장 고통을 받는 사람들은 여성이었다. 엄청나게 확산된 창녀, 그로 인하여 걷잡을 수 없이 발생하는 미혼모, 그리고 버려진 아이들, 그리고 이들을 무자비하게 탄압하는 빈민감독관의 횡포는 정도를 벗어나고 말았다. 결국 이러한 빈민감독관들의 무자비한 행동에 대해 영국 성공회를 중심으로 한 압제받은 여성을 위한 피난처가 탄생하기에 이르렀고, 기타 여러 유사한 기관들이 세워지는 자극제로 작용하게 되었다. 1850년에 세워진 Wantage Sisters of St. Mary the Virgin을 비롯한 유사한 기관들은 사회의 희생물이 되어 그야말로 오갈 데 없는 여성들을 위한 안식처로 자리 잡게 되었다.[24] 어찌해 볼 수 없는 사회문제, 특히 만연된 여성문제의 심각성을 이해하고, 이 일에 대한 통찰력을 갖고 이 일에 자신을 헌신함으로써 획기적으로 이 사업에 뛰어든 사람들이 바로 조세핀 버틀러(J.Butler)와 엘리스 홉킨스(E. Hopkins)였다.[25] 이 두 헌신적인 여인들은 단순히 만연한 사회악만을 줄이기 위해 노력한 것은 아니었다. 그들은 우선적으로 이 일이 법적으로 대응하지 않으면 안 된다는 사실에 주목하고 법률을 통한 개정에 관심을 두었다. 또한 이들에 대한 교육과 아울러 이 일이 발생하는 원인에 대한 공적인 이해심을 높이는데 관심을 두었으며, 아울러 이러한 매춘의 사회적, 경제적, 정서적 그리고 윤리적인 원인을 홍보하는데 노력하였을 뿐만 아니라 그들이 더 깊은 절망의 상태에 빠지기 전에 비참한 여성들의 기본적인 삶의 질을 증진시키기 위한 예방사업에 집중적인 관심을 표명하였다.[26] 버틀러와 홉킨스가 관심을 기울인 또 다른 사업은 1885년에 형성된 Criminal Law의 통과를 위한 사업이었다.[27] 그들은 연약한 여성을

---

24) Ibid.
25) Ibid. p.23.
26) Ibid.
27) Ibid.

단순히 보호하고 돕는 차원이 아니라 궁극적인 해결은 법의 제정으로 가능하다는 사실을 인지하고, 법을 통해 여성의 문제를 영구히 해결하려고 하였다. 그러나 그들의 생각은 법적인 절차 내에서의 해결뿐만이 아니었다. 그것은 영적 감화에 있었다. 이러한 문제를 해결하기 위해 그들이 진정으로 찾아야 할 사람은 바로 진정으로 한 영혼을 구하기 위해 자신의 삶을 진정으로 헌신할 사람을 찾아내는 것이 그들의 가장 큰 방해물이었다. 다시 말해 자격을 갖춘 사람으로, 한 영혼에 대한 깊은 관심과 그 일에 대하여 자신을 전적으로 헌신할 사람을 찾는 것이었다.[28]

이렇게 고통 받는 여인들에 대한 교회적 대처는 매우 다양하게 이루어졌다. 특별히 스버리 공작(Shaftsberry)의 후원 아래 1856년에 형성된 The Reformatory and Refuge Union은 유기된 여성들을 위해 대단한 공헌을 하였다. 이 자선기관의 궁극적인 관심은 이러한 여성들의 타락을 방지하는 것이었고, 아울러 구제를 위한 기관이었다. 그들은 구제와 더불어 영적개화에 주력하였음은 말할 나위가 없다.[29]

이러한 노력에도 불구하고 1860년대의 런던은 거대한 빈곤으로 인해 어찌할 바를 몰랐고, 범죄와 구걸동냥, 구걸생활, 노동자들의 좁은 곳에서의 밀집생활과 비위생, 아무리 해도 끝이 없는 자선행위 등으로 그 절망의 상태로부터 탈출할 기미를 보이지 않고 있었다. 메트로폴리스의 행정관도 날마다 첩첩이 쌓인 가난한 군중들로 인한 고통과 절망을 토로하고 있었다. 또 다른 측면에서는 구빈법이 사회악을 더욱 가중하게 함으로써 자선기관과 자선행위를 하는 개인들도 몰려드는 요구에 부응하지 못하여 심각한 고통을 호소하고 있었다.[30] 이러한 사회적 정황 가운데서 걷잡을 수 없이 번져만 가는 빈곤과 구호 문제를 해결하기 위해 설립된 교회중심의 자선기관들이 우후죽순처럼 발생하게 된 것은 어쩌면 당연한 일인지도 모르겠다.

---

28) Ibid. p.28.
29) Ibid. p.20.
30) Helen Bosanquet, op. cit., p.17.

※ 제7장 개정구빈법의 폐해와 찰머즈 목사의 근린운동에 대한 토론 ※

1. 현실을 정확하게 볼 수 있는 한 명의 사회복지 지도자가 필요하다

　찰머즈 목사는 개정구빈법의 폐해를 목격하고 독자적인 자선의 길을 택한다. 그는 우선 교구민의 생활 상태를 정신적, 물질적 양면에서 철저히 조사 분석 종합하였고, 교구민과의 개인적인 친교를 맺어 생활 상태를 조사하고 그 상황에 따라 적절하게 대처함으로써 획기적인 물질적 보호 및 환경 개선의 쾌거를 이루었다. 이는 실로 과학적 자선과 시대를 정확하게 보는 그의 통찰력 때문에 가능한 것이었다. 귀하는 미래의 사회복지 지도자로서 귀하의 사회복지 사역에 찰머즈 목사의 과학적 자선의 철학으로부터 무엇을 적용할 수 있다고 보는가.

2. 당신이 서 있는 그 자리에서 삶의 영향력을 행사하라

　찰머즈 목사가 표방한 과학적 자선의 결과는 실로 대단하였다. 당장 피구호자의 수가 타교구에 비하여 1/5 내외로 줄어들었는가 하면 스코틀랜드에 있어서 가장 모범적 교구로 칭함을 받았고, 나아가 차후 엘버펠트 구빈제도, 함부르크제도 등에 적지 않은 영향을 미쳤으며, 뿐만 아니라 그의 자선 철학은 고스란히 자선조직협회의 효시가 되었다. 당신이 서 있는 그 자리가 중요하다. 그 자리에서 창의적인 사고를 통해 다른 사람에게 결정적인 영향력을 행사할 수 있다. 귀하는 예비 사회복지사로서 어떤 측면에서 다른 사람에게 긍정적인 영향력을 행사하고 싶은가.

3. 교회여, 사회의 고통스런 목소리에 귀를 기울여라

구빈법의 개정에도 불구하고 구빈법의 폐해와 후유증 속에서 이제는 교회가 사회를 위해 무언가를 결단해야 한다는 생각 아래 많은 귀족들과 여성들이 봉사를 위한 준비를 하고, 세를 규합하고 있었다. 이러한 움직임은 비단 런던에서만 제기되었던 문제가 아니라 에딘버러와 리버풀 등 전 영국의 교회가 사회의 아픔에 대해 귀를 기울이기 시작한 것이다. 오늘날 한국사회는 어떤 문제로 아파하고 있는가. 그리고 그들의 절규에 대하여 한국교회는 구체적으로 어떻게 반응해야 한다고 생각하는가.

제8장 개정구빈법의 폐해에 대한 교회의 종합적 대안으로서의 자선조직협회

제1절 자선기관의 난립으로 인한 문제점의 대두
제2절 효과적 자선을 위한 자선기관 연합에 대한 필요성의 대두
제3절 전문적인 사회사업 기구로서의 자선조직협회의 태동
제4절 자선조직협회의 운영 목적과 방향성
제5절 자선조직협회의 운영 원리와 방법

제1절 자선기관의 난립으로 인한 문제점의 대두

앞 장에서 이미 자세하게 언급한 바와 같이 1800년대는 영국과 아일랜드를 비롯한 유럽전역에 흉년과 기근으로 인하여 심각한 사회문제에 봉착하게 되었고, 인클로저 운동 등으로 인한 농민 폭동의 여파뿐만 아니라 개정구빈법의 폐해 역시 적지 않았다. 이러한 문제로 인하여 노동자들은 걸식자로 변하고 도시에서는 반란이 일어나는가 하면, 계속되는 군중집회로 인하여 사회 전반이 혼란에 빠지는 사태에 이르게 되었다.

문제는 1834년 구빈법의 개정에도 불구하고 노동계층의 빈곤이 해소되지 못했다는 것이다. 이에 덧붙여 경제적인 위기와 실업으로 많은 자선조직들이 불규칙하게 난립되는 현상을 초래했다. 뿐만 아니라 개정된 빈민법은 어떤 지방에서는 너무 엄격하게 적용되는가 하면, 또 어떤 곳에서는 너무 느슨하게 적용됨으로써 그 엄청난 수의 빈민 문제를 해결하는데 실패하였다. 이에 대한 대안으로써 작업장 제도를 도입하였으나, 이 역시 그 잔혹함과 비인간적인 처우로 구호를 회피함으로써 런던 시내는 그야말로 감당할 수 없을 정도의 걸인들이 넘쳐나고 있었다. 이러한 대량실업의 사태와 걷잡을 수 없는 빈민의 확장 등으로 인하여 굶주린 사람들을 무조건 방치할 수만은 없는 상황에 이르게 되었다. 이로써 민간사회복지의 발달, 즉 기독교의 개입 없이는 영국 사회가 어찌할 수 없는 상황에 놓이게 된다. 다시 말해서 이 엄청난 사회의 고통 앞에서 사랑과 박애를 외치는 기독교의 개입 외에는 아무런 대책을 찾아볼 수 없었다.

혹자는 이러한 상황에서 기독교의 자선기관 난립을 비판적으로 보고 평가하는 이도 없지 않아 있으나, 이러한 사회적 정황 가운데, 다시 말해 이 엄청난 사회문제를 해결하기 위해서는 어쩔 수 없이 기독교의 개입이 있을 수밖에 없었고, 걷잡을 수 없이 확산되는 빈곤을 포함한 사회문제를 방관만 할 수 없는 처지에 놓이게 되었다. 사랑과 긍휼을 삶의 철학으로 살아가는 그리스도인들과 교회가 이러한 사회적 고통에 대하여 외면하지 않고 세를 규합하여 심각한 사회문제에 대처하기 위해 일어난 것은 어쩌면 너무나 당연한 일인지 모른다.

앞의 글에서 살펴본 바와 같이 이 엄청난 사회적 혼란으로 행정기관과 구빈행정을 담당한 사람들조차도 어찌 할 수 없는 상황 가운데서 그들이 구호에 대한 절망적인 아우성을 토로 하는 것만 보아도 얼마나 사태가 심각한 지경에 이르렀는지를 알 수 있다. 이런 상황 하에서 교회는 교회 나름대로 이 사회문제를 치유하기 위하여 자선에 자선을 거듭하게 되었고, 그 결과 자선기관의 난립이라는 결과를 초래하게 되었지만, 사실 아무도 자선 그 자체를 비판할 수는 없었다. 다만 이렇게 난립된 자선기관으로 말미암아 자선행위를 하는데 있어서 많은 문제점들이 도출됨으로써 비효과적인 결과들이 도출되었던 것이다. 그 구체적인 문제로는 사역의 중복, 자선기관의 난립, 무계획적이고 비전문적 자선으로 말미암은 무차별적 자선행위, 자선기관 간의 경쟁적 사역, 자선기금의 낭비 등을 지적할 수 있다.

당시 영국에는 빈민구제를 위한 모든 형태의 방법과 기관이 동시 다발적으로 활동하고 있었다. 특히 이러한 자선 단체들은 대부분이 종교단체였으며, 일부 사회단체와 개인들에 의하여 수행되고 있었다. 그러나 이러한 자선단체의 난립으로 인한 가장 큰 문제는 역시 경쟁적인 사역으로 인한 사역의 중복의 문제였다. 수를 셀 수 없을 정도의 개별적 자선기관과 박애기관들이 지나치게 개별적으로 자선행위를 함으로써 하는 일들이 중복되거나 또는 이로 인해 소외되는 사람들이 발생하는 비효과적인 수행을 계속하고 있었다.[1] 이들은 빈곤의 원인인 사회적 조건이나 구호의 개별화에 관심을 두지 않았

---

1) Stuart Alfred Queen, *Social Work in the Light of History*, Philadelphia and London: J.B. Lippincott Company, p.106.

다. 도움을 필요로 하는 사람들, 즉 개개인의 사정에 대한 조사도, 시설 간의 상호정보교환도 없었기 때문에 서비스의 중복이나 낭비가 심할 수밖에 없었다.

결국 이러한 경쟁적이고 중복적인 사역은 자동적으로 무차별적 자선의 결과를 초래할 수밖에 없었던 것이다. 자선기관들의 무차별적 자선행위는 전국으로 퍼져, 기관들의 연합으로 인한 자선이 없었기 때문에 오히려 심각한 구걸행위만을 조장하는 결과를 초래하게 됨으로써 다시 한번 중세교회의 전철을 다시 밟게 된다. 안타까운 것은 자선기관들은 빈민들을 돕는데 있어서 반드시 갖추어야 할 질서, 즉 연합, 집중, 조직 등의 기초적인 시스템을 전혀 갖추지 않고, 단순히 그 지역에 사는 사람들뿐만 아니라 유랑자까지 무차별하게 실시하였고, 이들을 통제할 수 있는 힘도 전혀 갖추지 않은 채 시행한 것이 문제점으로 지적될 수밖에 없게 되었다.[2]

심각한 것은 자선의 비전문성이었다. 왜냐하면 자선기관들은 수혜자에 대한 진정한 관심으로 자선을 수행하기 보다는 한 그릇의 수프, 인형, 석탄을 배급하는 티켓, 모포, 그리고 도움을 구하는 자들에 대한 자선을 우선으로 했을 뿐, 진정으로 이들이 이러한 수혜를 받을 자격이 있는가에 대해 점검하고 평가하는 일에 있어서는 조금의 관심을 기울이지 않았다. 그리고 필요하다면 어느 정도의 도움이 실제적으로 필요한가에 대한 진정한 평가에는 조금도 관심 없이 습관적인 시혜에 빠져 있었던 것이다.[3]

이러한 사설 자선기관의 난립은 또한 심각한 자금의 낭비를 초래하였다. 그 한 예로, 샘프슨 로우(Samson Low)는 1861년 런던의 사설 자선기관의 수입을 조사하였을 때, 놀랍게도 구제나 재앙에 대비한 공적 자금을 훨씬 초월한 금액을 사용하고 있었음을 밝혀내었다. 이로 볼 때 런던의 사설 자선기관들이 얼마나 강력한 영향력을 행사하고 있었는지를 알 수 있다. 그의 조사에 의하면, 사적 기금이 공적 기금보다 두 배 정도였다니 실로 엄청난 현상이 아

---

2) Ibid. p.225.
3) Kathleen M Woodroofe, *From Charity to Social Work: In England and the United States*, 1962, London: Routledge & Kegan Paul, p.26.

닐 수 없었다. 또한 1869년 토머스 호슬리(Thomas Hawsley)는 런던에서만 700만 서틀링이 자선과 빈자를 위하여 모금되었으나, 이러한 자금은 결코 효과적으로 사용되어지지는 않았다고 보고하고 있다.[4]

결과적으로 이러한 자선기관의 난립은 자선기관 간의 비협력적인 사역과 독단적인 사역의 폐해를 낳게 되었던 것이다. 실제로 런던의 사설 자선기관들은 그 수를 헤아릴 수 없이 넘쳐 났고 다양하였으며, 문제는 협력을 통한 사역을 시행하지 않고 서로 경쟁적이어서 심각한 문제를 가지고 있었던 것이다.[5] 종합적으로 볼 때 1861년 경 런던에만 해도 자선기관들이 그 수를 셀 수 없을 정도로 산재해 있었다. 런던의 경우 장장 640여개의 자선기관이 있었는데 이 자선기관들이 사용하는 금액이 런던 전체의 공공자금 총액을 상회할 정도로 막강한 것이었다. 근본적인 문제는 이렇게 엄청난 수의 자선기관들이 활동하고 있음에도 불구하고 자선기관 간의 연결이나 협조 그리고 자선의 공동수행에는 전혀 관심을 표명하지 않음으로써 중복수혜, 교육도 받지 않고 단순히 자선사업에 임함으로써 오는 비전문성, 정보의 부족과 정보공유에 대한 몰이해, 무차별적 시혜로 인한 폐해 등으로 인한 비효율적 자선이 만연되고 있었다. 그 가운데 가장 근본적인 문제는 이들 자선기관의 무차별적 자선행위였다. 이러한 무차별적 자선은 중세교회의 전철을 그대로 답습하여 그야말로 사람들의 도덕적 타락을 유발하고 거지도 크게 늘어 그야말로 수혜를 받으면서도 수치심이라고는 전혀 찾아볼 수 없는 뻔뻔한 걸인들을 양산하는 못자리처럼 느껴졌다고 보고되고 있다.[6]

이러한 자선행위에 대한 비판 역시 만만치 않았다. 난립된 자선기관에 대하여 로흐(C. S. Loch)는 자선을 적당치 않은, 소비성이 짙은, 그리고 부자에게 스스로 지워진 세금 등으로 묘사하였고, 문제 해결을 위해 실시된 자선이 결국 문제를 야기시킨 것으로 평가하였다.[7] 이에 더하여 비숍 윈체스터

---

4) Ibid. p.27.
5) Ibid. p.26.
6) 이강희 외, 『사회복지발달사』(서울: 양서원, 2006), p.116.
7) Kathleen M Woodroofe, op. cit., p.27.

(Winchester)는 자선기관 난립의 폐해에 대한 로우의 연설에 대하여 동조하면서 "우리의 잘못된 자선행위가 오늘날 우리가 가장 경계해야 할 악마"라고 주장하였다. 자선은 주는 자에게 잘못된 영향을 주었을 뿐만 아니라 그 결과는 수혜를 받는 자에게 치명적 결과를 초래하였다고 비평하였다. 그래서 그는 이 문제를 해결하기 위한 오직 한 가지 방책으로, 엄청나게 산재된 자선기관들은 경쟁을 자제하고, 하나의 협력체제로 전환해야 할 것이며, 또한 구빈법의 테두리 안에서 철저히 협력해야 한다고 강조하였다.[8]

제2절 효과적 자선을 위한 자선기관 연합에 대한 필요성의 대두

이러한 문제점을 바탕으로 자선기관들이 각개전투 형식의 자선을 수행할 것이 아니라 자선기관들이 협력의 필요성을 인식하고, 그들의 사역을 수행하는데 있어 일정한 원칙의 필요성을 인식하면서 Society for Organizing Charitable Relief and Repressing Mendicity라는 단체를 구성하여 1870년 3월 William's Room에서 모임을 열었다.[9]

이 모임의 의장인 더비 백작(The Earl of Derby)은 그의 연설에서 런던의 걸식 빈민은 현행 자선기관이 수행하고 있는 자선의 속도보다 훨씬 빠르게 확대되고 있음을 지적하였다. 그는 무조건적인 사설 자선기관의 시혜적인 자선을 탈피하고, 적절한 수퍼비전과 통제에 의하여, 그리고 구빈행위의 지나친 느슨함을 경계하고, 진정한 수혜자와 그렇지 않은 자의 차별을 통해서 자

---

8) Ibid. p. 28.
9) Ibid. p. 27.

선을 실시하여야 함을 강조하였다.[10] 그러나 그가 연설을 통하여 가장 강하게 강조한 것은 자선기관들이 효과적인 사역을 할 수 있는 연합체를 구성하지 못하고 있다는 것이었다. 이러한 상황에서 그들의 생각을 나누고 새로운 생각을 결집하며 워커들을 교육할 뿐만 아니라 자선의 원리를 행동에 적용하고, 그 이론에 효과적으로 대처하며, 그들이 하고자 하는 계획에 효과적으로 대처할 수 있는 새로운 기구가 절실히 필요하다는 것을 강하게 요구하였던 것이다.[11]

정부 역시 이러한 치명적인 문제를 인식하지 못한 것은 아니었다. 최초로 이 문제를 정부적 차원에서 제기한 사람은 고센(S. S. Goschen)이었다. 당시 구빈청의 장관이었던 그는 이렇게 심각한 빈민법의 폐해에 대하여 고심하면서 1869년 '고센의 각서'를 발표하게 된다. 그의 보고서에는, 런던 동부 빈민 지역에서 대량의 자선행위가 이루어지고 있고 이에 따라 빈민들은 이 지역으로 대거 이동하는 경향이 있을 뿐 아니라 빈민법에 의한 수혜자와 자선기관의 수혜자가 중복 수혜를 하는 경우도 왕왕 발생하고 있음을 지적하고 현재 진행 중인 민간자선 기관의 활동을 가장 효율적으로 운영하자는 제안을 담고 있었다.

그의 글은 정부와 민간 자선기관 간의 협력의 필요성을 역설하면서 체계적인 자선 관리를 제안하고 있다.[12]

이러한 고센의 각서를 바탕으로 제안된 조직적인 자선구제는 1869년 4월에 '자선구제의 조직화와 구걸방지를 위한 협회'를 결성하기에 이르렀고, 다음해 자선조직협회(Charity Organization Society)로 개칭되었다.[13] 이러한 조직적인 자선구호를 수행하는데 있어서 분명한 원리의 설정이 필요하였는데, 말할 것도 없이 스코클랜드 출신의 찰머즈 목사의 근린운동, 즉 빈곤해결의

---

10) Ibid. p.28.
11) Helen Bosanquet, *Social work in London, 1869-1912*, The Harvester Press Limited, p.18.
12) 이강희, op. cit., p. 116.
13) 자선조직화운동은 일반적으로 영국에서 유래된 것으로 알고 있으나 그 시초는 영국이 아니

원리가 그 바탕이 되었다. 찰머즈 목사의 빈곤에 대한 주장은 빈곤 발생은 물론 사회적인 상황이 그 주요 원인이 될 수도 있으나 원천적으로 빈곤의 책임은 개인에게 있으므로 개인의 태도와 성격을 변화시키지 않는 한 빈곤은 악순환 되기 때문에 교구원이 빈민을 방문할 때 그들의 인격의 변화, 즉 기독교적 가치관으로 그들의 자존감을 회복시킬 때 진정한 빈곤극복이 가능했음에 주안점을 두고 있다. 이렇게 자선조직협회는 그 원리를 찰머즈 목사의 인격 회복에 두고, 기독교 사회주의자로 명명할 수 있는 로흐(C. S. Loch), 그린(R. Green), 보상퀴트(C. Bosanquet), 데니슨(E. Denison), 힐(O. Hill), 그리고 바네트(S. Barnett) 등을 중심으로 활발하게 전개되기 시작하였다. 실제로 이 사람들은 산업혁명을 통하여 가장 큰 이익을 본 신흥자본가 계층이었다. 그들은 초대교회의 형태를 본받아 가장 이익을 많이 본 계층인 신흥자본가 출신인 자신들이 솔선하여 축적한 부의 일부를 빈곤구제에 사용함으로써 빈부의 문제를 어느 정도 해결할 수 있다고 믿었을 뿐 아니라 이것이 가장 바람직하고 효과적인 방법이라 생각하고 자선활동에 매진하였던 사람들이었다.[14]

자선조직협회의 태동에 또 하나의 결정적인 역할을 했던 사람들이 모리스(J. Maurice) 목사를 중심으로 한 기독교 사회주의자들이었다. 그들은 무비판적이고 무계획적이며 비협동적인 당대의 자선행위를 경계하면서 지금까지의 지배적인 방임주의에 대항하였다. 영국교회 목사였던 모리스는 보다 효율적인 자선행위가 이루어지도록 법률가 러들로우와 친우 킹즐리의 도움을 받아, 1847년에 재봉사들을 위한 공동조합을 조직하고, 1850년에는 노동자복리증진협회를 조직하여 기독교 교리의 산업화에 적용하였다. 그들은 기독교적 관점에서 정치, 경제, 사회 등 모든 영역의 사회문제를 연구하고 빈부의 관계는 철저히 기독교와 성서의 바탕 위에 세워져야 한다는 관점에서 기독교 사회주

라 파리에서 발생한 것으로 보고되고 있다. 이 운동은 파리 대학의 학생인 오자남의 제창으로 시작된 것으로, 빈민구제가 단순히 금전적인 시혜가 되어서는 안 된다는 것을 주장하면서 1883년에 빈센치오 아 빠우로회라는 자선단체를 조직하였다. 회원들은 이러한 설립동기에 동의하면서 빈민이나 병자를 방문하여 간호할 것이 의무화되었다.
14) Ibid. p.11.

의를 제창하였다. 결국 이것이 자선조직화 운동에 결정적인 영향을 미치게 되었던 것이다.

뿐만 아니라 그들은 철저히 노동자의 편에서 활동하고 기독교적인 개화와 감화의 정신으로 노동자에게 다가갔기 때문에 당시의 노동자 폭동을 제압할 수 있었다. 그들은 동료 사상가들과 협력하여 노동자들과 더불어 기독교적 생활의 사회적 영역을 넓혔으며, 경제, 사회, 정치 등 모든 영역에 걸친 사회 문제를 연구하고, 해결하려고 노력하였으며, 특히 빈부의 관계는 기독교 철학의 기초 위에 세워져야 한다고 하여 기독교 사회주의를 제창하였다.[15]

특히 모리스 목사를 중심으로 한 영국의 기독교 사회주의자들은 현대에 발생하는 빈곤이 전통적인 개념으로 인식된 개인의 책임이 아니라 자본주의로 야기된 경제적, 사회적 불평등이라는 사실을 인식하면서 1848년을 기점으로 기독교적 가치관을 가지고 사회 모순에 도전하려는 움직임이 나타나기 시작했다. 이러한 움직임은 모리스 목사와 함께 프랑스에서 교육받고 이러한 사상을 지원한 러들로우(J. M. Ludlow)의 지도 아래 무제한적인 경쟁에서 탈피하고 기독교적 이상을 실현하려는 움직임으로 승화하게 된다.

이처럼 모리스 목사와 기독교 사회주의자들은 그리스도의 사랑을 바탕으로 한 형제애와 협력이 사회 문제를 야기하는 경쟁제도를 대신할 수 있어야 하며, 기독교란 분열되는 사회를 통합하고, 상류층과 하류층의 화해를 가꾸는 대행자가 되어야 한다는 러들로우의 가르침을 손수 실천에 옮겨야 할 때임을 인식하게 되었다.[16]

---

15) 유상열, 『사회복지역사』(서울: 학지사, 2002), p.118.
16) 로리타 래가나, 『대학지성과 사회개혁운동』, 임영상 역(서울: 전예원, 1994), p.29.

제3절 전문적인 사회사업 기구로서의 자선조직협회

자선조직협회는 어느 날 갑자기 태동한 것은 아니었다. 이것은 진정으로 사회문제를 기독교적 관점에서 해결해 보려는 사상가, 행정가, 목회자, 법률가들의 결집된 노력의 결과였다. 그러나 이러한 빈곤문제 해결을 위한 사상가, 법률가, 목회자, 자선사업가들의 노력을 집대성한 사람은 바로 솔리 목사(Rev. Henry Solly)였다. 그는 유니테리안 교회의 목사로 당시 사회와 자선사업기관이 당하고 있는 현실을 직시하여 강력하게 문제를 제시하였고, 자선행위보다는 현존하는 자선기관들의 공조, 즉 협의체를 구성할 것을 제의하였다. 그는 협의체를 구성함으로써 서로에게 보조할 수 있으며, 보다 효과적으로 자선사업을 수행할 수 있다는 것과 그로 말미암아 공동적으로 기관원을 훈련함으로써 자선기관들이 협력체제로 나아갈 것을 강조하였다. 그리고 수혜자가 어떤 기관에서 자선을 수혜 받든지 간에 그들의 명단을 파악하여 이것을 중앙기관에서 관리하는, 조직적인 자선행위를 구성하기 위한 협의체를 제안한 것이었다.[17]

놀랍게도 이렇게 현존의 기구들에 대한 개정의 필요성을 역설하자 순식간에 이 의견에 동의하는 동조자들이 생겨났고, 급기야 1868년에는 런던빈민 및 범죄방지협회(The London Association for the Prevention of Pauperism and Crime)를 구성하기에 이르렀고, 이듬해인 1869년에는 자선활동 통일의 필요성을 결집케 하고, 1870년에는 자선조직협회로 그 이름을 바꾸었다. 이는 철저히 빈곤자에 대한 무차별적 구제를 막고, 공정하게 서비스를 실시하며, 조사에 의하여 정책을 수립한다는 원칙에서 출발하였던 것이다. 결국 빅

---

17) Stuart, op. cit., p.108.

토리아 시대에 만연된 빈곤의 문제를 어떻게 해결할 것인가에 대한 하나의 해답을 런던 자선조직협회에서 찾을 수 있었던 것이다.[18]

제4절 자선조직협회의 운영 목적과 방향성

자선조직협회가 추구했던 목적은 첫째, 중복구호를 방지하기 위하여 여러 가지 자선활동을 조정하고, 둘째, 환경조사를 실시하여 적절한 원조를 제공하며 이를 통해 자력으로 빈곤을 탈피케 하는 것이었다. 다시 말해 자선조직협회 구성의 목적은 런던의 박애기관의 혼돈현상과 무질서에 대한 새로운 질서를 세우는 일이었고, 나아가 이러한 연합활동으로 런던의 빈민을 더욱 가중시키는 것이 아니라 축소시키는데 있음을 분명히 하였다. 또 다른 목적 중의 하나는 올바른 자선을 통하여 빈민들에게 자립할 수 있도록 자조정신을 북돋우는데 있었다. 그래서 자선조직협회가 추구하는 자조의 미덕은 "빈민에게 물고기를 주지 말고 물고기 잡는 방법을 가르쳐 주자."라는 그들의 슬로건에 잘 나타나 있다. 뿐만 아니라 자선조직협회는 개신교적 신앙의 바탕 위에 산업정신과 독립정신, 자조정신을 함양함으로써 빈민들이 진정한 자아통합의 상태로 나아가는데 그 목적을 분명하게 하였다. 이 일에 결정적인 영향력을 행사하였던 사람이 앞에서 언급한 로흐(C. S. Loch)와 옥타비아 힐 (O. Hill)이었다.[19]

특히 옥타비아 힐은 난립된 개별 자선사업 기관들이 너무나 즉흥적이고 너무나 쉽게 가난에 접근한다고 생각하고, 이러한 가난이 런던 전체에 확산

---

18) Kathleen, op. cit., p.3.
19) Ibid. p.28.

된 것에 대하여 통한의 마음을 가지고 있었다.[20] 그래서 그녀는 이렇게 잘못된 자선기관의 행태에 대한 비판에 동조하면서 무엇보다도 주택정리와 워커의 훈련에 매진하였다. 그녀는 한 때 풀럼(Fullham)에서 연설하였는데, 여기서 그녀는 "런던의 많은 아버지들이 자존감의 머리를 들고 그들의 가정에서 존경받는 아버지로서 설 수 있게 해야 하는데, 이런 그들이 거리에서 거지처럼 노래 부르는 것은 모두 우리가 던져 주는 동전 하나 때문이다."라고 말함으로써 잘못된 자선행위를 강력하게 비판하였다. 옥타비아 힐의 이러한 자조정신은 데니슨(E. Denison)이 '자선이란 무서운 악마' 라고 표현한 것에 대한 깊은 동의에서 비롯되었다고 본다.[21]

특히 옥타비아 힐은 자선조직협회가 개신교적 정신 위에서 산업정신과 독립정신 그리고 자조정신을 키워가야 할 것을 분명히 하였다. 그녀는 가장 가난한 지역인 세인트 메리의 월머 플레이스에서 개신교적 정신위에서 산업정신과 독립정신 그리고 자조정신을 강조하면서 그들을 가난과 빚에 찌든 곳으로부터 그녀가 운영하는 자립의 집으로 옮긴 후, 그들의 생계를 위하여 일하도록 장려하였다. 일하기를 원하는 여성들을 위하여 양재기술을 제공했고, 생계를 위한 또 다른 기술지원이 이루어졌다.[22]

이렇게 그녀는 자선조직협회가 무조건적 자선을 던져 버리고 자립의 정신을 바탕으로 운영되어야 할것을 강조하였다. 실로 자립에 대한 옥타비아 힐의 연설은 무절제한 자선에 대한 폭탄적 성격을 분명히 하고 있었다.

We have to use Charity to create the power of self help.
우리는 자선활동을 스스로 개인의 문제를 해결할 수 있는 자립의 도구로 활용해야 합니다.

---

20) Ibid, p.25.
21) Ibid, p.26.
22) Helen Bosanquet, *Social work in London, 1869-1912*, The Harvester Press Limited, p.42..

게다가 옥타비아 힐은 자선을 수행하는데 있어서 개개인이 가지고 있는 지식과 정보의 활용에도 매우 심도 있게 강조하였다. 그녀는 클라이언트를 수혜 받을 자격을 갖춘 자와 그렇지 않은 자로 분명히 구분함으로써 체계적인 도움의 과정이 있어야 할 것을 주장하였다. 특히 옥타비아 힐은 빈자를 대하는데 있어 그들의 내면의 세계와 그들의 경험을 무시하지 않고, 탄력감(sense of elastic)의 개념을 분명히 하고 있었다. 이는 바로 클라이언트를 대하는데 있어서 심리사회적 접근이 있어야 함을 의미하는 것이다. 그러나 분명한 것은 옥타비아 힐이 클라이언트를 대하는데 있어서 심리사회적이며 개별적이며 체계적인 접근을 시도하는 한편, 실제적으로 그녀가 강도 높게 천명한 것은 클라이언트를 '하나님의 소중한 자녀'로서 가치와 존엄성을 지닌, 그리고 거룩한 자존감을 가진 존재로 대해야 한다는 점이다. 이런 점에서 자선조직협회에서 일하는 대부분의 봉사자들이 기독교인이었음은 당연한 일이고, 또한 그들이 자선조직협회의 주축을 이루고 있었다. 이는 그만큼 빈민을 위해 봉사하는데 있어서는 절대적인 기독교인의 헌신과 자주와 자조 및 독립심을 고양시키는 정신이 선행되었어야 했기 때문이었고,[23] 이것이야 말로 자선조직협회를 움직였던 진정한 철학적 지주였다고 말할 수 있다.[24]

제5절 자선조직협회의 운영 원리와 방법

앞 장에서 언급한 바와 같이, 자선조직협회의 기본적인 원리는 민간차원의 구빈운동에 있어서 획기적인 성공을 거두었던 찰머즈 목사의 자조, 자립

---

23) Ibid. p.55.
24) Kathleen, op. cit., p.52.

의 원리에 입각한 것이었다. 찰머즈 목사의 근린운동의 방법은 철저한 자립정신 함양, 철저한 기독교정신을 통한 정신의 교화, 철저한 전문적 방법을 통한 빈민 지원, 철저한 클라이언트에 대한 정보와 지식의 활용 등이었다. 자선조직협회의 운영 원칙도 찰머즈 목사의 근린운동의 정신을 그대로 계승하고 있었다. 그래서 자선조직협회의 운영위원들은 근린운동의 정신으로 구제 신청자의 엄격한 조사 및 가정방문을 통해 적합한 요구호자를 선정하는 것을 원칙으로 하였다. 따라서 이들은 요구호자의 선정에서 감독까지 철저히 독립적 가계 구성에 그 초점을 맞추었다. 자선조직협회의 기본 운영원칙을 정리해 보면 다음과 같다.

- 협력과 조직화의 원칙
- 자격을 갖춘 자에 대한 한정의 원칙
- 클라이언트의 한정적 선택의 원칙
- 원조의 금액과 시기의 적정성의 원칙
- 기독교 정신을 바탕으로 한 교화의 원칙[25]

이강희(2006)는 자선조직협회가 자선활동을 수행하는 데 있어서의 구체적인 운영원칙에 대하여 서술하였는데, 역시 다섯 가지 범주로 나누어 기술하고 있다.[26]

첫째, 빈곤의 원인은 개인의 게으름이나 음주 등 무책임한 행동의 결과이기 때문에 무엇보다 빈민의 여러 가지 이유로 잘못 설정된 성격이나 난잡한 생활방식을 바꾸지 않으면 빈곤의 문제를 해결할 수 없다고 보았다. 다시 말해서 빈곤구제의 핵심은 사회개혁이 아니라 빈민의 변화에 있기 때문에 이들의 자조정신과 자존감을 향상시키기 위해 찰머즈 목사의 방문과 같이 영적인 접근을 대단히 중요한 변화의 수단으로 사용하였다.

---

25) 유상열, op. cit., p.120.
26) 이강희, op. cit., p.118.

둘째, 지금까지의 무계획적인 자선을 지양하고 빈자의 상태를 고려하여 자선을 실시한다는 것이었다. 우선적으로 자선조직협회에 구호를 요청한다고 해서 모두가 혜택을 볼 수 없었기 때문에 탈락자 또는 부적격자들에 대해서는 빈민법에 의한 원조를 받도록 유도하거나 다른 기관에 의뢰한다는 것이었다. 또한 옥타비아 힐의 주장에 따라 빈민을 구제할 가치가 있는 빈민(the deserving poor)과 구제할 가치가 없는 빈민(the undeserving poor)으로 나누어 원조를 실시한다는 원칙이었다. 이러한 원칙은 철저히 자신의 독립심을 해치지 않는다는 자립과 자조의 원칙에 충실하려는 그들의 노력의 일환이었다. 여기서 가치 있는 빈민이란, 자신의 능력으로는 결코 빈곤의 문제를 해결할 수 없는 장애인, 고아, 비자발적 실업자를 의미하고, 가치가 없는 빈민이란, 그야말로 게으른 자, 타락한 자, 주벽이 있는 자들을 의미하며 이들에게는 자선을 거부하고 자립을 강요해야 한다는 원칙이었다.

셋째, 지금까지 자선기관의 가장 큰 폐해였던 자선기관별 무차별적 자선행위를 금지하고 자선기관의 연대를 꾀함으로써 자선단체간의 자선활동을 상호 조정한다는 원칙이었다. 물론 이러한 조정은 자선기관의 통합을 의미하는 것이 아니라 존재하는 자선기관의 자선업무를 보다 효율적으로 하기 위함과 중복구호로 인한 예산낭비를 방지한다는데 그 중요한 목적이 있는 것이다. 이 원리를 더욱 충실하게 이행하기 위하여 중앙위원회와 지구위원회의 조직을 결성하고 교구연합이나 교구의 실정에 맞추어 활동 상황을 조정한다는 원칙이었다.

넷째, 요구호자에 대한 철저한 사전조사를 통하여 자선활동을 실시한다는 원칙이었다. 사실 이전의 자선은 그야말로 무차별적 자선행위라고 한다면 자선조직협회를 통한 자선은 효율적인 자선과 구호활동을 위하여 구제신청의 입증, 생활이 곤궁한 원인의 확인, 곤궁에 대한 최선의 원조자와 그 방법의 확인, 허위의 적발 등 구제활동에 중요한 영향력을 행사할 수 있는 요소, 즉 가능한 다양한 정보를 통하여 수혜자를 선발함으로써 진정한 자격을 갖춘 요구호자에게 실질적인 구호가 가능하도록 한다는 원칙이었다.

다섯째, 결정된 요구호자에 대한 원조는 금액과 시기에 있어서 적절해야 한다는 원칙이었다. 이러한 원칙이 철저히 지켜지기 위해서는 모든 조사의 과정이 엄격해야 하고, 또 적절한 시기에 구호가 가능하도록 해야 한다는 것이다.

특별히 자선조직협회는 효과적인 자선활동을 위한 가정방문의 필요성을 역설하였고, 이에 대하여 협회는 트레빌리안(C. Trevelyan)의 제안을 받아들여 조직적이고 효과적인 자선활동을 위해서는 가정방문이 필수임을 공지하고, 이것을 최고의 안으로 받아들여 실시하게 되었다. 이로써 전문적인 케이스 워크의 기초를 낳을 수 있었던 것이다.[27]

자선조직협회는 빈민을 방문하는 데 있어서 교회조직을 그대로 사용하거나 유지하고 있었다. 보상퀴트는 자선조직협회의 구성과 조직을 비교적 자세히 소개하고 있다. 일단 그 곳에는 8명의 구빈사업을 담당하는 직원과 10명 내지 12명의 학교를 방문하는 직원이 있었고, 3개의 자선조직협회에 관련된 기관들이 있었으며, 약 50명의 비국교도 목사와 12명의 구역의 구빈사업을 담당하는 이, 그리고 약 100명의 도시선교를 담당하는 평신도로 구성되어 있었다. 뿐만 아니라 전도인, 그리고 성서를 읽어 주는 이, 복음 전도자 및 주일학교 교사 연합 등이 주류를 이루고 있었다.

특징적인 것은 그들이 빈민을 방문하는데 있어서 인간사회와 행동을 기초로 한 개별치료적인 접근, 그리고 우애방문원들의 특별한 지식체계를 중심으로 한 전문적인 행위는 중요한 사회사업의 한 방편으로 인식되기 시작하였던 것이다. 뿐만 아니라 자선에 대한 전문적인 접근과 더불어 그들의 영혼을 개조시키기 위한 영적인 접근은 그야말로 인간을 진정한 통합적 존재로 인정했다는 점에서 높이 평가할 수 있을 것이다.[28]

---

27) Helen Bosanquet, op. cit., p.54.
28) Kathleen, op. cit., p.53.

※ 제8장 개정구빈법의 폐해에 대한 교회의 종합적 대안으로서의 자선조직협회에 대한 토론 ※

1. 빈민들에게 물고기를 주지 말고 물고기 잡는 법을 가르쳐 주라

　자선조직협회가 추구했던 목적은 중복구호 방지, 환경조사 실시, 올바른 자선을 통해 빈민들에게 자립할 수 있도록 자조정신을 북돋움에 있었다. 그래서 그들이 내세운 슬로건은 '빈민에게 물고기를 주지 말고 물고기 잡는 방법을 가르쳐 주자'였다. 이러한 철저한 자립의 원칙은 참으로 쉬운 것 같지만 실제로 적용하는데에는 상당한 난관이 따르게 마련이다. 그럼에도 불구하고 그들은 이 원칙을 최대한 고수하였다. 만약 이 원리를 철저히 교회사회사업에 적용시킨다면 당장 교회가 실시하는 프로그램에는 어떤 변화가 있을 것이라고 예상하며 또 그 결과는 어떠하다고 생각하는가.

2. 클라이언트를 하나님의 소중한 자녀로 대하라는 옥타비아 힐의 준엄한 권면

　자선조직협회의 방향성을 분명하게 설정한 옥타비아 힐은 클라이언트를 대하는데 있어서 심리사회적 접근의 필요성을 역설하였고, 심리사회적이며 개별적이며 체계적인 접근을 시도하라고 촉구하였다. 이러한 사회심리적인 기술뿐만 아니라 클라이언트를 '하나님의 소중한 자녀'로서의 가치와 존엄성을 지닌, 그리고 거룩한 자존감을 가진 존재로 대해야 한다는 두 가지 관점, 즉 심리사회적 접근과 영적 접근을 절대 포기하지 않았고, 이것이야 말로 자선조직협회를 움직인 진정한 철학적 바탕이었다. 일반 사회복지의 한계는 바로 심리사회적 접근은 가능한 것이지만 영적 접근은 불가능하다는 점이다.

다시 말해서 영성적 접근 없이는 결코 완전한 치유의 자리로 들어갈 수 없다는 점이다. 이런 관점에서 이제부터 교회사회사업을 수행하는 복지사들이 어떤 태도로 주의 거룩한 사역에 임해야 한다고 보는가.

3. 인간에 대한 통합적인 접근(영적, 사회적)을 시도하라

자선조직협회의 봉사자들인 우애방문원들은 개별치료적인 접근, 지식체계를 중심으로 한 전문적인 접근에 영혼을 일깨우는 영적인 접근을 분명히 함으로써 인간을 단순한 사회적 존재로 보지 않고 진정한 통합적 존재로 인정했다는 점에서, 미래의 사회복지사로서의 귀하는 어떠한 준비의 과정을 거쳐야 한다고 생각하는가.

제9장 기독교적 사회개혁운동으로서의 인보관 운동

제1절 인보관 운동의 개념과 동기
제2절 인보관 운동의 중심인물들과 세틀러
제3절 인보관 운동의 목적과 특징
제4절 인보관 운동의 운영원리와 방법

제1절 인보관 운동의 개념과 동기

영국은 산업혁명 이후 산업화에 따른 인구의 도시집중화로 주택, 공중위생, 특히 일자리 부족으로 많은 인구가 실업자로 전락하였고, 부유층과 빈곤층의 격차가 심화되었다. 그 결과 빈곤층은 도시빈민지구를 형성하여 사회적으로 격리되고 고립되었다. 이러한 도시빈민 간의 문제는 개인의 책임이 아니라 사회구조 그 자체에 문제가 있다고 인식함으로써 자선조직협회의 우애방문의 차원이 아니라 의식 있는 그리스도인들이 직접 빈민가에 정주하면서 그들의 고통을 함께 나누며 그들의 삶에 개입하고 변화함으로써 그들의 삶의 질을 변화시켜야 한다는 필요성이 대두되고 있었다.

이런 필요성의 대두와 함께 인보관 운동은 지금까지 영국 자선사업의 주류를 이루고 있었던 자선조직협회가 빈곤을 개인의 책임으로 인식하는 것과는 반대로 빈곤이 사회 환경 및 국가의 정치 및 정책에 결정적 영향을 받을 수 있으므로 개인의 변화가 아닌 사회개혁에 의해서만 그 해결이 가능하다는, 소위 말해서 자선조직협회보다는 보다 진보적인 견해를 가지고 있었다. 다시 말해 인보사업을 주도했던 사람들은 빈곤의 원인을 개인에게 두는 자선조직협회와는 사회문제를 보는 견해가 달랐다. 인보관 운동의 중심인물이었던 바네트 목사는 기독교 사회주의자와 러스킨의 영향을 받아 사회계급들 간의 간격을 좁히고 물질주의가 만연한 사회에서 인간의 가치를 회복하려고 노력하였다. 이런 관점에서 그들은 자선조직협회가 국가의 책임에 대해서는 강조하지 않음을 직시하고 오히려 빈곤의 원천적 해결을 위해 국가의 적극적인 개입이 강화되어야 한다고 주장하게 된다.

그러나 국가가 주도한 사회개혁이 현실화되기까지는 상당한 시간이 소요됨으로 그 시간을 메우기 위해서라도, 그리고 부자와 빈자 간의 사회적 괴리를 제거하기 위해서라도 지식인이 빈곤지역에 정착해서 빈민들과 더불어 살면서 그 지역의 생활환경을 개선하는 것이 필요하다는 인식에서 출발하게 되었다.[1] 이런 취지를 중심으로 인보관 운동은 사회적으로 버림받은 하층계급을 같은 사회의 성원으로 인식하려고 하는 지각 있는 상류계급, 즉 사회주의적 성향을 가진 기독교들이 직접 빈민지구에 들어가서 그들과 생활을 같이 하면서 빈민을 격리하는 사회적 요인들을 제거하는 운동을 전개하면서 상류계급과 하층계급 사이에 다리를 놓으려고 한 인도주의에 바탕을 둔 운동이었다. 이 운동은 휴메니테리안(humanitarian) 운동이라 불렸고, 이 사업에 종사하는 자들을 세틀러(settler)라고 불렀다. 인보관 운동을 실질적으로 이끌었던 세틀러들은 산업의 강요로부터 오는 빈곤과 무지 그리고 착취를 극복하기 위해 진지하게 노력하는 사람들이었고, 인간복지의 통전적 회복을 위해 노력했다.

그러나 인보관 운동을 가장 정확하게 표현한 말은 그야말로 양극화의 절정을 이루던 영국사회에서 그리스도인들을 중심한 상류계급과 하류계급을 연결하는 다리로써의 운동이라고 할 수 있다. 왜냐하면 거대한 산업사회의 도래로 영국사회에서 상류계급과 하류계급의 연결이 철저히 상실되어 있었기 때문이다.[2]

이런 관점에서 인보관 운동은 시대상 서로 상존할 수 없는 양 계층 간의 연결고리로써 당면한 사회문제에 대한 반향으로 구성된, 그리고 자선조직운동의 후속조처로 나타난 새로운 형태의 진보적인 기독교 사회운동으로 이해할 수 있다.

---

1) 이강희 외, 『사회복지발달사』 (서울: 양서원, 2006), p.120.
2) Stuart Alfred Queen, *Social Work in the Light of History*, Philadelphia and London: J.B. Lippincott Company, p.131.

제2절 인보관 운동의 중심인물들과 세틀러

1. 인보관 운동의 중심인물들

위에서 언급한 바와 같이 이 새로운 운동은 지성인 계급인 러시킨이나 카아라일 그리고 모리스와 킹즐리 등을 중심으로 한 기독교 사회주의자[3]로부터 주창되었다. 모리스와 킹즐리 등은 런던의 비참함과 상황 등을 보고함으로써 사회에 커다란 파장을 불러일으키게 하였다. 처음 이 운동을 주창하였던 사람들은 처음에는 자선조직협회에서 활동하였던 사람들이었으나 점차로 자선조직협회의 한계를 인식하고,[4] 보다 더 실제적이고 빈민의 삶에 참여적인 차원에서 빈민문제 해결을 모색하였다. 이것이 인보관 운동의 탄생으로 이어지게 된 것이다.

특히 인보관 운동에 큰 영향력을 행사한 모리스는 1854년에 세워진 노동자 대학(Workingmen's College)에서 이 운동에 대한 흥미를 불러일으킴으로써 상당히 많은 대학생들이 실제로 방학을 통해 빈곤의 실제를 체험하고 구체적으로 그들을 도움으로써 더욱 활성화하기에 이르렀다.[5]

---

[3] 기독교 사회주의란, 기독교의 사회적 원리들을 구조적으로 현 사회에 적용할 것을 주장하는 다양한 교리들과 운동들을 지칭한다. 19세기 초 프랑스 철학자 생 시몽(Henri de Saint-Simon)은 '새로운 기독교 정신'을 부르짖었다. 그 골자는 가난한 사람의 곤경을 인식하자는 것으로 사회 발전의 핵심적 요인은 종교를 기본으로 하는 협동정신이라고 하였다. 그는 상속권의 폐지를 주장하였으며, 이를 통해 자본이 이기적인 자본가의 손을 떠나 사회의 수중에 있게 된다고 생각하였다. 러들로우는 산업조직에 기독교적 원리를 적용시키려는 운동을 이끌었다. 가난한 자들의 고통 받는 모습과 작업장의 형편없는 환경에 자극 받은 러들로우 그룹은 보수적인 기독교와 자유방임적 개인주의를 비난하고 경쟁을 협조로 대체할 수 있다고 하였다. 그들은 노동자복지향상협의회를 창설하였고, 1854년 런던에 노동자 대학(Workingmen's college)을 세웠다.

[4] 이들은 처음에는 자선조직협회에 소속된 사람들이었으나, 자선조직협회의 노력들이 실제적인 사회의 개혁과는 거리가 멀다고 생각하였으며, 또한 탁상공론이라고 생각함으로써 보다 더 강력하고 진보적인 개입을 요구했던 것 같다.

[5] Stuart, op. cit., p.132.

엄격히 말해서 인보관 운동은 처음부터 자선조직협회와 밀접한 관련을 맺고 있었다. 위에서 자선조직협회를 구성하였던 모리스, 킹즐리 목사의 정신을 계승한 옥스퍼드 대학과 케임브리지 대학의 학생들은 모리스 목사의 권유로 보다 더 실질적인 참여를 권하면서 인보사업에 관심을 갖고 휴가기간을 이용하여 자비로 빈민굴에 거주하면서 그들의 실상을 조사하고 연구함으로써 빈민을 구호하는데 조직적인 구호활동을 전개하였다.

1) 그린(R. Green) 목사와 데니슨(E. Denison) 목사

자선조직협회의 문제를 파악하고, 이에 대한 제도적인 개선에 대한 논의가 구체화되기 시작하자, 자선조직협회에 결정적 역할을 담당한 그린 목사는 이에 뜻을 같이하는 데니슨 목사와 만나 이 문제 해결을 위한 대학의 사회복지관 개념을 제시하게 된다. 그들이 의기투합하게 된 것은 자선조직협회의 경험을 통한 과학적 자선이라는 원칙과 대학의 사회복지관이 사회개혁의 혁신적인 도구라는 생각을 하게 되면서부터이다.

그들은 그 당시의 심각한 계급 간 단절현상의 증가가 국가의 안녕에 대단히 심각한 영향을 줄 뿐만 아니라 급기야 사회분열의 위험성을 가져올 수 있다고 보았던 것이다. 결국 그들은 기독교인이면서 중산층인 자신들이 이러한 위기상황을 타파하기 위한 교량적 역할을 해야 할 필요성을 강하게 인식하게 되었던 것이다. 이러한 심각한 사회문제를 그리스도의 사랑으로 개혁해야 한다고 생각하고 실제적으로 인보관 운동에 행동을 실천한 사람은 리처드 그린 목사와 데니슨 목사였다. 그들은 영국 런던 동부의 한 빈민지역인 스테프니(Stephney)로 거주를 옮기고 그곳에서 빈민들을 대상으로 성경, 역사, 그리고 경제지식을 가르쳤다. 뿐만 아니라 개인의 문제에 대해 관심을 기울이고 상담을 하는가 하면, 시간과 물질을 과감하게 제공하였다.

이처럼 리처드 그린과 데니슨 목사가 1860년대에 런던 동부에 이주하게 된 것은 그 당시 사회가 처한 참혹함에 대하여 그동안 배워온 기독교의 정신을 구체적인 사회활동으로 옮겨 보고자 하는 실천적 동기에 의해서였다. 또한 그가 부유한 런던 서부를 떠나 너무나 가난한 동부로 이주하게 된 또 다른 동기는 도덕적 분노감 때문임을 밝히고 있는데 이는 "세계에서 가장 부유한 나라에서 인구의 대다수가 매년 운명의 장난으로 기아와 죽음을 면치 못한다는 것은 끔찍한 일"이라고 인식했기 때문이었다.[6] 그의 이러한 발상은 종교와 도덕을 분리시키는 일반적인 생각과는 달리, 기독교 신학은 사회활동에서 구체적으로 표현되어져야 한다는 그의 주장에 기인한 것이었다.

데니슨 목사의 활동 가운데서 가장 특징적인 것은 바로 그가 직접적인 사회개혁을 하기 보다는 노동자들에게 기초 성경과목을 가르친 것이었다. 그는 먼저 이들의 영적인 요구를 충족시켜 주어야 한다고 보았는데, 이는 자선조직협회에 결정적인 영향을 미친 찰머즈 목사의 근린운동의 정신을 바탕으로 한 것이다.[7]

데니슨 목사는 철저히 그의 사역을 찰머즈 목사의 근린운동과 같이 자조에 그 목적을 두었다. 그의 자조정신은 다음의 글에서 아주 상세하게 나타나고 있다.

> 나는 모든 단체가 가난한 사람들에게 도움을 주는 것은 잘못된 일이며, 정말로 해야 할 것은 일이 저절로 수습되도록 하는 것이라고 심각하게 믿기 시작하였다. 그렇지 않고 자선을 베풀게 되면 그들은 영원히 불구자가 되는 것이다. 학교 건물을 짓고, 교사에게 월급을 주고, 상을 주고, 노동자 클럽을 조직하며 그들이 스스로 도울 수 있도록 도와주고, 그들에 상담을 제공하되, 위와 같은 일에 투자하는 것 이외에는 그들에게 돈 같은 것을 주어서는 안 된다.[8]

---

6) Denison, January 26, 1867, Letters, p.44. 로리타 래가나, 임영상 역, 『대학지성과 사회개혁 운동』(서울: 전예원, 1994), p.46에서 재인용.
7) 로리타 래가나, 임영상 역, 『대학지성과 사회개혁운동』(서울: 전예원, 1994), p.47.
8) Denison, December 24, 1868, Letters, p.80, 로리타 래가나, 임영상 역, 『대학지성과 사회개혁운동』(서울: 전예원, 1994), p.58에서 재인용.

위의 글을 통하여 그가 주장한 것을 살펴보면, 그가 얼마나 찰머즈 목사의 원리를 충실하게 따르고 있었는지를 재확인 할 수 있다. 찰머즈 목사는 그의 교구에 장로를 두어 먼저 빈민들에게 성경을 가르쳐 그들의 자립정신을 함양한 후 집사를 통해 구체적인 자립생활을 영위할 수 있도록 함으로써 획기적인 사회변화를 추구할 수 있었던 것이다. 노동자들에게는 무엇보다 교육이 중요하고 복지관을 통해 그들의 자립을 실현하기 위한 자립 프로그램이 구성되어야 한다는 관점에서 그는 이미 고차원적 사회복지의 정신과 실천을 수행하고 있었던 것이다.

그렇다고 해서 그린과 데니슨 목사 등과 같이 실질적으로 인보관 사업에 뛰어든 사람들은 급진적인 성향을 가진 사회개혁자들은 아니었다. 그들 역시 페이비언사회주의자와 같이 호전적이고 급진성향의 개혁보다는 기독교적 관점에서의 실질적인 사회개선을 그 중요 목적으로 삼았던 사람들이다.

2) 사무엘 바네트(Samuel A. Barnett) 목사

리차드 그린 목사와 데니슨 목사의 사역은 바네트 목사에게 많은 목회적 영향을 주었다. 바네트 목사는 데니슨 목사의 친구인 에드문드 홀른드(Edmund Holland)의 추천으로 1873년 화이트 채플 교구 성 유다 성당의 관할 사제에 임명되었다. 그 후 바네트 목사는 참혹한 상황에 처한 런던 동부 주민들과의 관계에 돌입하게 된다. 그리고 그는 성공회 목사들의 전통인 사회개선에 눈뜨게 되고 동시에 교구민들의 정신적인 궁핍뿐만 아니라 사회적인 궁핍의 치료에 나서게 된다.

그는 런던 동부의 빈민들과 함께 하면서, 즉 화이트 채플의 가난한 형제들 속에서 일하게 되면서 그리스도의 사랑을 소유한 많은 그리스도인들의 젊은 이들이 자기가 속한 교구에서 상당히 중요한 역할을 할 수 있다는 것을 인식하게 된다. 그래서 그는 바로 이 헌신적인 청년들을 모집하기 위하여 옥스퍼드 대학에서 강연하게 되었는데 그의 강연에 깊은 인상을 받은 옥스퍼드 대학의 졸업생 및 재학생들은 바네트 목사에게 봉사를 요청하였고, 이에 바네트 목사는 시의 빈민굴에 가옥을 빌리고 빈민봉사를 희망하는 대학생들에게 이곳에 사는 것이 좋겠다고 지시하였다. 이것이 최초의 인보관이라고 할 수 있다.

결국 옥스퍼드 대학의 학생들은 바네트 목사의 지도 아래 동부 런던에 대학인보사업(University Colony)을 창설하는 방법을 연구하며 보고하기 위해 위원을 조직하게 되었다. 이 위원들의 결정사항은 즉시 1884년 옥스퍼드 대학 관계자 회의에 제출되었으며, 그 결과 하나의 협회가 조직되었고 그 조직을 바네트 목사가 관리하였다. 이렇게 해서 실질적인 인보관 운동은 바네트 목사에 의해 강력하게 추진되기 시작하였다. 실제로 바네트 목사는 많은 대학 강연을 통해 인보사업을 확대해 나갔으며, 그 결과 1880년대에는 10개의 인보사업단체가, 1890년대에는 22개소가 개설되기에 이르렀으며 그가 이 단체들을 관리하였다.

후에 웨스터민스터 사원의 공회평의원이 된 그는 인보관 운동에 지대한 영향력을 행사하였다. 그는 처음에는 영국의 사회개혁가로 비판도 많이 받았지만 그는 런던 시 동부 빈민가의 종교적 문화적 수준의 개선을 위해 헌신함으로써 점차적으로 충실한 사제로 인정받게 되었다. 1884~1896년까지는 토인비 홀의 초대학장을 역임하였다.

이 운동에 중요한 역할을 담당한 또 한 사람의 중요한 구성원이 아놀드 토인비(Anold Toynbee)인데, 그는 바네트 목사와 연결이 되어 인보관 운동에 뛰어 들었다. 토인비는 바네트 목사를 만난 후 사회제도에 대한 귀중한 지식을 얻게 되었고, 또한 시민으로서 자신의 책임을 충실하게 완수하기 위해 옥스퍼드의 구빈법 위원이 되었다. 뿐만 아니라 1875년 그는 방학동안 화이트채플 바넷 목사의 교구에서 함께 일하게 됨으로써 이 일에 매진하게 되었다. 뿐만 아니라 그는 워킹멘 클럽에 가입하고, 자선조직협회를 조사하며, 그가 학교에서 들었던 비참함에 실제적으로 동참하기 위하여 자신이 직접 빈민들과 함께 살아가면서 보다 더 자세한 연구를 하였다. 토인비의 인보관 운동에 대한 헌신은 참으로 위대한 것이었고, 그 결과 인보운동을 위한 홀을 건립하는데 이르렀으나, 결국 그는 홀이 건립되는 것을 보지 못하고 세상을 떠나고 말았다. 그 후 빈민가에서 봉사하다가 젊은 나이에 사망한 캠브리지 대학생 토인비를 추모하기 위하여 새로이 건립된 인보관을 토인비 홀로 명명하게 되었다.

이 운동은 많은 성실하고 의식 있는 기독교인들에 의해 대단히 성공적이고 활동적으로 진행되었다. 존 웨슬레의 정신을 이어받아 영적, 사회적 개혁운동을 추진하던 감리교회가 이 운동에 열정적으로 동참하였고, 부스를 중심으로 한 구세군도 이 운동에 일조하였다. 이는 캠브리지나 옥스퍼드 대학의 그리스도인들을 중심으로 왕성하게 전개되었다.

바네트 목사는 전술한 바와 같이 철저하게 자립에 그 목적을 두었다. 그가 이렇게 자립을 바탕으로 한 신앙적 측면에 관심을 두었던 것은 바로 빈민들의 정신개조가 최우선 과제라는 것에 대한 인식에서 비롯된다. 사실 그 당시 노동자들의 대다수는 임시 부두노동자로 고용되었지만, 실업은 고질적인 문제였을 뿐만 아니라 직업이 없는 사람들은 도둑질과 구걸 및 도박을 일삼고 있었으며, 바네트 목사의 부인이 회고한 대로 "거리는 온통 사악한 사람들, 즉 잔인한 행동을 하는 사람, 나태한 생각을 품은 사람, 불결한 버릇을 가진 사람들로 득실거렸고, 그런 사람들에게 선이라는 것은 조소받고 정직한 사람들과 옳게 살아가는 여자는 비현실적이라는 이유로 조롱받기 일쑤였다."[9]

그럼에도 불구하고 그들은 그들의 신념을 굽히지 않았다. 그 결과 일년이 못되어 폐쇄되었던 주일학교가 다시 문을 열게 되었고, 성인을 위한 강좌도 시작되었다. 또한 소녀들을 위한 야간학교와 간이은행(penny bank)이 설립되었고, 관외대출 도서관도 구성되었다. 뿐만 아니라 교회에서 문화행사를 마련하였는데, 이는 "여하튼 인간이 도달할 수 있는 최상의 지식에서 도출되

---

9) Westerminster Gazette, June 19, 1913, p.1., 로리타 래가나, 임영상 역, 『대학지성과 사회개혁운동』(서울: 전예원, 1994), p.95에서 재인용.

는 것과 같은 상태인 정제된 영향권 내로 사람들을 귀속시켜야만 한다."라는 그의 신념의 결과였다. 이는 실로 대단한 변화였다. 획기적인 사회개혁이었음이 분명하였다.

바네트 목사가 그의 사역 중 특히 강조한 것은 자립과 동시에 무차별적 자선의 척결이었다. 그는 전통적인 박애가 이상적이라는 것을 인정하면서도 무분별한 자선행위는 절대로 용납지 않았다. 무엇보다 그가 성 유다 교회의 사역을 경험하면서 그러한 생각이 더욱 견고하게 굳어진 데 있었다. 이런 그의 사상에 결정적인 영향을 주었던 또 한 사람은 그 유명한 옥타비아 힐[10]이었음은 굳이 다시 거론할 필요가 없다.

옥타비아 힐이 교육에 깊은 관심을 둔 것과 마찬가지로 바네트 목사 역시 물질적 후원보다 가장 효과적인 자선은 바로 교육에 있다고 믿었다. 그래서 그는 진정한 자선이란 교육으로서의 수단, 즉 수혜자들을 육체적, 정신적, 영적으로 성숙시킬 수 있는 수단이 되어야 한다고 강조하였다.[11] 이처럼 바네트 목사의 사역은 철저히 영적이었고, 철저히 교육적이었을 뿐만 아니라 철저히 자립에 강력한 기초를 두었던 것이다.

강조하자면 바네트 목사는 단순한 사회개혁이나 지역개발의 차원에 머물렀던 것이 아니었다. 찰머즈 목사의 근린운동이 사회정책으로 이어졌듯이, 그리고 자선조직협회의 조사활동이 사회정책에 궁극적인 영향을 미쳤듯이, 그의 이러한 인보관 사업은 정책수립의 과정까지 이어지게 되었다. 그는 특히 찰스 부스의 보편적인 연금(universal pension) 계획이야말로 가장 효과적

---

10) 옥타비아 힐은 1848년 공중보건법(Public Health Act)을 통과시키는데 기여한 바 있는 사우스우드 스미스(Southwood Smith) 박사의 손녀딸로 사회봉사의 가계의 전통을 이어 받았다. 모리스와 킹즐리에 의하여 깊은 사회적 감화를 받은 그녀는 평생을 가난한 사람들을 위해 봉사하는데 자신을 바치기로 결심하였다. 옥타비아 힐의 성격이 비록 그와는 다르다고 할지라도 그녀가 자기 나름대로의 자선 구제원칙과 방법을 피력하자, 그녀의 주장을 무비판적으로 받아들이고 그녀의 사상을 따르게 되었다. 옥타비아 힐은 자선이라는 것은 죄악이며 그러한 자선을 억제하는 것이 부유한 자들의 의무라는 심오한 배움을 가지게 되었다. 바네트는 옥타비아 힐을 통하여 '과학적 자선'을 접하게 되었다. 로리타 래가나, 임영상 역, 『대학지성과 사회개혁운동』(서울: 전예원, 1994), p.94.
11) 로리타 래가나, 임영상 역, 『대학지성과 사회개혁운동』(서울: 전예원, 1994), p.110.

인 제안이라고 하면서 강력하게 그의 계획에 공조하였다. 그는 더 나아가서 부의 분배를 향상시키는데 도움이 될 만한 조처를 발표하였는데 그것은 최저임금제법(minimum wage law)을 확대하고, 노동력의 조직화를 향상시킬 것을 권장하였으며, 부의 축적에는 세금을 부과할 것을 주장하였다.[12] 이렇게 그의 사역은 단순한 지역민의 개조의 차원을 넘어서 정책적인 범주까지 도달함으로써 목사로서 하나님의 나라를 이 땅에 이루려는 거시적인 자선을 이루려 노력하였던 것이다.

2. 인보관 운동과 세틀러

자신의 전 생애를 희생시켜 빈민굴에 들어가 인보사업을 전개한 사람들을 가리켜 세틀러라고 한다. 이들은 옥스퍼드와 캠브리지 대학생들을 중심으로 구성되었고, 대부분이 대학교육을 받은 자원봉사자들로 인보관 이웃에 살면서 도움을 필요로 하는 사람들에게 기본적 서비스를 주었다.

세틀러의 특징은 사회문제를 탁상에서만 처리하려고 하는 입법적, 행정적 방법에 실망하고, 빈민을 내적으로 개선시키지 않고 타락시키는 자선사업에 혐오를 느꼈던 사람들로 그들은 부유한 가정의 쾌락을 버리고 빈곤한 사람들의 친구가 되어 여가시간을 빈민을 위해 바치며 일종의 안락과 행복을 경험하고 있던 사람들이었다. 특히 이들은 당시 사회적인 관습으로 볼 때 서로 함께 할 수 없는 양 계급 간에 다리를 놓는 역할을 하였다.

이들은 사회문제를 이론적으로 해결하려고 하는 입법적, 행정적 수단이나 빈자를 천대시하는 자선사업을 신뢰하지 않고 직접 빈민계급들과 접촉하면서 빈민의 향상을 기도하려 하였다. 직무상이 아니고 한 사람의 친구로서 빈민에게 접촉하므로 그들을 단순하게 주는 자만이 아니고 받는 자도 된다고

---

12) Ibid. p.130.

생각하였다. 기계로서가 아니라 인간으로서 개선되어야 할 상태를 정확하게 인식하고, 탁상공론을 신뢰하지 않고, 직접 경험함으로써 판단한다는 것이 세틀러의 모토였다.

참으로 흥미로운 것은 자선조직협회가 대부분 그리스도의 사랑을 실천하기 위한 그리스도인의 모임이었다고 할 때 인보관 운동의 핵심적 역할을 담당했던 세틀러들 역시 거의가 성실한 기독교인이었다.

예를 들어 인보관에서 활동하였던 대부분의 여성 워커들은 목사의 딸들이었다. 그들은 중산계급 이상의 출신자들이었지만 슬럼에 거주하면서 노동자들의 직업을 알선하고, 글을 가르칠 뿐 아니라 위생에 대한 교육을 실시하면서 그들의 삶을 이끌어 나갔다. 이들은 철저한 인도주의와 예수 그리스도의 사랑을 구체적으로 실천하기 위하여 자신의 삶을 전적으로 헌신한 사람들이었다.[13]

종합적으로 한 역사가는 "세틀러들은 상류층과 하류층의 다리가 되었고, 비참한 사회문제를 오직 학문적으로만 풀려고 하는 법률가나 행정가로부터는 그들의 신뢰를 상실당한 사람들이었고, 고정화된 자선형태를 증오하고 출세지향적인 사람보다는 겸손한 이를, 그리고 개선하려는 사람보다는 비도덕적인 사람들의 친구가 되었다. 그들은 죽은 자선기관을 신뢰하지 않았고, 개인적인 관계로서 그 문제들을 대치한 사람들이다. 그들은 행정적이 아니라 가난한 이들의 친구로서 그들에게 접근한 사람들이다."라고 평가하였다.[14] 그러나 무엇보다 중요한 것은 그들의 첫째 목적은 돕는 것이 아니라 배우는 것이었다는 점을 높이 평가하였다.

분명한 것은 토인비 홀에서 봉사하던 세틀러들은 한결같이 바네트 목사의 신념과 같은 생각을 가지고 동일한 원리로 그들에게 주어진 사역을 감당했다는 것이다. 그들은 사회문제란 결국 근본적으로 인격상의 문제로 인식한 사

---

13) 유상열, 『사회복지역사』(서울: 학지사, 2002), p.138.
14) Stuart, op. cit., p.130.

람들이었다. 아무리 정치적으로, 산업적으로 그리고 교육적으로 개혁을 한다고 하더라도 인간적인 개혁에서 활기가 풍기지 않을 경우, 그것은 그들의 희망을 조롱하는 것에 불과하다는 신념을 소유한 사람들이었다. 다시 말해 인간적인 개혁이야말로 토인비 홀의 노력이 궁극적으로 지향해야 할 방향의 개혁이다"[15])라고 믿었던 것이다.

토인비 홀은 그 후 영국의 사회정책을 주도하는 많은 인물들을 양산하였다. 토인비 홀은 페이비언 사회주의의 핵심적 운동이 전개되는 장소로 사용되었고, 또한 찰스 부스의 사회조사가 토인비 홀을 통해 전개되었다. 이 토인비 홀의 관장을 역임한 사람은 후에 영국의 근대 사회복지의 아버지라 불리는 비버리지 경(Lord Beveridge)이었으며, 그 외에도 클레멘트 애틀리(Clement Attle)와 울튼 경(Lord Woolton)도 토인비 홀에서 그들의 사상을 정립하였다.[16]

제3절 인보관 운동의 목적과 특징

인보관은 가난한 이웃 안에 거주하던 상위권 사람들의 거류지로서 두 가지의 일반적인 목적을 가지고 출발하였다. 그 첫째는 개인적인 관찰로부터 지역민의 상태를 아는 것이고, 두 번째는 도움이 필요한 자들에게 도움을 주는 것이었다. 세틀러들은 안락한 자신들의 삶을 포기하고 가난한 자들의 친구가 되었다. 그들은 그들의 여가적 삶을 반납하고 그들만의 아름다움과 행복을 추구하기 보다는 비참함과 범죄의 자리로 스스로 내려감으로써, 그리고

---

15) "University, Settlement of East London", sixth Annual Report, p.37, 로리타 래가나, 임영상 역,『대학지성과 사회개혁운동』(서울: 전예원, 1994), p.176에서 재인용.
16) 박영호,『기독교사회복지』(서울: 기독교문서선교회, 2001), p.464.

그의 삶 전체를 희생함으로써 양 계층 간의 다리를 놓으려고 하였다.[17]

또 한편으로 인보관 운동은 현존하는 도시 슬럼의 문제를 떠맡았고, 공동활동과 연구를 통해 서로의 문화를 공유하자는 의도를 가지고 있었다. 뿐만 아니라 인보관 운동은 기독교 사회주의 사상에 입각하여 빈민가 사람들의 생활개선을 목표로 시작되었다. 빈민지구를 실제로 조사하여 해당 지구의 생활 실태를 자세히 파악하고 구제의 필요가 있는 사람들에게 조력해주며, 인도주의・박애주의 정신을 바탕으로 하는 지식인들이 지역일원으로 빈민지구에 이주하여 빈민과 함께 생활하고 인격적인 접촉을 하면서 그들의 욕구에 부응하는 사회 교육적 집단 활동을 실시했던 것이다.

그러나 이러한 사회적 이유 외에도 인보관 운동은 강력한 기독교적 목적을 분명히 하고 있었다. 특별히 영국 성공회에 의해 런던의 가난한 사람들을 선도하기 위한 목적으로 대학에서 파송된 많은 학생들이 중심이 되어 선교활동을 전개하였다. 그들이 활동을 전개하던 곳에는 많은 전도소가 설치되어 있었고, 앞에서 이미 언급한 옥스퍼드와 캠브리지 신앙동지회에 소속된 학생들이 나중에 웨스터민스터 교회의 캐논(canon)이 된 바네트 목사와 함께 그 중심적인 역할을 감당하였다. 이렇게 인보관 운동은 철저히 사회적이면서도 영성적인 접근을 동시에 이루었고, 아울러 교육이 그 중요한 기반이 되었다. 특히 청소년에 대한 교육이 왕성히 진행되었다.[18]

이렇게 분명한 목적을 가지고 실행되어진 인보관 운동은 사회사업 발달이라는 관점에서 볼 때 많은 의의를 가지고 있었고, 또 앞으로 사회사업이 어떠한 방향으로 나아가야 할 것인지에 대한 분명한 방향성을 제시한다는 점에 다음의 의의를 둘 수 있다.

첫째, 인보관 운동은 지역사회 전체를 문제의 대상으로 보고 지역사회 기반의 사회복지 사업을 행한 효시라는 점에서 그 의의를 발견할 수 있다.

---

17) Ibid. p.13
18) Ibid. p.137.

둘째, 인보관 운동은 활동의 거점으로서의 센터, 즉 인보관을 확보하고 그것을 중심으로 지역사회의 문제해결 능력을 높이려 했다는데 그 의의를 둘 수 있다.

셋째, 인보관 운동은 수여자의 입장이 아닌 수혜자, 즉 지역주민의 입장과 이익을 중시한 활동이라는 점에 그 의의를 둘 수 있다.[19]

넷째, 클라이언트의 문제를 해결하는데 있어서 단순히 사회개량적이거나 사회구호적인 접근이 아니라 철저한 기독교적 정신에 바탕을 둔 감화와 개화를 통해 접근했다는 점이다.

제4절 인보관 운동의 운영 원리와 방법

인보관 운동은 탁상행정 중심의 사업이 아니라 현장의 소리를 듣고 현장의 목소리를 대변할 뿐만 아니라 현장에 기거하는 현장 중심의 사업을 운영하고 있었다. 인보관 운동의 운영방법은 다음과 같이 나타나고 있다.

첫째로 사회조사를 실시하고, 둘째로 교육사업을 하였으며, 셋째로는 체육사업을 통하여 예술 활동을 병행하였다. 그야말로 사회문제에 대한 종합적인 접근을 시도하였던 것이다.

- 조사사업
- 사회사업가의 훈련사업
- 교육사업
- 기관연결사업

---

19) 이강희, op. cit., p.122.

- 지역연결사업
- 전문복지관 사업
- 종합예술사역
- 입법사업

두말할 것도 없이 원활한 인보관 운동을 위해 그들이 제일 먼저 착수한 것은 조사사업이었다. 인보관 운동은 자선조직협회와 같이 조사 기관이 되기도 하였고, 실제로 사회조사를 통하여 그들의 사업을 수행해 나갔다. 특히 법률 제정 및 개정을 실시할 경우 자료를 제공하기 위한 전면적인 조사가 인보관에서 봉사하는 대학생들을 중심으로 이루어지기도 하였다. 이리하여 지역사회 속에서 지속적인 조사를 실시함으로써 사회문제를 예방하고 해결해 나갔다는 점이고, 이에 더하여 사회사업가의 훈련과 자원봉사자의 교육을 실시하는 기관으로도 자리하게 되었다.[20]

그러나 인보관 운동은 이러한 조사사업과 사회사업가의 훈련사업보다 교육사업에 가장 큰 중점을 두었다. 그 당시 사회적인 계급의 차이가 너무나 현격하여 사회적 공교육이 이루어지지 않았다는 점에서 그들은 체육관을 만들고 운동장을 만들며 피크닉 등을 실시할 뿐만 아니라 건전한 청소년 문화를 창조하기 위하여, 그리고 청소년의 결집과 교육을 위한 서클 활동을 위하여 보이스카우트와 걸스카우트 등을 만들어 청소년의 교육에 결정적인 역할을 감당하였다.[21]

뿐만 아니라 인보관은 지역사회의 중심적 기관 사이의 연결을 그들의 중요한 사역의 하나로 인식하였다. 그리하여 모든 기관의 중심기관이 되어 자선기관을 결집하는 중심체 역할을 하였고, 때로는 정치적인 목적, 즉 정치적인 집회장소로 사용되기도 하였다.

또한 사회적 기관과의 연락 업무를 관장하는 중요한 자리로 자리매김하게

---

20) 유상열, op. cit., pp.135-136.
21) Ibid.

되었다. 인보관은 요구호자들의 지역사회 속에 존재했기 때문에 자선조직협회 혹은 순회간호사 협회의 지구사무실이 되었고, 시립도서관의 분관으로 사용되기도 하였다. 다시 말해 지역사회의 중심기관으로 자리하였고 오늘날 사회복지관의 역할을 그대로 수용하였다.

대단히 고무적인 것은 인보관이 클라이언트들의 빈곤, 저임금, 장시간노동, 착취 및 주택문제, 비위생, 정치적 부패, 신분의 차이 등과 같은 사회문제를 파악하고, 그 근본적인 문제를 사회 입법을 통하여 공무원들과 협의하면서 그 문제들을 경감시키거나 제기시키기 위한 노력을 아끼지 않았다는 점에서 그 의의를 찾아볼 수 있다. 게다가 인보관 운동은 하나의 종합적인 예술의 장으로도 인식되고 있었다. 뿐만 아니라 인보관은 지금의 사회복지관의 모형으로 활동하였고 전문적인 사회복지 서비스 특히 그룹 워크의 발전에 지대한 공헌을 하였다고 평가되고 있다.

결국 영국의 자선조직협회가 미국의 자선조직협회에 결정적인 역할을 했듯이, 영국의 인보관 운동은 미국의 인보관 운동에 결정적인 공헌을 하게 되었다. 영국에서 영향을 받은 미국의 인보사업은 1887년 코잇(S. Coit)박사가 창설한 근린조합(Neighborhood Guild)으로 시작하였다. 이는 1891년 대학인보사업협회(University Settlement Society)로 재편성되었는데, 이 협회의 사업 목적은 상호의 복지를 위하여 교양 있는 남자 및 부인에게 이 시의 노동자 계급과 더 한층 밀접한 관계를 형성, 유지하도록 하는데 있었다. 또한 싼 아파트 지구의 대학생과 이 사업을 원조하려고 하는 사람들을 위하여 거주지를 설치하고, 빈민들과 인접한 방을 두어 함께 사회적, 교회적 목적을 위하여 편리하게 회합할 수 있도록 하였다.

한편, 미국의 제2의 인보사업은 아담스(J.Addams)와 스티아(E. G. Starr)가 시카고 시에 설립한 홀 하우스(Hull House)이다. 그 설립 목적은 "한층 높은 시민적 및 사회적 생활의 중심이 되게 하며 또한 교회적 및 박애적 사업을 신설하고, 또한 이것을 유지하며, 공업지구의 생활상태를 조사하고 개선하는 것" 등이었다. 이후 세틀먼트 운동은 가진 자가 가지지 못한 자에게 주는 시혜가 아니라, 서로가 서로에게 영향을 주고받으면서 서로의 문제를 유용하게 해결하는 방향으로 조직화하여 지역사회운동의 거점이 되었다.

※ 제9장 기독교적 사회개혁운동으로서의 인보관 운동에 대한 토론 ※

1. 교회가 이런 사회개혁까지 생각하다니 참으로 놀라지 않을 수 없다

빈곤을 개인의 책임으로 인식하는 자선조직협회와는 달리 인보관 운동은, 빈곤의 문제란 사회개혁에 의해서만 그 해결이 가능하며 국가의 사회적 책임이 정착될 때까지 교회가 먼저 사회개혁을 한다는 철학에 기인하여 형성되었다. 인보관 운동은 실제로 부자와 빈자 간의 사회적 괴리를 제거하기 위해서라도 지식인이 빈곤지역에 정착해서 빈민들과 더불어 살면서 그 지역의 생활환경을 개선함으로써 상류계급과 하층계급 사이에 다리를 놓으려고 한 인도주의에 바탕을 둔 운동이었다. 교회가 사회개혁을 통해 빈곤의 문제를 해결하기 위해서 국가보다 먼저 사회개혁에 착수한다는 그 발생 자체가 놀랍다하지 않을 수 없다. 귀하는 교회의 이러한 제도적인 사회개혁운동에 대하여 어떻게 평가하며, 그 옛날 교회들이 이러한 개혁적인 생각을 한다는 그 자체에 대하여 어떻게 생각하는가.

2. 오늘의 교회도 사회개혁을 위한 정책적 차원까지 영향력을 미칠수 있는가

자선조직협회의 조사활동이 사회정책에 궁극적인 영향을 미쳤듯이 인보관 사업 역시 정책수립의 과정까지 이어지게 되었다. 특히 인보관 운동은 찰스 부스의 런던조사를 통해서, 그리고 그의 보편적인 연금(universal pension) 계획의 동조자로서 최저임금제법(minimum wage law)을 확대하고 노동력의 조직화를 향상시킬 것을 권장함으로써, 그리고 부의 축적에는 세금을 부과할 것까지도 주장함으로써 거시적이고도 정책적인 면에서 깊은 영향력을 보여 주었다. 오늘의 교회가 적극적인 의미에서, 사회개혁을 위한 정책적 차원에서 어떻게 공헌할 수 있다고 보는가.

3. 인보관 운동이 철저히 지역중심의 사업이었던 것과 같이

인보관 운동은 지역사회 전체를 문제의 대상으로 보고 지역사회 기반의 사회복지 사업을 실시하였고, 또한 모든 활동의 거점으로서의 센터의 역할을 감당함으로써 지역사회의 문제해결 능력을 높이려 했다. 뿐만 아니라 철저히 수혜자 즉 지역주민의 입장과 이익을 중시한 활동이었고, 단순히 사회개량적이거나 사회구호적인 접근이 아니라 철저한 기독교적 정신에 바탕을 둔 감화와 개화에 그 의의를 둘 수 있다. 한 마디로 말해서 인보관 운동은 그리스도의 정신에 입각한 감화를 바탕으로 진행된 지역사회 중심의 운동이었다. 이는 오늘의 한국교회의 방향성을 올바로 제시해 준다고 보아도 좋을 것이다. 한국교회는 이제 지역사회를 향하여 어떠한 태도를 견지해야 한다고 보는가.

제10장 진정한 영적·사회적 교회사회사업 운동으로서의 구세군 운동

제1절 구세군의 창시자 윌리엄 부스와 구세군 운동
제2절 당시 런던의 사회적 상황
제3절 영적인 부흥만으로는 결코 해결될 수 없었던 절대 빈곤의 문제
제4절 구세군 사회사업의 원리와 방법
제5절 강력한 도전과 비판을 영적인 힘으로, 사회사업의 추진도 영적인 힘으로

제1절 구세군의 창시자 윌리엄 부스와 구세군 운동

우리가 잘 알고 있는 구세군 운동 역시 교회 사회사업이 태동하는 데 있어서 결정적인 역할을 담당하였다.

구세군의 창시자로 알려진 윌리엄 부스(William Booth)는 어릴 때부터 인생의 쓰디 쓴 고통을 경험하면서 영국 노팅엄(Nottingham)에서 성장하였다. 그는 가난한 가정 형편으로 학교도 일찍이 중단하였고, 13세 때부터 파산으로 쓰러진 아버지를 대신하여 가족 부양을 위해 몇 실링의 주급으로 전당포에 고용되어 6년을 일했다. 그는 자신이 처참한 환경 속에 자라기도 하였지만 성장과정에서 보았던 그 당시의 처참한 상황은 아마도 그의 마음에서 지울 수 없는 아픔으로 남았던 것 같다. 그 자신이 이렇게 절박하게 가난을 경험했기에 가난이 무엇인지를 알 수 있었고 그 자신이 이러한 처참한 환경에 있었기 때문에 처참한 사람들의 친구가 될 수 있었던 것이다.

그는 『암흑의 영국과 그 출구(In Darkest England and the Way Out)』라는 그의 저서에서 그가 어떻게 가난한 자들과 함께 하는 삶이 되었는지에 대한 배경을 다음과 같이 설명하고 있다.

> 아무도 도와주지 않는 내 고장의 수많은 빈민들, 그들의 참상에서 나는 심각한 자극을 받았고 내 마음속으로 어떻게든 그들을 도와야겠다는 생각을 하였다. 바로 이것이 오늘날 구세군 사회사업을 낳게 한 동기가 되지 않았나 생각된다. 진정 이 때 받은 인상은 나의 전생애에 강렬한 영향을 주었다고 말하지 않을 수 없다.[1]

---

1) 프리데릭 쿠츠, 『구세군발전사』(서울: 대한기독교출판사, 1981), p.8.

이렇게 윌리엄 부스는 그 자신이 어릴 때 경험했던 그 처절했던 빈곤이 바로 구세군을 창시한 동기가 되었고 그가 한평생 가난한 이를 위한 헌신의 삶에 뛰어들 수 있는 동기가 되었다고 말하고 있다.

불같은 성격을 가진 충동적인 십대였던 그는 어느 날 그 지방을 방문한 피거스 오코너(Feargus O connor)라는 목사의 설교에 지대한 영향을 받아 15세에 크리스천이 되어 노팅엄의 웨슬리안 채플에 참석하기 시작하였다. 그는 17세에 감리교 목사를 지원했으나 의사는 몸이 허약했던 부스에게 "병약한 몸으로 목회를 하면 1년 후 사망하고 말 것이니 포기하라"는 절망적인 선고를 내렸다. 하지만 부스는 순교한다는 각오로 복음을 위한 길에 나섰고 그의 일생을 불우한 이웃을 위한 구제사업을 위하여 헌신하리라 다짐하게 된다. 그는 이렇게 감리교 개혁파의 목사가 되었는데 이 때의 감리교 개혁파는 온건하면서도 대단히 두려운 존재로 인식되었다. 감리교 개혁파는 종교계에서 사회문제에 대한 지대한 관심을 가지고 있었고, 또 실제로 그러한 사회문제에 대해 상당히 진보적이었다. 가난한 이에 대한 근본적인 관심을 가진 그로서는 자연스럽게 그들의 사상에 매료되지 않을 수 없었던 것이다.

그는 10대에 이미 선교, 특히 빈민선교에 깊은 관심을 갖고 가난한 자들이 있는 곳이라면 어디든지 복음의 메시지를 전하러 다녔다고 전해진다. 또한 10대에 가졌던 그리스도의 복음으로 영국 도시빈민들을 돕고자 하는 열정은 그의 삶에서 내내 그를 이끄는 강한 원동력이었다고 술회하고 있다. 그 당시 그는 이미 위대한 부흥사로서 활동하고 있었다.

윌리엄 부스와 그의 아내인 캐서린 부스가 하틀풀(Hartlepool)에서 설교하였을 때 1,000명의 사람들이 경청하였고, 그 중 250명의 회심자를 얻을 정도로 대단한 위력을 나타내었다.[2] 그러나 자신들의 이상을 펴기 위해 9년 후에 메소디스트 운동과 갈라서고 독립적인 부흥사가 되었으나 그 후 그의 목회는 그리 성공적이지 못하였다.

---

2) 채은수, "영국에서의 부흥운동", 『신학지남』(서울: 신학지남사, 1989년 봄호), p.104.

윌리엄 부스는 하는 수 없이 런던으로 자리를 옮겼다. 런던은 대도시이므로 새로운 일거리가 있으리라고 생각했다. 그러던 어느 날 부스는 런던 동부의 빈민가에 세워진 화이트 채플의 천막집회를 인도해 달라는 초청을 받게 되었다. 집회를 인도하는 동안 부스는 전에 느끼지 못했던 '영혼에 대한 불쌍함'을 느끼게 되었고, 이곳이 자신의 사역지라는 생각을 하게 되었다. 그는 집에 돌아와서 아내 캐서린에게 말했다. "여보! 나는 하나님의 뜻이 어디에 있는지 이제 알았소. 이 사람들이야말로 내가 여러 해 동안 구원하고자 갈망했던 바로 그 사람들이오. 내가 오늘 밤 난로가 활활 타오르는 화려한 술집 문을 지날 때 내 귓전에 스치고 지나가는 음성이 있었소. '네가 어디에서 이 같은 이교도들을 만날 수 있으며 또 네가 어디에서 이렇게 간절하게 너를 필요로 하는 곳을 만날 수 있었느냐?' 나는 즉시 마음속으로 나와 당신, 그리고 우리 아이들까지도 이 위대한 사역에 헌신하기로 작정했소."

이 같은 남편의 일방적인 선언에 대해 캐서린은 당황하였다. 런던 동부의 빈민가에서 빈민들을 상대로 사역한다는 것은 생활을 보장받지 못하는 일이었다. 그러나 캐서린은 부정적인 대답을 하지는 않았다. "좋습니다. 당신이 그렇게 하기를 원한다면 그렇게 하세요. 우리는 지금껏 우리의 생활을 하나님께 맡겨왔으니까요."

이렇게 해서 구세군의 빈민선교운동은 시작되었다. 부스는 자신을 '인생의 하수구에 그물을 치고 청소하는 도덕적 청소부'라고 표현하였다. 또한 그는 "우리는 할 수 있는 대로 모든 사람을 얻기를 원한다. 그러나 특별히 하류계급 가운데서도 최하류 계급을 얻고자 한다."라고 말했다.[3]

그는 먼저 '기독교선교회(The Christian Mission)'로 그의 사역을 시작하였다. 그리고 그는 무엇보다 먼저 런던의 동쪽 끝에 사는, 가난으로 상처 입은 사람들을 지역 교회들에 연결시키고자 노력하였다.

그러나 그런 사람들을 술 취한 부랑자로 간주한 그 시절, 부유하고 존경받

---

3) http://kehchrc.kehc.org/bbs/bbs/zboard.php=data.

는 교회들은 아무도 이들을 환영하지 않았다. 결국 부스는 복음을 받아들였으나 교회로부터 외면당하던 그들을 위해 1878년 단체의 이름을 '구세군(The Salvation Army)'으로 명칭을 바꾸고 군대의 조직을 이용하여 그가 목적했던 최하류 계급의 구원에 최선을 다하였다.

제2절 당시 런던의 사회적 상황

그가 자리를 잡은 런던, 특히 런던 동부지역의 상황은 처참함 그 자체였다. 영국 노동자의 3/5이 런던 동부지역에 밀집되어 거주하고 있었다. 당시의 런던은 금융업이 대단히 발전하여 대영제국의 경제력을 전 세계에 과시하고 있었다. 이러한 빅토리아 시대의 화려함과 외형적인 영광에도 불구하고 런던 동부지역은 걷잡을 수 없는 빈궁과 질병 그리고 부도덕에 시달리고 있었으나 그곳에 거주하고 있는 거의 대부분의 노동자들은 삶의 방향을 설정하지 못한 채 그들에게 던져진 운명에 체념하고 살아가고 있었다. 이러한 비참한 런던 동부의 현상에 대하여 메이휴는 "런던은 남극과 북극을 선회하고 있는 듯하였으니, 얼음같이 찬 형식주의와 사치스런 유행의 벨그라비아(상류사회)가 그 하나요, 또 하나는 용서 없이 밀려오는 빙산과도 같은 가난의 세계 베드날 그린(런던의 빈민가)이었다."라고 표현할 정도였다.[4]

그들의 절망은 도를 넘어서서 체념의 상태로 확산되고 있었고, 그들은 공허함을 술로 달래고 있었다. 당시 영국에서는 알콜 중독이 상당히 심각한 수준에 있었다. 사회가 건강하지 못함으로써 사람들은 실의에 차 있었고 이로 말미암아 음주는 이미 상당히 심각한 사회문제로 자리하고 있었던 것이다.

---

4) 프리데릭 쿠츠, op. cit., p.16.

알콜 중독자는 상류층 보다 빈곤층이 대다수를 차지하고 있었는데 1890년 당시 영국의 알콜 중독자는 50만에 가까웠다고 한다.

문제는 이 뿐만이 아니었다. 1861년에 공포한 보통법은 여자의 결혼허가 연령을 12세 이상으로 규정하고 있었다. 그럼에도 불구하고 홍등가에서는 법적으로 규정된 최소연령마저 어기고 11세 여아들을 고용하여 착취하는 포주들이 많았다. 이러한 현상에 대하여 로날드 피어설은 이런 개탄스러운 풍경을 강력하게 비판하면서 "'섹스에 홀린 청교도들'이며, 빅토리아 시대의 색광들이 나이 어린 소녀들을 등쳐먹고 있다."라고 원색적으로 비난하기에 이르렀다. 실제로 런던 시내 도처에는 어린 여아들의 매음굴이 많았으나 그 중에서도 윌리엄 부스가 목회하고 있던 런던 동부지역은 그 정도가 지나칠 정도였다. 로날드 피어설은 '휘가로(Figaro)'라는 신문의 기사를 다음과 같이 인용함으로써 심각한 유아 매춘 행위의 실태를 고발하고 있다.

> 매일 밤중이면 500명이나 되는 12~15세까지의 어린 소녀들이 줄을 지어 피카딜리와 워털루 사이를 서성거리고 있었으며 그 행렬의 길이가 약 300야드나 되었다.

실로 런던의 고통당하고 방황하는 빈민에 대한 윌리엄의 고민과 연민은 엄청났다. 그들을 굶도록 버려둘 수만은 없고 또한 그들이 추운 다리 밑에서 겨울을 나는 것을 눈뜨고 볼 수만은 없으나 그의 힘만으로 다 품을 수는 없었기에 그의 고통은 먹지 못해 방황하는 백성들을 향하신 예수 그리스도의 심정처럼 그 아픔을 토로해 내고 있었다. 이러한 소망 없는 런던에 대한 그의 탄식은 다음과 같이 절망적으로 표현되고 있다.

> 나는 지칠 대로 지쳤다. 지금 포플라의 주민들은 굶주리고 있다. 그들의 식량을 도와주지 않고는 도저히 그들을 찾아갈 수 없다. 현재 그들을 위한 급식은 할 수 없는 상황인데 그들은 먹어야 살겠고! 아, 이를 어찌하면 좋은가![5]

---
5) Ibid. p. 23.

이것이 화려하게 치장된 런던의 상황이었다. 외형적으로는 해가 지지 않는 나라로서의 면모를 갖추고 자선조직협회를 통한 자선사업의 전개, 구빈법을 통한 체계적인 구빈행정을 앞세웠을지 몰라도 실제로 빈민들은 여전히 방치되고 있었다. 그는 바로 이러한 양면성에 대한 가슴앓이를 하고 있던 셈이다.

제3절 영적인 부흥만으로는 결코 해결될 수 없었던 절대 빈곤의 문제

윌리엄 부스가 런던 동부에서 구세군 조직을 갖추고 빈민 사역을 시작할 그 당시 잉글랜드는 1904년 시작된 웨일즈의 부흥운동의 여파[6]로 영적인 분위기 속에 휩싸여 있었다. 특히 웨일즈는 부흥운동으로 인하여 5개월 만에 10만명의 웨일즈인들이 그리스도 앞에 모여들었다.[7] 온 웨일즈 땅은 성령의 역사를 체험하고 있었다. 교회마다 사람들로 가득 찼고, 기도모임은 교회에서 뿐만 아니라 탄광이나 철공소에서도 열렸고, 술 매상은 급감했으며, 사람들의 생활 태도는 크게 변했다. 따라서 이러한 영적인 분위기는 급속하게 잉글랜드로 번졌다. 따라서 교회는 자연히 깊은 영적인 분위기에 휩싸여 있을 수밖에 없었다.[8]

윌리엄 부스는 웨일즈와 스코틀랜드, 그리고 그가 목회하던 잉글랜드의

---

[6] 영국 부흥운동의 주도적 역할은 18세기 존 웨슬리(1703~1740)와 조지 휫필드(1714~1740), 그리고 19세기 영국 부흥 운동에 영향을 끼친 찰스 피니(1792~1875)의 생애와 신학적 영향으로 주도되었다. 이러한 운동은 웨일즈 지방에서 시작되어 스코틀랜드, 그리고 잉글랜드 지방으로 점차 확산되었다. 그리고 이 운동은 1904년 웨일즈 지방에서 다시 시작되어 전 영국에 부흥의 불길을 이끌었다.
[7] 채은수, op. cit., p.107.
[8] http://www.imdusa.org/for2007/aboutfor2007-2.html.

교회가 부흥의 물결 속에서 출렁일 때도 런던 동부에 위치하여 그야말로 절대 빈곤의 늪에서 허덕이는 그들에게는 이러한 영적인 부흥이라는 것이 아무 의미가 없다는 것을 인식하였다. 그래서 그는 이러한 절대적인 빈곤의 늪에서 헤어날 수 없었던 대중들의 생활이 단지 영적인 측면만으로 해결될 수 없음을 알고 교회라는 울타리를 벗어나 사회 속에서 함께 음식을 나누고 이웃의 쉴 곳을 마련해주는 일을 시작하지 않을 수 없었다. 그는 당시 영국의 산업혁명으로 퇴출당한 수천 명의 참상을 알아 가면 알아갈수록 일시적이 아니고 지속적인 현실의 변화를 갈망하였는데, 그것은 영적인 부흥으로 도무지 해결될 수 없는 현실이었기 때문이었다. 따라서 그는 술렁이는 영적인 분위기가 아니라 우리의 진정한 현실을 직시하자는 경고의 메시지를 영국교회에 보내지 않을 수 없었다.

> 종교는 있으나 성령은 없고, 교회는 있으나 그리스도가 없고, 용서는 있으나 화해가 없고, 구원은 받으나 거듭남은 없고, 천국은 말하나 지옥은 말하지 않는 시대가 곧 올 것이다.[9]

그의 이런 외침은 바로 피안의 세계에서 영적인 흐름에 취하여 가난한 이에 대해서 전혀 관심을 갖지 않는 그 세대를 비판한 것은 틀림없는 사실이다. 그는 이러한 현실에서 구원받은 성도의 실천적인 삶을 강조하였고 그 자신이 철저한 청빈의 삶을 유지하면서 실직자들을 위한 일자리 창출에도 관심을 가져 당시 부랑자들로 여겨지던 이들의 생활이 변화될 수 있도록 도왔다. 뿐만 아니라 구세군은 영적인 사역과 함께 음식을 나눠주고, 쉴 곳을 제공하며, 여성들을 위한 숙박시설 등을 포함한 다양한 사회복지 프로그램들을 실천해 나갔다. 1890년대 초, 부스는 수천 명 실직자들이 직업을 가질 수 있도록 노동

---

9) http://www.hanshin.or.kr/jboard/p=detail&code=columm&id=144&page=15.

(인력)교환 서비스센터를 개장하였으며, 매년 런던에서 9천여 명 정도가 실종되는 것을 발견하고 실종자 찾기 사업을 시작하는 등 이때까지 교회의 전통으로 여겨졌던 구령사업도 절대 빈곤이라는 무서운 현실 앞에서는 진정한 해결점이 될 수 없다는 사실을 인지하고 절대 빈자에 대한 삶의 복음을 선포하기에 이르렀던 것이다.[10]

가난한 이에 대한 그의 열정은 이렇게 그의 가슴 속에서 강렬하게 불타오르고 있었다. 그는 항상 그의 동료들에게 "구세군은 사회의 악과 싸우는 주님의 군대입니다. 희생이 없는 신앙생활은 짠맛을 잃은 소금과 같습니다. 그러나 그보다 여러분은 자기 자신과의 싸움에서 이겨야 합니다."라고 교훈하였다. 그리고 그는 가난한 자를 위한 그의 사역에 대한 의지를 다음과 같이 표현하고 있다.

> 여성들이 울고 있는 한 나는 싸울 것이다. 아이들이 굶주리고 있는 한 나는 싸울 것이다. 사람들이 감옥에 가는 한 나는 싸울 것이다. 술 취한 사람이 한 명이라도 남아 있는 한, 한 명의 가난한 소녀가 거리를 배회하고 있는 한, 어둠 속의 영혼이 한 명이라도 하나님의 빛없이 남아 있는 한 나는 싸울 것이다. 나는 마지막 순간까지 싸울 것이다.[11]

실로 이것이 그의 의지였다. 이것이야 말로 그가 살아가는 존재의 목적이었다. 이러한 빈자에 대한 열정은 결국 영국을 감동하게 만들었고 그의 이름은 영국의 왕에게까지 알려지게 되었다. 1904년 킹 에드워드7세는 윌리엄 부스를 버킹검 궁에 초대했다. 그리고 마음을 다해서 그에게 치하의 말을 한 후 앨범 하나를 내놓고 사인하라고 하였다.

---

10) http://www.epochtimes.co.kr/news/article.htmlno=351.
11) 짐 윈터, 송용자 역, 『윌리엄 부스와 떠나는 여행 - 구세군의 창시자』(서울: 부흥과 개혁사, 2006), 서문.

일반적으로 사람들은 왕의 사인을 받기를 즐겨하지만 이번에는 왕이 윌리엄 부스의 사인 받기를 원했던 것이다. 윌리엄 부스는 그 앨범에 역사에 남을 만한 명구를 다음과 같이 기록하였다.

위대한 폐하시여! 어떤 사람의 야망은 예술입니다. 어떤 사람의 야망은 명성입니다. 어떤 사람의 야망은 황금입니다. 그러나 폐하시여! 나의 야망은 오직 사람들의 영혼입니다.[12]

이처럼 이 세상의 어느 누구도 그의 가슴속에 불타고 있는 영혼, 즉 철저하게 버려져 외면당한 절대빈자에 대한 사랑의 불을 끌 사람은 없었다. 그는 입버릇처럼 이렇게 외치고 다녔다.

우리들은 긴박한 사태를 늘 본다. 우리들은 굶주리는 백성들을 수없이 본다. 우리들은 착취당하는 노동자들을 매일같이 본다. 우리들은 이런 일들을 바로 잡을 처방을 매 순간 강구해야 한다. 우리들은 이 같은 일에 대하여 우리가 하지 않으면 안 된다는 강권함이 있어야 한다. 사람들이 이 같은 일을 두고 어찌 다른 일을 먼저 할 수 있단 말인가?[13]

실로 그에게 있어서 절대빈자들을 위하여 살아가는 이 일보다 중요한 일은 없었다. 이것이 그의 삶의 이유를 증명하는 유일한 사명이었다. 그의 이러한 사명은 그의 임종도 막을 수 없었다. 그가 죽기 3개월 전, 신자들이 그의 병상에 모였을 때 부스는 그들에게 이렇게 당부하였다.

거리에는 우는 여인들이 있습니다. 함께 우시오. 배고픈 아이들이 있습니다. 그대의 주머니를 터시오. 감옥에 죄인이 넘쳐납니다. 사랑의 손길을 펴시오. 우리 구세군은 사회의 악과 싸우는 주님의 군대입니다. 희생이 없는 신앙생활은 짠맛을 잃은 소금과

---

12) http://bbs.kcm.co.kr/NetBBS/Bbs.dll/fable/qry/zka.
13) http://www.healthlife.co.kr/read.phtmlid=731.

같습니다. 그러나 그보다 여러분은 자기 자신과의 싸움에서 이겨야 합니다.[14]

제4절 구세군 사회사업의 원리와 방법

윌리엄 부스는 지금까지의 구빈법이나 자선기관의 자선사업이 일방적이고 소규모적이었으며 사회주의자의 단순한 예상에 의한 것도 적지 않았음을 지적하였고, "나는 실제주의자로서 오늘을 중시한다."라고 주장하면서 당시의 분별없는 자선정책과는 달리 획기적인 3가지 계획을 제안하였다.

첫째, 도시마다 의식주 공급과 임시취업을 알선하는 구제시설의 본부를 두고 각 지부의 시설로 하여금 필요시마다 즉각 이를 대행케 한다.

둘째, 농업기술을 습득케 한 후 지방의 농지에 귀농시켜 경작이나 축산에 종사케 하여 한 세대주가 되게 하고 성품을 개선하여 훗날 해외 이주의 근거를 마련해 주는 농업 거취 정책을 채택한다.

셋째, 남아프리카, 호주, 캐나다 등 주인 없는 넓은 땅에 구세군이 구획정리와 그들이 거처할 수 있도록 건설하고 평등법으로 다스릴 준비를 한 후 자유롭게 이주 및 정착케 하여 축복받는 삶을 영위할 수 있게 하는 해외 식민지 안을 채택한다.

그리고 이와 같은 사회복지를 추구하기 위하여 애린관, 순회병원, 출감자 구조대, 주객감화원, 부인구제소, 윤락방지 소녀홈, 거리소년을 위한 보육원과 탁아소, 불량자 수용소 등이 필요하며 이 계획을 실현하기 위하여 10만 파운드의 기금이 요구된다고 역설하였다.[15] 실로 빈자에 대한 그의 계획은 남들이 볼 때는 황당한 것에 지나지 않았다. 그러나 그가 이러한 거창한 계획을

---

14) http://kcm.co.kr/km/kj/kj970902.htm.
15) 프리데릭 쿠츠, op. cit., p.226.

설정하게 된 것은 단 한명의 가난한 자에게도 복음은 전달되어야 한다는 뜨거운 사랑의 발로였던 것이다.

이러한 계획 아래 그의 사역은 착착 진행되고 있었다. 법률제정을 통하여, 범죄자 교화운동을 통하여, 노숙자를 위한 숙박소를 통하여, 그리고 급식소를 통하여 그의 한 영혼에 대한 접근은 쉬지 않고 이루어졌다. 그는 이러한 운동에 그치지 않았다. 노숙자를 위한 작업장을 통하여, 실직자 구제사업을 통하여, 그리고 이름을 다 거론할 수 없는 다양한 시설을 통하여 그는 무서우리만큼 이들을 위한 사랑의 끈을 놓지 않았다.

윌리엄 부스는 고통당하는 무리를 예수의 마음으로 품고 싶었다. 그리하여 그는 우선 숙박소와 급식소부터 시작하게 되었다. 당시 윌리엄 부스는 런던대교를 지나면서 돌난간 곁에서 추운 겨울밤을 지새우는 노동자들을 목격하였다. 그는 그 문제를 그리스도인의 양심상 그대로 지나칠 수만은 없었다. 그리하여 1882년 2월에 서인도 부두에서 7,80명을 수용하여 식사와 숙박을 제공하는 숙박소를 통하여 그들에게 봉사하였다. 그 후 화이트 채플가에도 100여명을 수용할 수 있는 숙박소를 설치하였고 이 사업이 확장되어 구체적으로 이 사업을 주관하는 본부까지 설립되었다.

이에 대한 정부의 압력은 강하게 그를 몰아 붙였다. 영국에는 이러한 걸인과 빈자가 없다는 공식적인 발표와 함께 부스에게 치명적인 악의와 행정적인 압박으로 몰아세우면서 이러한 부스의 행동에 쐐기를 박으려 하였다. 그러나 더 치명적인 것은 같은 기독교 정신으로 자선사업을 실시하고 있는 자선조직협회의 모함과 압력이었다. 그럼에도 불구하고 부스는 다리 곁에서 밤을 새는 노숙하는 사람들을 위하여 숙박소를 마련하게 된다. 비록 칸막이가 없이 터져 있는 널따란 방에서 수백 명의 무숙자들이 빈틈없이 서로 몸을 부비면서 잔다하더라도 이 숙박소는 밤마다 초만원을 이루었는데 이는 실내가 따뜻하고 습기가 없으며 벼룩과 빈대가 없이 정결하기 때문이었다. 특히 구세군의 숙박소에는 자취할 수 있는 부엌과 식당도 있어 숙박인이 따로 식사준비를 하였고, 매식 3펜스만 내면 빵, 냉우유, 차 한잔의 식사를 할 수 있었다.

당시의 사회사업의 개척자들인 구세군 사관들은 때로는 폐품을 수집하여 재생시키는 공장주인 역할까지 해야만 했다. 이러한 노력 덕택으로 이곳의 숙박소에서는 1페니만 내도 다른 시설보다 10배나 나은 침대를 이용할 수 있었으며 더구나 길거리보다 몇 배나 좋은 형편에서 쉴 수 있었다.

그리고 구세군은 그들에게 테임즈 강변의 엠뱅크먼트에서 매일 밤 1천명에게 급식하였다. 구세군은 이러한 임시적 구호를 위한 숙박소와 식사제공 외에도 숙박소에 '향상하는 자(Elevators)' 라는 작업장을 만들어 빈민들의 자립을 위해서 노동시장에서 일자리를 구하지 못한 사람들을 대상으로 목공, 간판, 바구니 만들기, 장작패기 등과 같은 작업을 실시함으로써 자립을 강구하였다. 그리고 1891년 5월에는 올드포드에 성냥공장을 시작하였고, 후일 구세군의 호의자선단(Goodwill Service)으로 개칭된 '사마리아의 부대'는 가장 가난하고 인구가 주밀한 도시에서 활동을 시작하였다. 이 외에도 농지를 확보하고 목축이나 농작물을 경작하여 시장에 팔기도 하였는데 노동자들의 실습소를 복스테드에 두어 구인 농장주와 상담하여 실직자를 구제하려고 노력하였다.

그들의 노력은 이러한 구호사업에 국한되지만은 않았다. 아무도 보호자가 되어줄 수 없는 처절한 상황에서도 윌리엄 부스와 구세군은 여성, 특히 유아 매춘근절을 위하여 지대한 노력을 경주하였다. 뿐만 아니라 구세군은 여성의 인권신장과 윤락행위의 방지를 위하여 전력하였다.[16] 그 한 예로, 윌리엄 부스와 함께 조세핀 버틀러[17](J.Butler)와 윌리엄 토마스 스테드(W. T. Stead)는 어린 소녀들을 공장에 들이지 못하도록 보호하는 운동을 전개하기에 이르렀고, 왕실의 추천을 받아 결혼허가연령을 12세에서 13세로 올리는 개정법을 상정하기로 하고 왕실의 허가를 얻어내는 등 법률제정을 통하여 빈자와 약자

---

16) Ibid. pp.227-229.
17) 조세핀 버틀러는 영국 국교의 중심 인물인 조지 버틀러의 부인으로 용모가 아름답고 재능있고 용기 있는 여성이었다. 그는 어린 소녀, 특히 공창에 관련된 유아들에 대한 깊은 애정을 가지고 이 문제를 해결하기 위하여 노력하였다. 조세핀 버틀러는 조선의 공창폐지운동에도 결정적인 영향을 미쳤다.

1892년 구세군의 사회사업 실적

사회복지 시설명	시설 수	내용
숙박소	17	4,100명 투객
부양식당	9	3,50만명 접대
직업안내소	8	구직 26,000명 취직 6,600명
유산장		3,000명 수용
출타자 구제소	6	50명 수용, 200명 자활자
부인홈	18	2,000명 수용
농업거취지	1	350명 수용-작업
폐품수집		1년에 500파운드 수익

자료: 산실군평, 『구세군 창립자 대장정』 pp. 287-288.

의 보호에 앞섰던 것이다. 이에 더하여 구세군은 음주자 감화원을 설립하여 이 문제를 해결하는 데 만전을 기하였다. 1889년 당시 수감된 죄인이 174,779명이었고 해마다 5,000명 단위로 증가하고 있었다.

이 문제를 해결하기 위해 윌리엄 부스와 구세군은 사회문제로 급증하고 있는 범죄자의 감화를 위한 교도소 교화사업을 실시하였으며[18] 거리에서 배회하거나 법정에서 의뢰하는 소년소녀들을 수용하고 돌봐주는 시설을 시작하였다. 그리고 알콜중독자를 돌보아 주는 시설, 부녀관, 모자원, 어린 소녀들을 재워주는 호스텔도 시작하였다. 이렇게 스스로의 능력으로 도무지 일어설 수 없는 빈곤한 사람들을 일으키기 위하여 구세군은 할 수 있는 모든 사업을 힘에 넘치도록 감당하였다.[19]

결론적으로 윌리엄 부스는 불쌍한 영혼에 대한 애정과 사랑으로 런던 동부지역의 슬럼을 중심으로 한 도시 전도를 실시함에 있어서 독특한 군대조직을 통한, 그리고 사람들의 이목을 끌 수 있는 독특하고 창조적인 형태의 전도수단으로 밴드 사용과 옥외 설교와 동시에 아무도 상상할 수 없었던 전대미문의 사회사역을 펼침으로써 전도와 사회봉사를 철저히 통합한 그야말로 통

---

18) 프리데릭 쿠츠, op. cit., pp. 227-229.
19) Ibid. pp. 126-131.

전적 선교를 감행하였던 것이다. 물론 이러한 그의 선교전략은 예수 그리스도의 사역의 통전성[20]을 그대로 실천한 것으로 이해할 수 있다. 다시 말해 한 영혼에 대한 예수 그리스도의 뜨거운 애정과 애정에 그치지 않고 품고 고치신 예수 그리스도의 삶의 실제를 그대로 보여준 셈이다.

제5절 강력한 도전과 비판을 영적인 힘으로, 사회사업의 추진도 영적인 힘으로

비록 윌리엄 부스와 구세군이 진실된 그리스도의 사랑 안에서, 그리고 그리스도의 참 사랑을 실천하는 차원에서 이러한 빈민선교를 감행해 왔지만, 구세군 시작 초기부터 수십 년 동안 이들에 대한 도전과 비판은 끊이지 않고 계속되었다. 무엇보다도 같은 목적을 가지고 사회사업을 수행해 나가는 자선조직협회의 도전과 강력한 공권력으로 자신들의 치부를 감추기에 급급한 행정부의 도전은 극에 달하였다. 이로 인하여 구세군 사역은 한 때 위기를 겪기도 하였으나, 이들은 결코 그들의 도전에 굴복하지 않았다.

안타까운 것은 자선조직협회가 나서서 윌리엄 부스의 런던 조사의 결과에 대하여 정면으로 도전하였다는 것이다. 그들은 "이 나라에 정말 그런 극빈자가 있느냐, 그리고 부스의 저서 『암흑의 영국』이야말로 불필요하고 실현 불가능한 제안만을 늘어놓고 있다."라고 비판하였다. 이러한 공격에 대하여 부스는 "오늘날 수도 런던 인구의 30 퍼센트에 해당하는 180만 명이 극빈자들이다."라고 그의 조사의 결과를 통해 응수하였다.

문제는 행정당국에서도 이러한 부스의 조사 내용에 대해 강력하게 부정했

---

20) 가르치시고 천국복음을 전파하시고 가난한 자와 병든 자들을 고치시니라(마9:35, 마4:23).

다는 것이다. 런던시장은 "테임즈 강 다리 위에서 잠자는 사람은 한 명도 없다. 부스 대장이 잘못 보고 그릇된 주장을 한다."라고 하였고, 경시청장도 부스 대장의 말에는 "한 마디도 진실한 것이 없다."라고 공격하였다. 그리고 공권력을 동원한 조직적인 방해공작도 잊지 않았다. 이런 일로 인하여 구세군은 강력한 도전에 직면하여 연이어 당국의 감사를 받는 사태에 돌입하게 되었다.

문제는 이것만이 아니었다. 어느 방송국은 구세군의 설립자인 윌리엄 부스 장군을 맹렬히 비난하는 편지를 한 통 받았다. 전에 그녀가 어느 방송에서 부스 장군을 칭찬한 적이 있는데 그 부인은 부스 장군이 불우이웃 돕기 성금에서 800만 달러를 횡령하였다고 고발한 것이다. 물론 그 비난은 터무니없는 것이었다. 실로 이러한 일은 빙산의 일각에 불과한 것이었다.

그러나 윌리엄 부스는 이 모든 도전과 비판과 모함을 전부 기도로 이겨내었다. 그는 기도의 사람으로 정평이 나 있었다. 그는 철저히 하루의 일과를 기도로 시작하였다. 마치 예수님이 새벽 미명에 습관을 좇아 감람산에서 기도하심으로 하루를 시작하듯 그 역시 철저히 이 원칙을 수행하고 있었다. 왜냐하면 빈민의 선교와 사회사업은 절대로 그의 능력 밖이라는 사실을 분명히 인지하고 있었기 때문이다.

만약 그가 하나님으로부터 영적인 힘을 공급받지 못한다면 그가 하는 일은 그야말로 전부 자신의 이름을 나타내기 위한 사업으로서 그리스도와는 아무런 상관없는 일이라는 사실을 그가 너무나 분명하게 인식하였기 때문인 것으로 보인다. 그래서 그는 그의 직원들에게 항상 기도를 강조하면서 "모든 일이 당신의 손에 달린 것처럼 기도하라."고 하였다. 이 말은 그가 항상 기도할 때 모든 일이 그의 손에 달린 것처럼 기도하고 그의 사역을 감당했다는 것을 의미하는 것이다.

그는 빈민 사역, 즉 빈자를 위한 사회사업을 수행함에 있어서 철저하게 영성적 측면을 강조하였다. 어떻게 보면 그는 영적인 측면보다 실천적인 면을 강조한 듯하지만 전혀 그렇지 않다. 그의 삶은 그야말로 항상 영적으로 충만한 상태에 있었다. 이는 그가 어떻게 그의 자녀들을 양육했는가만 살펴보아도 금방 이해할 수 있다.

그는 캐서린 부스와의 사이에 8남매를 두었는데, 어떤 사람이 어떻게 가정교육을 그렇게 잘했는가 하고 물었을 때 "그것은 언제나 악마보다 앞서 교육을 했기 때문입니다."라고 대답했다. 이는 그가 평소에 어떤 가정생활을 영위하고 있었고 어떻게 자녀를 지도하였으며 어떻게 자신의 영적인 생활을 관리해 왔는지를 이해할 수 있는 것이다.[21]

그의 이러한 영성적 삶은 참으로 검소한 그의 생활에서도 어김없이 나타나고 있다. 그는 파란색 코트에 빨간 칼라가 달린 한 벌의 옷 밖에는 가지고 있지 않았던 사람이었다. 그는 한 벌의 옷 밖에 갖지 못했지만 천의 삶을 살았다고 후대는 평가하고 있다.[22]

결론적으로 김태열(1996)은 윌리엄 부스와 구세군의 특징을 다음과 같이 정리하고 있다.

> 구세군 사회사업의 특징은 첫째, 확고한 기독교적 가치관과 기초 위에 서 있다는 점이다. 특히 구세군과 윌리엄 부스는 고통당하는 인간을 예수 그리스도의 정신으로 불쌍히 여기는 마음으로부터 출발했다는 데 그 의의가 있다. 구세군은 "구원하기 위해 구원받고, 봉사하기 위해 구원 받았다."고 말한다. 둘째, 구세군은 오랜 전통과 범세계적인 조직을 가지고 봉사한다. 셋째, 구세군은 그 활동의 적극성과 개방성에 의의를 둘 수 있다. 자신들의 도움을 필요로 하는 자들에게 앉아서 기다리지 않고 찾아나서는 적극성을 가지고 있다. 넷째, 그들은 무엇보다도 전 세계적으로 유기적인 사회복지적 활동을 개발하고 있다는 점이다.[23]

이렇게 윌리엄 부스는 하나님께서 인간을 사랑하시듯, 그리고 그리스도께

---

21) http://www.deulsoritimes.co.kr/technote/read.cgi?board=th&y_number=212.
22) http://www.kdmin.com.
23) 프리데릭 쿠츠, op. cit., p.231.

서 인간을 불쌍히 여기고 우시듯, 그 역시 그리스도의 사랑으로, 한 영혼을 너무나 불쌍히 여기는 마음으로 진정한 사회사업을 수행하였던 것이다.

※ 제10장 진정한 인간애의 발로로서의 구세군 운동에 대한 토론 ※

1. 사회복지는 인간에 대한 깊은 애정에서부터 출발한다. 인간에 대한 진정한 애정이 없다면 그것은 사회복지가 아니다

실로 런던의 고통당하고 방황하는 빈민에 대한 윌리엄 부스의 고민과 연민은 엄청났었다. 그들을 굶도록 버려둘 수만은 없고, 또한 그들이 추운 다리 밑에서 겨울을 나는 것을 눈뜨고 볼 수만은 없으나 그들을 그의 힘만으로 다 품을 수 없었기에 그의 고통은 먹지 못해 방황하는 백성들을 향하신 예수 그리스도의 심정으로 그 아픔을 토로해 내고 있었던 것이다.

나는 지칠 대로 지쳤다. 지금 포플라의 주민들은 굶주리고 있다. 그들의 식량을 도와주지 않고는 도저히 그들을 찾아갈 수 없다. 현재 그들을 위한 급식은 할 수 없는 상황인데 그들은 먹어야 살겠고! 아, 이를 어찌하면 좋은가

그는 실로 인간에 대한 애정으로 불탔던 사람이었다. 인간에 대한 애정이 없으면 사회복지가 아니다. 이러한 부스의 인간 사랑을 접한 후 귀하는 어떤 다짐을 해 보는가.

2. 영적인 부흥만으로는 결코 해결될 수 없는 것이 빈곤의 문제이기에

윌리엄 부스가 활동할 때 영국은 온통 부흥운동의 여파로 영적인 분위기 속에 휩싸여 있었다. 웨일즈의 부흥, 스코틀랜드의 부흥, 잉글랜드의 부흥의 물결. 그러나 세상이 전부 부흥의 물결 속에 있어도 절대 빈곤의 늪에서 허덕

이는 그들에게는 이러한 영적인 부흥은 아무런 의미가 없었다. 오늘날 교회가 아무리 부흥을 외쳐도 정작 절대적 도움이 필요한 지역의 방치된 어르신들에게 부흥이라는 말은 아무 의미가 없는 메아리에 불과하다. 영적인 부흥만으로는 결코 해결될 수 없는 것이 빈곤의 문제이기에 교회는 사회적 약자에게 다가서야 하는 것이다. 귀하의 교회는 영적인 부흥의 분위기에 휩싸여 있는가. 아니면 그 부흥의 물결과는 아무런 상관없이 윌리엄 부스처럼 그 늘진 자를 찾아 내려가는 교회인가. 귀하의 교회를 평가해 보라.

3. 사회사업하는 데도 기도, 기도 또 기도라니

윌리엄 부스는 빈민 사역, 즉 빈자를 위한 사회사업을 수행함에 있어서 철저하게 영성적 측면을 강조하였다. 그는 항상 영적으로 충만한 상태에 있었다. 그가 사회사업을 수행하면서 왜 이렇게 필사적으로 영적인 삶을 추구한 것일까? 아마도 그는 처음 품었던 인간사랑에 대한 변질을 두려워 한 것 같다. 초심을 잃지 않기 위해 그는 이렇게도 처절하게 자신과의 영적인 싸움에 나선 것일 것이다. 사회사업에 있어서의 영적 각성의 중요성과 영성 유지의 중요성에 대하여 토론해 보라.

제11장 전문적 기독교 사회복지로서의 독일교회 디아코니아

제1절 루터의 종교개혁과 디아코니아
제2절 독일교회 디아코니아의 핵심인물로서의 비헤른 목사
제3절 비헤른의 내적선교(Innere Mission)를 통한 독일교회의 디아코니아 사역의 확립
제4절 독일교회 디아코니아가 독일 사회복지에 미친 영향
제5절 독일교회 디아코니아의 현황과 특징

제1절 루터의 종교개혁과 디아코니아

우리는 이미 제5장에서 '중세교회의 폐해에 대한 도전으로서의 루터와 칼빈의 자선개혁'이라는 주제를 통하여 종교개혁이 1,000년 이상 지속된 중세의 시혜적 자선사상을 타파하고 근대 사회복지의 근간을 이루었다는 사실에 대하여 심도 있게 고찰한 바 있다. 그럼에도 불구하고 중세의 교회 봉사가 이제 전문적 기독교 사회복지로 정착한 독일 디아코니아를 논하는 이 시점에서 다시 한 번 종교개혁과 독일교회 디아코니아가 뗄레야 뗄 수 없는 상관관계가 형성되고 있음을 재확인 할 필요성이 있다고 보며 또한 오늘날 전문적 기독교 사회복지로 자리 잡은 독일교회 디아코니아를 보다 더 선명하게 이해하기 위해서는 다시 한 번 그 종교개혁과 독일교회 디아코니아의 관계를 분명하게 설정할 필요가 있다고 본다.

이제까지의 신학사조는 항상 루터의 종교개혁을 단순히 신앙적인 차원과 교회의 개혁적인 차원에서만 고찰하려고 함으로써 그 진정한 의미를 상실하고 말았다. 그러나 엄밀히 말해서 루터의 종교개혁이 당시 만연된 로마 카톨릭교회의 면죄부에 대한 단순한 고발이 아니라 사회전반의 개혁 특히 사회복지와 긴밀한 관계를 가지고 있음은 부인할 수 없는 사실인 것이다. 다른 말로 표현하면 종교개혁자들은 중세기의 잘못된 교회의 자선의 관행을 타파하고 진정한 의미에서의 교회의 사회복지 활동을 발전시켜 나가려고 노력한 것임은 명백하다.[1] 이는 루터가 종교개혁과 더불어 중세 사회의 근원적 문제였던 모든 구걸행위를 폐지시키는 법을 공포한 바 있으며 아울러 빈자보호법을 통하여 국가가 가난한 사람들을 효과적으로 돌보게 함으로써 근세 사회보장의 초석을 놓았기 때문이었다.[2]

---

1) 홍주민, "종교개혁과 디아코니아", 『신학연구』(한신학술원 신학연구소, 2004년 제46집), p.269.
2) Ibid. p.274.

특징적인 것은 루터가 이러한 자선개혁을 통한 사회개혁을 염두에 두었던 것은 이러한 디아코니아적 행위가 그리스도인의 신앙과 동떨어진 별개의 것이 아니라 그는 바로 이러한 삶의 실천을 예배행위로 보았기 때문이다. 이를 보다 명확히 표현하면 '예배후의 예배(Liturgy after liturgy)'로 표현할 수 있는데[3] 이는 곧 그리스도인들이 예배를 통하여 드리는 찬양과 기도, 그리고 말씀만이 예배의 범주에 드는 것이 아니라 삶에서의 실천과 행위가 바로 하나님을 공경하는 것이며 이것이야 말로 참된 예배행위로 보았던 것이다.[4] 이러한 이유로 루터는 그렇게 지속적으로 '이웃의 봉사가 곧 하나님의 봉사'라고 주장하였던 것이다.

봉사를 예배의 한 부분으로 보았던 루터의 디아코니아 사상의 진정한 바탕은 '만인제사장설'에 의하여 주창하게 되는데 이는 모든 성도가 사명감을 가지고 '마음으로, 어머니처럼, 아버지처럼, 그리고 형제처럼(herzlich, muetterlich, vaetelich und brurlich)' 봉사해야 함을 의미하는 것으로 이해할 수 있다. 모두가 함께 봉사하는 만인제사장직으로서의 루터의 주장은 결국 초대교회가 그 모델이었는데 이는 하나님의 교회야말로 모든 성도가 마치 초대교회처럼 성도의 어려움을 적극적으로, 자체적으로, 그리고 스스로 해결해야 함을 강조한 것이기 때문이었다.[5] 따라서 루터는 초대교회가 그러했듯이 그의 사역에도 집사직을 두어 전문적으로 사회문제를 해결하려고 노력하였다. 다시 말해서 목사는 영적인 양식을 나누고 집사는 재물로서 가난한 자들을 돌봄으로서 통합적이고 통전적인 사역, 즉 체계적이고도 지혜롭게 교회의 사역이 이루어지도록 노력하였던 것이다.

---

3) Strohm, Theodor, "Theokogie der Diakonie in der Perspective der Refromation" in Pau Phillippi and Teodor Strohm, eds, Thelogie der Diakonie, Heidelberg: Heidelberg Verlagsanstalt, 1989, 김동주, "기독교 사회봉사와 마르틴 루터의 개혁", 『기독교교육정보』(한국기독교교육정보학회, 2005년 8월), p.295에서 재인용.
4) 김동주, "기독교 사회봉사와 마르틴 루터의 개혁", 『기독교교육정보』(한국기독교교육정보학회, 2005년 8월), 295.
5) 주도홍, "독일교회 디아코니아의 역사적 고찰", 『학교법인 백석대학교 설립 30주년 기념논문집』(백석대학교, 2005), p.316.

분명한 것은 루터는 개혁의 초기부터 그리스도인의 사회적 책임을 확실하게 주장했다는 점이다. 종교개혁에 대한 우리의 통상적이고 일반적인 사고, 즉 종교개혁이 단순히 교회개혁이었다는 전통적인 입장을 떠나 철저히 사회적인 삶을 강조하였고 또 그리스도인의 실천적 삶이야 진정한 그리스도인임을 아래의 글에서 그가 강조하고 있다.

그리스도인은 그 자신 안에서가 아니라 그리스도와 그의 이웃 안에서 사는 사람이다. 신앙으로 주 안에서 살고, 사랑으로 이웃 안에서 산다. 신앙을 통해 그는 자신을 넘어 하나님에게 이르며 사랑을 통해 하나님 앞에서 자신을 낮추어 이웃에게 이른다. 보라 이것이 참된 영적인 그리스도인의 자유다.[6]

우리는 위의 글을 통하여 루터가 그의 개혁의 초기부터 사회적 개혁과 더불어 이러한 개혁의 동력인 그리스도인의 사회적 책임을 분명히 하고 있음을 다시 한 번 인지할 수 있다. 흥미로운 것은 이렇게 전개된 루터의 디아코니아 신학은 근대 독일의 사회복지가 정착하기까지 끊어지지 않고 그 신학적 맥을 이어왔다는 점이다.

그 한 예로서 1600년대에는 칼브에서 오랫동안 교구감독으로 있으면서 루터의 디아코니아 사상을 발전시킨 이가 안드레아(1586-1654)인데 그는 그리스도의 삶의 목표가 개인의 행복에 있는 것이 아니라 그리스도를 통한 형제애를 바탕으로 세상의 고난과 미움을 극복함과 동시에 병든 이를 포함한 어려움에 처한 이들을 사회를 통해 더 많은 혜택을 주어야 한다고 주장하면서 '기독교적 사회'를 통한 '총체적 복지개혁'을 꿈꾸었다. 5장에서 이미 언급한 바와 같이 그 다음 세대는 스페너라는 사람인데 그는 루터의 '만인제사론'을 바탕으로 평신도 운동을 전개하고 실천적 경건주의를 이끌어 나가면

---

6) 이성덕, "마르틴 루터의 신학과 사회복지", 『대학과 선교』(배재대학교, 2006년 제10집), p.330에서 재인용.

서도 사회적 곤경을 극복하기 위한 디아코니아 프로그램을 실천하는가 하면, 그의 이러한 사상은 그의 제자 프랑케를 통하여 계승되게 되는데, 특히 그는 할레에서 종교개혁의 전통 안에서 교회의 전문적 다이코니아 공동체를 구성하게 된다. 그 규모는 실로 대단하여 빈민학교, 젊은이들을 위한 작업장, 고아원, 교사양성소, 종합학교, 화학 실험실, 도서관, 세탁소, 약품업체, 제과점, 양조장, 병원, 대형 무역업체 구성 등으로 교회가 감히 상상도 할 수 없는 전문적인 차원으로 디아코니아를 승화시키는 견인차 역할을 하게 된다.[7]

이러한 루터의 개혁정신을 바탕으로 전개된 경건주의적 디아코니아 운동은 그 후 진젠돌프를 통한 헤른후트 공동체로 이어지고 1800년대 초반에 들어서는 프리더너와 그의 부인 프리데리케에 의하여 현재 독일교회 디아코니아의 핵심이며 구심점으로 작용한 개신교 디아코니센 직을 만들고 훈련함으로써 근대 독일교회 디아코니아의 초석을 낳게 된다. 이러한 디아코니센의 조직과 교육은 결국 디아코니센 병원을 건립하고 보다 체계적으로 교회의 대사회봉사를 가능하게 한다.[8]

제2절 독일교회 디아코니아[9]의 핵심인물로서의 비헤른 목사

영국에서 시작된 산업혁명으로 인한 산업화의 폐해는 예외 없이 독일에도

---

7) 홍주민, "종교개혁과 디아코니아", op. cit., pp. 283-284.
8) Ibid. p. 288.
9) 여기서 필자가 독일교회 사회복지의 형태를 디아코니아라고 명명한 것은 기독교적 사회복지를 초대교회의 전통을 따라 디아코니아라고 부르기 때문이다. 디아코니아를 교회 사회봉사라는 개념으로도 이해할 수 있다. 이러한 기독교적 사회봉사의 용어정의에 대해서는 필자의 졸저, 『한국교회와 사회복지』(서울: 도서출판 나눔의집, 2006), p. 21.을 참고하라.

적용되어 치명적 사회문제를 양산하게 되었다. 특히 증기기관의 발달과 기계의 발달은 가족 대가족 중심의 끈끈한 구성공동체를 몰락하게 하였고 급기야 가족제도의 붕괴현상을 낳았을 뿐만 아니라 노동자 계급의 급격한 이주문제는 독일사회의 문제점에 그 심각함을 더하였다. 예를 들면 1817년부터 1830년대까지 약 200,000명이 미국으로 떠났고, 1831년부터 1850년 사이에는 600,000명이 미국으로 이주하는가 하면 다른 유럽 국가에도 수를 헤아릴 수 없는 노동자들이 살길을 찾아 떠나게 되었다. 이러한 독일의 사회문제의 심각성에 대하여 혹자는 말하기를, '독일에서 파리까지 독일 노동자들이 일자리를 따라 모든 도로변에 깔려있을 정도' 라고 표현한 바 있다.[10]

뿐만 아니라 1840년대 독일에는 전술한대로 산업화로 인하여 발생한 문제를 바탕으로 사회는 사회대로 교회는 교회대로의 위기선상을 달리고 있었다. 그 당시 유럽의 경제위기는 위험수위를 넘기고 있었고, 이에 더하여 가뭄과 기상변화뿐만 아니라 실업자 증가, 임금하락에 정치적 혼란까지 가중하여 희망을 찾아볼 수 없는 세대가 되었다. 게다가 전염병의 만연, 노동자의 집단이동 등 사회적 문제에 엎친데 덮친 격으로 1848년에는 베를린에 혁명의 불길까지 치솟아 겉잡을 수 없이 번지는 사태에 놓이게 되었다. 문제는 이러한 사회적 혼란을 틈타 공산주의자들의 움직임은 노골적으로 가시화됨으로써 사회를 암흑의 구덩이로 몰아넣기에 충분하였다.[11]

이러한 사회붕괴의 위협 앞에서 전통적 사고의 틀에서 조금도 변화하지 않으려 발버둥치는 독일교회의 정신을 일시에 쇄신하고 나아가 봉사하는 교회, 즉 디아코니아적 교회로 선회하게 한 인물이 비헤른 목사(J. H. Wichern)이었다. 비헤른이 봉사하는 교회 즉 독일의 디아코니를 외치게 된 배경에 대하여 젠슨(Karl Janssen)은 아래와 같이 그의 소년시절에 대하여 기술하고 있다.

---

10) 박영환, "독일 사회봉사신학의 아버지 J. H. Wichern의 생애와 사상", 『교수논단』(서울신학대학교, 2001년 제12집), pp.236-237.
11) Ibid. p.254-255.

비헤른의 아버지가 48세에 돌아가시자 비헤른의 가족들도 그나마 남겨졌던 사회적 위치가 불분명해졌다. 이 순간부터 비헤른은 그의 생애에 있어서 생사를 거는 사회적 곤궁함을 직접 경험했어야만 했다. 가족의 장남으로 6명의 식구들의 생계를 책임져야 할 때가 15살이었다. 그는 학업을 그만두어야 했고, 그와 그의 어머니는 가족의 생계를 위해 일해야만 했다. 그는 온 종일 함부르크에 있는 소년 기숙학교에서 보조 교사로 일을 했다. 저녁시간에는 스스로 학력고사를 준비하였다. 가장이 없는 정신적 공허와 가족 전체를 책임져야 할 위치에서 사회 구조적인 빈곤의 문제는 감당하기 어려웠다. 이때 그는 가난의 구조적 위기와 문제점들을 피부로 체험하였다.[12]

그는 소년으로서는 도저히 감당하기 힘들만큼의 처절한 가난과 아픔을 경험하였다. 그는 그러한 역경 가운데서도 신학을 공부하게 되고 추후 신학을 마치자 마자 함부르크에 돌아오게 된다. 문제는 산업화로 인한 문제는 처절함 바로 그 자체였지만 교회는 거기에 대하여 아무런 해답을 제시하지 못하고 오히려 노동자들에게만 그 책임을 전가하고 있었다. 비헤른이 그의 목회 사역에서 처음 만났던 문제는 바로 청소년 문제였다. 특히 비헤른은 그 당시 산업화로 인하여 방치된 청소년과 어린이에 대하여 비상한 관심을 가지고 있었고 이 문제를 해결하기 위하여 '구제하는 집'을 설립하였다. 그는 일요일에 어린이들을 성경학교에서만 가르쳤지만 그가 문제에 봉착하게 된 것은 성경학교가 긴급한 그들의 문제를 전혀 해결할 수 없다는 것이었다. 그는 이를 매우 진지하게 아무쪼록 그들을 그들의 열악한 환경에서 분리하여 교육시켜야 할 필요성을 절실히 느끼게 되었다.

비헤른이 청소년의 교육에 이렇게 깊은 관심을 표명한 데에는 적어도 그에게 있어서 교육이란 그리스도께서 인간을 해방시킴과 같이 인간을 해방시키고 자유를 실현하는 대승적인 관점으로 이해하였기 때문이다. 그의 이러한 교육사상은 페스탈로치의 영향을 받았으며 이러한 교육을 수행해 나가는데

---

12) Karl Janssen, J. H. Vichem, p.9, 박영환, "독일 사회봉사신학의 아버지 J. H. Wichern의 생애와 사상", 『교수논단』(서울신학대학교, 2001년 제12집), p.239에서 재인용.

있어서도 신앙적 교육과 아울러 노동의 중요성을 항상 강조한 바 있다. 그는 이러한 페스탈로치의 사상을 중심으로 습관적으로 '기도하라 그리고 일하라' 라는 말을 수 없이 되뇌었다고 전해진다.[13]

결국 그는 1983년 방치된 아이들과 청소년들을 위하여 함부르크에 신앙적인 측면과 교육적인 측면에서 지도할 수 있는 '구원의 집(Rettungshaus, Rauhe Haus)'으로 불리는 '라우에 하우스'를 설립하고 가난한 청소년들을 모아 교육을 시키게 된다. 그리고 이 공동체에서 구체적으로 이들을 교육하고 지도할 수 있는 인력양성소로서의 디아콘(Diakon)을 교육시키게 되는데 이들은 거의가 남성 섬김 전문직이었다. 비헤른이 함부르크에 라우에 하우스를 설립하게 된 동기는 그 당시 함부르크는 산업화로 인하여 수 많은 사람들이 대도시인 함부르크로 몰려들었고, 이로 인한 실업의 문제는 물로 홍수 등의 자연재해까지 가세함으로써 극심한 사회적 혼란이 있었기 때문이었다.

이렇게 시작한 라우에르 하우스는 발전하여 아동복지 시설뿐만이 아니라 노인, 장애인까지 포함하는 종합적인 복지타운으로 확장하게 되었고 그 안에 사회사업대학까지 갖추는 그야말로 전형적인 종합적 독일 디아코니아의 형태를 취하게 되었다. 비헤른은 이 대학을 통하여 전문적인 사회사업가와 기독교사회복지사를 양성함으로써 체계적인 기독교사회복지를 뿌리내리는데 일조하였다.[14] 문제는 비헤른이 이렇게 조직적으로 그리고 방대한 봉사사역을 감당한다 하더라도 철저한 신앙을 바탕으로 이들을 전문적으로 지도할 인력의 양성을 필요로 하는 것이었다. 고무적인 것은 이러한 비헤른의 봉사정신을 바탕으로 1836년 프리드너(T. Fliedner)와 그의 부인 프리데리케(Friedrike)는 그야말로 독일 디아코니아의 산파역할을 담당하는 영성 전문 섬김직으로서의 디아코니세(Diakonosse, Diakonin) 공동체를 형성함으로써 구체적인 교회 사회봉사가 이루어지는 터전을 마련하게 됨으로서 비헤른의

---

13) 김덕환, "독일의 기독교사회복지의 조직화와 유토피아 사회의 현실적 추구", 『신학과 사회』 (한일장신대학교 기독교종합연구원, 1998, 제12집), p.471.
14) Ibid. p.470.

디아코니아 운동은 급물살을 타게 된다.[15]

제3절 비헤른의 내적선교(Innere Mission)를 통한 독일교회의 디아코니아 사역의 확립

사회적 문제, 특히 청소년 문제해결을 위한 비헤른의 대응은 참으로 조직적이고 전문적인 것이었다. 그러나 그는 단순히 그 자신만이 이러한 기관을 운영하는 소위 개인적인 차원의 봉사에만 머물러 있지 않았다. 오히려 그는 독일의 모든 교회가 연합하여 이 사회문제를 해결해야 하며 또한 이러한 사역은 모든 독일의 교역자가 함께 해야만 한다는 당위성을 절감하고 있었다.

드디어 그는 1848년, 루터가 종교개혁의 기치를 높이 들었던 바로 그 역사적인 위텐베르그의 성 부속교회에서 제2의 종교개혁이라 불리는 교회의 날 행사에서 독일 개신교를 대표하는 580명의 지도자들이 모인 자리에서 감동적인 강연을 실시함으로써 명실 공히 독일 개신교회 디아코니아의 초석을 굳건하게 다졌다. 그는 이 자리에서 먼저 루터와 마찬가지로 독일과 독일교회의 이러한 위기상황 가운데서 교회가 철저하고 근본적으로 개혁하여 교회의 본연의 모습으로 돌아가지 않을 수 없는 시점에 이르렀다고 호소하였고,[16] 또한 루터에 의해 재발견된 '만인제사직'이야말로 디아코니아적인 교회의 기초라는 사실을 천명하고 독일교회는 이제 국내선교, 즉 디아코니아를 통한 내적선교(Innere Mission)을 주장함으로써 사회문제 속에 포위된 독일교회가

---

15) 홍주민, "독일의 디아코니아와 요한 힌리히 비헤른", 『신학연구』(한신학술원 신학연구소, 2005년 제47집), p.286.
16) 홍주민, "종교개혁과 디아코니아", op. cit., p.303.

나아가야 할 방향성을 분명히 제시하였다.[17] 또한 그는 이 자리에서 "내적선교(디아코니아)는 교회의 신앙에 속한다."라고 천명함으로써 하나님의 말씀은 선포하는 것으로 끝나서는 아니 되고 실천되고 행동되어야 함을 강조한 바 있다."[18] 또한 개신교회는 급변하는 사회속에서도 디아코니아를 통해 도움과 상담을 구하는 이들에게 양질의 도움과 파트너적인 도움을 주어야 함을 강조하였다. 그는 이를 통하여 일요일에 '가슴과 입'으로 고백하는 그리스도인이 되어서는 안되고 행동과 삶으로 고백해야 생명력이 있음을 주장하는가 하면[19] 개신교회의 현실안주를 비판하고 교회가 사회속의 교회로 거듭날 것을 강하게 주문하면서 교회가 '사회적인 삶의 양식(eine gesellschaftliche Lebensform)'을 호소하였는데, 이는 곧 "개신교회는 다음의 사실, 즉 내적선교의 디아코니아 사업이 교회의 사안임을 승인해야 한다."는 내용을 담고 있었다.

이렇게 비헤른에 의하여 주창된 내적선교를 바탕으로 독일교회는 디아코니아가 '교회의 본질 및 삶의 표현'이라고 독일교회의 헌법에 명시하였고 이를 바탕으로 독일교회는 그야말로 단순한 선포의 기능으로서의 교회가 아니라 기독교인의 사랑을 표현하고 이를 말씀과 행동으로 옮기는 것을 의무화하는 그야말로 독일 개신교의 대역사를 이루어 내었던 것이다.[20]

그가 이 자리에서 주창한 국내선교의 방향은 크게 7가지로 구분할 수 있는데 내적선교란 첫째 교회의 혁신을 말하고, 둘째로 이 운동을 통해서 온 국민들의 정신적, 사회적으로 비참한 상황의 구체적으로 드러난 사회문제에 대하여 구호 및 구조하는 사랑의 행위가 있어야 함을 역설하였으며, 셋째로 이것을 위하여 교회의 조직화 즉 교회의 사회봉사의 세가지 측면, 즉 개인적, 교회적, 사회 및 국가적 차원으로 발전되어 나가야 할 것을 강조하였다.[21]

---

17) Ibid. p.305.
18) 독일개신교연합, 홍주민역, 『디아코니아 신학과 실천』(서울 : 한국디아코니아연구소, 2007), p.8.
19) Ibid. p.9.
20) 김덕환, op. cit., p.468.
21) Timm, 김균진역, "독일교회의 사회봉사", 『기독교사회사업 I』(한일디아코니아연구소, 1997), p.169; 김덕환, "독일의 기독교사회복지의 조직화와 유토피아 사회의 현실적 추구", 『신학과 사회』(한일장신대학교 기독교종합연구원, 1998, 제12집), p.474에서 재인용.

뿐만 아니라 비헤른은 그동안 산발적으로 진행되던 디아코니아 사업을 내적선교에 통합하고 특별히 도시문제에 깊숙이 개입하게 된다. 이로써 그 유명한 도시선교회(Stadtmission)라는 기관이 설립되어 도시문제로 발생하는 제사회 문제에 교회가 깊숙이 개입하게 되는 동기를 낳게 된다.[22]

1848년 베헤른이 내적선교를 주창한 후 독일의 개신교의 디아코니아는 급격한 속도로 성장에 성장을 거듭하게 된다. 1890년에는 독일 전역에 30개의 지부를 두게 되고 1849년과 1952년의 짧은 기간 동안 내적선교의 일환으로 약 100개의 사회복지 시설을 건립하고 사회문제에 대하여 공격적으로 참여하게 되었는데 특히 청소년 비행과 문제예방에 집중하였다. 그 이유는 이러한 기독교 시설을 통하여 청소년 문제를 효과적으로 예방할 수 있다고 믿었기 때문이었다. 이렇게 성장에 성장을 거듭한 내적선교의 활동은 급기야 1865년에는 123개의 구빈원, 고아원, 장애인 수용시설을 설립하기에 이르렀고 그 외에도 10개의 형제의 집, 16개의 병원 및 요양소를 갖추는 체계적인 디아코니아 운동으로 자리하게 되었다.[23]

여기서 우리는 독일교회 디아코니아 운동에 이렇게 강력한 영향력을 행사한 내적선교와 그 동기에 대하여 고찰해 볼 필요가 있다. 엄밀히 말해서 비헤른이 내적선교를 주창한 중요한 요인 중의 하나는 바로 독일교회에 만연한 교회의 위기에서 기인한 것이라고 볼 수 있다. 그 위기란 19세기 후반에 이르러 교인들이 교회를 떠나는 그야말로 탈교회 현상이었다. 그 한 예로서 독일 바이에른주의 경우 성만찬에 참여하는 교인의 비율이 1867년에는 77%에 이르렀으나 13년 뒤인 1880년에는 62%로 하락하였고 급기야 1913년에는 43%로 떨어지는 위기현상이 초래하였다. 이러한 현상은 비단 농촌뿐만 아니라 대도시에서는 상상할 수 없을 정도의 심각성을 나타내었는데 1914년 작센지방의 경우 농촌교회 예배 출석율이 20~40%였고, 도시교회의 예배참석률은 평균 2.5%였다고 하니 얼마나 탈교회 현상이 심각했는지를 짐작할 수

---

22) 홍주민, "독일의 디아코니아와 요한 힌리히 비헤른", op. cit., p. 287.
23) 김덕환, op. cit., p. 472.

있었다.[24]

문제는 목회자들이 사회의 구조적 모순을 지적하는 일 보다는 오히려 기득권자의 입장에서 노동자들을 설교로 꾸짖거나 오히려 부자들에 대하여 질투하는 가난한 사람들의 도덕성을 지적하는 수준에 머묾으로써 결국 사회적 고통에 시달리는 자들과 교회 사이에는 보이지 않는 장벽이 가로 놓일 수밖에 없었고 이로 인하여 결국 탈교회화 현상을 초래할 수밖에 없었던 것이다.

이러한 상황 아래 비헤른 목사는 교회가 참된 목양적 돌봄이 필요하고 이제는 교회를 떠난 그들뿐만 아니라 사회적 고통을 당하는 사람들을 위해 교회의 기득권을 내려놓고 그들의 입장에서 돌봄을 실시하는 디아코니아적 교회가 아니고서는 결코 그 당시의 교회의 위기를 극복할 수 없었다는데 디아코니아를 통한 내적선교에 그 주안점을 두고 있다.[25]

이런 관점에서 비헤른은 교회의 재산을 사회화(Vergesellschaftung)하여 사회의 문제에 교회가 구체적으로 개입해야 한다고 보았다. 다시 말해서 비헤른이 디아코니아를 통한 내적선교를 주창한데는 바로 이렇게 심각한 탈교회 현상에 대하여 교회가 무시하거나 또는 이에 대하여 민감하게 반응하지 않으면 결국 교회가 사회로부터 지탄의 대상이 되거나 사람들이 교회로부터 등을 돌릴 수 밖에 없다는 절박함에서 기인한 것임을 말할 나위가 없다.

비헤른은 이렇게 사회적으로 혼란하고 사회적인 문제로 고통을 받은 이 시점에서 사람들이 교회로 오게만 해야 할 것이 아니라 이제는 교회가 그들에게 찾아가야만 한다는 것이 그의 디아코니아 정신이었다.[26]

사실 비헤른이 이러한 내적선교를 통한 디아코니아 운동을 전개한 또 다른 이유는 그 당시 독일의 사회는 어린이들의 노동문제와 하루 16시간의 장시간의 노동문제와 열악한 주거환경, 노인문제, 의료문제 등 그야말로 사회는 극도의 불안한 상태에 놓여 있음에 기인한 것이었다. 이 외에도 비헤른의

---
24) 임희국, "19세기 독일 개신교회의 사회봉사", 『교회와 신학』(장로회신학대학교출판부, 1999년 겨울호 제39호), p.107.
25) Ibid. p.106.
26) 김덕환, op. cit., p.470.

내적선교의 또 다른 중요한 동기 중 하나는 교회가 사회문제에 대하여 전혀 방향성을 잡지 못하고 우왕좌왕하는 가운데 이상주의 사회주의 모델을 표방한 칼 맑스와 엥겔이 예수와 성경이 말하는 사랑을 공산주의와 접목하여 그야말로 과격한 프로레타리아의 투쟁적 접근을 시도하는 위급한 상황에서 비롯된 것이라는 데 또 다른 의미가 있다.

실제로 내적선교가 그렇게 큰 파장으로 독일사회를 결집할 수 있었던 이유는 그 당시 팽배한 사회주의로 인한 혁명에 대한 비판적인 시각 때문이었고 이로 말미암아 지배층에 속한 사람들도 이에 대한 반향으로서 국내선교를 지원했기 때문인 것으로 보인다.[27]

이렇게 독일교회 전역에 사회주의 사상이 급격히 일어났을 뿐만 아니라 독일교회 자체가 사회주적 사고를 확산시키는 그러한 절박한 상황에서 비헤른은 적어도 교회란 복음과 믿음의 바탕위에 서 있어야 함을 다시 한 번 깨우쳐 줄 필요가 있었고, 오히려 교회를 떠난 사람들을 그리스도의 사랑으로 찾아가 사랑을 믿음의 삶으로 승화하는 증거 및 실천적 교회가 되지 않으면 안 된다는 절박함에서 출발할 것이라고 볼 수 있다.[28] 다시 말해서 그의 디아코니아 운동은 사회운동이 아니라 철저히 신앙적인 관점에서, 그리고 교육적인 관점에서 이루어져야 함을 강조한 것이다.

물론 이러한 위급한 사회문제에 대하여 교회가 디아코니아적 사명을 가지고 제2의 종교개혁이라 부를 수 있는 내적선교를 주창하였지만 모두가 이를 수용한 것은 아니었고 때로는 조직적인 방해공작이 있기도 하였으나 그럼에도 불구하고 대체로 순탄하게 전국적으로 이 운동을 조직화하기에 이른다. 1949년 비헤른은 당시 주요한 산업도시인 뉘른베르크, 에어랑엔, 아우그스부르크, 뮌헨, 뷔텐베르크와 바덴을 방문하여 내적선교의 필요성을 역설함으로써 신속하게 체제를 구축하게 된다.[29]

---

27) Heinz, 1981, 242, 김덕환, 472에서 재인용.
28) 박영환, op. cit., p.238.
29) 홍주민, "종교개혁과 디아코니아", op. cit., p.299.

특히 바이레른 주에서는 뢰흐[30] (Wilhelm Loehe)가 루터교회에 나타난 내적선교 협의회를 조직함으로써 보다 전문적으로 그리고 조직적으로 이 운동에 임하게 된다.

두말할 필요도 없이 내적선교(Innere Mission)는 당시 발생하는 다양한 사회문제, 전체를 겨냥하고 있었다. 그 중요한 사역의 대상은 어린이집, 병든자, 노약자, 지체장애자, 시각장애자, 정신장애자, 천식, 방랑자, 선원, 죄수, 간질 등 발생하는 모든 사회문제였다. 뿐만 아니라 비헤른은 이러한 문제 외에도 특별히 도시선교와 교도소 선교에도 관심을 두었다. 도시선교는 런던 도시선교(City-Mission)를 모델로 하여 베를린에서 실시하게 되었는데 이 사역을 통하여 도시에서 발생할 수 있는 각종 사회문제, 즉 매춘, 부부폭력, 중독자보호, 청소년 선도 등 전통적인 도시문제에 대하여 교회가 깊이 개입하게 되었다.[31]

특징적인 것은 비헤른이 독일교회의 디아코니아 사역을 추진함에 있어서 철저히 신앙적 바탕을 그 배경으로 하였다는 것이다. 특히 그는 봉사의 모든 사역을 예수중심이며 하나님 나라로 이루어 가려는 정신을 분명히 하였다. 그는 복음의 정체성 없이 사회봉사 사역에만 열정을 갖고 있는 기독교 사회봉사자들을 경고하는 가하면 사회봉사들을 교회의 조직 안에서 신앙으로 무장하게 하였다. 왜냐하면 디아코니아 사역을 교회의 잃어버린 영혼을 구원하는 사역이요, 예수 그리스도의 제자를 삼는 거룩한 사역이기에 더욱 그러하였다. 따라서 사회봉사 사역자를 위한 영적인 훈련과 교육적인 방법들을 주입하는데 있어서 그의 신앙과 그의 경험을 최대한 활용한 실천적 지도자였다.[32]

김덕환은 그의 글에서 비헤른의 디아코니아 철학을 엿볼 수 있는 그의 어

---

30) 비헤른 목사의 영향을 받고 바이에른 주의 내적선교의 책임자가 되어 노이엔데텔사우라는 공동체를 형성하고 디아코니세 훈련과 파송을 통하여 전문적 디아코니아 공동체를 이루게 된다.
31) 박영환, op. cit., p.260.
32) Ibid. p.264.

록을 대체로 자세히 소개하고 있는데 이 글들이야 말로 그가 어떠한 정신으로 디아코니아를 구상하고 실현하려고 하였는지를 이해할 수 있다.

> 교회의 빈민문제는 단순히 가난한 사람을 직업상으로 돕는 것이 아니라 기독교인의 사랑으로 돕는 것이다. 세속적인 빈민구제는 가난한 사람이 없도록 하는 것이 그 목표이다. 교회의 빈민구제는 그와는 완전히 다른데 그것은 주님께서 가난한 사람을 항상 너희와 함께 있으리라고 말씀하셨기 때문에 그리고 가난한 사람부터도 영광 받으시고자 하기 때문에 교회의 빈민구제의 목표는 그들의 고통을 덜어주도록 지원하는 것이라고 말할 수 있다. 단순히 세속적인 소명이나 자유의사에 대한 헌신은 종교적인 진리에 부합된 헌신이라고 말할 수 없다.[33]

이와 같이 비헤른의 디아코니아 철학의 배경에는 항상 올바른 성경이해가 핵심이 되었음은 자명한 사실이다. 그는 디아코니아는 사회사업이 아니라 바로 구원의 행위라는 관점에서 보았다. 가난한 사람과 사회적으로 문제가 있는 사람을 돌보는 돌봄의 사역이란 바로 통전적인 관점에서 인간을 구원한다는 구원의 행위에서 운영되어야 한다는 것을 분명히 하였다. 여기에 교회의 봉사사업의 고유함과 사명이 있음을 분명히 하였다.[34]

---

32) Ibid. p.264.
33) 김덕환, op. cit., p.473.
34) Ibid. p.472.

제4절 독일교회 디아코니아가 독일 사회복지에 미친 영향

독일 사회복지의 특징 중의 하나는 독일이 패전 후 극심한 사회적 문제를 해결하고 수습하기 위하여 기독교를 포함한 민간복지를 중심으로 전개되었는데 독일 개신교의 디아코니아를 비롯한 민간기관들은 국가의 공공복지에 대한 합리적인 협조체계를 지속적으로 유지하고 발전되었으나 그럼에도 불구하고 이러한 과정에서 민간복지의 활동의 영역이 축소되거나 기능이 약화되지 아니하고 오히려 강력한 국가의 후원과 지원을 통하여 보다 성숙한 차원으로 승화할 수 있었다는 것이다. 다시 말해서 국가는 민간복지를 후원함으로 민간복지의 활성화를 가져왔고 또한 민간복지는 공공복지에 영향을 미침으로서 올바른 사회정책을 수립할 수 있었다는 것이다. 이로 인하여 독일의 사회복지는 개신교의 디아코니아의 결정적인 영향을 받았다고 말할 수 있는 것이다.[35] 달리 표현하자면 전쟁 후 독일은 처참한 사회적 상황을 복구하는데 있어서 국가가 주도적인 역할을 감당하기 보다는 이른바 민간기관들, 특히 종교단체 등에 그 권한을 대폭 위임함으로써 보다 자발적이고 효과적으로 당면한 사회문제를 극복하고자 노력한 것이 그 특징이다.[36]

특히 비혜른을 중심으로 한 내적선교가 독일의 사회복지 정책에 크게 기여하게 된다. 이는 내적선교의 한 방편으로서의 도시선교회를 통하여 강력한 사회문제에 개입하게 되자 교회는 단순히 교회의 봉사차원을 넘어 사회법 제정에도 깊은 영향력을 미치게 된다. 그 결과 비스마르크 정권은 독일교회의 디아코니아 운동을 통하여 축적된 기술과 방법을 통하여 사회법 제정에 착수하게 된다.

---

35) Ibid. p.468.
36) 문영호, 『성서신학적 관점에서 고찰한 교회의 디아코니아적 사명』 (장로회신학대학교 신학대학원 석사학위청구논문), p.35.

1957년에는 내적선교회와 개신교원조국은 보다 발전적인 디아코니아 실천을 위하여 통합하기로 협의하고 결국 1975에는 오늘의 독일 개신교사회봉사국(Diakonishes Werk der Evangelischen Kirche in Deutschland)로 명명함으로서 본격적인 교회의 사회봉사 활동을 전개하기에 이른다.[37] 이러한 조직적인 봉사사역은 결국 독일의 사회복지 체계를 세우는 중요한 요인이 된다. 이에 대하여 홍주민은 다음과 같이 평가하고 있다.

> 개신교 신학의 뿌리에는 복지의 문제가 처음부터 화두로 역할을 했으며 이런 개혁적 신앙의 내용들은 교회 내적인 개혁에 그치지 않고 사회구조의 패러다임을 하나님의 질서로 변혁시켜 내는 견인차적 역할을 담당해 왔음을 알 수 있다. 특히 현재의 독일의 사회적 국가(Sozial Staat) 시스템은 교회적 디아코니아와 함께 형성해 나왔다고 할 수 있다.[38]

그렇다. 아무도 부인할 수 없는 분명한 사실은, 조직적인 독일교회의 봉사는 결국 독일 사회복지의 초석이 되고 중요한 이념적 근거로서 작용하게 된다는 점이다. 그 결과 독일정부는 1993년 의료보험의 제정, 1884년의 산재보험, 그리고 1889년 근무장애보험과 노후 연금보험을 차례로 제정하기에 이른다. 이를 통하여 그야말로 독일교회의 디아코니아 운동이 전쟁후의 상처를 극복하게 하고 또한 교회로 하여금 신앙고백적 교회로 성장하게 함은 물론 독일로 하여금 사회복지국가로서의 터전을 마련하는데 있어서 결정적인 역할을 하게 한다. 홍주민은 독일교회가 독일사회복지에 미친 영향에 대하여 다음과 같이 평가하고 있다.

"1919년 독일의 사회복지 체계의 틀을 마련한 바이마르공화국은 복지체계의 장치로서 사적인 것과 공적인 부분에서 이중적 체계(Dual System)를 형

---

37) 홍주민, "독일의 다아코니아와 요한 힌리히 비헤른", op. cit., p. 287.
38) 홍주민, "종교개혁과 디아코니아", 『신학연구』(한신학술원 신학연구소, 2004년 제46집), p. 285.

성한다. 이 과정에서 디아코니아는 중요한 기능을 담당하게 된다."고 평가하고 있다.[39]

특히 이 과정에서 평신도이자 법학자였던 로흐만(T. Lohmann)은 비헤른의 내적선교의 영향에 깊이 도전받으면서 그 자신이 내적선교회 중앙위원회 위원으로 활동함과 동시에 비스마르크 정권의 사회법 제정에 깊이 관여하면서 독일교회로 하여금 개신교적 사회복지국가 결정적인 역할을 감당함은 물론 근대 독일 사회복지의 초석을 놓은 계기를 마련하게 된다.[40]

독일의 디아코니아는 비단 독일의 사회복지의 근간이 되었을 뿐만 아니라 스칸디나비아 국가들의 사회복지에도 결정적인 영향력을 행사하게 되는데 이는 종교개혁자들의 디아코니아의 신학들이 지속적으로 사회정책 및 사회보장에 깊은 영향력을 미쳤고 나아가 이러한 요인들이 사회복지체계를 구축하는 일련의 요인으로 작용한 것이었다.[41]

제5절 독일교회 디아코니아의 현황과 특징

홍주민에 의하면 현재 독일의 사회복지 체계는 6개의 중요한 협회에 의하여 추진되고 있다고 한다. 이를 나열해 보면, 먼저 1848년에 형성된 내적선교를 바탕으로 구성된 개신교회의 디아코니아가 활동하고 있고, 이어 1897년 카톨릭의 봉사기관인 카리타스, 그리고 1919년에 구성된 독일유태인복지센터와 1921년에 설립된 독일 적십자, 그리고 1924년에 노동자복지조합, 독일평등복지사업협회가 설립되었는데 이 모든 단체는 1924년 독일 '자율복지기

---

39) 홍주민, "독일의 디아코니아와 요한 힌리히 비헤른", op. cit., p.287.
40) Ibid.
41) 홍주민, "종교개혁과 디아코니아", op. cit., p.285.

관연맹(Fedral Association of Free Charitable Organization)'이라는 기구에 소속되어 각자 자신의 영역에서 독일 사회복지 체계를 구축하고 있다는 것이다.

개신교의 경우 1846년 설립된 독일 기독교 내지 선교 중앙회(Central Ausschuusses fuer die Innere Mission der Deutshen Evangelishen Kirche)와 1946년 시작된 독일 기독교 구조사업중앙 사무소가 1957년부터 함께 사업을 추진하였고 나아가 1975년에 공식적으로 통합하여 독일 디아코니아 재단 (Das Diakonishe Werk)을 이루고 있는데 현재 독일교회연합(EKD)에 소속되어 있다.[41] 이 기구 안에는 92개의 전문 단체들이 속해 있는데 노인돕기 독일 개신교단체, 독일 개신교 여자 돕기 단체, 국제청소년회, 노숙자 돕기 개신교 단체 등을 열거할 수 있다. 이러한 사업은 이 기구의 본부가 있는 스트드가르트에 의해서 주도되는데 디아코니아 본부 안에는 세계의 기아문제를 해결하기 위한 그 유명한 '세계를 위한 빵(Brot fuer die Wert)'이 있어 세계적 기아와 빈곤에 대한 체계적인 원조와 기아문제 해결을 위한 봉사를 아끼지 않고 있다.[43] 특별히 '세계를 위한 빵' 프로그램은 세계선교와 연관된 개발도상국 원조 프로그램인데 이는 1945년 이래 미국교회로부터 받았던 도움에 대한 감사의 보답으로 개발도상국의 개발 및 경제활성화 및 긴급원조를 그 목적으로 하고 있다.[44]

또한 이 기구 안에는 약 9만 3천5백 개의 시설이 있고 종사원만도 110만 명을 넘는다고 하였다. 이 중 독일 개신교 디아코니아 기관은 약 31,000개이고 45만 명의 직원과 40만 명의 자원봉사자, 그리고 4,300여 개의 자원봉사 동아리 및 18,000개의 교회[45]가 독일의 디아코니아 사역에 협조하고 있다니 그 규

---

42) 주도홍, "독일교회 디아코니아의 역사적 고찰", 『학교법인 백석대학교 설립 30주년 기념논문집』(백석대학교, 2005), p.317.
43) epd-Dokumaentation 48/49: Diakonie-ausgestreckte Hand der Kirche in die Gesellshaft, 주도홍, "독일교회 디아코니아의 역사적 고찰", 『학교법인 백석대학교 설립 30주년 기념논문집』(백석대학교, 2005), p.318에서 재인용.
44) 칼 프리츠 다이버, 황금봉 역, 『교회의 정체성과 교회봉사』(서울: 한국장로교출판사, 1998), p.64.
45) 홍주민, "종교개혁과 디아코니아", op. cit., pp.289-290.

모에 놀라지 않을 수 없다. 뿐만 아니라 디아코니아 재단에 소속되어 있는 병원 수만 하여도 362개로서 71,000개의 병상을 확보하고 있으면 병원에 종사하는 종사자 수는 112,000명으로 전 독일 병원의 12%[46]를 차지하고 있다니 독일교회 사회봉사의 면모와 저력이 어느 정도인지를 가늠해 볼 수 있다.

이러한 독일의 기독교사회복지는 철저한 연구를 바탕으로 이루어진다. 개신교의 경우는 독일 하이델베르그 디아코니아 연구소를 통해, 그리고 천주교의 경우는 푸라이부르크 대학교의 카리타스 연구소에 의하여 주도되고 오늘날에 있어서는 천주교와 개신교를 망라해서 종합적인 연구의 장이 펼쳐지고 있다.[47] 필자가 2008년 1월 독일의 하이델베르그 디아코니아 연구소를 방문했을 때 디아코니아 연구소의 소장인 슈트롬 교수는 개신교의 디아코니아와 천주교의 카리타스를 포함한 범교단적인 디아코니아 연구가 이루어지고 있음을 시사한 바 있다.

독일교회 디아코니아의 또다른 중요한 특징 중의 하나는 독일 디아코니아가 처음부터 지금까지 철저한 신앙적 바탕위에 서 있다는 것이다. 그 한 예로서 하인즈 와그너는 1950년대 후반에 독일의 디아코니아가 그동안 철저히 교회성과 복음성, 그리고 거룩성에 근거하여 왔음을 강조하고 있다.

> 현재의 교회봉사는 확실히 성서적인 기초에서 경건을 근거로, 그리고 종말론적인 전달에서 그의 교회성을 표명한다. 교회봉사는 거룩성 안에서 부활하고 모든 고난의 끝을 준비하시는 주를 기다리며 그리스도의 자비를 입증하는 것이다.[48]

그렇다. 그의 증언은 틀림없는 사실이다. 필자가 독일을 방문하여 독일의 디아코니아를 눈으로 확인한 바, 독일의 디아코니아가 특별히 성서적 바탕위에, 교회성과 거룩성을 바탕으로, 그리고 종말론적 사랑과 자비에서 진행되

---

46) 주도홍, op. cit., p.318.
47) 김덕환, op. cit., p.468.
48) 칼 프리츠 다이버, op. cit., p.211.

어 왔다는 것은 노이엔데텔사우와 베텔에 영원히 잠들어 있는 디아코니세 자매들의 무덤들이 이 사실을 명백히 증언함을 확인할 수 있었다. 그들의 무덤은 일반 무덤이 아니라 군인들의 무덤형식을 띄고 있었다. 안내자의 말에 의하면 이들은 단순한 봉사자가 아니라 그리스도의 선한 군사로서 살다가 산화한 거룩한 삶이었기에 이러한 무덤을 사용한다고 하였다.

물론 독일교회의 디아코니아가 철저한 종교개혁적인 헌신과 사랑에 바탕을 둔 사역이라 할지라도 세월이 지남에 따라 그 본래의 사명과 정신이 퇴색되는 것에 대한 우려의 목소리가 높다. 그러나 또 한편으로는 이에 대한 자성과 끊임없이 초심을 회복하려는 노력 또한 결코 적지 않다. 다시 말해서 독일교회 디아코니아는 하나님의 선한 봉사의 사역이 절대로 세상적 지식의 바탕 위에 건립되어서는 아니 되며 오히려 철저한 그리스도의 사랑과 헌신에 바탕되어야 함을 지속적으로 강조하고 있다. 아래의 글은 독일 디아코니아의 방향성을 복음적 초석위에 건립해야 한다는 독일교회의 신앙고백이라 하겠다.

> 교회의 디아코니아 업무는 예수 그리스도의 사역에로의 위임 안에서 행해진다. 다른 이유에서 이 일에 뛰어든 사람이라도 동일한 권리와 사명을 갖는 동역자임은 사실이다. 그럼에도 그는 디아코니아 업무의 복음적 근거를 꼭 인식하고 받아들여야만 한다.[49]

이렇게 철저한 종교개혁적 고백위에 세워진 독일교회 디아코니아의 정신을 잊지 않고 계승하려는 자구적 노력은 독일교회 디아코니아 재단의 대표로 있었던 유르겐 고대 목사의 1988년 강연에서 찾아볼 수 있는데 이 연설에서

---

49) Karl Heinz Neukamm, "Diakonie muss die Qualitaet ihrer Arbeit weiter vergessern", Udo Hahn, 241, 주도홍, "독일교회 디아코니아의 역사적 고찰", 『학교법인 백석대학교 설립 30주년 기념논문집』(백석대학교, 2005), p.327에서 재인용. 통전적 치료 및 통전적 접근이란, 단순히 사회복지가 추구하는 사회 적응 및 치료를 통한 불완전한 인간 회복을 목적으로 하는 것이 아니라 인간을 철저히 영적인 존재로 보고 사회복지 및 사회사업이 사용하는 모든 방법론적 접근에 더하여 그리스도의 사랑과 영성을 바탕으로 한 영적인 치유형태를 포함한 치료행위를 의미한다. 여기에 대해서는 저자의 졸저, 『한국교회와 사회복지』(서울: 도서출판 나눔의집, 1997)를 참고하라.

그는 "디아코니아가 생의 힘임과, 공공의 삶 속에서 제시되는 기독교인의 현존이며 이러한 디아코니아는 반드시 하나님 나라의 관점에서 추구되어야 한다."고 강조한 바 있다. 그렇지 않을 때 이 사업은 방향성을 상실할 수밖에 없고 구성력을 잃어버릴 됨을 경계하였다. 왜냐하면 디아코니아는 세상 속에서, 그 세상을 위하여 감당해야 할 기독교인들의 책임을 위한 원동력이 되기 때문이라고 증언하였다.[50]

참으로 옳은 지적이다. 만약 우리 그리스도인들이 수행하고 있는 봉사의 사역이 그리스도와 복음위에 세워지지 않으면 이는 얼마 있지 않아 그 방향성이 상실되거나 정신이 무너짐으로써 생명력 없는 일반 복지형태를 띨 수밖에 없음을 분명히 하고 있는 것이다.

독일교회 디아코니아가 신앙적 터전, 그리고 고백적 터전, 및 실천적 터전 위에 든든히 서게 된 그 핵심적인 원인은 바로 자신의 삶 전체를 예수 그리스도와 같이 철저히 봉사의 삶에 헌신한 사람들이 있었기에 가능한 것이다. 앞서 언급한 바와 같이 독일교회의 디아코니아는 제도화된 국내선교라는 개념으로 본격화 되었다. 특히 이러한 국내선교, 즉 강력한 디아코니아를 실행할 수 있었던 동력은 바로 디아코니세(Diakonisse)와 디아콘(Diakon)이라는 두 봉사직책에서 찾아볼 수 있다. 이들은 병든 자와 노약자들을 섬세하고 개인적으로 돌봄으로 목양함으로써 명실 공히 독일교회 다이코니아를 대표하는 사람들이었다는 점에서 그 공을 높이 기리지 않을 수 없다.[51] 독일교회 디아코니아의 특징 중의 또 하나는 그 규모가 대단히 크고 조직적이라는 점이다. 예를 들어 많은 경우 도시 및 마을 단위로 종합적 디아코니아가 전문적으로 이루어지고 있다는 것이며 그 규모 또한 상상을 초월한다는 점이다.

필자가 방문한 노이엔데텔사우의 규모는 우리의 상상을 초월할 정도였다. 독일교회 사회봉사국에서 운영하는 기관이 13,000개라고 하지만 노이엔데텔

---

50) 주도홍, "독일교회 디아코니아의 역사적 고찰", 『학교법인 백석대학교 설립 30주년 기념논문집』(백석대학교, 2005), p.330.
51) 칼 프리츠 다이버, op. cit., p.210.

사우 하나만 하더라도 엄청난 규모의 게스트 호텔, 디아코니아 자매회 거주지, 장애인 작업장, 노인 장애인을 위한 엄청난 숙박시설, 세 개의 병원, 베이커리, 1,600명의 어린이들이 다니는 초등학교, 하나의 세계라는 선교기관 및 대학교까지 갖춘, 그야말로 상상을 초월할 정도로 방대한 규모의 종합복지타운이었다. 우리를 더욱 놀라게 한 것은 알츠하이머 병을 가진 노인들을 위한 그룹 홈이 있었는데 현대식 건물로서 2,600명을 수용하고 있었다.

아울러 장애인 작업장은 한국에서 흔히 볼 수 있는 그러한 단순한 장애인 작업장이 아니라 장애인들의 작업으로 유명한 회사에 납품하는 그야말로 전문적이고 체계적인 장애인작업장이었다. 그리고 이 작업장에서 작업하고 있는 장애인들은 한결같이 행복하게 그들의 작업에 임하고 있었고 또 노이엔데텔사우 디아코니아는 바로 이러한 수익을 통하여 장애인들의 수입향상에도 깊이 관여하고 있다는 것이었다. 그리고 하나의 도시로 이루어진 노이엔데텔사우에는 이렇게 장애인을 위한 거주지, 노인들을 위한 거주지, 장애인들의 그룹홈 및 한 평생 디아코니아를 위하여 결혼하지 않고 자신을 희생하며 봉사한 디아코니아세들의 거주지, 그리고 이곳의 디아코니아를 위하여 봉사하는 사람들을 합하여 16,000명 이상 모두 디아코니아라는 하나의 울타리 안에서 함께 살아가고 있었다. 실로 그 엄청난 규모를 다 표현할 수 없을 정도였다.

독일교회 디아코니아의 전문성과 규모는 독일 서북쪽 벨레텔트에 위치하고 있는 베텔 인스티튜트(디아코니아)를 방문했을 때도 마찬가지 감동으로 자리하였다. 베텔 디아코니아는 리드리히 폰 보델슈빙(1831-1910) 목사에 의하여 설립된 것이나 다름없다. 처음에는 그 당시 사람취급 받지 못하는 150명의 간질 환자들을 계획했었는데 1910년에는 약 2,000명이 되었다. '자비의 도시, 베델' 은 그동안 내적 선교의 영역안에서 현대 산업사회안의 도시화에 대한 반대적 구상으로 간주되었고 가족, 교회 그리고 정치적 공동체 국가가 그리스도교 정신으로 돌진했음을 보여주는 거룩한 공동체였다.

1875년 디아코니아 모원(Sarepta)을 완료하고, 2개의 모원(어머니의 집, Diakon,-issen)을 세워 2,000명 이상의 피교육자를 교육하는 곳으로 발전하게 된다. 그가 사망한 1910년 베델에는 1,300자매가 함께하는 사렙타(Sarepta, 용광로)는 1920년까지 디아코니세 모원중 세계 제일의 규모를 기록하고 있었다. 한편 1877년에 시작된 나사렛(Nazareth)이라는 디아콘 시설에서는 수발사역자들을 양성하는 기관으로 자리잡아 갔다. 또한 디아콘 형제단 죠라를 설립하기도 하였다.

한편 1882년 설립한 '독일 실업자 보호소' 중앙협회는 집과 직업 없이 떠도는 이들에게 하나의 '자비의 마굿간' 역할을 하게 된다. 1884년 베델에 시온교회를 세우고 1886년 떠돌이 노동자들의 거처를 마련하였으며, 1903년에는 도의원에 출마해 '이주 노동자 법'을 관철시키는데 큰 역할을 하기도 한다. 1905년 베델(하나님의 집) 신학교 세우게 되는데 그는 사변적인 신학에 염증을 느끼고 내적으로 체험된 실천적 그리스도교가 필요함을 절실히 느끼고 베델 신학교를 세우면서 베델의 체계를 갖추어 나가게 된다.

그는 사망과 동시에 이 시설들을 아들에게 물려주게 되었는데, 당시 베델에는 67개의 수발처소, 30개의 경영업체 그리고 80개의 주택 안에 4,000명(2,000명의 직원 포함)을 수용하는 규모로 발전해 있었다. 이제 베델은 단지 도움의 중심지 뿐만 아니라 교육과 방법론의 경험의 중심지가 되었다. 급박한 곤경을 극복하고 사회적 곤경을 극복하는 터가 되었다. 그래서 노동 테라피와 장애인 교육학 그리고 특이한 영적 문화가 펼쳐지는 장으로서 자리하고 있다. 오늘날 세계에서 가장 큰 디아코니아 시설 중 하나인 베델은 14,000명을 돌보는 사랑의 도시로서, 그리고 독일 디아코니아의 산실로서 그 역할을 감당하고 있다.

특징적인 것은 노이엔데텔사우나 베델 모두 이러한 디아코니아 정신을 선교에 연결시켜 확장하고 있다는 사실이 대단히 고무적인 현상이 아닐 수 없고 또한 바람직한 현상이 아닐 수 없었던 것이다. 디아코니아는 역시 선교로, 선교는 디아코니아로서 서로 뗄레야 뗄 수 없는 관계를 유지하고 있는 것이다. 다시 말해서 디아코니아를 선교로서 승화하고 있는 것이다.

독일교회 디아코니아는 그야말로 초대교회의 전통과 중세교회의 잘못된 자선사업을 반성하고 사회를 개혁하여 사회의 고통과 함께하는 종교개혁적 정신위에 건립되어 있다. 특히 루터의 디아코니아 사상은 비헤른에 의하여 내적선교를 통하여 독일 전역에 디아코니아의 꽃을 피워 순수한 기독교적 봉사정신을 계승해 내려오고 있다.

한 마디로 독일교회 디아코니아의 역사는 사회의 고통당하는 자와 함께 하려는 교회의 노력의 일환이었다. 이런 점에서 하나님의 교회란 끊임없이 사회의 아픔을 보듬고 치료하지 않으면 참 교회로서의 기능은 상실될 수밖에 없다.

결론적으로 오늘날의 교회가 어떤 모습으로 사회에 비춰져야 함에 대하여 본회퍼(Dietrich Bonhoeffer)는 그의 옥중서신에서 "교회는 이웃을 위해 존재할 때만이 진정으로 교회라 부를 수 있다. 성직자는 일반 세속 인간들의 삶의 문제들에 대해 관심을 가지되 지배적 성격이 아니라 돕고 섬기는 자세로 적극 참여해야 한다"고 기술한 바 있다.[52] 기독교 사회봉사의 정신을 잘 실현한 독일교회 디아코니아가 제2의 종교개혁이 절실한 한국교회와 사회에 더 없는 교훈을 던져 주고 있다.

---

52) D. Honhoeffer, Widerstand und Ergebung, Briefe und Aufzeichnungen aus der Haft, Munchen 1985 (13, Aufl), pp.190-193, 김은수, 『기독교사회복지』(서울: 형지사, 2008), p.53 에서 재인용.

※ 제11장 전문적 기독교 사회복지로서의 독일교회 디아코니아에 대한 토론 ※

1. 철저한 사회적 아픔과 사회문제 해결로부터 출발한 독일교회 디아코니아

오늘의 독일교회 디아코니아는 교회가 산업화와 기계화로 인하여 철저히 황폐해진 사회의 여러 가지 문제에 대한 관심으로부터 출발하였다. 비헤른 목사는 사회적 고통을 외면한 교회를 날카롭게 지적하고 '찾아가는 교회' '봉사하는 교회', '복음으로 치유하는 교회' 의 기치를 걸고 내적선교를 단행하여 다양한 사회문제를 교회의 결집된 신앙과 실천으로 극복한 '제2의 종교개혁' 이라고 표현할 수 있다.

독일교회처럼 교회의 참 모습이란 이렇게 사회의 아픔에 눈감지 않고 외면하지도 않으며 오히려 적극적인 자세로 관심을 가지고 참여하는 것이라고 볼 때 우리 한국교회의 현실을 어떻게 평가할 수 있으며 독일교회로부터, 그리고 이 수업을 통하여 우리는 구체적으로 어떠한 것을 교훈으로 받아들일 수 있다고 보는가?

2. 처음부터 지금까지 복음적, 개혁적, 전문성을 고수하고 있는 독일교회 디아코니아

독일교회 디아코니아는 초대교회의 정신을 계승한다. 그리고 독일교회는 잘못된 중세교회의 자선을 반성하고 철저한 개혁적 정신으로 국민과 사회에 봉사하는 개혁성을 유지하고 있다. 뿐만 아니라 독일교회는 경건주의의 정신을 계승하여 봉사를 실시함에 있어서 철저히 경건성에 그 바탕을 두고 있다. 뿐만 아니라 이러한 복음성, 경건성에다 전문성까지 분명히 고수하기 위한 노력들을 경주하고 있다. 이는 기독교사회복지가 복음성, 경건성, 즉 성경의 원리를 벗어나게 될 때 어떠한 위기가 도래할 수 있을지에 대한 분명한 인식이 있기 때문이다. 그리스도인들이 사회복지를 수행함에 있어서 복음성을 상실하고 경건성이 파괴될 때 나타날 수 있는 증상들은 어떠한 것이라고 생각하며 그 폐해를 어떻게 예상할 수 있다고 보는가? 그리고 아울러 기독교사회복지사들의 경건성과 복음성을 유지하기 위해서 어떠한 노력들이 경주되어야 한다고 보는가?

3. 전문적이고 체계적이며 복합적인 독일교회 디아코니아 유지를 위한 교회연합

독일교회 디아코니아의 전문성과 규모는 일반인들의 상상을 초월할 정도로 방대하고 전문적이며 체계적이다. 이러한 전문성과 복합성을 가지고 봉사하기 위해서는 절대적으로 교회의 연합적인 개입과 관심이 필요하다. 독일교회의 경우 교회연합의 차원에서 이러한 디아코니아 사역이 활발하게 전개되고 교회는 당연히 이러한 사역에 전적으로 동참함으로서 효과적이고 전문적인 디아코니아를 이루었다고 볼 때 한국교회의 연합의 문제점이 무엇이라고 생각하며 또한 한국교회 연합을 통한 디아코니아의 활성화를 위하여 어떤 결단과 조처가 필요하다고 보는가?

제12장 기독교적 사회개혁운동이 근대 전문사회사업에 끼친 영향

제1절 케이스 메소드(Case Method)-케이스 워크에 미친 영향
제2절 그룹 워크(Group Work)-집단 사회사업에 미친 영향
제3절 지역사회사업(Community Organization)에 미친 영향
제4절 사회조사방법에 미친 영향
제5절 사회정책에 미친 영향
제6절 자원봉사에 미친 영향
제7절 가족복지에 미친 영향
제8절 아동 및 청소년복지에 미친 영향
제9절 전문 사회사업에의 공헌

존슨(F. E. Johnson)은 기독교가 사회사업의 모체라고 하였고[1], 메이요(L. W. Mayo)는 사회사업을 영적 전문직이라고 표현하였다.[2] 이는 사회사업이라는 학문이 처음부터 기독교의 정신과 철학과는 떼려야 뗄 수 없는 분명한 상관관계를 형성하고 있으며 사회사업의 원리와 철학적인 측면에서도 이 학문은 단순히 사회과학적 이해를 바탕으로 한 지식적 접근만이 아니라 인간의 생명과 가치를 다루는 중요한 사업이므로 깊은 영성을 바탕으로 하지 않으면 안 된다는 당위성을 강하게 피력하고 있는 것이다.

말할 것도 없이 기독교는 그동안 교회의 사회사업을 실시하는데 있어서 인적, 물적, 시설적 자원을 통한 사회복지 서비스의 제공에 가장 큰 역할을 감당해 왔을 뿐만 아니라 근대 사회사업의 학문적 기틀을 마련하는데 있어서 결정적인 역할을 수행해 왔음은 자명한 사실이다.

따라서 이 장에서는 웨슬레 목사의 사회개혁운동, 찰머즈 목사의 근린운동, 영국의 자선조직협회, 영국의 인보관 운동, 미국의 자선조직협회, 그리고 인보관 운동 등의 기독교 사회운동이 구체적으로 어떻게 근대의 전문사회사업의 분명한 기초를 형성했는지를 고찰해 보려고 한다.

---

1) 남경현, "기독교의 사회복지에의 공헌", 『논문집』(서울여자대학교, 1972년 No.2), p.87.
2) H. L Wilensky and C. N. Lebeaux, *Industrial Society and Social Welfare*, New York: Russell Sage Foundation, 1958, p.138, 남경현, "기독교의 사회복지에의 공헌", 『논문집』(서울여자대학교, 1972년 No.2), p.7에서 재인용.

제1절 케이스 메소드(Case Method) – 케이스 워크에 미친 영향

교회가 사회사업을 실천하는 데 있어서 사용한 케이스 메소드는 찰머즈 목사의 근린운동으로부터 시작된다. 그는 구빈법의 폐해를 직시하고 자신이 교구에서는 구빈법을 적용치 아니하였으며, 오히려 자신이 맡은 교구를 수많은 소교구로 구분하고, 각 구에 독지가를 선임하여 항상 주민과 접촉하고 그로 말미암은 개인적인 친교를 맺어 생활상태를 조사할 뿐만 아니라 그 상황에 따라 적절하게 대처해 나가기 시작하였다. 그리고 각 소교구에 정주하는 장로 및 집사를 선임하고 장로는 정신적 교화를, 그리고 집사는 물질적 보호 및 환경 개선 등에 노력하도록 분담하였다. 그가 처음부터 그의 동역자들에게 무조건적인 시혜를 배격하고 철저히 과학적인 접근을 할 것을 요구하였다. 그 과학적인 방법이란, 사역자들이 교구민들의 가정을 방문하여 그들의 인격에 변화를 주도록 하는 것이었다.[3] 추후 이러한 찰머즈 목사의 근린운동은 영국자선조직협회가 과학적인 자선을 실시하는데 크게 기여하게 된다.

물론 영국의 자선조직협회가 활동하던 시기에는 케이스 워크라는 용어를 사용하지 않았다. 그러나 굳이 케이스 워크(Case Work)라는 용어에 적합한 단어를 생각한다면 우애방문원(friendly visitor)으로 표현할 수 있다. 우애방문원이란, 그 단어가 의미하는 그대로 다정한 친구가 되어 방문한다는 뜻을 내포하고 있다. 다시 말해 구빈법처럼 사람을 억압하고 인권을 말살하는 제도적 형태의 자선기구가 아니라 그리스도의 사랑으로 가난한 그들에게 친구가 되어 우애의 정신으로 빈자를 방문지도하여 그 인격적 감화로 그들의 삶을 변화시키고자 했던 거룩한 사업이었던 것이다. 그들은 물질적 지원만으로는 불가능하다고 생각하여 정신적인 다시 말해 영적인, 그리고 인격적 감화

---

3) 이강희, 『사회복지발달사』(서울: 양서원, 2006), p.117.

를 우애를 통해 이루려고 노력한 사람들이었다. 우리가 굳이 우애방문원의 활동을 케이스 워크의 범주에 둘 수 있는 것은 그들이 사용한 방식이 '가치 있는 케이스'와 '가치 없는 케이스'로 구분하여 원조를 실시하였기 때문이며 이 장의 마지막에서 다시 설명하겠지만 추후 미국으로 건너가 메리 리치몬드(Mary E. Richmond) 여사에 의하여 보다 조직적인 형태의 전문적 사회사업으로 자리할 수 있는 기초를 마련했기 때문이다. 리치몬드는 영국의 자선조직협회가 사용했던 우애방문원을 통한 케이스 접근을 가족 문제에 결부시키면서 케이스 워크를 형성했고, 또 이러한 케이스 워크의 기술은 미국의 자선조직협회에서 가정복지협회로 연결되는 교회사회사업의 중요하고 중심적인 기술로서 발전하게 되고 나아가 전문 사회사업의 터전을 구축하게 되었다.[4]

전술한 자선조직협회의 우애방문원들은 주로 여성 봉사자원과 성직자로 구성된 사회사업의 중요한 핵으로 자리할 수 있는 자원봉사자의 전신으로 그들은 클라이언트의 수입과 지출, 건강, 친척, 직업, 식생활 등에 대한 자료를 수집하고 분석하여 서비스를 받을 자격이 있는 가치 있는 자를 가려내고 이들에게 원조하는 역할을 감당하였다. 결국 이들의 행동은 우리가 여기서 논하고 있는 케이스 메소드뿐만 아니라 자원봉사, 그리고 사회조사에 결정적인 영향을 행사하게 된다.[5] 그들은 이렇게 전통적, 구호적 서비스를 벗어나 케이스 메소드를 적용함과 동시에 인간을 영적인 존재, 존귀한 존재로 보아 영성적 접근을 하였다는데 큰 의의가 있는 것이다. 다시 말해 자선조직협회는 보다 요구호자에 대하여 케이스 메소드를 통한 전문적인 접근을 시도하였는데 이것이 곧 케이스 워크의 발단으로 볼 수 있다.[6]

우애방문원들의 케이스 메소드를 통한 과학적 접근의 효과는 실로 대단하였다. 그래서 역사가 조르단이 이 시대의 사회사업에 대하여 강조하고 있는

---

4) 장인협, 『케이스 워어크』(서울: 수문사, 1975), p.9.
5) 박영호, 『기독교사회복지』(서울: 기독교문서선교회, 2001), p.466.
6) 유상열, op. cit., p.125.

것은 바로 그들이 사용했던 방법이 '현명한 상담(wise counselling)'이라 불리는 케이스 메소드였다는 점이다. 그는 '완전한 우정'을 표방하는 우애방문원들은 새로운 개념의 사회과학의 지식으로 무장되었다고 하였다. 그들은 무의식적인 동기를 이해하고 감정전이와 역 감정전이의 인식법을 알고 있었으며 지나친 주관적인 경향을 피할 줄 아는 카운슬링을 사용했다고 기술하고 있다. 다시 말해 그리스도인들로 구성된 우애방문원들은 '개별사회사업'의 중요한 기술들을 대부분 문제없이 사용하였다는 것이고 그 외에도 다양한 서비스를 제공하였다.[7]

전재일(1997) 역시 개별사회사업(케이스 메소드)이 자선조직협회에 기인하였다는 것을 분명히 하면서 개별사회사회사업 방법론이 인간을 돕는 데 있어서 얼마나 중요한 도구가 되었는가를 아래와 같이 밝히고 있다.

> 개별사회사업이 언제부터 시작되었는가 하는 문제는 학자들의 관점에 따라 상이하지만 일반적으로 자선조직협회(COS)를 기원으로 삼고 있다. 자선사업단체들의 활동은 자선조직협회를 형성케 하는 계기가 되었으며 개별사회사업의 역사에 있어서 매우 중요한 의미를 갖는다. 사람을 돕는 행위가 과학이나 기술에 의해 뒷받침되고 체계화되고 그 원리나 방법이 전수되고 학습되고 응용 실천된다는 점에서 개별사회사업은 새로운 것으로 볼 수 있다.[8]

이렇게 영국의 찰머즈 목사의 근린운동으로부터 영향을 받은 케이스 메소드는 영국 자선조직협회 특히 우애방문원들의 활동의 중요한 기술적 원천이 되었을 뿐만 아니라 영국 인보관 운동의 개별접근에 있어서도 철저히 적용되

---

7) 박영호 op. cit., p.477., 이러한 우애방문원들의 케이스 메소드의 사용을 통한 전문적인 활동에 대해서는 유상열 역시 그의 책을 통해 언급하고 있다. 유상열,『사회복지역사』(서울: 학지사, 2002), p.127., 오정수 역시 사회복지의 전문화와 조직화가 자선조직협회와 인보관 운동에 의하여 주도되었음을 분명히 하고 있다. 오정수 외,『지역사회복지론』(서울: 학지사, 2006), p.70.
8) 전재일 외,『개별사회사업』(서울: 형설출판사, 1997), p.37.

었다.

후에 논의하겠지만 영국의 자선조직협회와 인보관 운동은 그대로 미국의 자선조직협회에 여과 없이 영향력을 발휘하였다. 다시 말해 미국의 자선조직협회는 영국의 자선조직협회가 사용했던 케이스 메소드 방법을 한층 더 발전, 계승시킴으로써 가정 방문 구제를 통해서 개인의 문제를 개별적으로 해부, 처리하는 사례 방법(case method)이 개척된 것이다. 이러한 방법이 리치몬드 여사로부터 연구되고 구체적으로 적용되면서부터 빈자에 대한 원인을 분석하고 제거하여 다시 건전한 사회인으로 복귀할 수 있게 함으로써 현재적 의미의 사회사업 방법론이 확립되고 개척되게 되었던 것이다.[9]

영국에서 발생하여 미국에서 꽃피운 케이스 메소드는 자선조직운동이 남긴 가장 큰 공헌이라 말할 수 있으며 발전에 발전을 거듭하여 인간의 심리적 문제까지 관여함으로써 보다 전문화된 옷을 입게 된다. 특히 미국에서 고아보호사업을 담당하고 있던 우수한 단체들은 한결같이 케이스 메소드를 적용하였다고 보고되고 있으며, 이러한 우수한 단체들은 이러한 기술들을 적용하면서 다른 단체들과 밀접한 관계를 유지하면서 사업을 담당하였다. 그러나 이러한 아동양육단체들은 우애방문원들의 기술로부터 출발하여 발전된 케이스 워크의 기술만을 단순히 적용한 것이 아니라 응용심리학을 이용하여 아동보호사업에 특별한 효과를 거두었다고 보고 되고 있다.[10]

결코 부인할 수 없는 것은 오늘날의 전문적 사회복지의 기술인 케이스 메소드는 어느 날 갑자기 어느 유명한 학자에 의하여 단순히 형성된 학문이 아니라 인간을 진정으로 이해하고 돕기 위하여 우정을 가지고 접근할 뿐만 아니라 과학적인 방법으로 그들의 가난의 문제와 고통을 해결해 주기 위한 진정한 사랑의 결과라는 점이다.

---

9) 박영호, op. cit., p.473.
10) 지윤, 『사회사업사』(서울: 홍익재, 1985), p.219.

제2절 그룹 워크(Group Work)-집단 사회 사업에 미친 영향

대부분의 학자들은 그룹 워크의 발단을 영국의 인보관 운동에 기원을 두고 있다. 그 한 예로, 남세진(1997)은 현대적 의미의 집단 지도는 사회개혁 운동의 일환으로서의 인보관 운동, YMCA, YWCA, 보이스카우트와 걸스카우트 등 청소년 단체를 포함한 사회기관 발달의 역사와 맥을 같이한다고 하였다.[11] 뿐만 아니라 표갑수(2003) 역시 사회사업실천방법론에서 개별지도사업(social case work) 발전의 기원을 자선조직협회에 둔다면 집단사회사업(social group work)은 사회복지관 활동에 둔다고 하였다.[12]

실제로 인보관 활동을 주도하였던 바네트 목사와 인보관 운동이 집단사업의 이론과 실제에 미친 영향은 결코 적지 않다. 세틀러들은 방치된 청소년들을 그룹 중심으로 강력한 개혁을 추진함으로써 그들을 개혁해 나가기 시작한다. 바네트 목사는 토인비 홀의 사역에서 청소년들로 하여금 자신도 집단에 무엇인가 유익한 공헌을 할 수 있다는 것을 느끼게 함으로써 집단역학의 근대적 실제를 창출해 내었다. 바네트 목사는 집단관계를 사용해서 인간의 가능성을 발휘시켰으며 그에게 자아가치의 의식을 부여하였고 일반 사회에서 중요한 역할을 할 수 있도록 힘을 부여하였던 것이다.[13]

이러한 집단 역학은 그들이 조직한 보이 스카우트와 걸 스카우트의 제도를 통하여 보다 분명하고 강력하게 형성되었는데 이러한 집단의 형성은 단순히 서클 활동만 실시한 것이 아니라 그룹 워크의 발단을 가져왔던 것이다.

특히 인보관의 워커들은 바네트 목사의 집단역학의 중요성을 함께 인식하

---

11) 남세진 외, 『집단지도방법론』(서울: 서울대학교출판부, 1997), p.49.
12) 표갑수, 『지역사회복지론』(서울: 나남출판, 2003), p.268.
13) Kathleen Woodroofe, *from charity to social work* (London: Routledge and Kegan Paul, 1968), pp.73-74.

면서 노동자에게 직업을 알선한다든지 또는 청소년들에게 글을 가르치고 위생에 대해 교육할 뿐만 아니라 그들이 가장 중점을 두고 사역하였던 청소년 사역에 집단을 통한 프로그램을 강화함으로써 치료 및 개선의 효과를 극대화하였다. 다시 말해 그들은 청소년들을 지도하는데 있어서 가장 효과적인 방법이라 할 수 있는 그룹 워크의 기술을 최대한 활용하였다. 따라서 그룹 워크의 기술은 인보관 활동과는 떼려야 뗄 수 없는 관계를 형성하고 있는 것이다. 그들이 주로 활용했던 청소년 집단 프로그램은 오락과 문화생활을 위한 집단, 사회행동집단 등 다양한 집단 활동이었고, 이러한 집단 활동을 통하여 하층문화의 대물림을 철저히 차단하고 건강한 사회인으로서 자리매김 할 수 있었던 것이다.[14] 부가하여 설명하자면, 그 당시 그룹 워크의 실무는 지역사회개발, 시민참여, 청소년교육 등과 확연히 구분하지는 않았지만 보이 스카우트나 걸 스카우트의 활동 대부분이 그룹 워크를 중심으로 진행되었던 것이다. 결국 이러한 영국의 인보관 운동을 통한 그룹 워크의 활동은 미국의 자선조직협회뿐만 아니라 인보관 활동에서의 중요한 사역의 하나로 자리 잡게 되었다. 미국 인보관의 활동, 특히 보이스카우트나 걸스카우트 활동을 통한 그룹역동의 중요성이 점차적으로 인식되기 시작하였고, 사회사업, 특히 청소년 프로그램에 있어서는 결코 제외될 수 없는 가장 중요한 프로그램으로 정착되게 되었다. 이와 같이 하여 1923년 미국 리저브 대학에서는 그룹 워크를 학문화하였고, 그룹 워크에 대한 교과과정을 정규과목으로 채택하였으며, 그 후 그룹 워크는 사회사업의 중요한 기술로 자리를 잡게 되었다. 뿐만 아니라 이 시기에 집단역학에 대한 많은 연구들이 쏟아져 나오기 시작했는데, 정치적 행동을 위해 지역사회집단을 활용하는 방법, 그리고 소규모 문제해결 토의집단에서의 개인적 의사소통과 상호작용, 집단의 사회적 과정 등 케이스 워크와 더불어 그룹 워크가 확고한 사회사업의 기술로 정착하게 된다.[15]

---

14) 유상열, 『사회복지역사』(서울: 학지사, 2002), p.38.
15) Ibid. p.139.

제3절 지역사회사업(Community Organization)에 미친 영향

1. 루터, 경건주의, 웨슬레, 찰머즈 목사에 의하여 발전된 지역사회사업

근대 전문사회사업 중 지역사회사업에 기초를 제공한 사건으로 루터의 공동기금을 꼽을 수 있다. 루터는 빈자에 대한 개교회 차원의 접근은 효과를 발휘할 수 없다고 보았다. 그래서 그는 빈자의 문제해결은 결국 지역을 중심한 공동체적 결집으로서만 가능하다고 보고 지역 조직을 통한 공동기금구성을 표명하였던 것이다. 따라서 실제로 라이스니히 시를 중심으로 한 공동기금을 형성하여 빈곤의 문제에 대처하려고 시도하였다.

이러한 루터의 공동체적 기금확보와 공동체 운동의 정신은 그 후 경건주의자들에게 강력한 영향력을 행사하게 된다. 경건주의자들은 지역공동체를 형성하고 그 공동체를 통해 종교적인 자립뿐만 아니라 경제적인 자립을 아울러 구상하였던 것이다. 앞에서 이미 언급한 바와 같이 이 공동체는 전 유럽에 알려진 독신 형제들의 양털실 제조업과 더닝거라는 무역회사를 통하여 국제적 명성을 획득하였는데 이들은 모든 이익금이 '어린양의 금고'에 예치되는 극히 모범적인 공동체, 섬김의 공동체를 구현하였다. 이는 그야말로 공동체를 통한 지역사회사업을 실시하였던 것이다.

루터의 공동체 의식은 경건주의자에게, 또한 경건주의의 공동체 의식은 요한 웨슬레에게 그 영향력을 전수하게 되는데 웨슬레의 사역 역시 강력한 지역사회사업의 성격을 띠고 있다. 그는 무엇보다 지역을 중심으로 신용협동조합을 운영하고 그 자금으로 섬유 공장을 운영하여 빈자들의 자립을 꾀하였을 뿐만 아니라 노동자들을 위한 세금 감소와 노예제도 폐지를 위해 사회 운동을 전개하였다. 그는 체계적으로 지역의 문제를 해결하기 위해 노력하였다. 전술한 바와 같이 그는 런던시를 23구로 분할하여 각 구에 2명씩 방문원을 지명하여 빈민과 병자를 방문함으로써 보다 조직적인 구호를 실시하였을 뿐만 아니라 런던시에 최초의 무료진료 사업을 시작하고 주택개량, 감옥개량 등 그야말로 지역사회사업을 중심으로 그의 사회개혁을 추진해 나갔던 것이다.[16] 그가 중점적으로 관심을 가졌던 지역사회사업은 학교를 세워 문맹을 퇴치하고 인간의 권리와 존엄을 가르쳤고, 신앙적인 계층과 신앙적인 무리를 형성하여 공동체적 책임을 함양하는가 하면, 뉴게이트 감옥과 브리스톨 지역을 인수받아 모범지역으로 정화하였다.

뿐만 아니라 그는 영국 역사상 처음으로 무료진료소를 개설하였고, 이방인들의 친구협회라는 조직을 결성하여 조직적으로 지역사회사업을 실천하면서 아울러 극빈자 보호소, 과부보호소, 고아원, 신용조합을 결성하여 조직적으로 교회의 사회사업을 전개해 나갔다.[17]

특징적인 것은 개혁신앙을 소유한 대부분의 교회의 지도자들은 한결같이 지역의 변화를 통한 사회개혁에 박차를 가하였다. 경건주의와 웨슬레에 이어 영국의 자선조직협회에 결정적인 철학적 준거를 제공한 찰머즈 목사의 근린운동을 통한 지역사회사업 역시 간과할 수 없는 전문사회사업의 공헌 중 하나라고 할 수 있다. 그는 조직적인 지역사회운동을 통하여 사회문제 해결을 시도한 대표적인 개혁자 중의 한 사람으로 평가할 수 있다. 그가 이러한 칭호를 얻기에 합당한 것은 그에게 할당된 10,000명의 교구원을 25개 지역으로 나누고 집사와 장로를 두어 각각 50가구를 체계적으로 돌보게 함으로써 구빈법이 적용되는 교구보다 빈민의 숫자를 1/5로 줄이는 쾌거를 거두었기 때문이다. 또한 그의 이러한 지역운동의 영향력은 매우 커서 엘버펠트 구빈제도, 함부르크제도 등 상당히 많은 구빈제도까지 영향력을 미쳤으며, 그의 영향력은 자선조직협회, 인보관 사업에까지 이르게 되었는데 이는 전적으로 강제적

---

16) 임종운 외, 『기독교사회복지론』(서울: 홍익재, 2003), p.49.
17) 트레이시, "가난한 자들의 친구 요한 웨슬레", 『활천』(기독교대한성결교회 활천사, 1991), p.54.

구빈세제에 반대하면서 지역개발을 통한 자립을 꾀하려는 그의 노력의 대가였던 것으로 보인다.[18]

2. 영국의 자선조직협회와 인보관 운동에 의하여 체계화된 지역사회사업

앞서 언급한 바와 같이 찰머즈 목사의 근린운동은 결정적으로 자선조직협회의 지역사회사업에 강한 영향력을 발휘하게 되는데 이는 자선조직협회가 구호의 중복을 피하기 위하여 사회사업 기관과의 연락기구를 설치함으로써 사회사업의 정보교환을 이룬 것으로 이것이 오늘의 지역사회조직으로 발전하는 계기를 마련하였다.[19] 이에 더하여 소위 영국의 자선조직협회가 지역사회 전체를 문제의 대상으로 보고 지역사회 기반의 사회복지 사업을 행한 효시라는 점에서 그 진정한 의의를 발견할 수 있다.

자선조직협회가 지역사회 문제에 관심을 두고 시작되었다면 인보관 운동은 지역사회 문제를 구체적으로 해결하는 해결사의 역할을 감당하였다.

영국의 인보관 운동은 활동의 거점으로서의 센터, 즉 인보관을 확보하고 그것을 중심으로 지역사회의 문제해결 능력을 높이려 했다는데 그 진정한 의미를 부여할 수 있다. 혹자는 영국의 인보관 운동을 자선사업이 조사사업과 사회사업가의 훈련에 관심을 두었다는 것과 평행선상에서 평가하려고 하지만, 진정한 인보관 운동의 의의는 바로 이 운동이 지역의 문제에 깊숙이 개입하게 된다는 것인데 그 첫째가 지역의 문맹퇴치를 위한 교육사업에 가장 큰 중점을 두었다는 것을 잊지 말아야 할 것이다. 그들은 그 당시 영국이 처한 처참한 상황을 철저히 고려하여 집중적으로 지역개발에 나서게 되는데 체육

---

18) 전재일 외, 『개별사회사업』(서울: 형설출판사, 1997), p.41.
19) 함세남 외, 『사회복지 역사와 철학』(서울: 학지사, 2001), p.22.; 김동훈, 『사회복지발달사』(서울: 현학사, 2004), p.59.15) 구약성서(개역), 이사야 4:8.

관을 만들고 운동장을 만들어 지역민들의 긴급한 니드(need)에 부합하였을 뿐만 아니라 올바른 청소년 문화를 창출해 내기 위하여 지역 청소년들을 중심으로 서클 활동을 함으로써 청소년의 문화 육성과 교육에 결정적인 역할을 감당하였다는 점에서 지역사회사업의 효시라고 표현할 수 있을 것이다.[20]

영국의 인보관은 처음부터 지역사회의 문제에 초점을 맞추어 출발하였기에 자연적으로 지역사회의 중심적 기관으로 자리하게 되었고 아울러 또 다른 기관과의 연결을 그들의 중요한 사역의 한 장으로 인식함으로써 지역연계사업을 분명히 하였다. 그리하여 인보관이 모든 사회사업의 중심기관이 되어 자선기관을 결집하고 지역사업을 위한 방향을 제시하는 중요한 지역사회사업의 중심체로 자리 잡게 되었고 이로 말미암아 다양한 목적으로 사용되기도 하였는데 때로는 정치적인 집회장소로, 때로는 사회조사의 본부로, 때로는 입법을 위한 사회정책의 자문기관으로, 또 어떤 때에는 지역사회에 정보를 제공하는 안내자의 역할을 분명히 하였다. 이런 정치적이면서도 정책적인 면 이외에도 순수한 목적으로 순회간호사 협회의 지구사무실이 되었고 시립도서관의 분관으로 사용되기도 하였다. 다시 말해 처음부터 영국의 인보관은 지역사회의 중심기관으로서의 자리를 굳건하게 지켜나갔고 또 그러한 정신을 지속적으로 계승하기 위하여 노력함으로써 근대 사회복지관의 터전을 마련하게 되었던 것이다. 특히 1890년대에 이르러서는 도시지역 문제에 교회의 개입이 강력히 요구되어 교회시설을 개방하고 재정을 지원하는 등 도시 생활자의 생활 개선을 위한 교회사회사업을 확대하게 되었다. 주말의 교회시설을 이용해 각종 프로그램을 진행하는가 하면, 지역사회 주민의 욕구 충족을 위한 프로그램을 왕성하게 개발하였다. 이렇게 영국의 인보관 사업은 오늘의 지역사회사업(Commuity Work)의 발전을 가져오는데 크게 기여하였으며 지역사회 복지관의 모체로서의 역할을 충실하게 감당하였던 것이다.

---

20) Ibid.

3. 근대 지역사회사업의 학문적 토대를 형성한 미국의 자선조직협회와 인보관 사업

미국의 자선조직협회는 여러 모로 영국의 자선조직협회의 방법론을 그대로 전수받게 된다. 그러나 특징적인 것은 미국의 자선조직협회는 이를 보다 학문화, 전문화 및 체계화함으로써 전문 사회사업으로 발전시키게 된다는 것이다.

1874년 에임스(Charles G. Ames)목사는 런던자선조직협회를 모방하여 협회를 조직함과 동시에 영국의 자선조직협회가 그러하듯 구제신청자를 조사하기 위하여 가정방문원을 위촉하였으며 또한 스프 급여소, 연료조합, 교회 및 특히 필요한 요구호자를 위한 시립의 원외구제시설을 이용하여 빈곤 정도에 따라 시의 구제자금, 즉 지역사회의 기금을 통하여 구제를 실시할 뿐만 아니라 자선단체에 대하여 중앙연결기관의 설치를 제의하기에 이른다. 이로써 조직적으로 지역사회 문제에 대처하겠다는 의지를 분명히 하였다.

물론 미국에 있어서의 인보관 운동은 지역사회개발, 계획, 조직화와 변화의 뿌리라고 볼 수 있지만 동시에 자선조직협회 역시 지역사회복지 서비스의 연계, 지역사회계획가 조직간 관계의 원천으로 보고 있다.[21] 특히 미국의 자선조직협회는 가정방문, 자원개발, 후원, 사회조사의 기술 발전 등을 통해 사회복지실천기술론 및 지역사회사업을 발전시키는 중요한 계기를 마련하게 된다. 이렇게 발전된 지역사회 운동은 그 후 1893년경 자선조직협회가 55개에 이름으로써 리치몬드 여사에 의해 지역사회 내에 있는 기존 서비스를 평가하고 조정하는 단계로 나아가게 되면서 전문적인 사회봉사자로 발전하는 지역사회사업의 이론적 기초를 세우는 계기를 마련하였다. 여하튼 자선조직협회에서 오랜 경험을 획득한 리치몬드로 인하여 다양한 사회사업의 기법들이 정립되는 쾌거를 이룰 수 있었던 것이다.

---

21) 오정수 외,『지역사회복지론』(서울: 학지사, 2006), p.67.

물론 이러한 지역사회사업의 긴급한 발현이 제2차 세계대전으로 인한 강력한 지역개발의 필요성과 함께 진행되었다는 것은 두말할 말할 나위가 없다. 다시 말해 미국은 처참한 제2차 세계 대전의 참상을 자선조직협회의 구성을 통하여 지역사회조직 사업이 활발하게 전개되는 계기를 마련하였던 것이다. 특히 교육사업으로서 지역주민에 대한 아동위생, 보건교육, 기술교육, 문맹퇴치 및 성인교육을 왕성하게 실시할 필요성을 절실히 느끼지 않을 수 없었기 때문이다.[22]

제2차 세계대전의 참상을 바탕으로 한 지역개발에 대한 생각은 자선조직협회를 창설한 아담스 목사의 깊은 애정으로부터 시작되었다. 당시 미국의 남북전쟁의 종결과 제1차 세계대전의 과정에서 산업화, 도시화, 이민문제, 흑인문제 등의 문제로 인하여 발생한 사회위기 상황은 이루 말로 표현하기 힘들 정도였다. 그러나 실제적인 사회복지서비스는 거의 부재한 상태에서 아담스 목사는 시카고의 아담스 하우스에 일하면서 그 참상에 대처하면서 지역사회사업을 시작했다. 아담스 목사는 "길은 표현할 수 없을 정도로 더러웠고 학교는 형편이 없었으며, 위생에 관한 법규가 제대로 시행되지 않았고 가로등 시설이 엉망이었으며 도로포장이 되지 않았을 뿐만 아니라, 골목길도 전혀 마련되어 있지 못했다. 수많은 가옥들이 하수구와 연결되지 않아 오물을 길에다 배출하였다."라고 그 당시를 술회하면서 이러한 상황에서 아담스 하우스를 중심으로 강력한 지역사회 운동을 시작하지 않을 수 없었다고 술회하고 있다.[23]

이렇게 시작한 미국의 자선조직협회가 지역사회사업에 미친 가장 큰 공헌 중의 하나는 바로 지역사회계획 전문기관을 통하여 이 사역을 전개해 나갔다는 것이고 또한 사회조사기술과 함께 이 사업들을 과학적으로 발전시켜 나갔다는 것이다.

---

22) 박영호, op. cit., p.45.
23) Jane Adams, *Twenty Years at Hull House* (New York: The Macmuillan Co., 1910), pp.97-100., 최일섭 외, 『지역사회복지론』(서울: 서울대학교출판부, 1985), p.78에서 재인용.

이들이 지역사회사업을 실시하기 전에 착수한 사회조사 중 가장 초기에 시행되었던 조사가 피츠버그 서베이(Pittsburgh Survey)였다.[24] 드디어 이 피츠버그 서베이를 토대로 해서 사회복지기관협의회(Council of Social Agencies)를 구성하기에 이른다.

기억해야 할 것은 미국의 자선조직협회가 지역사회사업 확립에 결정적인 역할을 했을 뿐만 아니라 미국의 인보사업 역시 지역사회사업의 토대를 더욱 분명하고 확고하게 마련함으로써 지역사회사업이 전문사회사업으로서의 토대를 형성하는데 결정적 영향력을 행사하게 되었다는 점이다.

미국의 인보사업은 1887년 코잇(Stanton Coit) 박사가 창설한 근린조합(Neighborhood Guild)으로 시작하였다. 이는 1891년 대학인보사업협회(University Settlement Society)로 재편성되었는데 본 협회의 사업 목적은 상호의 복지를 위하여 교양 있는 남자 및 부인에게 이 시의 노동자 계급과 더 한층 밀접한 관계를 유지시키는 것에 있었다. 또한 싼 아파트 지구의 대학생과 이 사업을 원조하려고 하는 사람들을 위한 거주지를 설치하였다. 이는 빈민들과 인접한 방을 가지고 함께 사회적 및 교회적 목적을 위하여 회합할 수 있고 편리를 얻는 것에 있다. 다시 말해 그들은 인보사업을 실시할 때 가장 먼저 아파트 지구를 중심으로 한 지역사회사업부터 전개하였다는 것이다.

미국의 인보관을 대표할 수 있는 홀 하우스(Hull House)의 운영 목적에도 이러한 지역사회사업의 중요성이 여실히 표현되고 있다. 이들의 목적 가운데 "한층 높은 시민적 및 사회적 생활의 중심이 되게 하며 또한 교회적 및 박애적 사업을 신설하고 또한 이것을 유지하며 공업지구의 생활상태를 조사하며 개선하는 것" 등을 정하고 있다.

이후 인보 운동은 가진 자가 가지지 못한 자에게 주는 시혜가 아니라, 서로가 서로에게 영향을 주고받으면서 서로의 문제를 유용하게 해결하는 방향으로 조직화하여 지역사회운동의 거점이 되었다.

---

24) 최일섭,『지역사회복지론』(서울: 서울대학교출판부, 1985), p.85.

이러한 과정을 통하여 미국의 인보사업운동은 전문적 사회사업 분야의 중요한 영역을 이루고 있는 지역사회조직사업의 일부분으로 과학화 되었다. 이는 상당히 오랫동안 국가의 중요한 위치를 점유했던 미국 인보관 운동의 창시자인 제임스 아담스와 미국의 자선조직협회를 통하여 실제적으로 지역사회사업의 중요성을 피력하고 학문적으로 집대성한 리치몬드로 인하여 지역사회사업이 분명한 학문적 토대 위에 설 수 있었던 것이다.[25] 이로써 조직 운동이 활발하게 진행될 수 있었던 것이다.

4. 근대 사회복지관의 한 모델로서의 인보관 운동

기독교의 사회사업은 근대 전문 사회복지기관으로서의 사회복지관 운동에 결정적인 영향력을 행사하게 된다. 한 마디로 인보관 운동이야 말로 사회복지관의 전신이라고 말할 수 있다. 특별히 데니슨 목사의 인보관 활동을 통한 자조정신의 함양이야말로 오늘날 사회복지관 운동의 근본이라고까지 말할 수 있다. 실제로 그들의 사업은 방대하였고 다양하였다. 인보관의 활동은 모든 사회복지 분야를 다루고 있다는 측면에서 종합 사회복지관의 면모를 갖추고 있었다.[26] 그는 사회복지관으로서의 인보관 활동에 대하여 다음과 같이 설명하고 있다.

나는 모든 단체가 가난한 사람들에게 도움을 주는 것은 잘못된 일이며 정말로 해야 할 것은 일이 저절로 수습되도록 하는 것이라고 심각하게 믿기 시작하였다. 그렇지 않고 자선을 베풀게 되면 그들은 영원한 불구자가 되는 것이다. 학교건물을 짓고 교사에게 월급을 주고 상을 주고, 노동자에게 클럽을 조직하며, 그들이 스스로를 도울 수 있도록 도와주고 그들에게 상담을 제공하되, 위와 같은 일에 투자하는 것 이외에

---
25) 박영호, op. cit., p.475.
26) 한국사회복지관협회, 『자원봉사 교육교재』(한국사회복지관협회, 1997), pp.145-146.

는 그들에게 돈 같은 것을 주어서는 안 된다.[27]

그는 교회가 사회사업을 실시하는데 있어서 지역을 중심으로 전개해야 하고 또한 주민의 니드에 근거해야 하며 일정한 시설을 바탕으로 사업을 펼쳐야 함을 주장함으로써 그의 이러한 제안을 결국 사회복지관 활동을 위한 중요한 기반이 되었던 것이다. 그리고 실제로 그들의 프로그램을 분석해 보면 근대 사회복지관의 중요한 프로그램을 그대로 포함시키고 있다.

- 아동 및 가정복지부
- 노인보호 및 레저센터
- 토인비 훈련센터
- 법률원조센터
- 토인비 게이트 하우스 플레이 그룹-주택서비스
- 청소년활동
- 기금조성부
- 자선숍

제4절 사회조사방법에 미친 영향

기독교의 사회사업이 전문 사회사업의 분야 중 사회조사방법론에 미친 영향 또한 실로 적다고 할 수 없다. 사회사업을 실시하는데 있어 사회조사방법론의 적용에 대해서는 아무래도 찰머즈 목사의 근린운동으로 거슬러 올라가

---

27) Denison, December 24, 1867, Letters, p.80, 로리타 래가나, p.58.

지 않을 수 없다.

한 마디로 말해서 찰머즈 목사의 근린운동은 철저히 사회조사 방법을 사용하였다. 그는 도움을 구하는 주민들의 신원이나 생활상태를 상세히 조사할 뿐만 아니라 빈곤의 발생원인을 파악하고 분석하여 과학적 접근방법을 제창하였다. 찰머즈 목사가 사회조사방법을 통한 사회사업을 실시하는데 쏟았던 정열은 그가 장장 1년에 1,000회에 걸쳐 가정방문을 실시하면서 철저한 조사를 통하여 사역을 감당하였다는 점 하나만으로도 충분하다고 본다.[28]

그는 우선 교구민의 생활상태를 정신적, 물질적 양면에서 철저히 조사 분석하는 것을 잊지 않았다.[29]

이러한 철저한 조사를 통한 과학적 사회사업의 수행의 정신은 자선조직협회의 사회사업 수행의 방법론에 거의 전적으로 흡수되었다. 처음부터 자선조직협회는 그 목적을 분명히 하였는데 그들의 목적이란 환경조사와 적절한 원조를 제공하는 것이었다. 여기서 적절한 원조가 수행되기 이전에 철저한 조사의 원리가 적용되었다는 뜻이다. 그리고 이와 같은 목적을 보다 면밀하게 달성하기 위하여 자선조직협회는 구호신청자에 대한 조사부를 설치함으로써 그들의 조사를 통한 사회사업의 수행을 분명히 하였다.[30]

이에 더하여 우애 방문을 실시하기 이전에 전문적 조사를 중요한 수혜의 과정으로 인식하였기 때문에 수혜자에 대한 다양한 조사뿐만 아니라 실제로 발생하는 빈곤과 빈민에 대한 구체적인 조사로서 각종 기타 사회조사를 실시하게 되었다. 이러한 사회조사를 통한 결과를 바탕으로 사회개혁이 전개되었다는데 또 다른 의의를 둘 수 있다. 이러한 관점에서 영국의 자선조직협회의 빈곤자 방문조사와 생활환경을 개선하기 위한 노력은 오늘날의 전문적 사회사업의 중요한 터전을 마련하였다고 볼 수 있다. 이는 앞에서 언급한 케이스

---

28) 이택룡 외,『지역사회복지론』(서울: 양서원, 2005), p.29.
29) 찰머즈 목사는 교구의 효과적인 조직을 통하여 빈민을 해결하려고 하였다. 이러한 찰머즈 목사의 생각은 아마도 연합교구에 의하여 행정구역을 확대하고 행정의 합리화와 빈민처우를 개선하려고 시도한 길버트법에 기인한 듯하다.
30) 함세남 외,『사회복지의 역사와 철학』(서울: 학지사, 2002), p.59.

워크 외에도 지역사회조직(community organization)에도 결정적인 역할을 감당하게 되었다.[31]

이렇게 영국의 자선조직협회에서 사회조사방법론이 광범위하게 적용되었다면 영국의 인보관 운동 역시 이 사회조사방법론에 의한 사회사업 수행의 틀을 결코 벗어나지 않았다. 두말할 것도 없이 원활한 인보관 운동을 위해 그들이 제일 먼저 착수한 것이 조사사업이었다. 인보관 운동은 자선조직협회와 같이 조사의 기관이 되기도 하였고 실제로 사회조사를 통하여 그들의 사업을 수행해 나갔다. 특히 법률제정 및 개정을 실시할 경우 자료를 제공하기 위하여 전면적인 조사가 인보관에서 봉사하는 대학생들을 중심으로 이루어지기도 하였다. 이리하여 지역사회 속에서 지속적인 조사를 실시함으로써 사회문제를 예방하고 해결해 나갔다는 점이고 이에 더하여 사회사업가의 훈련가 자원봉사자의 교육을 실시하는 기관으로도 자리하게 되었다.[32] 그들은 여기에 그치지 않고 오히려 그들은 진일보한, 그리고 철저히 과학화된 조사방법론을 통해 정치적으로나 사회적으로 지대한 영향력을 행사하였던 것이다. 인보관 사업의 중요한 업무 중의 하나가 조사사업이었다. 특별히 시의회 및 입법부가 법률제정 및 개정을 실시할 경우 거기에 필요한 자료수집이 인보관에 위탁되었고 과학적인 조사방법을 통하여 입법에까지 영향력을 행사하였다.[33]

또한 토인비 홀의 설립과 더불어 워커들은 복지관의 생활환경조사를 자선단체협의회의 제원칙에 근거함으로써 사회사업에 새로운 지평을 열어갔다. 그들은 사회사업을 수행하는데 있어서 과학적 조사방법론과 기독교적 태도를 결합시킴으로써 가장 완벽한 해결책을 제시하려고 노력했다.[34]

참으로 고무적인 것은 사회조사 등의 과학적 방법으로 영국의 사회사업을 주도했던 토인비 홀이 추후 영국 사회복지 발전에 획기적인 기여를 한 페이

---

31) 이강희, op. cit., p.120.
32) 유상열, op. cit., pp.135-136.
33) Ibid. p.136.
34) 로리타, op. cit., p.192.

비언 사회주의(Fabian Society) 멤버들의 활동 거점이었다는 것이다. 또한 런던시의 빈곤실태 조사를 실시한 찰스 부스(Charles Booth)는 질녀 베아트리스 포터(Beatrice Potter, 후에 Sydney Webb의 부인)와 토인비 홀의 멤버들과 함께 토인비 홀을 조사활동의 거점으로 삼았다는 것이다.[35]

덧붙여 설명하자면, 인보사업과 동시에 이루어진 것은 빈곤에 대한 사회조사였다. 자선조직협회는 빈곤의 원인을 개인에게서 찾는데 만족하지 못하고, 평소 도시 노동자들의 빈곤문제에 관심을 갖고 있던 찰스 부스는 인보관의 사회개혁에 동참하면서 이러한 개혁은 철저한 조사에 기인해야 한다고 믿고 인보관 사업 가운데 조사 사업에 뛰어 들었다. 그는 런던 시민 생활실태에 관한 조사를 통하여 런던 인구의 1/3이 빈곤선 이하의 생활을 하고 있음을 밝히면서 빈곤의 원인이 개인에게 있지 않고 불충분한 임금, 부적절한 주택, 불결한 위생시설 등이라고 지적하면서 끊임없이 조사사업을 진행하였다. 그 결과 모든 조사사업은 찰스 부스를 중심한 인보관에 의뢰될 정도로 그들은 활발한 사회조사를 실시함으로써 사회문제를 개선해 나갔던 것이다.

뿐만 아니라 그는 포터, 옥타비아 힐, 발포워(Graham Balfour) 등 자선조직협회에 소속된 사람들과 함께 런던의 각종 학교 구역 안에서 출석 감독관들로 하여금 조사를 하게 하였다. 부스는 질문지, 보고서, 관찰기록물, 노조에 관한 연구와 함께 복지요원, 교사, 지주, 위생검열관, 목사, 경찰관 등의 사람을 만나서 정보를 보강하는 철저한 과학적 조사를 실시하였다. 그는 노동자들의 수입, 작업시간과 조건, 주택, 생활환경, 자녀수, 주거형태와 질병의 형태와 횟수, 여가활동, 클럽 및 조합회원 기타 노동자 생활에 영향을 주는 요소에 직접적인 관심을 가지고 조사에 임하였던 것이다. 그 결과 그는 『런던 노동자 계층의 생활(Life and Labour of the People in the London)』이라는 장장 17권이나 되는 방대한 보고서를 완성하게 되었다. 이 보고서는 세 구분으로 구성되어 있는데 첫째는 빈곤, 둘째는 산업, 셋째는 종교적 영향에 관한

---

35) 감정기 외, 『지역사회복지론』(서울: 나남출판, 2005), p.41.

것이었다. 이러한 부스의 런던 조사는 라운트리의 조사에 깊은 영향을 미치게 된다.[36]

이러한 과정을 통하여 영국의 자선조직협회와 인보관 운동이 애초부터 사회조사방법을 케이스 메소드와 함께 가장 중요한 사회사업의 수단으로 간주하고, 이를 적용함을 분명한 원칙으로 삼았다. 이러한 방법론은 그대로 한 치의 여과 없이 미국의 자선조직협회와 인보관 운동에 적용 및 전수하기에 이른다.

1874년 에임스(C. G. Ames) 목사가 런던 자선조직협회를 모방하여 협회를 조직함과 동시에 미국의 자선조직협회는 구제신청자를 조사하기 위해 가정 방문원을 위촉함으로써 조사를 통한 사회사업을 분명히 하였으며 1893년에는 자선조적협회가 미국 내에 55개 지부로 발전함에 따라 러셀 세이지 재단(Russel Sage Foundation)은 자선 조직부를 설치하고 유명한 메리 리치몬드(Mary E. Richmond)를 사무총장으로 임명하였다.

리치몬드 여사는 볼티모어와 필라델피아에서 사무총장 역할을 충실히 감당함으로써 자선조직협회의 구성과 발전에 획기적인 공헌을 하게 되었는데 특히 그녀는 영국 자선조직협회와 인보관 운동에 결정적인 역할을 한 옥타비아 힐에 의하여 개척된 사회조사 방법과 훈련을 소개하였으며 펜실바니아 의회가 아내 버리기의 금지, 아동의 취업, 그리고 정신병자의 시설 보호 등의 법안을 통과시키도록 노력하였다.

리치몬드는 이러한 노력을 토대로 옥타비아 힐의 사회조사 방법을 기초로 한 『사회사업진단(Social Diagnosis)』이라는 사회사업 교과서를 저술하기에 이르렀고, 이 책을 통하여 체계적인 사회사업가와 자원봉사자 교육에 힘쓰게 된다.[37] 결국 그녀의 이러한 헌신적인 노력으로 심리학 연구와 사회사업의 이론적 기초가 세워지는 결정적인 공헌을 하게 됨은 두말할 나위가 없다.

---

36) 함세남 외, 『선진국사회복지발달사』(서울: 홍익재, 1995), pp. 72-73.
37) 박영호, op. cit., p. 492.

이처럼 영국 자선조직협회와 인보관 운동을 통해 계승된, 조사를 통한 과학적 자선의 방법은 미국의 경우에도 그대로 적용되었다. 그래서 그들은 구호가 필요한지를 조사하는데 있어서 과학적 방법론에 대한 방법을 매우 효과적으로 사용했기 때문에 일부 도시에서는 구호신청에 대한 조사 책임을 전적으로 자선조직협회에 위임하는 일까지 발생하였다.[38] 이는 그만큼 자선조직협회와 인보관이 철저히 과학적 자선의 방침을 고수해 나갔다는 것을 여실히 증명해 주고 있는 것이다. 결국 이러한 과정을 통하여 미국의 자선조직협회와 인보관 운동은 사회복지대학의 학과 창설 과정에서 촉진제 역할을 확실하게 감당하였다.[39]

제5절 사회정책에 미친 영향

앞서 언급한 바와 같이 영국의 자선조직협회와 인보관 사업은 단순히 종교적인 차원의 자선을 실시하였다기 보다는 처음부터 철저히 과학적인 자선을 그 목적으로 삼았다. 이러한 과학적인 자선은 자연스럽게 사회정책의 방향으로 연결될 수밖에 없었고 실제적으로 사회정책적 차원에서도 많은 결과를 낳게 되었다.

특징적인 것은 영국의 인보관 운동이 철저한 사회조사방법론을 바탕으로 사회사업을 실천하였을 뿐만 아니라 클라이언트들의 빈곤, 저임금, 장시간노동, 착취 및 주택문제, 비위생, 정치적 부패, 신분의 차이 등과 같은 사회문제를 파악하고 그 근본적인 문제를 입법화하고, 공무원들과 협의하면서 그 문

---

38) 함세남 외, op. cit., p.140.
39) 김종일, 『지역사회복지론』(서울: 학현사, 2004), p.47.

제들을 경감시키거나 제기시키기 위하여 노력을 아끼지 않았다는 점에서 사회정책적인 면모를 찾아볼 수 있다.

인보관 운동을 통한 사회정책의 확립에 대하여 로리타는 아래와 같이 그 강한 영향성을 표현하고 있다. 다시 말해 인보관이 영국의 사회정책의 기초를 수립하는데 있어서 대단히 중요한 역할을 담당했음을 보여주고 있는데 이를 통해 수많은 사회정책을 수립하는 인물과 사회사업가를 배출하였음을 확인해 주고 있다.

> 토인비 홀은 영국이 직면한 위기를 극복한 많은 젊은 엘리트들이 사회문제를 보다 깊이 인식하고 직접 그 대책을 시도해 보았던 실험장이 되었다. 페이비언 사회주의자들(Fabian Socialists)뿐만 아니라 영국 복지국가의 설계도를 그리는 데 크게 공헌한 윌리엄 비버리지(William Beveridge)도 이곳에서 훈련을 받았던 것이다.[40]

종합해서 말하자면 인보관 운동의 핵심인물이었던 바네트 목사가 이 운동을 시작하게 된 것은 단순한 사회개혁이나 지역개발의 차원에서 만족을 얻기 위함은 아니었다. 찰머즈 목사의 근린운동이 정착되어 결국은 사회정책으로 이어졌듯이, 그리고 자선조직협회의 조사활동이 사회정책에 궁극적인 영향을 미쳤듯이, 마찬가지로 바네트 목사의 인보관 사업 역시 사회정책을 수립하는 과정까지 깊숙이 이어지게 되었다는 것이 그 특색이라고 하겠다. 바네트 목사는 특히 찰스 부스의 보편적인 연금(universal pension) 계획이야말로 가장 효과적인 제안이라고 하면서 강력하게 그의 정책에 공조하였다. 뿐만 아니라 바네트 목사는 더 나아가 부의 분배를 향상시키는데 도움이 될 만한 조처를 발표하였는데, 최저임금제법을 확대하고 노동력의 조직화를 향상시킬 것을 권장하고, 부의 축적에는 세금을 부과할 것까지 주장함으로써 교회의 사회사업 활동이 정책적 차원까지 영향을 미쳐야 한다고 생각하고 또한

---

40) 로리타 래가나, 『대학지성과 사회개혁운동』, 임영상 역(서울: 전예원, 1994), p.198.

실천하였다.[41] 이렇게 그의 사역은 단순한 지역민의 개조의 차원을 넘어서 정책적인 범주에 까지 도달함으로써 목사로서 하나님의 나라를 이 땅에 이루려는 거시적인 자선을 이루려 노력하였던 것이다.

이러한 정책적인 차원의 영국의 교회사회사업이 미국에 전수됨으로써 미국의 사회사업이 정책적 차원까지 발전하였다는 것은 너무나 당연하고도 자연스러운 일일 것이다. 그 한 예로서 제2차 세계대전 이후 자원봉사자 단체인 울펜던(Woolfenden) 보고서는 그리스도인 사회사업가 조직체들이 사회복지대책을 마련하기 위하여 다음과 같이 네 가지 측면에서 공헌하였다고 하였다. 첫째, 정책과 규정 조건의 변화를 위하여 압력을 가하는 압력 단체로서의 공헌, 둘째, 법적 기관에 맡겨지게 되는 새로운 봉사활동의 개척자로서의 공헌, 셋째, 법적인 봉사에 대한 대안의 공급자로서의 공헌, 넷째, 봉사 활동의 유일한 공급자로서의 공헌이 그것이다. 그리고 실제로 역사적으로 사회사업의 광범위한 분야에서 그리스도인과 봉사활동 조직체들은 물론 교회를 포함해서 상기한 네 가지 방법의 틀 안에서 활동하되, 그 근본적인 틀은 역시 사회정책적 틀이었다는데 대하여 이견을 달리 할 수 없는 것이다.[42]

이렇게 발전된 미국의 사회사업은 결국 주택관련 법규 개정을 요구하는가 하면 근로여성을 보호하고 아동노동을 폐지하기 위한 입법을 위해 투쟁하였고 전국아동노동위원회와 여성노조 등을 결성하는데도 참여함으로써 정책적으로 사회문제에 대처하기도 하였고,[43] 나아가 영국의 사회입법을 지지하는데에 중추적인 역할을 담당하였던 토인비 홀의 정신을 따라 1936년 미국의 교육법(Education Act)이 통과되는 데도 커다란 공헌을 하게 됨으로써 사회정책 수립의 근본적인 힘이 되었다.

---

41) Ibid. p.130.
42) 박영호, op. cit., p.479.
43) 유상열, op. cit., p.136.

제6절 자원봉사에 미친 영향

영국의 자선조직협회는 그야말로 다양한 측면에서 근세 사회사업의 중요한 터전을 마련하였다는 점에서 긍정적으로 평가받고 있다. 가장 핵심적인 것은 영국 자선조직협회가 민간사회복지의 기원이 되었다는 점에서 그렇고, 또한 빈민에 대한 중산층의 여론을 결정했던 가장 중요한 기관이었다는 점에서도 그러하거니와 아울러 정부의 개입 없이 빈곤문제를 해결하려 했다는 관점에서 민간 사회복지와 자원봉사의 중요한 원리를 구축하는 기초로서의 역할을 감당하였다는데 그 의의를 둘 수 있다. 그러나 무엇보다 중요한 공헌은 자선조직협회가 오늘날의 사회사업 활동을 움직이는 핵심적 역할로서의 자원봉사의 효시로 출발하였다는 점이다. 특히 자선조직협회의 운영과 방법은 철저히 기독교의 심장 및 기독교의 핵심이라고 표현할 수 있는 황금률에 그 바탕을 두었음은 물론 사람을 귀히 여기고 사랑하는 기독교적 박애사상을 실천한 중요한 동기가 됨으로써 박애주의 및 이타주의를 철학으로 삼는 자원봉사의 철학 및 실천의 토대를 이룩하였다는 점이다.

자선조직협회의 활동이 자원봉사의 효시가 될 수 있는 것은 초기 자선조직협회 직원들의 대부분은 주로 자원봉사자들로 구성되었으며 그 대표적인 조직으로서의 우애방문원은 주로 중산층의 기독교인 부인들 또는 결혼하지 않은 목사의 딸들로 구성되었는데 그들은 대부분이 무급자원봉사자들이었다. 그러면서도 그들은 빈자를 돕는데 있어서 철저히 훈련된 사람들이었다는 점이다.[44] 특히 자선조직협회의 핵이라고 불릴 수 있는 우애방문원들은 빈민들에게 빈곤의 문제를 탈피할 수 있도록 인격적인 감화를 끼쳤는데 이는 오늘날의 자원봉사 활동을 발전시키는 밑거름으로 작용하였음은 너무나 명백한 사실이다.[45]

---

44) 유상열, op. cit., p.127.
45) 함세남 외, p.59.

역사가 조르단(R. Jordan)은 그의 저술을 통해 사명감에 불탄 그리스도인들이 얼마나 사명감을 가지고 봉사활동에 임하고 있었는지를 자세히 보여주고 있다. 특히 교육받은 중산층 여성 집사들이 사회적으로나 도덕적으로 신분이 낮은 계층들을 위하여 완전한 우정(perfect friendship)으로 우애방문을 하는 그리스도인 여성들의 봉사와 함께 사회사업 진행과정에서 중심적이면서도 결정적인 역할을 하고 있음을 반영하고 있다. 특히 죄수들과 함께한 엘리자베스 프라이와 빈민가 주민들과 함께 한 옥타비아 힐의 활동을 대단히 구체적으로 기술하고 있다.[46] 뿐만 아니라 전재일(1997) 역시 영국의 자선조직협회가 단순히 물질적 시혜를 베푸는 것을 목적으로 삼지 않고 항상 시여는 우애의 정신에 의한 독지가의 도덕적, 인격적 감화력을 가지고 행해져야 함을 강조하였다. 따라서 그는 자선조직협회가 '자선이 아니고 우정을(not alms but a friend)' 이라든지 '자선이 아니고 친절을' 이라는 구호를 가지고, 가가호호 방문하여 상담함으로써 자원봉사의 진정한 철학과 방법을 실천하였다고 기술하고 있다.[47]

영국의 인보관 운동 역시 근대의 자원봉사를 형성하는데 있어서 경험적, 실천적 기초를 마련하였다. 앞에서 수차례 언급한 바네트 목사는 철저히 대학생들을 자원봉사자로 활용하였다. 그는 옥스퍼드 대학에 강연을 나감으로써 인보관을 철저한 대학생들의 자원봉사 활동으로 시작하였고 끊임없이 자원봉사자들을 모집하고 훈련하고 교육하여 역동적인 인보관 운동의 동력으로 활용하였다. 특히 옥스퍼드 대학에서 그의 강연에 감명을 받은 아놀드 토인비와의 우정을 토대로 자원봉사자 모집과 활동은 꽃을 피우게 되며 이러한 대학생들의 자원봉사자들을 활용함으로써 그의 사역은 혁신적인 성공을 거두게 된다.[48]

바네트 목사는 이를 바탕으로 계속하여 자원봉사자 모집에 관심을 쏟게

---

46) 박영호, op. cit., p.476.
47) 전재일, op. cit., p.45.
48) 로리타 래가나, op. cit., p.21.

되고 그 결과 1880년대에는 10개의 인보사업단체가, 1890년대에는 22개소가 개설되기에 이르게 되었는데 이것으로 보아 얼마나 자원봉사자 활동이 조직적으로 실행되었는지를 가늠해 볼 수 있다. 특히 바네트 목사는 대학생들을 중심으로 직접 빈밀 굴에 가옥을 빌리고 그들과 함께 살면서 활동을 하도록 훈련하고 격려하였다.

실로 이러한 대학생들의 자원봉사 활동의 효과는 대단하였다. 이에 대하여 한 역사가는 "세틀러들은 상류층과 하류층이 다리가 되었고 비참한 사회문제를 오직 학문적으로만 풀려고 하는 법률가나 행정가로부터는 그들의 신뢰를 상실 당한 사람들이었고 고정화된 자선형태를 증오하고 출세지향적인 사람보다는 겸손한 이를, 그리고 개선하려는 사람보다는 비도덕적인 사람들의 친구가 되었다. 그들은 죽은 자선기관을 신뢰하지 않았고 개인적인 관계로서 그 문제들을 대치한 사람들이다. 그들은 행정적이 아니라 가난한 이들의 친구로서 그들에게 접근한 사람들이다."라고 평가하였다.[49] 그러나 무엇보다 중요한 것은 그들의 첫째 목적은 돕는 것이 아니라 배우는 것이었다고 기술하였다. 이것이야 말로 진정한 자원봉사자의 태도가 아닐 수 없다. 봉사하면서 배우는 자세야 말로 자원봉사자의 참 자세였던 것이다.

자명한 사실은 토인비 홀에서 봉사하던 자원봉사자들인 세틀러들은 한결같이 바네트 목사의 신념과 같은 생각을 가지고 동일한 원리로서 그들에게 주어진 사역을 감당하였다. 그들은 사회문제란 결국 근본적으로 인격상의 문제라고 인식한 사람들이었다. 아무리 정치적으로 산업적으로 그리고 교육적으로 개혁을 한다고 하더라도 인간적인 개혁에서 활기가 풍기지 않을 경우, 그것은 그들의 희망을 조롱하는 것에 불과하다는 신념을 소유한 사람들이었다. 다시 말해 인간적인 개혁이야말로 토인비 홀의 노력이 궁극적으로 지향해야 할 방향의 개혁[50]이라고 믿었던 것이다. 그들은 이렇게 그리스도인으로

---

49) Stuart, op. cit., p.130.
50) University, Settlement of East London, sixth Annual Report, p.37, 로리타 래가나, 임영상역, 『대학지성과 사회개혁운동』(서울: 전예원, 1994), p.176에서 재인용.

서의 인격적 감화를 통해 변화를 시도하려던 참된 봉사의 사람들이었다.

이러한 체계적인 자원봉사 활동을 통한 사회사업은 미국에서도 영국과 마찬가지로 효과적으로 정착되었다.

제1,2차 세계대전 후 사회적 위기를 극복하기 위해 다양한 민간단체의 활동이 1820년을 기점으로 활성화 되었다. 그 민간단체 가운데서도 거틴 목사를 중심으로 한 자선조직협회의 활동이 단연 으뜸이었음은 말할 것도 없고 급기야 1890년대에는 100여개의 도시에 자선조직협회가 설립되었다. 이러한 자선조직협회는 뉴욕, 볼티모어, 그리고 보스톤 등 대도시에 약 4,000명의 우애방문원(자원봉사자)을 두어 조직적으로 클라이언트를 돌보았다.[51] 미국 자선조직협회의 핵심 역시 우애방문원(friendly visitor)을 통한 봉사라고 할 수 있는데 그들은 구제 신청자들의 사회적 상황과 조건을 심사함으로써 구제업무를 수행하였다. 이 우애방문원들은 따뜻하게 충고하는 반면 취업을 도와주고 또한 도덕적인 성향을 강화시킴으로써 자조(self-supporting)에 최대한 역점을 두었다.[52]

이렇게 뿌리를 내리기 시작한 자원봉사는 1926년 들어 자원봉사 사무국이 설립된 이후 전 지역으로 확산되기에 이르렀고 1932년에는 전국자원봉사위원회가 설립되어 보다 본격적인 활동을 개시하였으며 1945년 전쟁 이후 민방위국이 해체됨과 동시에 지역봉사협의회가 구성되면서 공동모금회의 재정지원으로 미국 자원봉사센터협의회를 구성하면서 보다 전문적인 자원봉사의 체계를 갖추게 되었다.[53]

자원봉사 활동은 미국에서 보다 전문화 및 체계화하기에 이른다. 특히 자선조직협회에 소속된 자원봉사자들은 빈민들의 개인적인 행동만이 아니라 사회 및 경제문제에도 폭넓은 이해의 필요를 느끼면서 별도의 훈련을 받게

---

51) 박병현, "영국과 미국의 사회복지제도 발달비교 1835-1935", 『사회복지의 역사와 과제-인창 신섭중 박사 회갑기념논문집』(기념논문간행위원회, 1994), pp.113-114.
52) 함세남 외, p.138.
53) 표갑수, op. cit., p.332.

된다. 이미 리치몬드 여사는 1897년 자선을 위한 훈련학교(Training School) 설립 계획을 수립하였으며, 이듬해 최초로 사회사업 과목을 개설하여 자원봉사의 학문화에 획기적인 공헌을 하게 됨으로써 근대 사회사업의 중요한 한 부분으로서의 자원봉사를 구축하게 된다.[54]

제7절 가족복지에 미친 영향

미국의 자선조직협회의 발단 원인은 세계 제1 · 2차 대전으로 인한 사회문제 가운데서도 특별히 가족 문제의 심각함에 있었다. 그런 의미에서 자선조직협회는 애초부터 최소한의 사회화 단위로서 가족을 기능적 전문성의 영역으로 설정하였다.[55] 특히 자선조직협회는 사회가 순기능을 하고 있음에도 불구하고 가정은 역기능적이라는 점을 출발점으로 삼았으며 인보관 운동 역시 가족과 지역사회의 욕구에 관한 사회조사를 그들의 프로그램 행동에 반영하였다.[56]

미국 자선조직협회가 가족에 대한 접근으로 주로 케이스 메소드를 활용하였으나, 가족의 문제가 보다 독자적으로 해결해야 할 큰 과제로 인식하면서 1910년경에는 가정복지협회로 개칭되어 가족 케이스 워크 중심으로 발전되어 나가기 시작한다. 특히 이 과정에서 크게 공헌한 사람이 앞서 언급한 바와 같이 리치몬드 여사로, 그녀는 이러한 가족문제에 대해 보다 정밀하게 접근하기 위해 『사회진단(social diagnosis)』과 『케이스 워크란 무엇인가?(What is

---

54) 함세남 외, p.138..
55) Ibid. p.141.
56) Ibid. p.142.

Social Case Work?)』라는 책을 저술함으로써 가족문제에 보다 전문적으로 접근할 필요성이 있음을 언급하였고, 가족 케이스 워크의 적용을 시도한 바 있다.[57]

리치몬드 여사의 가족문제 해결에 대한 열정은 실로 대단하였다. 자선조직협회의 실제적 영향력을 소유하고 오랜 경험을 소유했던 그녀는 문제해결과정에 있어서 가족문제의 중요성을 인식하고 9년간에 걸쳐서 다루어 온 문제가족과 관련된 사례연구 결과를 발표함으로써 사회사업실천부분에서 가족치료에 대한 중요성을 재인식하기에 이르렀다.[58]

이러한 노력의 일환으로 미국의 자선조직협회는 점차 가족복지기관으로 변모하게 된다. 협회 명칭도 1911년 전국자선조직협의회(The National Association of Societies for Organizing Charity)에서 가족사회사업조직협의회(The National Association of Societies for Organizing Family Social Work)로 개칭되어 활동하다가, 1930년에는 가족복지협회(The Family Welfare Association of America)로 정착하게 됨으로써[59] 결국 가족복지의 중요한 원천으로 자리하게 된다.

특별히 자선조직협회는 그들의 구호서비스가 진정으로 자격을 갖춘 가족에게 전달될 수 있도록 하는데 최선의 노력을 기울였다. 그래서 구호신청자에 대한 조사는 각 빈곤가족을 개별화시켜서 독립성을 회복하려고 노력하였고 또한 이러한 전문적인 조사는 개별사회사업의 발달과 함께 가족복지를 보다 전문적으로 수행하는 일에 크게 일조하였다.[60]

---

57) 전재일, op. cit., pp.48-49.
58) 진영석,『가족치료』(서울: 거산출판사, 1997), p.12.
59) Axinn & Stern, 152, 원석조 외, p.109에서 재인용.
60) 함세남 외, pp.141-142.

제8절 아동 및 청소년복지에 미친 영향

기독교의 사회사업이 아동 및 청소년복지에 미친 영향 또한 지대하다 하지 않을 수 없다. 그러나 이에 대해서는 영국의 인보관 사업이 그룹 워크에 미친 영향에서 이미 상당히 언급하였기 때문에 인보관의 그룹 워크 영향성을 참고하면 도움이 되리라 본다. 말할 것도 없이 인보관 운동이 가장 관심을 둔 것은 바로 교육이었다는 점에서 그 영향성을 가늠해 볼 수 있다.

세틀러들은 하층계급에 영향을 끼칠 수 있는 가장 효과적인 방법은 어린이들을 교육하는 일이라고 보았다. 기존의 어른들의 사고를 전환하여 건전한 사회인으로 육성하는 데는 그만한 한계점이 있다는 점에서 그들이 어린이 교육에 전적인 관심을 표명한 것은 그리 놀랄만한 일이 아니다. 이런 관점에서 그들은 가장 가난한 지역의 학교에서 가르치는 일을 통해 그들의 부모와 접촉하는 일을 시도하였다.[61] 다시 말해 그들은 어린이들이야 말로 변화의 핵이라고 생각하였고, 가장 빠르게 변화를 도모할 수 있는 집단이라고 여겼기 때문에 어린이들의 교육을 통해 인격발달을 돕고 그로 말미암아 그들의 잠재적인 능력을 개발함으로써 보다 건전한 사회인으로 육성하려 하였던 것이다.

그러나 그들은 어린이들 교육 외에도 청소년들의 서클 활동을 위하여 보이스카우트, 걸스카우트를 결성함으로써 획기적인 아동과 청소년 복지에 기여했다[62]는 사실에 대해서는 굳이 부가적인 설명이 필요치 않다고 본다.

이러한 인보관 운동을 중심으로 형성된 아동 및 청소년복지는 미국에서 보다 전문적인 형태로 발전하게 되는데 발전에 발전을 거듭하여 나중에는 교육개혁연맹(Education Reform League)이라는 단체가 초등교육과정을 활성화시키기 위하여 설립됨으로써 전문적인 아동들의 교육문제를 책임지기에

---

61) 로리타 래가나, op. cit., p.166.
62) 유상열, op. cit., p.136.

이른다.[63] 뿐만 아니라 이렇게 발전에 발전을 거듭한 미국의 자선조직협회는 어린이 학대와 방임을 방지하기 위한 어린이 기관, children's home society, juvenile court, children's institutions 등으로 확대되었는데 이 기관들은 한결같이 영국의 자선조직협회가 사용했던 방법과 같이 기독교 신앙의 바탕 위에 케이스 워크를 사용함과 동시에 다른 기관과의 협조 및 심리학을 바탕으로 운영됨으로써 사회사업의 발전에 큰 공헌을 하였다.[64]

제9절 전문 사회사업에의 공헌

영국의 자선조직협회와 인보관은 소위 '과학적인 자선'을 표명함으로써 전문 사회사업의 방법론을 태동하고 실천하였다. 그들은 인격과 빈곤의 관계를 규명하려 하였고 극빈자 예방에 대한 대책을 마련하고자 하였다. 이러한 과업을 완수하기 위하여 그들은 성격검사(character test)와 조사를 실시하였으며, 자조와 권면을 강조하였다.[65] 특히 그들은 생활환경 조사방법(case work)을 개발해 내고 사회사업가들을 훈련시킴으로써 근대 사회사업의 기반을 든든하게 이룩하였다고 평가하고 있다.[66]

전통적인 자선조직협회는 빈곤을 본인의 성격적 결함이나 도덕적 퇴폐로 인한 것으로 인식하였으나 그들의 오랜 경험을 통하여 빈곤이나 사회문제의 원인이 개인에게 책임을 돌릴 수 없다는 결론에 도달하게 된다. 그래서 자선조직협회의 운동원이었던 우애방문원들은 가정방문을 통해 대상자의 가계,

---

63) 로리타 래가나, op. cit., p.164.
64) Stuart, op. cit., p.115.
65) 로리타 래가나, op. cit., p.18.
66) Ibid. p.19.

건강상태, 친척관계, 직업, 식생활 습관 등 생활문제에 따른 정보수집에 최대의 관심을 두었다.

물론 영국의 자선조직협회나 인보관 운동이 이렇게 결정적으로 근대 사회사업에 공헌한 것은 모두가 인정하는 사실이지만 그럼에도 불구하고 미국의 자선조직협회나 인보관 운동은 그야말로 근대 전문적 사회사업의 방법론을 완전히 체계화하는데 성공하였다. 특히 그 가운데서도 홀 하우스의 공헌은 실로 대단하다 하지 않을 수 없다. 이런 측면에서 컴메너(Commaner)는 자선조직협회가 처음으로 시작한 홀 하우스가 사회사업에 남긴 업적에 대하여 다음과 같이 논평하고 있다.

> 홀 하우스의 개설은 현대 미국의 커다란 사회운동 중 하나의 시작이었다. 어떤 면에서 인보관 운동은 사회사업의 출발이기도 했다. 미국에는 당시만 해도 조직화된 사회사업이 없었기 때문에 리치몬드의 자선 프로그램에 미래를 걸고 있었으나, 아직 어떤 형식의 사회학 연구조차 존재하지 않았었다. 홀 하우스가 건립되고 몇 년 되지 않아 시카고 대학에 사회학 연구소가 설립되었다는 것은 우연한 일이 아니었다.[67]

이렇게 홀 하우스가 근대 사회사업에 미친 영향은 그야말로 파격적이었다. 그들의 활동으로 말미암아 사회학 연구소가 설립되었다는 사실도 놀랄만한 일이거니와 이러한 전문적 노력의 일환으로 인하여 사회사업이라는 학문이 체계화 되어 문제를 가진 사람들을 체계적이고 전문적으로 도우려는 열정 또한 결코 간과할 수 없는 것이다.

이에 더하여 근대 사회사업의 학문적 근간을 마련한 리치몬드 여사의 업적도 간과되어서는 아니 될 것이다. 전술한 바와 같이 볼티모어와 필라델피아의 자선조직협회의 책임자로서 쌓아온 그의 오랜 경험을 바탕으로 개인의 원조를 위해서는 심리학과 기타 사회과학에 관한 많은 지식과 방법 및 기술

---

67) 이화여대사회복지학과편,『집단사회사업실천방법론』(서울: 동인출판사, 1993), p.6.

등이 필요함을 지각하게 되어 사회진단이라는 책을 저술하기에 이르는데 이 책을 통하여 개별사회사업의 중요한 획을 긋게 된다.[68] 뿐만 아니라 리치몬드는 가족복지, 사회조사, 아동복지, 그리고 지역사회사업 등 사회사업의 거의 전 분야에서 중요한 학문적 업적을 남기게 됨으로써 오늘날 전문 사회사업의 기초를 형성하게 되었던 것이다.

이러한 그녀의 노력, 즉 리치몬드의 사회과학적이고 전문적인 인간 접근에 새로운 지식체계가 병행되게 되는데 이것이 프로이드를 중심으로 구성된 정신분석이며 이러한 영향으로 진단주의 사회사업과 기능주의 사회사업의 형태를 취하게 됨으로써 그야말로 완전히 학문화된 사회사업의 형태를 취하게 되었던 것이다.[69]

결론적으로 영국의 자선조직협회와는 달리 미국의 자선조직협회는 처음부터 빈곤문제의 원인을 개인의 나태와 무절제에 있다고 보지 않고 사회적인 환경에 있다고 주장하면서 지역주민 스스로 문제를 해결할 수 있도록 돕는 전문 사회사업으로서의 케이스 워크, 그룹 워크, 지역사회사업, 자원봉사, 사회조사 등으로 발전되었다.[70]

---

68) 전재일, op. cit., p.49.
69) Ibid. p.51.
70) 박종삼 외, 『사회복지학개론』(서울: 학지사, 2002), p.39

※ 제12장 기독교적 사회개혁운동이 근대 전문사회사업에 끼친 영향에 대한 토론 ※

1. 아는가, 사회복지의 진정한 뿌리가 성서와 기독교라는 사실을

　자선조직협회에서의 오랜 경험을 획득한 리치몬드로 인하여 다양한 사회사업의 기법들이 정립되는 쾌거를 이룰 수 있었던 것이다. 리치몬드 여사로 인하여 전문화된 사회사업의 영역은 실로 다양하다. 가족복지, 사회조사, 자원봉사, 청소년 복지, 케이스 워크, 그룹 워크 등 사회복지의 모든 분야에 대한 체계적인 연구를 실시함으로써 근대 사회복지의 학문적 토대를 구축하였다. 기독교는 처음부터 이러한 전문성을 바탕으로 사회사업을 수행해 왔고 또한 이것이 오늘의 사회복지를 낳게 하였다는 사실을 접하면서 느끼는 자부심에 대하여 나누어보라.

2. 모든 것이 무지의 소치임을 부디 이해하시기를

　오늘날 너무나 많은 사람들이 사회복지의 뿌리를 전혀 알지 못하고 기독교는 사회복지와 아무런 상관이 없다고 주장하고 있다. 그들은 성경을 단 한 번도 읽어보지 않고서, 그리고 사회복지의 역사를 진정으로 연구해 보지 않고도 기독교와 사회복지의 관련성을 부인하고 있는 것이다. 역사적 사실을 통해서 볼 때 그러한 주장은 그야말로 사회복지의 역사를 알지 못하는 무지에서 비롯된 것임을 인식할 수 있다. 귀하는 교회사회사업이 전문 사회복지에 미친 영향이라는 주제를 통하여 무엇을 느꼈으며 이러한 무지한 도전에 대하여 앞으로 어떻게 대처할 수 있다고 보는가.

3. 우리의 것을 우리가 알지 못한다면 이것이야 말로 진정한 문제다

사회복지는 이렇게 긴 역사를 통해 발전되고 전문화되어 옴으로써 근대 전문 사회복지로 자리하게 되었다. 문제는 당연히 이 사실을 인지하고 있어야 할 우리 자신이 이에 대한 무지함으로 인해 변호할 수 없었던 것이다. 우리가 우리의 것을 알지 못한다면 이는 참으로 진정한 문제가 아닐 수 없다. 귀하는 이것을 바탕으로 어떻게 성서와 기독교가 사회복지의 뿌리라는 사실에 대하여 더 깊은 관심을 표명하고 변호할 수 있다고 생각하는가.

제13장 디아코니아와 선교

제1절 디아코니아활동을 포함한 통전적 선교관
제2절 에큐메니칼 선교관과 디아코니아
제3절 복음주의 선교관과 디아코니아
제4절 통전적 선교관과 디아코니아
제5절 디아코니아활동을 통한 통전적 선교의 활용

제1절 디아코니아활동을 포함한 통전적 선교관

　기독교 사회봉사의 핵심이라고 할 수 있는 샬롬과 디아코니아는 선교라는 개념 속에 함축된다. 또한 선교는 복음전도와 사회봉사라는 개념으로 양분될 수 있는데 사회봉사에는 구호적인 측면과 구조적인 측면, 즉 사회사업과 사회정책적인 면으로 구분되어 실천되고 있다. 따라서 기독교의 중심적 핵은 복음전도의 사명과 사회봉사의 사명이라고 할 수 있는데 복음전도에 대해서는 그동안 교회가 워낙 오랜 세월동안 교회의 본질로 인식하였으나 사회봉사에 대해서는 여러 가지 이유로 본질로 인정받지 못한 듯하다. 그러나 복음주의는 그동안 지속적으로 복음전도의 사명을 우선적인 교회의 사명으로 인식하고 실천해 왔으며 이에 반하여 진보주의는 사회적 사명, 즉 사회봉사를 보다 중요한 사명으로 인식하여 발전시켜 왔다. 이를 바탕으로 이 글에서는 교회의 중요한 사명중의 하나인 사회봉사(디아코니아)에 대한 복음주의와 진보주의의 선교관을 살펴보고 전통적인 교회의 사회사업이 어떻게 선교라는 관점에서 이해될 수 있는지에 대하여 고찰해 보고자 한다.

　요즘 들어 신학계에서는 '통전적 선교(Wholistic Mission)'라는 말을 유난히 많이 사용하고 있는 것 같다. 통전적 선교란, 사회구원이나 개인구원의 어느 한 쪽에 치우치지 않고 이 둘을 포괄하여 균형과 평형을 유지한다는 뜻을 내포하고 있는데 이러한 통전적 개념은 근자에 생성된 개념이 아니라 이미 성경전체를 통하여 애초부터 분명하게 제시된 개념이었다. 그러나 세계 대경제공항, 1,2차 세계대전, 그리고 공산주의와 민주주의의 이데올로기 논쟁 등의 세계사적 영향으로 인해 에큐메니칼과 복음주의라는 극단의 대립으로 인한 양극화 현상으로 교회는 본래의 통전적 선교관을 상실하게 되었다. 한편으로는 복음의 능력을 간과한 지나친 사회구원으로, 그리고 또 한편은 이에 대한 반향으로서 복음전도를 강조함으로써 선교의 위기를 초래하게 되었던 것이다. 다행히 1974년 로잔 대회를 기준으로 극단으로 치닫던 에큐메니칼과 복음주의는 양측 모두에게 통전적 관점이 상실되었음을 확인하면서, 또한 복음전도와 사회봉사라는 교회의 중요한 두 가지 본질을 회복하게 됨으로써 그야말로 통전적 선교의 자리로 나아오게 되었다.

보수와 진보라는 갈등의 핵심에는 바로 인간의 문제와 사회복지의 문제가 있었다. 신 중심의 선교에서 인간 중심의 선교가, 그리고 선교하는데 있어서 고려되지 않았던 상황(context)의 중요성과 그 상황 하에서 살아가는 사람들이 겪는 고통의 문제를 어떤 각도에서 접근하느냐가 선교의 중요한 관심의 대상이 됨으로써 선교에 있어서의 사회복지는 선교의 그 어떤 문제보다 중요한 문제로 자리 잡게 되었다.

선교에 있어서의 사회봉사의 중요성을 인식하면서 이 글에서는 최근의 선교에 있어서 핵심의 문제로 다루어진 사회복지를 에큐메니칼적인 차원에서, 복음주의적 차원에서, 그리고 통전적 차원에서 다루어보고 통전적 선교를 위한 사회복지를 어떻게 구체적으로 선교현장에 적용할 것인지에 대하여 생각해 볼 것이다.

제2절 에큐메니칼 선교관과 디아코니아

1. 세계 선교 대회의 필요성 대두

루터와 칼빈을 중심으로 한 종교개혁 이후, 개신교는 종교와 사회개혁을 주도하느라 한동안 선교에 착수할 만한 저력을 갖추지 못함으로써 선교에 대한 열정은 그리 강하지 못하였다. 그러나 경건주의자들에 의하여 구성된 데니쉬 할레 선교회 (The Danish Halle Mission)는 선교의 중요성을 인식하고 강력하게 선교를 추진함으로써 인도까지 선교를 감당하였다. 그러나 경건주의 자들의 선교적 특징은 그들이 비록 독일에서는 공동체 활동 등의 왕성한 사회개입에 대하여 관심을 표명했을지는 몰라도 전통적인 인간의 영혼 구원에 그 목적을 두었기 때문에 사회문제를 해결하기 위한 복지적 차원에서 선교를 이해하지 못했다.

물론 경건주의가 선교를 주도적으로 추진한 이후 19세기의 선교는 그 내용면에 있어서나 방법에 있어서는 많은 발전을 거듭하였으나 사회문제를 접근하려는 사회사업적 측면에서 볼 때 감리교회나 침례교회 및 퀘이커교회가 주로 행한 개별적이며 임시적인 구제사업의 범주를 벗어나지 못함으로써 개인 구원 또는 영혼 구원에 집착하는 경향이 없지 않았다.

그 후 1800년대 미국은 대각성 운동(The Great Awaking)의 영향으로 많은 선교회가 발족하게 되었는데 그 대표적인 것이 1806년의 신앙동우회(Society of Brethren)이다. 이 조직에 이어, 1810년에는 미국회중교회 해외선교본부(The American Board of Commissioners for Foreign Missions)가 조직되었고, 1814년에는 침례교해외선교회(The Baptist Foreign Missionary Society)가 조직됨으로써 각 교단별 해외선교사업이 시작되었는데, 1819년에는 감독교회에서, 1832년에는 감리교회에서, 1833년에는 인도에 대한 장로교회의 선교 사업이 각각 시작되었다.[1] 이러한 선교적 열풍은 미국은 18세기 말에 제2차 대각성 운동(The Second Great Awakening)이 일어났고 거기에 따라 일련의 종교적 열정으로서 해외선교에 대한 열정이 고조됨으로써 여러 교단에서 선교회를 창립케 했고 기독교대학과 신학교를 설립하는 데에 큰 자극을 줌으로써 미국의 세계선교에 대한 열풍은 점차적으로 싹터 오르기 시작하였다.[2] 특히 남북 전쟁 후에는 부흥사 무디(Dwight I. Moody)가 나와 부흥운동을 주도하였다. 이러한 부흥운동의 일원으로 1880년대에 이르러 신학교 학생들 사이에 선교부흥운동의 열기가 치솟아 전국신학교동맹(The American Inter-

---

1) 한국기독교사연구회,『한국 기독교의 역사 I 』(서울: 기독교문사, 1989), pp.174-175.
2) 기독교 사상 편집부,『한국역사와 기독교』(서울:기독교서회, 1993), pp.45-46.

Seminary Alliance)이 결성됨으로써 수만 명의 선교사들이 해외로 파송하게 되는데 언더우드와 아펜셀러 선교사들이 다 이 부류에 속한 사람들이었다.

이렇게 미국의 선교사들을 중심으로 활발하게 펼쳐졌던 19세기 선교운동은 여러 가지 작은 선교회의들로 구성되어 그 명맥을 이루어 왔다. 그러나 이 가운데 발생한 문제점은 선교사들이 나름대로 최선을 다하여 선교의 사역을 감당하고는 있었으나 통일되지 못한 정책, 중복적인 사역, 그리고 신학이 바탕 되지 않은 선교를 감행함으로써 선교지에서 많은 문제점들이 도출되기 시작하였다.

그래서 서구교회를 중심으로 20세기에 들어 보다 더 활발한 선교활동과 전문화된 사역을 위하여, 그리고 개별적인 선교를 지양하고 지금까지 상황을 전제하지 못한 선교를 평가 연구하기 위해 모든 선교사들이 결집할 수 있는 선교대회를 절실하게 느끼게 되었다. 따라서 1910년에 에딘버러에서 열린 세계선교대회(The World Missionary Conference)[3]를 개최하였는데, 이 대회는 최초의 에큐메니칼적 성격을 띠며, 범세계적인 선교문제를 다루었다.

2. 에큐메니칼 선교관의 발전과 디아코니아

개신교 선교신학은 대개 커다란 두 개의 흐름으로 발전되었다. 보수적 복음주의 교단과 세계교회협의회의 활동이 그것이다. 전체적인 주류는 세계교회협의회(WCC)에 의하여 주관되었으나 근세에 들어 강력한 사회문제를 둘러싼 논쟁과 함께 선교에 대한 복음주의적 접근이 강하게 대두되고 있다.

---

3) 에딘버러 선교대회는 세계에 흩어져 사역하고 있던 159개 선교단체의 1,355명의대표들이 참석한 최초의 범세계적 선교대회라는데 그 의의를 둘 수 있으며 이 대회는 신학적인 문제가 주제가 된 것이 아니라 선교현장에서 발생하는 다양한 문제들을 가지고 어떻게 구체적으로 선교를 감당할 것인가에 초점이 맞추어졌다. 다시 말해 전 세계적인 복음화를 위하여 선교단체들이 서로 어떻게 협력하고, 어떻게 자문과 협조의 관계를 형성할 수 있을 것인가를 토의하기 위해 회집되었다.

에큐메니칼[4] 선교관의 발전과 발표된 사회복지의 흐름을 이해하기 위해서는 무엇보다 에큐메니칼 운동들이 주도했던 대회와 총회의 내용을 잘 살펴볼 필요가 있다.[5]

에큐메니칼적 관점에서 최초로 개최된 대회는 에딘버러 대회였다. 위에서 언급한 바와 같이 실제적으로 에딘버러 대회를 에큐메니칼 운동의 효시라는 것과 또한 이 에딘버러 대회가 교회의 대사회문제에 대한 봉사라는 측면에서 다양한 영향력을 행사하였다는 사실을 인지할 수 있다. 이는 곧 에딘버러 대회로부터 선교를 실시하는데 있어서 사회개발 등 사회에 대한 문제를 배제시킬 수 없다는 인식을 같이 하는데서 시작된다고 볼 수 있다. 우리는 아래의 글을 통해서 에딘버러 대회가 얼마나 사회의 계몽과 자유 등의 인간적인 문제에 민감하게 반응하였는지를 살펴볼 수 있다.

> 이제 하나의 위대한 기회가 일반적인 동의를 얻고 있다. 동양의 민족들이 깨어나고 있는 것이다. 그들은 지금 두 가지 일을 추구하고 있다. 하나는 계몽이요, 다른 하나는 자유이다. 모든 종교 가운데 오직 기독교만이 이러한 요구를 최고로 충족시킬 수 있다.[6]

그러나 위에서 언급한 에딘버러 대회보다는 교회의 사회봉사에 대한 문제가 보다 구체적으로 부각된 것은 1928년에 개최된 예루살렘 대회에서부터였다고 볼 수 있다. 에딘버러 대회가 끝난 후 보다 구체적인 선교운동을 연구, 평가하기 위하여 1921년에는 국제선교협의회(IMC: The International Missionary Council)가 발족되었고 이로 인해 지속적인 선교문제를 논의하였

---

4) 에큐메니칼 선교운동은 헬라어 '오이쿠메네'라는 말에서 유래되었다. 이는 교회일치를 의미하며, 기독교의 하나 됨을 바라는 표현으로 선교와 관련하여 사용되었다.
5) 이 책에서는 대사회적인 관점을 다룬 대회와 총회 중, 에딘버러 대회(1910), 예루살렘 대회(1928), 마드라스 대회(1938), 휫트비 대회(1947), 암스텔담 총회(1948), 윌링엔 대회(1952), 에반스톤 총회(1954), 가나 대회(1957), 뉴델리 총회(1961), 웁살라 대회(1968), 방콕 대회(1973), 나이로비 총회(1975년), 멜버른 대회(1980년)를 중심으로 고찰할 것이다.
6) Rodger C. Bassham, *Mission Theology*, (Pasadana, CA:William Carey Library, 1979), p.162.

다. 에딘버러 대회가 끝난 후 선교사들은 이제 효과적인 선교를 위해선 사람들의 생활 전반을 고려해야 하며 그렇게 하기 위해서는 그들이 살고 있는 사회적 환경에 관심을 가져야 한다는 주장에 동의하게 되었다. 다시 말해 아시아와 아프리카의 농촌문제, 인종문제, 산업화문제 등이 그 주된 논의의 내용이었다. 그것은 "그리스도의 복음은 개인의 영혼을 위한 메시지만을 포함하는 것이 아니라 그들이 살고 있는 사회조직과 경제관계를 위한 메시지도 포함 된다."[7]는 것이었다.

이처럼 예루살렘 대회는 개인구원의 강조와 사회구원의 문제가 동시에 주장되었다는 점에서 통전적 선교관을 애초부터 분명히 설정하고 있다. 진일보한 것은 선교가 단순히 복음을 전달하는 것에만 목적이 있는 것이 아니라 복음을 받아들이는 사람들의 상황과 입장도 고려해 보아야 한다는 점이었다.[8] 이는 사회봉사적인 접근이 단순히 복음전도의 수단으로서가 아니라 복음 자체로 이해되었다는 점에서 한층 더 진보된 대회였다고 볼 수 있다.[9]

예루살렘 대회에 이어 1938년에 개최된 마두라스 대회의 특징은 예루살렘 대회에서 천명한 대사회적 문제를 보다 명확하게 전개하고 있다는 것이며 보다 구체적으로 교회의 사명은 복음전도에만 국한되지는 않는다는 것을 확인하였다는 점이다. 선교는 복음 전파사업, 교육사업, 의료사업, 이런 것이 수행될 수 있는 사회 경제적 환경조성 등이 함축되어야 함이 강조되었고 복음을 총체적으로 이해하여 복음전도와 사회참여간의 밀접한 관계를 강조하였다.[10]

1947년에 개최된 횟트비 대회는 전쟁으로 인해 고통 받는 세계의 역사적 상황과 정황에 그 초점을 맞추었다. 그리고 전쟁 등으로 고통 받는 인류에 대

---

7) William Richey Hogg, *Ecumenical Roundation*, New York: Harper and Brothers Publishers, 1952, p.248.
8) 황순환, "에큐메니칼 선교신학", 『선교와 디아코니아』(서울: 한들출판사, 2001), p.226.
9) 홍기영, "기독교 선교와 사회복지", 『기독교와 인간 복지』(천안: 나사렛대학교출판사, 2002), p.103
10) 이용원, "빌링엔에서 나이로비까지", 『선교와 신학』(장로회신학대학교, 1999년 제4집), p.163.

해 교회는 눈을 감아서는 안 된다는 사실을 인식하기 시작하였던 것이다. 물론 고통 받는 자들에 대한 관심은 예루살렘 대회부터 지속적으로 거론되어 왔으나 휫트비 대회 이전에는 이 문제를 가장 우선적으로 해결해야 할 과제로 여기지는 않았다.

> 기독인으로서 우리는 굶주리거나 빈궁한 이들, 곤궁에 처한 모든 이들을 섬길 의무가 있다. 우리는 불의와 압제를 제거하려는 모든 운동을 지지할 의무가 있다.[11]

중요한 것은 휫트비 대회의 특성은 이 대회가 복음화라는 기본 명제의 틀은 그대로 유지하면서도 이 세상에서의 구조적인 문제로 발생하는 무지, 빈곤, 질병, 억압, 그리고 죄악에 맞서 싸워서 세상을 변화시켜야 한다는 대사회적인 내용을 광범위하게 다루고 있으며 또한 사회변혁의 내용을 포함한다는 점에서 대단히 고무적인 대회였다고 평가하고 있다.[12]

이 대회에 이어 본격적인 에큐메니칼 운동의 주역으로서의 세계교회협의회로 통합된 제1차 암스테르담 총회(1948)에서는 새로운 신학을 태동하면서 지금까지의 전통적인 사상을 고수한 채 에큐메니칼 운동을 더욱 견고하고 분명하게 발전시킨 대회라고 평가할 수 있다.

암스테르담 총회에 이어서 에큐메니칼 신학의 획기적인 발전은 물론 교회의 사회봉사 활동에 있어서도 획기적인 시안이 마련된 대회가 빌링엔 대회(1952)이다. 이 대회는 에큐메니칼 신학의 터전을 닦은 대회라고 평가되고 있고, 신학적 바탕을 마련하기 위하여 많은 노력이 가해졌다. 새로운 선교신학의 태동에 결정적 영향을 미친 사람은 호켄다이크(J. C. Hoekendijk)[13]이다.

---

11) Ibid. p.165.
12) 홍기영, op. cit., p.108.
13) 그는 지금까지의 선교관을 교회중심의 선교관이라 비판하고, 교회는 '이 세상 안에 있는 하나님의 구속적 활동의 도구'이며, '이 세상에 평화를 건설하기 위하여 하나님의 손에 들려진 수단'에 불과하다고 강조하였다. 그는 또한 올바른 선교의 과정을 다음의 3가지로 압축하였는데 케리그마(Kerygma), 코이노니아(koinonia), 디아코니아(diakonia)의 균형과 조화를 주장하였다. 다시 말해 이 세 가지 기능의 적절한 조화야말로 완전한 선교형태를 취하는 것이라고 주장하였고, 또 선교방법이 정당성을 얻는다고 확신하였다.

그의 주장에 따르면 교회는 "이 세상 안에 있는 하나님의 구속 활동의 도구"이고, "이 세상에서 평화를 건설하기 위하여 하나님의 손에 들려진 하나의 수단"에 불과하다는 것이었다. 그러므로 선교의 주체는 교회가 아니라 메시야(즉 그리스도)이시고, "그 메시야는 바로 선교사시라"는 것이다.[14]

이렇게 '하나님의 선교'를 분명하게 설정한 빌링엔 대회에 이어 미국 에반스톤에서 개최된 에반스톤 총회(1954)는 전 세계가 제2차 세계대전으로 인하여 참혹한 고통을 당하고 있음을 간과하지 않았고, 냉전체계와 국제적 긴장관계에서 오는 사회문제에 대하여 교회는 마땅히 관심을 가질 것을 천명하였다. 그래서 "교회는 세상에서의 그들의 선교사역의 일환으로 사회에 대한 의무를 지고 있음(a duty to society as part of their mission in the world)"을 좀 더 충분히 인식할 때가 되었음을 강조하고 교회의 역할을 역설하였다. 다시 말해 성도는 사회문제에 대해 책임 있는 삶을 살아야 하고, 교회는 그 지역의 사회적 책임을 지는 기지(a base)가 됨으로써 경제적으로나 정치적으로 불이익을 당하는 사람들을 위한 정의 실현에 노력을 경주해야 함을 분명히 하였다.[15] 또한 이 대회는 교회가 선교의 중심이 아니라 바로 세상이 선교의 중심이 되어야 함을 강조하였다.[16]

1957년에 개최된 가나 대회는 역사상 최초로 아프리카대륙에서 개최된 세계 기독교 집회였다. 이 대회는 사회구원에 대한 관심을 더욱 발전시키는 대회로 기억할 수 있다. 이어 1961년에 열린 뉴델리 총회에서는 차별과 억압, 착취와 가난 등 인간적인 짐들을 지고 있는 자들에게 복음이 우선적으로 전해지지 않았음을 지적하고, 또 이들의 복음을 외면함이 지적됨으로써 신학은 물론 그 프로그램과 활동까지 이런 자들에 대한 배려를 먼저 두어야 함을 천명하였다.[17] 이 대회로부터 소위 복음의 전파보다는 직접적 사회참여가 더 강

---

14) 이용원, op. cit., p.163.
15) The Second Assembly of the World Council of Churches, *The Evanston Report*, New York: Harper & Brothers Publishers, 1954, pp.113-120.
16) Ibid. pp. 88-89.
17) W. A Wisser's Hooft, *The New Delhi Report*, New York: Association Press, 1962, p.78.

하게 다루어졌다고 평가할 수 있다. 다시 말해 결국 뉴델리 총회는 정의와 평화(justice and peace)의 구현을 복음화와 더불어 중요한 다른 하나의 선교의 과업으로 삼게 되는 계기를 마련하게 된다.[18]

이렇게 교회의 대사회적 참여 문제는 대회가 해를 거듭할수록 더욱 강하게 부각되기 시작한다. 특히 교회 중심적 전도에서 세계중심의 선교, 즉 개인구원의 범주를 탈피하고, 사회구원의 선교관으로 탈바꿈함으로써 일방적인 사회구원을 강조한 대회가 웁살라 대회(1968)로 기록할 수 있다.

1968년 개최된 웁살라 대회는 선교의 목표를 인간화(Humanization)에 두었다. 이는 하나님이 인간에게로 돌아오는 것을 선교의 핵심으로 보아야 한다는 관점을 유지하고 있었다.[19] 이 인간화와 더불어 하나님의 선교 개념은 세계교회협의회의 기본 이념으로 설정되어 사회적 구조를 인간화하는 것을 선교의 한 목표로 삼았던 것이다. 에큐메니칼의 강조점은 교회의 존재목적이 교회개척이 아니라 인간이 인간답게 살게 하는 일과 사회구조의 근본적 변화를 선교의 목표로 삼고 선교의 방향은 인종문제, 사회변혁, 학생 항거운동 등에로 바꾸어져야 한다고 보았던 것이다.[20]

결론적으로 웁살라는 교회가 역동적인 사회운동에 참여하는 것을 선교의 중요한 한 부분으로 강조하였다.[21] 그러나 이런 입장들에 대하여 복음주의 선교학자들은 강력하게 비판을 가하는가 하면,[22] 선교개념이 혁명적이란 개념까지 포함되는 포괄적이며 초봉사적인 형태로 확대되게 된다.[23]

1973년의 방콕 대회에서도 웁살라 대회에서 강조하였던 인간화에 대한 노

---

18) 이용원, op. cit., p.85.
19) 서정운,『교회와 선교』(서울: 도서출판 두란노, 1993), p.167.
20) Peter Beyerhaus, "Mission and Humanization", *Mission Trends*, No.1, New York: Paulist Press, 19974, p.234.
21) Norman Coodall, "Official Report of the Fourth Assembly of the World Council of Churches Uppsala", The Uppsala Report, July 4-20, 1968, Geneva: World Council of Churches, 1968, pp.57-73.
22) 이러한 웁살라 보고서에 대한 비판은 주로 미국의 선교신학자들이었던 맥가브란, 프 윈터, 그리고 알란 티페트 등에 의하여 이루어졌다.
23) 황순환, op. cit., p.231.

력을 지속했고, 나아가 교회가 지배계급의 이익추구로부터 인간을 구원해 내지 못하고는 구원의 주체인 교회가 될 수 없다고 천명하기에 이른다. 이는 곧 교회를 구원받은 자들의 단순한 안식처가 아니라 그리스도의 사랑으로 세상을 섬기는 공동체로 이해했기 때문이다. 사회봉사 없는 전도가 수행되어서는 안 된다는 생각이 강하게 대두되었다.[24]

웁살라로부터 도출된 인간화의 문제는 복음주의를 자극하기에 이르러 심각한 갈등상태를 유지하였으나, 1975년 나이로비 총회를 기하여 그동안 양 진영 간에 냉기류를 형성하고 있었던 선교관의 양극화는 점차 정상을 되찾기 시작하였다. 1975년에 개최된 나이로비대회의 특징은 세계교회협의회가 지금까지 줄기차게 강조하고 추진하였던 하나님의 선교사상을 고수하면서도 또 한편으로는 양편, 즉 복음의 중요성을 포함하는 통전적 선교, 즉 사회적 책임과 봉사가 통합적 관계를 이루어야 한다는 것이었다. 그러나 문제는 통전적 선교라 하더라도 복음전도는 밑바탕에 깔린 기본적인 것이고, 사회적 책임문제가 더 크게 부각되고 있음은 부인할 수 없었다. 그 한 예로 불의한 구조들과 해방을 위한 투쟁(Structures of Injustice and Sturuggle for Liberation)이 오늘의 교회에 주어진 하나의 방대한 과제라는 것이었다.

나이로비 대회 이후 멜베른 대회(1980년)에서는 가난한 자들에 대한 교회의 관심을 매우 심도 있게 다루었다.

이상과 같이 에큐메니칼 운동과 사회봉사적 영향성에 대하여 고찰해 볼 때, 에큐메니칼은 나름대로 세계의 정세와 상황을 고려해 볼 때 인간화의 과정으로 나아갈 수밖에 없었던 것 같다. 다시 말해 인간구원과 교회중심적인 선교관에 대한 반발이 20세기 초부터 꾸준히 지속되었고, 제1차 세계대전, 러시아 공산혁명 성공, 제2차 세계대전, 식민제국 시대의 종말, 민족주의의 팽창, 사회정의와 인간 존엄성에 대한 절규 및 서구교회의 영적 동력의 쇠퇴 등으로 사회구원에 역점을 둔 선교론이 상당한 동조를 얻으며 대두하게 된

---

24) Ibid. p.168.

것이다. 전통적인 선교관에 대한 이와 같은 거센 도전에 직면하여 위기감을 갖게 된 복음주의자들이 반사적으로 더 강력한 인간구원론을 제창함으로써 프로테스탄드 선교사상이 인간구원과 사회구원의 양편이 일방적이라 할 정도로 주장하는 양극화 상태에 이르게 된 것으로 이해할 수 있다.

제3절 복음주의 선교관과 디아코니아

1. 복음주의의 발단

복음주의[25]는 1730년대 영국의 대중적 개신교 운동으로 이해되는가 하면, 존 위클리프와 존 후스를 대표하는 경건주의 운동을 그 효시로 보는 경향도 있다. 또한 20세기 초 미국의 근본주의 등에서 찾기도 한다. 그러나 일반적으로 미국의 찰스 피니와 무디 같은 복음전도자들을 그 발단으로 본다. 어쨌든 이러한 복음주의 운동은 해외선교를 위한 학생운동(SVM: Student Volunteer

---

25) 복음주의란, 세계인구가 60억을 넘어서고 있으나 아직도 그리스도를 영접한 사람이 20억을 넘지 못하고 있기 때문에 이 복음을 알지 못하는 사람들에 대한 구원사업을 선교의 최우선 순위에 두어야 한다는 주장이다. 이러한 복음주의도 다양한 그룹으로 나누어질 수 있는데, 신복음주의, 고백적 복음주의, 오순절파, 진보적 복음주의, 근본주의적 복음주의, 세대주의적 복음주의, 복음주의적 복음주의, 무교파적 복음주의, 개혁파 복음주의, 재세례파 복음주의, 웨슬리파 복음주의, 성결파 복음주의, 성령은사파 복음주의 등이다. 먼저 빌리 그래함을 중심한 신복음주의자들(New Evangelicals)은 모든 복음주의 인력을 연합하려는 노력을 아끼지 않는 부류이다. 이에 반대하여 보다 엄격한 복음주의를 실현하고자 한 사람들을 격리주의 근본주의자들(Separatist Fundamentalists)이라고 말하는데, 그 대표적인 인물로 칼 맥킨타이어 및 칼 헨리 등을 들 수 있다. 고백적 복음주의자들(Confessional Evangelicals)의 대표로서 바이에르 하우스를 들 수 있고, 성령파 및 은사파 운동의 복음주의자뿐 아니라 로쟌 대회의 골격을 형성한 급진적 복음주의자들(Radical Evangelicals)로 사무엘 에스코바, 올란도 코스타스, 리네 빠딜라와 메노교파를 들 수 있다. 이들은 남미의 해방신학에 대해서도 과격성을 비판하고 복음적으로 해결할 것을 촉구하는 사람들이다.

Movement for Foreign Mission), 범기독교학생회(IVF: Inter-vasity Christian Fellowship), 초교파해외선교협회(IFMA: Interdenominational Foreign Mission Association) 등의 선교운동이 그 주축이 되었으며, 복음주의자연맹(NAE: The National Association of Evangelism)은 복음주의해외선교협회(EFMA: the Evangelical Foreign Mission Association)와 함께 복음운동을 강조하였다. 이외에도 세계복음주의협회(WEF: The World Evangelical Fellowship)와 국제기독교협의회(ICCC: the International Council of Christian Church) 등의 단체가 주축이 되어 활동하고 있다.

그러나 본격적인 복음주의의 발단은 세계교회협의회의 인간화에 대한 적극적인 반향으로 시작되었다고 볼 수 있다. 다시 말해 복음주의는 에큐메니칼이 지나친 사회구원 또는 인간화 신학으로 전락하고 말았다고 비판하면서 그동안 지속되어 오던 복음주의는 이들에 대한 부단한 경계를 표시하기 시작함으로써 결속하게 되었고 특별히 휘튼 대회와 베를린 대회를 중심으로 강력하게 세계교회협의회에 대응함으로써 복음의 진리를 사수한다는 측면에서 그 운동을 활발히 전개하게 되었다.

복음주의자들은 위의 각주에서 언급한 바와 같이 이 지구상에는 현재 약 60억 명 이상의 사람들이 살고 있고 복음화 율이 점차 증가일로에 있다는 통계를 접하고 있지만 기독교의 신앙을 가진 사람은 겨우 20억에 불과하고 아직까지 40억 인구가 복음을 접하지 못하거나 그리스도를 개인의 구주로 받아들이지 못하고 있는 실정임을 최대의 이슈로 생각하면서 사회문제를 거론하기에 앞서 먼저 이들에 대한 복음전도를 최우선 과제로 본다.[26]

복음주의는 또한 사회적 관심을 공산주의라고 등식화함으로써 격렬한 대립의 형태를 낳았다. 그 배경에는 공산주의의 대부인 소련의 정교회가 세계교회협의회에 가입되어 있다는 것이었다.

---

26) David B. Barrett & Todd M. Johnson. "Annual Statistical Table on Global on Mission: 2000", *International Bulletin of Missionary Research*, Vol. 24, No.1, January 2004, p.24.

이러한 복음주의의 특징은 영혼구원과 개인구원을 강조한 반면, 사회구원과 사회적 관심에 대해서는 전통적으로 그리 중요시 하지 않았다. 그래서 보쉬(David Bosch)는 복음주의자들이 갖는 사회관, 즉 사회적 관심에 대해 "보수적인 복음주의자들 중에는 선교가 인간 영혼을 영원한 형벌에서부터 구원하는 사역이기 때문에 그 외의 일을 하는 것은 교회의 본분을 파기하는 것이라고 생각하는 사람들이 있는가 하면, 어떤 사람들은 교회의 사회봉사 활동이 교회로 하여금 자기의 본질적 사역수행을 이탈하게 할 가능성이 있기 때문에 사회봉사는 권장할 만한 일이 못 된다고 믿는다."고 하였다. 대부분 이런 방식의 전도와 사회봉사를 씨와 열매의 관계로 보기 때문에 교회가 우선 복음을 전하여 사람들을 변화시키면 예수를 믿게 된 사람들이 사회봉사를 하게 된다는 것이다. 아마도 이것이 복음주의의 사회관을 충분히 대표할 수 있는 글이라 생각된다.

2. 복음주의 선교관과 디아코니아

결론적으로 말해서 복음주의는 전통적인 사회봉사에 대해서는 그리 많은 관심을 기울이지 않았고 영혼구원과 교회설립 및 교회성장이라는 차원에서 오히려 보다 더 많은 관심과 노력을 기울였다. 그러나 한때 강력하게 세계교회협의회와 대치했던 복음주의도 사회적 상황에 대한 인식을 새로이 하면서 대사회적인 문제에 대하여 나름대로 대처하기 위해 노력하고 있음을 인지할 수 있다. 복음주의의 선교관과 사회복지에 대한 태도 역시 복음주의자들이 개최한 대회와 총회를 통해 살펴볼 수 있다. 그 대표적 대회는 휘튼 대회(1966), 베를린 대회(1966), 프랑크프르트 대회(1970), 파사다나 대회(1977), 윌로우뱅크 대회(1978), 하이라이트 대회(1980), 파타야 대회(1980), 그랜드 뢰피드 대회(1982), 휘튼 대회(1983), 슈투트가르트 대회(1987), 마닐라 대회(1989) 등이 있다.

물론 복음주의에 관련된 선교적 모임이 독자적으로 존재하기는 하였지만 세계교회협의회의 대사회적 관심이 지나치다고 생각하며 복음주의의 결집을 이루어낸 대회가 휘튼 대회(1966)라 할 수 있다. 이 대회는 세계교회협의회의 인간화 신학에 대항한 복음주의적 신학의 대처의 필요성을 역설하면서 IFMA와 EFMA가 후원함으로써 이루어지게 되었다. 물론 이 대회에서 그들이 문제를 삼은 것은 종교적 혼합주의였다. 그러나 사회봉사적 차원에서 이 대회는 대단히 중요한 의미를 갖는다고 볼 수 있는데 그것은 복음주의도 그들 나름대로 다변화된 사회, 그리고 급변하는 사회 속에서 발생하는 제 사회문제를 그대로 방치만 해서는 안 된다는 결론에 이르게 되었고 이러한 사회문제를 지속적으로 방치해 둘 경우 복음주의가 추구하는 세계선교도 근본적으로 타격을 받을 수 있다는 사실에 동의하면서 교회는 마땅히 사람들이 당면하고 있는 커다란 사회문제들에 관심을 가져야 한다는 확신을 갖는 계기를 마련하게 되었다. 이는 실로 복음주의적 입장에서 대단한 발전이 아닐 수 없었다. 다시 말해 그들도 조심스럽게 전인 구원의 필요에 관심을 두고는 있으나 그럼에도 불구하고 영혼구원 또는 개인구원이 우선이라는 생각은 결코 약화되지 않는다. 고무적인 것은 그들이 이 대회의 선언을 통해 모든 인종은 평등해야 한다는 것과, 사회정의, 그리고 인류의 복지 등이 전 세계를 통해 이루어져야 하고 모든 복음주의자들이 이 일에도 관심을 가지고 문제를 해결해야 한다고 천명하였다.

참으로 이 대회는 영혼구원과 개인구원의 보수 일변도의 생각을 어느 정도 탈피하여 대사회적 관심과 인간의 복지문제를 거론했다는 면에서 일대 획기적인 사건이 아닐 수 없었다.

휘튼 대회에 이어서 베를린 대회(1966)가 연속적으로 개최된다. 그 이유는 세계교회협의회의 인간화에 대한 신학의 강도가 지나치게 높다고 판단하였고 이에 대항하기 위한 수위도 강력하게 조절하지 않으면 안 된다는 급박함 때문이었다. 베를린 대회는 빌리 그래함을 명예 대회장으로 그리고 근본주의자 메첸과 맥을 같이 하는 칼 헨리(Carl F. H. Henry)가 대회장이 되어 회집되었는데 100여 개국으로부터 1,100명이 넘는 복음주의 학자들과 선교사들이 참석한 대규모 대회였다. 사회복지적 관점에서 이 대회 역시 복음전도와 사회적 행동, 즉 개인구원과 사회구원의 관계가 중요하다는 것을 재인식하는 대회로 평가받고 있다. 이는 선교현장에서 더 이상 복음의 선포만으로는 접근이 용이하지 않다는 현실적 문제에 대한 반영이었다고 볼 수 있다. 그럼에도 불구하고 복음주의자들이 사회봉사에 대해 완전히 마음을 열었다고 볼 수는 없었다. 왜냐하면 사회봉사를 복음전도와 동일한 차원에 두거나 개인의 중생문제보다 사회의 구조적 변화를 주장하는 것은 결국 성경의 가르침과는 상관없는 일로 간주하였기 때문이다.

프랑크푸르트 대회(1970) 역시 인간화 문제에 대한 반격이었기 때문에 그 주제는 인간화였다. 또한 이 대회는 복음을 모든 나라에 주님이 재림할 때까지 전하는 것이 교회의 선교적 사명임을 명시하면서도 선교적 사명을 수행하는데 있어 사회적 정황을 무시해서는 안 되며 제기되는 사회문제에 대해 대처할 수 있어야 함을 선언하였다.[27]

이러한 복음주의 대회 중에서도 사회봉사적 측면에서 가장 획기적인 발전을 이룩하였던 대회가 1983년에 개최된 휘튼 대회였다. 이 대회에서는 영적인 면과 물질적인 면의 양분화, 그리고 사회구원과 개인구원에 대한 양분화 등 신학적, 사회적인 양분화가 선교의 걸림돌이 됨을 지적하면서 이에 대한 통합적 접근이 요청되고 있음을 확인하였다. 특히 이 대회에서는 '인간의 요구에 부응하는 교회' 라는 주제가 강력하게 다루어짐으로써 교회가 참 선교를 위해서는 더 이상 인간의 요구를 간과해서는 안 되고 오히려 적극적으로 부응해 나가야 함을 강조하였다. 이는 이제까지 그들이 전했던 복음은 균형을 이루지 못하고 편중되었음을 인정하고, 하나님의 복음은 영적, 물질적, 인간적, 사회적, 지역적, 국적이나 구조적 상태에 있더라도 그것을 변화시킨다는 포괄적인 접근을 시도하였던 것이다. 실로 대단한 신학적 발전이 아닐 수

---

27) John Stott, *Christian Mission in the Modern World*, London: Falcon, 1975, p.23.

없었다. 결국 휘튼 대회의 정신은 통전적 선교의 기초가 되었던 로쟌 대회 (1974)에 결정적인 영향을 미치게 되었다.

복음주의 대회 중 가장 심각하게 그리고 가장 강도 높게 사회 및 사회봉사와 관련된 대회는 로쟌 대회임을 부인할 수 없다. 로쟌 대회는 통전적 선교관의 뇌관 또는 핵심적 역할을 감당하고 있기 때문에 제4절 통전적 선교관에서 다시 거론할 것이다.

결국 이러한 로쟌의 정신은 1980년 런던에서 열렸던 '단순한 삶의 방식'에서 발제된 로날드 사이더(R. Sider)의 『가난한 시대를 사는 부유한 그리스도인(Rich Christian in an Age of Hunger)』에 집대성 되었고, 이를 바탕으로 파타야 대회 이후 몇몇 복음주의 학자들[28]은 이 가난한 사람들에 대한 집중적 연구를 시작하게 되었다.

1982년에 개최된 그랜드래피즈 대회는 또 다른 측면에서 선교에 있어서의 사회복지의 중요성을 재천명한 대회로 평가되고 있다. 이 대회에서 인류의 1/5이 빈곤하고 그 가운데 매일 수천 명이 죽어가는 상황을 인지하고 복음주의 진영은 사회참여에 대하여 깊은 관심을 표명할 것을 제안한 것을 볼 때, 이 대회가 갖는 의미는 참으로 크다고 하겠다.[29]

1987년 개최된 슈투트가르트 대회에서는 전도 및 선교란 결코 정의의 문제와 분리하여 생각할 수 없다는 측면으로 발전하게 된다. 만약 교회가 전도의 대상자인 인류의 정의와 억압 등 인간의 고통을 외면하고 관심을 표명하지 않을 때, 사회와 교회는 동시에 위기상황에 돌입하게 될 것이고 이로 인해 교회가 궁극적으로 추구하는 선교와 전도 역시 치명적인 어려움에 봉착하게 될 것은 너무나 자명하다는 사실에 동의하게 된다. 이는 참으로 아이러니한 사건이 아닐 수 없다. 이 대회의 내용을 분석해 보면, 결국 어떤 모양이든지

---

28) 로쟌 대회를 중심으로 이러한 운동을 주도하고 이어 왔던 사람들을 kingdom theologian이라고 부르며, 이미 언급한대로 Rene Padila, Samuel Escobar, Orando Costas와 John Stott를 중심으로 Vinay Samuel, Christopher Sugden, Ronald Sider 등이 있다

29) 황홍열, "사회복지와 디아코니아/ 사회봉사와 선교", 『선교와 디아코니아』(서울: 한들출판사, 2001), p.55.

간에 에큐메니칼의 전철을 조금씩 밟아가는 듯한 인상을 갖게 된다. 스투드가르트 대회에 이어 개최된 마닐라 대회(1989)는 한 마디로 영혼구원 일변도의 선교관을 전도와 사회봉사라는 통전적 관점으로 선회시킨 1974년 로쟌 대회의 선교신학과 정신을 다시 한 번 확인해 준 대회로 평가되고 있다.[30]

또한 그동안 로쟌 대회와 마닐라 대회 사이, 15년간의 복음과 문화, 복음전도와 사회적 책임, 검소한 생활양식, 성령, 중생과 같은 주제로 많은 소규모 집회들이 회집되었기 때문에 복음전도를 위한 사회봉사는 이제 아주 자유로운 주제로 부상하게 되었다.

제4절 통전적 선교관과 디아코니아

레슬리 뉴비긴은 "기독교 선교는 우리의 근본적 믿음을 실천에 옮기는 것이며, 동시에 인간사의 모든 부분에서 그 믿음을 실천하는 경험에 비추어 인간들이 자신의 삶에서 의미를 찾는 다른 모든 사고방식과의 대화 속에서 이 신앙이 끊임없이 재고되는 과정이다."라고 말했다.[31] 이 말의 궁극적 의미는 선교란 결국 우리의 믿음을 나타내는 행위로써 이러한 행위는 실천의 과정으로 나타나게 된다는 것이다. 결국은 우리의 믿음을 나타내는 전도의 행위와 그리고 이에 대한 실천의 행위가 균형적으로 나타나야 함을 강조하고 있는 것이다.

그러나 지금까지의 선교의 역사를 돌이켜 보건대 선교란 이러한 선포와 실천의 균형을 유지하기 보다는 오히려 어느 한 쪽에 치우친 편파적인 현상

---

30) 조종남, "로쟌의 역사와 정신", 『목회와 신학』(서울: 두란노서원, 1989년 10월호), p.37.
31) 레슬리 뉴비긴, 『서구 기독교의 위기』, 서정운 역(서울: 대한기독교서회, 1987), p.44.

을 초래함으로써 갈등관계를 초래하여 에큐메니칼과 복음주의 모두에게 효과적인 선교를 감행하는데 장애물로 작용하게 되었다.

이러한 분리현상을 직시하면서 선교란 결국 통전적이어야 함에 그 초점이 모아지고 있다. 그러나 이러한 통전적인 선교의 개념이 결코 최근에 형성된 새로운 이론이나 신학은 아니다. 이러한 통전적 개념은 구약과 신약, 특히 예수 그리스도의 사역에서 강하게 나타나고 있으나 로잔 언약에서 양자 간의 갈등의 폭을 줄이고 다시 한 번 선교의 균형을 유지할 수 있는 틀을 마련했다는 점에서 그 의의를 찾을 수 있는 것이다.

1. 구약, 신약 그리고 예수 그리스도의 통전적 선교관

선교신학자 호켄다이크는 샬롬을 이 땅에 수립하는데 선교의 목적이 있다고 주장하면서 샬롬이란 개인적 구원 이상으로서 평화, 공동체, 정의, 구언, 용서, 기쁨 등을 포함하는 통합적 개념이라고 정의하였다.[32] 다시 말해 그는 구약의 샬롬의 개념이야말로 철저한 통전적 형태를 띠고 있음을 밝히고 있다. 이는 구약의 샬롬의 의미가 대단히 방대한 인간복지의 문제를 함축하고 있다는 말로, 이는 곧 국가적, 사회적, 공동체적, 가정적, 개인적, 그리고 개인의 심리적인 측면까지 포함한 총체적인 인간의 복지를 추구하고 있으며, 인간이 추구하는 복지의 최상의 개념임을 설명하고 있는 것이다.[33] 또한 샬롬은 통속적인 자선형태나 원시적 구호형태를 초월한 구조적·체계적 형태를 취하고 있다는 사실이다. 예를 들면, 필자는 구약의 완전한 사회복지적 체계로서 사회적 약자들의 기본적 생존권 보장을 위하여 제정된 출애굽의 계약 법

---

32) 홍기영, "기독교 선교와 사회복지", 『기독교와 인간 복지』(천안: 나사렛대학교출판사, 2002), p.111.
33) 김은수, "기독교 사회복지의 신학적 패러다임", 『신학사상』(한국신학연구소, 2001년 봄, 통권 제112호), p.169.

전, 빈자 및 사회적 약자들의 경제정의를 내포한 레위기의 성결 법전, 그리 종합적 사회보장제도로서의 신명기 법전을 그 한 예로 제시하였다.[34]

이는 곧 구약의 샬롬이 궁극적으로 추구하는 것은 하나님의 나라와 진정한 인간의 회복임을 알 수 있다. 다시 말해 샬롬의 핵심은 결국 하나님의 나라와 하나님의 선교, 그리고 인간회복에 귀속된다고 말할 수 있다. 이는 하나님의 나라와 하나님의 선교(Missio Dei)가 샬롬과 디아코니아의 핵심이기 때문이며 이러한 개념들은 철저한 신학적 준거 틀을 형성하고 있다. 이런 의미에서 존 스토트(John Stott)는 "선교의 목표가 무엇이냐고 하는 구체적인 사안에 대하여 지금까지 논란에 논란을 거듭하였다. 그러나 마침내 1980년 이후 하나님 나라인 샬롬을 건설하는데 그 선교의 목표가 있다는 데 의견을 같이 하였다."라고 하였다.[35]

이러한 통전적 개념은 신약성서와 예수 그리스도의 사역에서 보다 분명하게 나타나고 있다. 그 한 예로서 게르하르트 로핑크(Gerhart Lohfink)는 그의 저서인 『교회론』에서 교회의 사명을 하나됨(togetherness), 말씀의 선포와 교육(education), 그리고 선교와 봉사(giving)으로 나누었다.[36] 호켄다이크 역시 1952년 빌링엔 대회에서 교회의 사명을 복음선포(Kerygma), 가르침(Didake), 나눔과 섬김으로써의 봉사(Diakonia)로 나누었다. 실제로 이것은 마태가 투영한 예수 그리스도의 사역을 조명한 것으로 이해할 수 있다.[37] 사실 로핑크나 호켄다이크의 교회론은 한결같이 마태와 맥락을 같이하는데 마태는 예수의 사역을 마태복음 4장과 9장에서 동일하게 가르침(teaching), 천국복음의 전파(preaching), 치료(healing)[38]로 나누어 기술하고 있다. 위의 세 가

---

34) 최무열, "교회사회사업의 신학적 기초", 『교회사회사업편람』(서울: 인간과 복지, 2004), pp.39-76.
35) John Stott, *Christian Mission in the Modern World*, London: Falcon, 1975, p.23.
36) G. Lohfink, *Jesus and Community*, Philadelphia: Fortress Press, 1982, pp.99-101.
37) 마태는 예수의 사역을 마태복음 4장과 9장에서 공히 천국복음의 전파, 가르침, 그리고 사회의 치료사역으로 나누었다.(마9:35-38) 자세한 내용에 대해서는 필자의 글 "마태복음에 투영된 예수 그리스도의 치유사역에 대한 사회복지 철학 및 방법론 적용에 관한 연구", 『신학과 목회』(영남신학대학교 교수연구논문집, 1999년 5월호 제13집), 를 참고하라.
38) Revised Standard Version and Korean Revised Hankul Version

지 분류를 신학적으로 나누어 보면, 교회의 궁극적인 사명을 복음전도와 사회봉사를 대변하는 통전적 선교로 압축하여 생각해 볼 수 있다.

신약성경에는 두 가지의 명령이 있다. 그 하나는 전도요, 다른 하나는 봉사이다. 다시 말해 '네 이웃을 사랑하라' 라는 큰 계명과 '가서 제자를 삼으라' 라는 지상위임령이 그것이다. 이 둘 중 그 어느 하나를 무시하거나 부정하는 것은 바로 교회를 절름발이로 만드는 것이 된다. 그러나 이러한 사랑의 대계명과 전도의 대부분은 상호배타적인 형태를 띠고 있는 것이 아니라 상호보완적이고 상호의존적이라는 측면에서 그리스도 선교 안에 통합된 통전적 개념으로 이해해야 한다.

예수 그리스도가 수행하신 하나님의 선교는 복음전도와 사회봉사였고, 이러한 두 원리는 기독교 선교에 있어서 불가분의 상호협조적 관계에 있었다. 그러나 이러한 두 원리는 문화적 상황에 따라 서로 다르게 강조될 수 있는 통전적 형태를 취하고 있었다. 그래서 토렌스(Torrance)는 예수의 사역을 '말씀의 섬김(The Service of the Word)' 과 '말씀에 응답하는 섬김(The Sevice of response to the Word)' 으로 이해하면서 전자는 말씀과 성례전에 의한 사역이며, 후자는 봉사에 의한 사역으로 분류하였다.[39]

이런 측면에서 볼 때 예수의 선교도 단순히 말씀의 전파만을 의미하는 것은 결코 아니었다. 예수 그리스도의 선교행위에는 항상 말씀의 전파와 함께 봉사적 행위와 구원 행위의 통합적인 접근을 시도하고 있었다는 것은 너무나 자명하다. 그리고 예수의 선교 핵심에는 하나님의 나라(Kingdom of God)가 있었다. 하나님의 나라가 도래하게 될 때 가난한 자가 해방되고, 병든 자가 고침을 받고, 버림받은 자들이 용기를 얻고 기쁨을 얻는 구원의 역사가 일어난다는 것이다. 이것은 곧 회복의 역사인 것이다. 이러한 회복은 단편적인 회복이 아니라 통합적인 회복을 의미한다.[40] 또한 예수 그리스도가 선포한 하나

---

[39] T. F. Torrance, "Service in Jesus Christ", in : J. J. McCord & T. H. L Parker(ed), *Service in Christ*, Chatham 1965, p.1-16, 김은수, "기독교 사회복지의 신학적 패러다임",『신학사상』(한국신학연구소, 2001년 봄, 통권 제112호, p.173)에서 재인용.

님의 나라는 예수의 선포적 삶 보다는 오히려 예수의 실천적 삶을 강조하고 있지만, 이러한 두개의 개념은 하나로 연결된 개념이지 결코 분리될 수 없는 개념으로 이해하여야 한다.[41]

2. 로쟌 대회를 중심으로 한 통전적 선교관의 회기

1950년을 기점으로 복음주의와 에큐메니칼 진영은 사회적 문제에 따른 첨예화된 갈등이 최고조에 달함으로써 진보진영은 사회구원에만, 그리고 보수진영은 오직 영혼구원만을 자신들의 이념으로 채택하여 독자적인 행보를 계속하였다. 이러한 갈등은 1974년 로쟌 대회의 영향을 받은 1975년 나이로비 대회에서 에큐메니칼 진영이 신학적 평정을 되찾을 때까지 지속되었다.

그러나 양 진영은 존 스토트를 중심으로 이루어진 로쟌 대회[42]에서 사회적 관심을 '선교의 동반자[43]' 로 인식함으로써 통전적 선교형태로 발전하기 시작

---

40) 이삼열, "사회봉사의 신학과 실천과제",『사회봉사의 신학과 실천』(서울: 한울출판사, 1992), p.16.
41) 최무열,『한국교회와 사회복지』(서울: 나눔의집, 2005), p.14.
42) 이 대회의 중심인물은 두말할 것 없이 존 스토트였다. 그리고 그와 함께 로잔 언약의 전도에 있어서 사회적 책임에 대하여 준비한 두 사람은 라틴 아메리카 Inter-vasity Fellowship 소속의 리네 파딜라(Rene Padila)와 사뮤엘 에스코바(Samuel Escobar)였다. 그들의 로쟌 언약에서의 보고는 교회가 전도사업을 감당하는데 폭발적인 영향을 주었다. 파딜라와 에스코바가 라틴 아메리카적 입장에서 해결하고자 했던 근본적 질문은 '이 빈곤의 세상가운데서 하나님은 무엇을 하시는가? 라는 것이었다. 그리고 1974년 로쟌에서 회집된 이 대회에서 존 스토트는 전통적인 선교관을 확대시켜 선교는 전도와 사회봉사를 합친 것이라고 자신의 입장을 밝혔다. 또한 사회행동을 전도의 동역자(a partner)로 인식하기 시작하였다. 지난 25년 동안 선교신학계에서 진행된 발견들 중에서 아마도 가장 중요하다고 할 수 있는 결과를 가져오는 데에 영향을 끼쳤던 중요한 발전들이 에큐메니칼 진영에서 일어났으며, 이로 인해 복음주의 진영과의 관계를 개선하는 다리들이 놓이게 되었다. 그 대표적인 사람이 위에서 언급한 에스코바였는데, 그는 Arthur Glasser를 기념하기 위해 출판되었던 기념 논문집에서 스스로를 "선교에 대한 통전적인 접근 방법을 위한 투쟁 때문에 '극단적 복음주의자들' 이라고 불리는 우리 세대의 남미인들" 이라고 칭하였다. 이러한 사람들로 그는 Rene Padila와 Orland Costas, Rolando Gutierrez, 그리고 Petro Arana 등을 거명하였다. 변호현, "나이로비에서 현재까지",『선교와 신학』(장로회신학대학교, 1999년 제4집), p.109.
43) 그는 이 동반자 의식을 확대하여 복음전도와 사회봉사를 하늘을 나는 새의 양 날개, 바지의

하였다.[44] 그 통전적 선교의 핵심으로 자리 잡은 로잔 언약 제5조 "그리스도인의 사회적 책임"에서는 지금까지 우리는 전도와 사회봉사를 서로 배타적인 것으로 생각한 것에 대하여 통회하고 전도와 사회적 관심은 그리스도인의 두 가지 책임임을 인정할 뿐만 아니라 우리가 주장하는 구원은 개인적 그리고 사회적 책임의 범주 안에서 이해되어져야 함을 분명히 한다"라는 복음주의로서는 그야말로 파격적인 내용이 포함되었다.[45]

이처럼 파격적인 내용의 대사회적인 참여에 대한 선언은, 결국 모든 전도행위에는 반드시 사회적인 행위가 함께 따른다는 것이다. 그리고 그리스도의 이름으로 행해지는 모든 사회적 행동은 전도의 범주에 해당한다는 것이며, 사회적 관심은 전도를 가능케 하는 다리이자 문을 여는 것이며, 또한 사회적 관심은 전도의 결과이기도 하다는 것이었다. 그러므로 에베소서 2장 8-10절에 근거하여 전도와 사회적 관심이란 결혼으로 이루어지는 파트너의 관계에 해당됨을 분명히 하였다. 뿐만 아니라 선교의 핵심으로서의 복음이란 해방과 회복, 전인 그리고 개인적, 사회적, 우주적인 구원을 의미하는 것이라고 하였다.[46] 그런 의미에서 이 대회의 선언을 존 스토트와 함께 주도적으로 준비했던 리네 파딜라(Rene Padila) 역시 이 언약에 대하여 말하기를 "이제까지의 복음적인 회의에서는 언급한 것 중 통전적 선교에 기초하여 설정된 가장 강력한 언약이다."라고 언급하였다. 실로 그만큼 이 대회의 파급효과는 지대하였던 것이다.[47]

뿐만 아니라 존 스토트 그 자신 역시 이 대회를 준비하면서 얼마나 사회봉사에 대한 그의 인식이 획기적으로 변화되었는지를 밝히고 있다. 존 스토트

두 가랑이, 조개의 양면, 자전거의 두 바퀴, 결혼한 가정의 아버지와 어머니로 표현하였다.
44) Vinay Samuel and Chris Sugden, *Proclaiming Christ in Christ's Way*, Regnum, 1989, p.30.
45) John Stott, "Preface", Lausanne Occasional Papers, No. 3, The Lausannne Covenant- An Exposition and Commentary, Wheaton, IL: Lausnne Committee for world Evangelization, p.1.
46) J. D. Douglas(ed), "A Response to Lausanne-the statement on Radical Discipline", Let the Earth Hear His Voice, Worldwide Publications, 1975 pp.94-96. 47)
47) Vinay Samuel and Chris Sugden, op, cit., p.34. 511) 김기원, "기독교사회복지의 학문적 정체성", 『한국교회사회봉사연구소 워크 자료집』(한국교회사회봉사연구소, 2000), p.45.

는 이 대회를 통하여 교회의 대사회적 사업을 사회봉사(social service)와 사회행동(social action)으로 구분하고, 사회봉사는 내용상 인간의 궁핍구제, 자선활동, 각 개인과 가족단위의 도움추구, 구제 행위 등을 포함하는 소위 사회구호적 성격을 수반하는데 반해 사회행동은 인간의 궁핍 원인 제거, 정치·경제적 활동, 사회구조의 변화추구, 정의 추구 등을 포함하는 사회구조적 성격이 있음을 표명하였고,[48] 실제로 존 스토트 그 자신도 그의 선교관을 개인구원에서 통전적 선교관으로 수정한다고 말한 바 있다. 그는, 선교란 단순히 영혼의 구원을 이루는 차원이 아니라 사회적인 영역, 즉 가난한 자와 압제받는 자를 포함한 사회문제의 해결까지도 포함한다고 주장하였던 것이다.[49]

우리는 로잔 언약의 통전성을 이해하기 위하여 존 스토트의 통전적 선교관을 살펴볼 필요가 있다.

전도와 자선사업은 하나님의 선교에 함께 소속되어 있다.[50]

하나님께서 나의 이웃으로 창조하신 인간은 '사회 속의 영혼과 육체의 관계(a body in community)이다. 그러므로 만일 우리가 하나님께서 만드신 대로 우리 이웃을 사랑한다면 우리는 그의 전체적인 행복, 즉 영혼과 육체와 사회적인 행복에 관심을 가져야 한다.[51]

우리가 전파하는 데만 관심을 가지면 복음은 그 가견성을 상실하게 되며 그것을 전파하는 우리들이 영혼에만 관심을 두고 그들의 육체와 환경과 사회에 무관심하며 복음은 그 신빙성을 상실하게 된다.[52]

---

48) 김기원, "기독교사회복지의 학문적 정체성", 『한국교회사회봉사연구소 워크 자료집』(한국교회사회봉사연구소, 2000), p.45.
49) John Stott, *Christian Mission in the Modern World*, London: Falcon, 1975, p.23.
50) 존 스토트, 『현대기독교선교』(서울: 성광문화사, 1981), p.32.
51) Ibid. p.35
52) Ibid.

선교는 '세상의 빛'과 '세상의 소금'이라는 교회의 이중적 봉사의 사명을 함유한다. 그리스도께서는 자기 백성을 땅에 보내사 그 소금이 되게 하시며, 그 백성을 세계 속으로 보내사 그 빛이 되게 하신다.[53]

만일 우리가 세계 속의 기독교적 봉사로서 복음전도와 사회활동을 포함하는 이 넓은 의미의 선교관을 수용한다면, 즉 우리 주님의 지상 선교를 모델로 하여 우리에게 주어진 이 선교관을 갖는다면, 기독교인들은 하나님을 위로 모시고 사회에 보다 큰 영향, 우리의 수적 능력과 또한 그리스도의 위임의 과격한 요구에 상응하는 큰 영향을 미칠 수 있을 것이다.[54]

결국 존 스토트를 중심하여 구성된 로잔 대회의 선교에 대한 통전적 접근으로 인하여 에큐메니칼 진영에서도 사회사업의 중요성을 강조함과 동시에 복음전도의 중요성을 재인식하고, 동반자적 관점으로 돌아서는 계기를 마련하였다. 뿐만 아니라 복음주의자들은 지금까지 그들의 보수적 교리로 인하여 사회적 관심의 분야는 무시되었으나, 이 대회의 영향과 에큐메니칼 운동의 충격과 사회적 다변화 상황 속에서 사회적 문제에 대처하기 위하여 노력하게 되었다.

3. 사회봉사를 위한 교회의 집사제도의 중요성에 대한 재인식

1982년 세계교회협의회 신앙과 직제위원회는 소위 BEM 문서라고 불리는 『세례, 성만찬, 직제(Baptism, Eucharist and Ministry)』를 출간하였다.

---

53) Ibid.
54) Ibid. p.41.

이 문서에서 잠시 집사제도에 대하여 고찰한 바 있는데, 그 내용은 다음과 같다.

(다른 교회들) 안에서 집사의 기능은 예배를 거행할 때에 보조적인 역할로 축소되었다. 즉 집사들은 교회의 봉사를 증거하는 어떤 기능도 수행하지 않았다.[55]

결론적으로 엘시 N. 맥키는 현대교회의 기능을 정상화하는 데 있어서 집사 기능의 정상화를 다음과 같이 주장하고 있다.

전통적으로 자산을 이해하든지 아니면 사회적 정의를 지향하든지 간에, 집사의 기능은 우선적으로 지교회 내부의 기능이다. 모든 회중안에서 병자, 불쌍한 자, 그리고 가난한 사람들을 찾아내야 한다.
집사들은 교인들의 필요를 돌보고 회중을 돕기 위해서 교회 안에 있는 어떤 고통의 표시라도 잘 관찰해야 한다. 또한 집사들은 교회와 교단 내부에서 차별과 같은 문제들을 인식하고 대처하도록 회중들을 인도하는 데에 앞장서야 한다. 이제 집사들은 교인 개개인이 이 세상에서 필요로 하는 것에 대처하는 차원을 넘어서 다른 수많은 중요한 역할들을 감당해야 한다.[56]

---

55) Baptism, Eucharist and Ministry, pp.20., 엘시 N. 맥키, 류태선·전병준 역, 『개혁교회 전통과 디아코니아』(서울: 한국장로교출판사, 2000), p.158에서 재인용.
56) 엘시 N. 맥키, 류태선·전병준 역, 『개혁교회 전통과 디아코니아』(서울: 한국장로교출판사, 2000), p.177.

제5절 디아코니아 활동을 통한 통전적 선교의 활용

1. 통전적 선교를 위한 디아코니아 적용의 유익성과 필요성

위에서 언급한 바와 같이 오늘날의 선교는 결국 에큐메니칼과 복음주의의 갈등을 해소하면서 통전적인 관점, 즉 복음전도와 사회봉사의 균형을 유지하려고 노력하고 있다. 그럼에도 불구하고 오늘날 해외 선교는 그 어느 때 보다도 물량적인 지원이 확대되고 그 선교의 방법에 있어서도 전문화되었다고는 하나 여전히 발생하는 문제로 인하여 실패를 거듭하는 경우가 적지 않다. 확고한 선교신학의 부재로 인해 서구 교회의 영적 식민주의, 문명화 오류를 답습하고 있다는 평가도 있으며, 또한 전문화된 선교사 양성 및 훈련체제를 갖추지 못해 선교사의 자질문제와 선교 활동의 공신력이 도전받고 있기 때문이라는 지적 역시 적지 않다. 뿐만 아니라 선교사 파송 및 선교협력이 보내는 교회와 현지교회 간의 상호협약관계가 아닌 개별적 차원에서 무질서하게 이루어지고 있는 현상 등 다양한 선교적 문제가 여전히 내재되어 있는 것이 사실이다. 이러한 내부적인 문제뿐만 아니라 선교지 그 자체에서 일어나는 기독교에 대한 저항감은 결코 적지 않다. 한 통계에 의하면 실제로 가난한 나라들이 부유한 나라의 종교인 기독교를 반대하는 상황이 점차 증가하고 있다. 1974년에는 기독교선교를 거부하는 가난한 나라들이 33개에 불과하였지만 1989년에는 그 수가 89개 나라에 이르러 기독교선교를 거부하는 추세가 확연하게 나타나기 시작했다는 것이다.[57]

이러한 선교적 상황 아래 통전적 선교사역을 감당하기 위한 사회복지적

---

57) 최바울, "전문인 선교의 오늘과 내일", 『선교의 패러다임이 바뀐다』(서울: 창조, 2000), p.77.

접근은 대단히 유용하고도 적절한 선교의 수단이 됨은 말할 필요가 없다.[58] 그럼에도 불구하고 현 시점에서의 사회복지 선교는 그 오랜 전통과 다양한 활동 및 방법에도 불구하고 여전한 문제점으로 남아 있으며, 그 원인을 살펴보면 다음과 같다.

첫째,[59] 선교사들은 선교를 실시하는 데 있어서 눈에 보이는 열매만을 추구하기 때문에 효과가 급속하게 나타나지 않음으로 인하여 쉽게 좌절하고 포기하는 경우가 있다. 둘째, 정치적 세력과 연루되어 사회복지선교의 의의를 상실하는 경우도 많은데, 정치인들은 항상 이러한 사회복지적 시설을 이용하려고 하기 때문에 깊은 사려 없이 개입하여 실패하는 경우가 발생한다. 셋째, 사회복지선교를 감당할 수 있는 정신적 에너지는 철저한 복음정신인 것이다. 이 복음의 정신이 상실되면 그야말로 사회복지선교는 생명력을 상실하게 되는 것이다. 복음에 대한 열정이 희석되면 사회복지선교에 대한 인식도 저하될 뿐 아니라 지속성이 상실될 수밖에 없으며, 요식적이고 형식적인 서비스 형태를 취하게 되는 것이다. 넷째, 선교지의 상황은 대부분 경제적, 사회적으로 낮은 위치에 속한 사람들이 많아 복음보다는 수혜에 많은 관심을 갖게 되는 경우는 얼마든지 있다. 이러한 연속적 시혜 요구로 인하여 선교사는 자신의 사역에 대한 회의를 갖게 되고 결국 복음전파의 사역까지도 포기하게 된다. 다섯째, 동정심을 바탕으로 한 시혜적 차원의 복지선교는 선교지 주민들의 상황을 더욱 의존적으로 만들어 역할전도 현상을 만들 수도 있다. 더욱이

---

58) 대부분이 그러하듯이 선교를 감당하는데 있어서는 많은 저항이 따르게 마련이다. 우선, 직접적으로 복음을 전할 경우 저항이 예상되는 지역에서의 복지선교는 이러한 많은 저항을 완화할 수 있다. 둘째로, 복음전도에 대한 저항이 완화되면 곧 직접적 복음전도를 위한 터전을 마련하게 된다. 셋째로, 오늘날의 사회가 대부분 기독교에 대한 좋지 않은 인식과 적대감을 갖고 있으므로 기독교에 대한 인식을 전환할 필요가 있다. 넷째로, 복음의 능력은 단순히 주민들의 영적인 구원을 성취하는 것이 아니라 그들의 삶의 질을 변화시키게 된다. 다섯째로, 직접적 복음전도는 복음의 우월성을 주장하면서 전도자로 하여금 주민에 대하여 우월의식을 행사할 수 있다. 사회복지선교를 요청하는 지역은 복음이 철저히 차단되었거나 한정된 지역, 복음전파에 대한 저항이 강한 지역, 복음전파에 장애가 있을 정도의 가난한 지역, 미개발지역, 그 외 직접적 복음전도가 불가능한 지역이 그 주된 대상이 될 수 있다.
59) 최무열, "선교에 있어서의 사회복지적 적용", 『총회선교사훈련자료집』(경성대학교, 2006년 8월), p.31.

복지선교에 관련된 현지인이 제사보다 젯밥에 관심을 갖게 됨으로써 많은 문제를 야기할 가능성이 있다. 따라서 시혜적 차원의 복지선교는 가급적 피해야 할 것이다. 마지막으로 철저한 복음에 대한 열정이 없이 사회복지선교를 감당할 경우 현지인들을 하나의 인격으로 대우하기보다는 형식적으로 대함으로써 현지인이 선교사로 인해 복음을 외면하는 등 사회복지 선교의 폐해는 얼마든지 발생할 수 있다.

2. 디아코니아를 통한 효과적인 통전적 선교의 제안[60]

위에서 지적한 바와 같이 선교에 있어서 신학을 바탕으로 하지 않는 사회봉사는 그 자체가 많은 문제점을 내포할 수밖에 없다. 이러한 문제점 때문에 사회복지를 통한 효과적인 통전적 선교를 실시하기 위해서는 일정한 원리와 원칙이 필요한 것이다. 통전적 선교를 위한 사회복지를 적용하는데 있어서 필자는 아래와 같은 원리를 제안한다.

그 첫째는 사회복지를 수행하는 데 있어서는 철저한 복음적 입장을 고수하라는 것이다. 사회복지선교를 가장 효과적으로 실시할 수 있는 방법 중의 하나는 철저한 복음주의 정신에 입각한 선교를 실시하는 것이다. 만약 이 신앙적 바탕이 무너지게 된다면, 직업의식으로 현지인을 대하게 됨으로써 심각한 문제에 빠질 수가 있는 것이다. 사회복지선교를 지탱하는 정신적 힘은 곧 한 영혼에 대한 깊은 사랑과 이해인 것이다.

둘째는 철저한 사회조사를 통한 사회복지선교를 실시하라는 것이다. 선교를 실시하는 지역을 잘 이해하지 못하고 복지선교를 실시할 경우 실패할 확률은 대단히 높다고 하겠다. 따라서 현지인들의 욕구조사를 철저히 하되, 그

---

60) 최무열, "효과적인 사회복지선교를 위한 제안", 『총회파송 선교사 훈련 강의안』(미발행강의자료, 2005), p.35.

들의 입장에서만 볼 것이 아니라 냉정한 분석과 비평과 평가의 과정을 통하여 계획을 수립할 때 좋은 선교 효과를 기대할 수 있다.

셋째는 철저한 상황중심의 복지선교를 실시해야 한다는 점이다. 선교지의 정치적, 사회적, 경제적, 문화적 상황을 기초로 하여 복지 프로그램을 실시하여야 할 것이다. 한국적 입장에서, 한국 사람의 관점에서 실시하기보다는 현지인의 관점에서 프로그램을 검토하고 실시해야 할 것이다.

넷째는 철저한 인격적, 신앙적 관계성을 유지하면서 사회복지 선교를 수행해야 한다는 것이다. 현지인들을 진정한 '그리스도 안의 형제'로 대우하지 않는 한 사회복지선교의 효과는 기대할 수 없다. 하나의 인격체로 진정한 사랑과 도움을 받고 있다는 확신을 갖게 될 때 복음에 대해 호감을 갖게 될 것이다. 실제로 병원이나 학교 등이 선교지에서 외면당하고 방치되고 있는 것은 선교사들의 형식적이고 비인간적인 처사로 인해 발생하는 것으로 이러한 경우는 얼마든지 있다.

다섯째는 타 기관과의 철저한 협력관계를 유지하면서 복지선교를 수행해야 한다는 것이다. 유사한 프로그램을 실시하는 타기관이나 관련된 기관과의 철저한 협력관계는 실패의 확률을 낮출 수 있는 비결이다. 한국 선교사의 독단적 실시는 대단히 경계해야 할 요소 중의 하나인 것이다.

여섯째는 철저한 자립 목표 아래서 사회복지 선교를 실시해야 한다는 것이다. 시혜적 프로그램은 철저히 의존성을 길러 복음전파에 혼선을 가져올 수 있다. 따라서 현지인들의 철저한 자립에 그 목표를 두고 실시되어야 한다.

그 마지막은 철저한 종의 정신으로 사회복지 선교를 시도해야 한다는 것이다. 선교사의 우월성과 자만보다 더 위험한 요소는 없다. 시혜적 차원이 아니라 마땅히 나누어야 할 것을 나눈다는 '나눔'의 정신을 바탕으로 실시하지 않으면 문제에 봉착할 수밖에 없다.

우리는 위의 글을 통해 살펴본 바와 같이 선교에 있어서 사회복지는 그 핵심적 요소라고 해도 과언이 아닐 만큼 중요하다는 사실을 인식할 수 있었다. 그리고 이 세상의 선교현장에서 실시되는 대부분의 선교 프로그램 역시 사회복지적 접근이라고 해도 지나침이 없을 만큼 사회복지는 선교에 있어서 대단히 방대한 영역을 담당하고 있다. 그러나 지금까지는 이념논쟁으로 인하여 이러한 사회복지적 접근이 통전적으로 이루어지지 않았음을 지적하지 않을 수 없다.

우리는 이 글을 통해 우선 에큐메니칼과 그 사회복지의 접근 방법, 복음주의와 사회복지, 그리고 통전적 관점에서의 사회복지를 고찰함으로써 그들 나름대로의 분명한 강조점과 접근방식이 무엇인지를 이해할 수 있었다.

에큐메니칼과 복음주의 복지관을 대통합하고 또 결집할 수 있는 것이 통전적 선교관이라고 볼 때, 앞으로의 선교는 철저한 통전적 관점으로 나아가야 함을 인지할 수 있는 것이다. 이러한 통전적인 관점이란 철저한 상황적 접근을 의미하는데, 이는 곧 상황에 따라 복음과 사회복지의 조화로운 접근을 시도한다는 점에서 선교를 대단히 효과적으로 수행할 수 있음을 의미한다.

선교와 사회복지, 이는 불가분의 관계요, 부부 같이 조화로운 관계요, 뿐만 아니라 철저하게 선교라는 관점 아래에서 한 집을 이루는 두 기둥으로 이해해야 할 것이다. 선교에 있어서의 사회복지 적용의 중요성을 다시 한 번 확인하고, 일정한 적용의 원리에 따라 잘 활용할 때 가장 바람직하고 효과적인 선교의 결실을 기대할 수 있을 것이다.

※ 제13장 기독교 사회운동과 선교에 대한 토론 ※

1. 선교란 말씀의 선포와 사회복지를 아우르는 종합적 개념이다

1938년에 개최된 마두라스 대회의 특징은 예루살렘 대회에서 천명한 대사회적 문제를 좀 더 명확하게 전개하고 있다는 것이며, 좀 더 구체적으로 교회의 사명이 복음전도에만 국한되지 않는다는 것을 확인하였다는 점이다. 또한 선교는 복음 전파사업, 교육사업, 의료사업 및 이러한 사업들이 수행될 수 있는 사회·경제적 환경조성 등이 함축되어야 함이 강조되었고, 복음을 총체적으로 이해하여 복음전도와 사회참여 간의 밀접한 관계를 강조하였다. 이런 점을 미루어 보아 교회의 진정한 선교란 복음선포와 사회복지가 결합되어야 한다는 공통적 선언에도 불구하고 아직까지 교회와 지도자들이 이러한 통전적 선교개념을 잘 이해하지 못하고 있다는 것이 문제다. 귀하는 이 문제를 어떻게 극복할 수 있다고 보는가.

2. 복음만 가지고도 해결될 수 없고 그렇다고 사회복지만으로도 해결되지 않음에

지금까지 에큐메니칼과 복음주의는 각각 오직 복음만을, 그리고 오직 사회구원만을 모토로 지루한 싸움을 계속하여 왔다. 그러나 결국 오직 복음만으로도 그리고 오직 사회구원만으로도 결코 인간의 문제를 해결할 수 없다는 결론에 이르게 되었다. 그 결과 로잔 대회의 통전적 선교관의 출현으로 인하여 복음의 중요성과 사회복지의 중요성을 동시에 인식하게 되었다. 결국 복음만 가지고서는 문제를 해결할 수 없고, 그렇다고 사회복지만으로도 문제를 해결할 수 없다는 사실을 인식함으로써 상호 간의 합일점을 찾게 된다.

귀하는 지금까지 선교에 어떻게 이해하고 있었으며 어떤 관점을 취하고 있었는가. 그리고 통전적 선교관을 공부한 후 선교관에 대하여 어떤 변화가 생겼는가.

3. 복음선포와 디아코니아는 동전의 양면과도 같고 결혼한 부부와도 같다

존 스토트는 교회의 복음전도 사역과 사회복지의 사명은 절대로 뗄 수 없는 양면성이 있다고 말하면서 이를 동반자 의식이라고 설명하였다. 그는 이 동반자 의식을 확대하여 복음전도와 사회봉사를 하늘을 나는 새의 양 날개, 바지의 두 가랑이, 조개의 양면, 자전거의 두 바퀴, 결혼한 가정의 아버지와 어머니로 표현함으로써 절대로 분리되어서는 안 된다고 하였다. 존 스토트의 이 재미있는 표현을 바탕으로 귀하는 이제 사회복지를 실현하는데 있어서 어떠한 태도로 임해야 한다고 생각하는가.

참고문헌

〈외국문헌〉

Alan Keithluca, *The Church and Social Welfare*, Philadelphia: The Westminster Press, 1974.
Brian Tierney, *Medieval Poor Law: a Sketch of Canonical Theory and Its Application in England*, Barkeley and Los Angeles: University of Califonia Press, 1959.
Bronislaw German, trans. Agnieszka Kolakowska, *Poverty*, Massachussetts: Oxford, UK and Cambridge, 1994.
E. Schurer, *The History of the Jewish People in the Age of Jesus Christ*, Edinburgh: Clark, 1972.
Evert F. Harrison, *ACTS : The Expanding Church*, Chicago: Moody Press, 1980.
G. Lohfink, *Jesus and Community*, Philadelphia: Fortress Press, 1982.
H. L Wilensky and C. N. Lebeaux, *Industrial Society and Social Welfare*, New York: Russell Sage Foundation, 1958.
Hall. M. Penelope, *The Church in Social Work: a Study of moral welfare work undertaken by the Church of England*.
Helen Bosanquet, *Social work in London, 1869-1912*, The Harvester Press Limitted, 1914.
Hinson, *The Church in Social Work: a Study of moral welfare work undertaken by the Church of England*. 1965.
John Calvin, *Commentary on Deutronomy*, Grand Rapids: Eerdmans, 1985.
John Calvin, *Commentary on the Epistle of Paul the Apostle to the Corinthians*, Grand Rapids: Baker House.
John Stott, *Christian Mission in the Modern World*, London: Falcon, 1975.
Kathleen M Woodroofe, *From Charity to Social Work: In England and the United States*, London: Routledge & Kegan Paul, 1962.
Lewis, Spitz, *The Renaissance and Reformation Movements*, Chicago: Rand Mcnally & Company, 1971.
Phyllis Day, *A New History of Social Welfare*, Pierson Education, 2005.
Rodger C. Bassham, *Mission Theology*, Pasadana, CA: William Carey Library, 1979.
S. and B. Webb, *English Poor Law History*, London: Frank Cass, 1963.
Stuart Alfred Queen, *Social Work in the Light of History*, Philadelphia and London: J,B. Lippincott Company.
The Second Assembly of the World Council of Churches, *The Evanston Report*, New York: Harper & Brothers Publishers, 1954
Vinay Samuel & Chris Sugden, *Proclaiming Christ in Christ's Way*, Regnum, 1989.
W. A Wisser(ed), *The New Delhi Report*, New York: Association Press, 1962.
William Richey Hogg, *Ecumenical Foundation*, New York: Harper and Brothers Publishers, 1952.
Mission Trends, No.1, 1997.
International Bulletin of Missionary Research, Vol. 24, No.1 2004.
The Lausannne Covenant-An Exposition and Commentary, Wheaton, IL: Lausnne Committee for world Evangelization.
Official Report of the Fourth Assembly of the World Council of Churches Uppsala, 1968.

〈국내단행본〉

감정기 외,『사회복지의 역사』(서울: 나남출판사, 2002)
기독교 사상 편집부,『한국역사와 기독교』(서울: 기독교서회, 1993)
김기원,『기독교사회복지』(서울: 학지사, 1998)
김덕준,『기독교사회복지』(서울: 한국기독교사회복지학회, 1984)
김동훈,『사회복지발달사』(서울: 현학사, 2004)
김성이,『사회복지의 발달과 사상』(서울: 이화여자대학교 출판부, 2002)
김한옥,『기독교 사회봉사의 역사와 신학』(서울: 실천신학연구소, 2004)
남세진 외,『집단지도방법론』(서울: 서울대학교출판부, 1997)
박광준,『사회복지의 사상과 역사』(서울: 양서원, 2003)
박영호,『기독교사회복지』(서울: 기독교문서선교회, 2001)
박종삼 외,『사회복지학개론』(서울: 학지사, 2002)
백용기 외,『기독교와 사회복지』(서울: 홍익재, 2001)
서정운,『교회와 선교』(서울: 두란노서원, 1993)

손규태,『마틴 루터의 신학과 윤리』(서울: 대한기독교서회, 2003)
원석조,『사회복지 역사의 이해』(서울: 양서원, 2001)
오정수 외,『지역사회복지론』(서울: 학지사, 2006)
이강희,『사회복지발달사』(서울: 양서원, 2006)
이삼열,『사회봉사의 신학과 실천』(서울 : 한울출판사, 1992)
이용원,『선교와 신학』(서울: 장로회신학대학교출판부, 1999)
임종운 외,『기독교사회복지론』(서울: 홍익재, 2003)
이택룡 외,『지역사회복지론』(서울: 양서원, 2005)
이화여대 사회복지학과 편,『집단사회사업실천방법론』(서울: 동인출판사, 1993)
전재일 외,『개별사회사업』(서울: 형설출판사, 1997)
진영석,『가족치료』(서울: 거산출판사, 1997)
최무열,『한국교회와 사회복지』(서울: 도서출판 나눔의집, 2004)
최바울,『선교의 패러다임이 바뀐다』(서울: 창조, 2000)
최일섭,『지역사회복지론』(서울: 서울대학교출판부, 1985)
지윤,『사회사업사』(서울: 홍익재, 1985).
한국기독교사연구회,『한국 기독교의 역사 I 』(서울: 기독교문사, 1989)
한국사회복지관협회,『자원봉사 교육교재』(서울: 한국사회복지관협회, 1997)
한국기독교사회복지협의회,『교회사회사업편람』(서울: 인간과 복지, 2004)
허구생,『빈곤의 역사, 복지의 역사』(서울: 한울 아카데미, 2002)
함세남 외,『선진국사회복지발달사』(서울: 홍익재, 1996)
_____,『사회복지 역사와 철학』(서울: 학지사, 2001)
표갑수,『지역사회복지론』(서울: 나남판, 2003)
홍기영,『기독교와 인간 복지』(천안: 나사렛대학교출판사, 2002)
한국선교신학회편,『선교와 디아코니아』(서울: 한들출판사, 2001)

〈국내번역서〉

E. S. Moyer, 곽안전 역,『인물중심의 교회사』(서울: 대한기독교서회, 1998)
G. S. 워커, 이종태 역, "칼빈과 교회",『칼빈신학의 이해』(서울: 생명의 말씀사, 1991)
Henry Chadwick, 박종숙 역,『초대교회사』(서울: 크리스챤다이제스트, 1999)
레슬리 뉴비긴, 서정운 역,『서구 기독교의 위기』(서울: 대한기독교서회, 1987)
로리타 래가나, 임영상 역,『대학지성과 사회개혁운동』(서울: 전예원, 1994)
엘시 N. 맥키, 류태선 · 전병준 역,『개혁교회 전통과 디아코니아』(서울: 한국장로교출판사, 2000)
우스토 곤잘레스, 서영일 역,『초대교회사』(서울: 은성출판사, 1995)
유세비우스, 엄성옥 역,『유세비우스의 교회사』(서울: 은성출판사, 1995)
존 스토트, 김명혁 역,『현대기독교선교』(서울: 성광문화사, 1981)
짐 윈터, 송용자 역,『윌리엄 부스와 떠나는 여행- 구세군의 창시자』(서울: 부흥과 개혁사, 2006)
프리데릭 쿠츠, 권성호 역,『구세군발전사』(서울: 대한기독교출판사, 1981)

〈정기간행물 및 논문〉

『교회와 신학』장로회신학대학교출판부, 제28집, 1996.
『사회복지의 역사와 과제- 인창 신섭중 박사 회갑기념논문집』기념논문간행위원회, 1994.
『교수 논문집』서울여자대학교, No.2, 1972.
『기독교교육정보』한국기독교교육정보학회, 2005년 8월.
『기독교사회복지』서울신학대학교 기독교사회복지연구소, 제4호, 1994.
『목회와 신학』두란노서원, 1989년 10월호.
『신학과 목회』영남신학대학교 교수연구논문집, 제13집, 1999.
『신학연구』한신대학교 연구논문집, 제46집, 2004.

『신학지남』신학지남사, 2003년 겨울호.
『활천』기독교대한성결교회, 1963, 1991.
『신학사상』한국신학연구소, 통권 제112호, 2001.

〈기타 자료집〉

『한국교회사회봉사연구소 워크 자료집』한국교회사회봉사연구소, 2000.
『총회선교사훈련자료집』경성대학교, 2006년 8월.
『총회파송 선교사 훈련 강의안』미발행강의자료, 2005.

〈성서 및 사전〉

구약성서(개역)
기독교대백과사전, 1990
Revised Standard Version and Korean Revised Hankul Version

찾아보기

- 용어

ㄱ

개정구빈법 / 201
경건주의 / 170, 173, 316
경건주의 사회사업 / 189
계약 법전 / 20
공익전당포 / 100
교부시대 / 69
교회사회사업 / 16
구빈법 / 163
구빈원 / 88, 99, 165
구세군 / 260
구세군 운동 / 257
그룹 워크 / 314
근린운동 / 197
근린조합 / 250, 322
기독교 사회주의 / 237
기사단 / 102
길드제도 / 103

ㄴ

나사로형 빈민 / 115
내적선교 / 286
노동의 집 / 169
누가복음 / 39

ㄷ

대각성 운동 / 349
대학인보사업 / 241
대학인보사업협회 / 250
데포지타리오 / 101
도제 / 105
디아코니세 / 299
디아코니아 / 279
디아콘 / 299

ㄹ

라이스니히 법령 / 142
로잔 대회 / 367

ㅁ

마가복음 / 36
마태복음 / 32
마트리규라 / 107
몽드피에테 / 100

ㅂ

바울서신 / 46
베드로형 빈민 / 115
베텔 디아코니아 / 300
보린사업 / 200
복음주의 / 357
복음주의 선교관 / 357
부르스 프랑세즈 / 155
부의 청지기 / 172

ㅅ

사도행전 / 44
사마리아의 부대 / 268
사원 숙박소 / 91, 99
사회사업 / 17
상인 길드 / 104
샤를마뉴 법 / 113
성결 법전 / 23
세노도치움 / 92
세틀러 / 236, 314
수공업 길드 / 104
수도원 운동 / 117
시나고그 / 53
시혜적 자선사업 / 99
신명기 법전/ 26
십자군 운동 / 102

ㅇ

안도버 사건 / 206
에큐메니컬 선교관 / 348
요한복음 / 43
우애방문원 / 310

인보관 운동 / 235, 314
인클로저 운동 / 121

자선조직협회 / 200, 220
장원제도 / 83
정주법 / 165
종교 길드 / 105
죄장소멸사상 / 86
지역사회사업 / 316

청교도 운동 / 170
청지기 의식 / 48
출애굽기 / 20

캅세리오 / 101
케이스 메소드 / 310
케이스 워크 / 310
쿱파 / 61

탁발승 운동 / 117
탐후이 / 61
토라 / 20
토인비 홀 / 242
통전적 선교 / 347
통전적 선교관 / 363
통전적 접근 / 17
통전적 치료 / 17

파토레 / 101

하피루 / 20
호의자선단 / 268
홀 하우스 / 250, 322

- 인명

그레고리우스 / 85
그린 목사 / 238
데니슨 목사/ /238
도미니크 / 118
로흐 / 218, 224
루터 / 120, 135, 279, 316
마이모니데스 / 51
메리 리치몬드 / 311, 336
모이어 / 68
바네트 목사 / 235, 240, 314
비헤른 / 177, 282, 286
샤를마뉴 / 113
스페너 / 172
아놀드 토인비 / 241
옥타비아 힐 / 224, 243
웨슬레 / 179, 316
윌리엄 부스 / 257
유스티누스 / 70
진젤돌프 / 176
찰머즈 목사 / 197, 316
칼빈 / 120, 145
코잇 / 250, 322
크리소스톰 / 74
토마스 아퀴나스 / 114
프란체스코 / 117
프랑케 / 174, 282